PETITE FABRIQUE DE LITTÉRATURE

Alain DUCHESNE Thierry LEGUAY

PETITE FABRIQUE DE LITTÉRATURE

Collection « Textes et Contextes »
« Périphériques »

Éditions MAGNARD

Pierre Christiaens.

AVANT-PROPOS

Depuis 1981, la collection *Textes et Contextes (XIXe siècle, XVIe - XVIIe siècles, XVIIe - XVIIIe siècles, XXe siècle)* s'est développée et a rencontré un public divers. Comme nous le souhaitions, ces ouvrages ont été lus par les élèves, les professeurs, mais aussi par ceux qui se situent hors de l'enseignement. Nous cherchons par la publication de ce volume à poursuivre cette entreprise.

La relation au savoir a changé en vingt ans ; la relation au livre, au disque, à l'image, à l'écrit n'est plus la même, et de plus en plus de lecteurs demandent à jouer avec le texte en apprenant ou en comprenant.

Ainsi, le livre avec son public restreint, son territoire étroitement fixé, n'apparaît plus possible : livre pédagogique d'un côté, pour le professeur ; livre pour l'élève de l'autre, très scolaire ; livre pour le grand public ailleurs, vaguement vulgarisateur ; livre pour l'Université enfin, tristement sérieux. Il faut s'ingénier à briser ces barrières ségrégatives ; nous devons transmettre des connaissances, mais nous devons aussi permettre le désir de savoir, le plaisir de lire et d'écrire. Il faut donner des envies, des curiosités, apprendre aux autres l'exquise gourmandise de la lecture et de l'écriture.

Se pencher sur la littérature permet vite d'apercevoir qu'elle est aussi, en elle-même, un *enseignement ;* et, lorsqu'il s'agit de comprendre comment elle s'accomplit, Proust et Céline, Flaubert ou Queneau, ont également (depuis leur travail opiniâtre) quelque chose à nous dire.

Le second cycle et le Supérieur sont tout entiers occupés par la réflexion sur le fonctionnement de la littérature. Pourtant, depuis la disparition de l'enseignement de la rhétorique (à la fin du XIXe siècle), quelque chose manque singulièrement. En termes plus précis, on écrit aujourd'hui sur la littérature, mais on n'essaie pas (même modestement) d'en fabriquer soi-même.

Joint aux ouvrages déjà parus de la collection *Textes et Contextes,* ce livre voudrait permettre que se rétablisse, dans l'enseignement, le dialogue entre la lecture et l'écriture. En somme, il ne s'agit pas seulement de *lire* pour mieux écrire, mais aussi d'*écrire* pour mieux lire.

Le grand public, les parents, l'école élémentaire, la formation permanente sont tout autant concernés. Çà et là se multiplient des stages, des ateliers d'écriture.

Régulièrement les instituteurs se posent les mêmes questions : en dehors de la rédaction et du texte libre quelles activités écrites d'expression peut-on proposer en classe aux enfants ? Le « catalogue » qui suit fournit des éléments de réponse précis ; il permet de placer les élèves au plus tôt dans des *situations linguistiques variées* (la posture à l'égard du texte est chaque fois différente) qui favorisent l'apprentissage de la langue écrite.

Mais l'ouvrage va plus loin.

De nos jours où la formation des instituteurs, par exemple, allongée à trois ans, comporte une participation de l'Enseignement Supérieur, un livre pédagogique ne saurait être simplement constitué de descriptions d'activités et de consignes. Il ne suffit pas d'indiquer ce que l'on peut faire. Il faut aussi une « mise en perspective » : expliquer l'origine de ces activités, montrer en quoi elles présentent un intérêt, etc.

Aussi convient-il d'imaginer des outils pédagogiques qui sachent également informer et aider à la réflexion. De nombreux enseignants n'ont pas fait d'études universitaires ; les recyclages sont quasiment inexistants dans le secondaire. D'où la nécessité de faire apparaître des ouvrages *médiateurs* qui permettent de retrouver la littérature, de la redécouvrir en laissant voir ses aspects insolites, en présentant des auteurs méconnus...

Enfin, ce livre ne se contente pas de déplier l'écriture littéraire ; il constitue aussi pour les enseignants, les lycéens et les étudiants, un magnifique *champ d'expériences de lecture*. En effet, il présente des textes excessivement différents (quant à leur fonctionnement) qui permettent de s'interroger sur l'acte de lire.

Qu'est-ce que le *lisible* aujourd'hui ? Pour chacun de nous ? Promouvoir la lecture, c'est avec les élèves réfléchir sur les relations multiples que l'on peut avoir avec les textes. Tous les textes ne sont pas faits pour être lus de la même façon. Certains ne sont là que pour être regardés (Michel Butor : « Nous savons bien que lire, c'est d'abord regarder »), d'autres lus partiellement ou avec légèreté, d'autres enfin savourés, lus pas à pas et relus.

Ici, on pourra réfléchir sur l'*opacité* de certains textes modernes ou anciens : textes du Moyen-Age ou du XVIe siècle dont l'orthographe, volontairement, n'a pas été modifiée afin qu'ils gardent leur « inquiétante étrangeté »...

Permettre aux élèves de lire, ce n'est pas seulement leur proposer, voire leur donner des livres. C'est surtout *vivre* avec eux des *aventures de lecture*.

Ce n'est pas d'un livre « en plus » qu'il est question ici ; c'est d'un livre inattendu, nouveau et essentiel, capable d'ajouter une véritable pratique à l'appropriation classique d'une culture. Chaque rubrique donne les règles d'un jeu, chaque jeu est reproductible, appropriable, et chaque appropriation en apprend plus sur la littérature qu'un regard vague sur les jugements autorisés. Les Anciens nous apprenaient que l'*Imitation* était la première étape de la création... Pourquoi ne pas en convenir ?

Christian BIET
Jean-Paul BRIGHELLI
Jean-Luc RISPAIL

Le CLUB des AMIS du TEXTE

(Préface)

La Constellation

Ce livre propose un répertoire des opérations de langage, attitudes, gestes ou tentations qui participent à l'écriture*. Parfois aussi il sera question de musique, de peinture ou de cinéma. Non qu'il s'agisse pour nous de nier la spécificité de chacune de ces pratiques. Mais, d'un champ à l'autre, nous aimons croire qu'il y a des rapprochements possibles (voire des invariants), même si le matériau que l'on travaille n'est pas identique.

Dans ce catalogue raisonné, chaque opération retenue est définie par une règle d'écriture. Et, comme dans les traités de physique les plus anciens, ces grains élémentaires peuvent se combiner et engendrer des variantes à l'infini...

Les dictionnaires définissent ainsi le mot *constellation :* groupe d'étoiles présentant une figure conventionnelle et auquel on a attribué un nom : "La Grande Ourse", "La Petite Ourse", "Orion", "Cassiopée", etc. (définition du *Lexis*).

Ici, la constellation que nous avons aperçue dans notre lunette avait pour nom : *littérature**...

Les Amis du Texte ?

Ce sont les amoureux de la langue, les curieux du langage dans tous ses états.

Ce sont ceux qui peut-être voudront écrire à partir de ce livre.

Ce sont enfin les auteurs que l'on a regroupés dans l'espace des "textes choisis". Imaginons un instant la photo : Tournier se tient debout entre Burroughs et Cami ; Jules Verne, un peu plus loin, cache presque Jean Tardieu ; Lautréamont, à peine visible, est resté à l'écart...

---

* *Un astérique signalera au cours du livre les mots définis dans le glossaire.*

La Petite Bande

On oublie trop que le désir d'écrire peut être *collectif,* comme ce fut le cas pour cet ouvrage, désiré et écrit à deux.

Jusqu'au XVIIIe siècle, il était courant, dans l'aristocratie, de se réunir ainsi pour faire des textes ou de la musique, et pas seulement pour en parler. A cette époque, l'amateurisme était lié à une pratique, limitée bien sûr à une certaine classe sociale.

Aujourd'hui, la division très marquée entre les professionnels et les amateurs, a rejeté ces derniers dans le rôle de simples consommateurs passifs. Triste situation...

En parlant de "club", nous voudrions imaginer l'existence de tels petits groupes, plus ou moins laxistes, mais toujours traversés par le désir (d'écrire et d'être ensemble). Dans ces pratiques collectives d'écriture l'important résiderait sans doute moins dans la fin — le résultat produit — que dans l'activité elle-même, le plaisir de son déroulement.

L'Album

Inventer un livre c'est aussi, dès le début, imaginer une forme. Très tôt nous avons souhaité un texte morcelé (composé de courts chapitres) et stable (chacun de ces chapitres se présentant de la même façon). Ce qui revenait à accepter — malgré d'éventuelles blessures narcissiques — que le texte puisse ne pas être lu en entier.

Il ne restait plus alors qu'à favoriser divers modes de lecture : survols, prélèvements fragmentaires, lecture lente, linéaire, "sauts", retours en arrière, etc.

Cette forme que nous avons adoptée en attire d'autres, irrésistiblement : d'abord, *l'album,* qui désigne au XVIIe siècle la liste d'amis ; ici la liste fragmentaire de quelques amis du texte. C'est encore le carnet de voyage : le livre où se succèdent les notes et les photos (textes choisis et illustrations) prises au cours de nos pérégrinations dans certaines contrées littéraires.

Enfin, se présente la forme du *manuel :* non le manuel scolaire, qui n'est bien souvent que le gardien glacé des traditions, mais un objet vivant qui demande à être manipulé.

Le "Bouquet"

En donnant à lire un ouvrage qui est pour moitié composé de morceaux choisis, nous voudrions défendre l'existence de ce genre souvent déprécié. L'anthologie est considérée la plupart du temps de façon péjorative, comme une forme de connaissance abâtardie : facile, insuffisante et pour tout dire illusoire... L'encyclopédie, quand elle n'est pas monumentale, partage cette infortune.

Pourtant, le recueil de morceaux choisis, qui ne prétend pas à l'exhaustivité, demande à être considéré d'abord comme un point de départ, une incitation à connaître, à désirer des régions jusqu'alors inconnues ou juste entr'aperçues.

Par ailleurs ne faudrait-il pas reconsidérer la notion même de fragment, fondement de l'anthologie ? Dire d'un livre : "je l'ai lu" est toujours impropre ; mieux vaudrait dire en fait : "j'y ai lu". Car on ne lit jamais un livre en entier : on ne fait toujours que prélever, cueillir de-ci de-là tel ou tel morceau (lire, en latin *legere*, c'est aussi cueillir). Seuls importent dans nos lectures, dit à peu près Borges, les *souvenirs* qu'elles nous laissent...

Enfin, la confection d'un tel "bouquet" nous permettait des rencontres, des voisinages inhabituels. D'ordinaire, Joubert, Lascault, Gide ou Cortazar n'habitent pas le même livre.

Meissonnier, *Une lecture de l'Encyclopédie chez Diderot,* B.N., / © Roger Viollet.

Interview imaginaire

Lui (pressé) : - "Quelle place occupe dans votre livre la théorie littéraire ?"

Nous : — "Nous n'avons pas vraiment songé à traquer l'identité, l'être profond de la littérature. Pourtant, une vision de la littérature, c'est vrai, préside à ce que nous avons fait. Ainsi nous sommes favorables, par exemple, à une conception *artisanale* de l'écriture*. Cela, pour promouvoir notamment un enseignement de la langue écrite qui soit un véritable apprentissage.

Hamlet invitait ses courtisans à reconnaître dans les nuages qui se font et se défont des figures d'animaux : baleine, chameau, etc. Eh bien, nous avons regardé certains textes, parmi ceux que nous aimions, et nous avons vu *défiler des formes.* Ce sont elles que nous avons présentées."

Lui (un peu agacé) : - "Quoi que vous en disiez, cette littérature vous la mettez "à plat". Pensez-vous qu'elle puisse s'en remettre ?"

Nous : - "Encore une fois, l'analyse théorique n'est pas ce qui nous intéressait d'abord. Nous voulions seulement faire des rapprochements, des observations, proposer des "pistes"... La théorie devait donc se retrouver "entre les lignes", certaines choses restant à "déplier". Et, nous répondrions, avec Grimod de La Reynière, à ceux qui nous accuseraient de *légèreté : "si nous n'avons fait qu'effleurer la matière, c'est qu'il faut bien laisser quelque chose à désirer à l'imagination du lecteur, qui aime toujours qu'on lui fasse sa part dans un ouvrage".*

Par ailleurs, n'oublions pas que quel que soit son projet, l'écrivain* se trouve toujours confronté à la langue (à des discours*) qu'il doit travailler, transformer.

En finale, la règle d'écriture qui débute chaque rubrique ne doit pas être prise trop au sérieux. Pour nous, elle niche plutôt du côté du *leurre* (mais le leurre, il est vrai, fait faire bien des choses...). Elle est plus proche de l'incitation que du procédé."

Lui (après un coup d'œil furtif à sa montre) : - "Une dernière question : peut-on dire de votre livre qu'il tente une vulgarisation ?"

Nous : - "Le mot vulgarisation ne nous plaît guère, trop péjoratif aujourd'hui. Disons plutôt qu'il s'agit d'un ouvrage de médiation, d'un travail d'entremetteur, qui souhaite *passer* des textes, des curiosités, des désirs de lecture et d'écriture... Ce qui rejoint des préoccupations didactiques : l'enseignant, selon nous, doit être bon *conducteur* de textes, au sens qu'a ce terme en électricité.

Simultanément aussi, nous avons essayé d'écrire simplement. C'est là une question d'enjeu, de perspective. Il serait souhaitable que la clarté redevienne une valeur désirable. Mais la clarté est une notion qui peut se déplacer, changer de sens, désigner autre chose que le modèle hérité, en France, de la période classique (le XVIIe siècle)."

Lui (intervenant) : - "En désirant la simplicité, ne risque-t-on pas d'être réducteur, autrement dit simpliste ?"

Nous : - "La *complexité* est un bon mot, gage de finesse et de subtilité ; le "mauvais mot" serait *complication*. Toute la question est de savoir où doit loger cette complexité. Nous pensons qu'elle peut rejoindre un autre niveau que celui de l'écriture même, celui de la disposition générale du texte. Comme dans une mosaïque : chaque petit carreau est uni, mais en s'éloignant de l'ensemble on voit apparaître des nuances, des camaïeux..."

« Prenez un mot prenez-en deux
faites cuire comme des œufs
prenez un petit bout de sens
puis un grand morceau d'innocence
faites chauffer à petit feu
au petit feu de la technique
versez la sauce enigmatique
saupoudrez de quelques étoiles
poivrez et puis mettez les voiles.
Où voulez-vous donc en venir ?
A écrire
vraiment ? à écrire ?? »

Raymond QUENEAU

« Au fond, je me donne des règles pour être totalement libre. »

Georges PEREC

« Peu de personnes conçoivent que l'on puisse faire un ouvrage qui soit spécialement écrit, non en vue de donner, *mais au contraire en vue de* recevoir. *Offrir au lecteur l'occasion d'un plaisir — travail actif — au lieu de lui proposer une jouissance passive. »*

Paul VALERY

Le Plagiat, la Copie

« Le plagiat est nécessaire... »
Lautréamont

Le plagiat est la reproduction pure et simple d'un texte ou d'un fragment de texte. Plagier, dit le dictionnaire Robert, c'est copier un auteur en s'attribuant indûment des passages de son œuvre.

Le plagiat est d'ailleurs considéré comme une activité négative, *répréhensible* (condamnée par la loi) : on *vole* un auteur, on lui pille son œuvre.

Pourtant, tous les écrivains sont, d'une manière ou d'une autre, des plagiaires ; écrire, c'est toujours commencer par *recopier,* pour les transformer, des textes écrits par d'autres.

Répondant aux questions d'un interviewer, Faulkner disait que l'artiste « *n'a aucun scrupule à dérober, à emprunter, mendier ou ravir à n'importe qui ce dont il a besoin pour accomplir son œuvre.* »

Ecrirait-on si l'on n'avait jamais rien *lu,* c'est-à-dire si l'on n'avait jamais assimilé certaines œuvres ou certaines formes littéraires ?

Un exemple actif de copie nous est donné par Mozart. Lorsque Mozart découvre, émerveillé, l'œuvre de J.-S. Bach, il commence littéralement par *recopier* quelques fugues. Puis il *retranscrit* pour quatuor à cordes des morceaux écrits pour le clavier. Ce passage d'un instrument à d'autres implique déjà une *transformation* de l'œuvre d'abord recopiée. *« C'est ensuite seulement,* nous dit J.-V. Hocquard, *qu'il se risque à écrire dans le style de Bach* ». Cette appropriation patiente d'un style autre que le sien lui permettra enfin de l'intégrer dans ses propres créations.

La notion de plagiat est née avec l'instauration de la *propriété littéraire* (au XVIIIe siècle) et l'interdiction juridique de reproduire publiquement, de s'appropier un texte déjà publié.

♣

W. FAULKNER : « entretien », dans *Romanciers au travail,* Gallimard, 1967.

J.-V. HOCQUARD : *Mozart,* Seuil, 1976.

V. ALLETON : intervention, dans *La Sociologie de l'art et de sa vocation interdisciplinaire,* Médiations / © Ed. Denoël, 1976.

J.-L. BORGES : *Fictions,* Gallimard, 1957.

R. CAMUS : *Passage,* / ©Librairie Flammarion, 1975.

G. MAUREVERT : *Le Livre des plagiats,* Fayard, 1927.

En revanche, au Moyen-Age, les moines qui *recopient* des manuscrits ne sont pas considérés comme des plagiaires. Un texte, dès qu'il a été écrit, appartient *à qui le veut.* On devient réellement l'auteur du livre qu'on a recopié, c'est-à-dire *réécrit.*

De la même façon, d'autres civilisations — telle la Chine — privilégient l'activité de copie. Comme nous l'explique la sinologue Viviane Alleton :

« *La tradition occidentale privilégie la parole, liée au corps, à la respiration, et s'efforce de reléguer l'écrit au rang de reflet inerte. Le petit enfant français apprend "à lire et à écrire", à lire puis à écrire ; en Chine, le caractère est écrit, tracé avant d'être lu. Tracer le caractère est un acte qui engage tout le corps, tout le souffle de façon consciente. C'est pour cette raison que copier une belle calligraphie n'est pas cette pâle corvée que le mot évoque pour nous. Copier pour nous est quelque chose de triste, on pense aux copies que l'on a faites jadis étant petit. Pour un chinois, copier c'est entrer dans le mouvement du corps de l'auteur, c'est retrouver le rythme de la graphie de l'auteur, et cette communication physique est aussi immédiate que celle que vous trouvez à travers la tessiture d'une voix. C'est peut-être une des raisons du pouvoir social de l'écriture en Chine.* »

Dans leurs *Chroniques de Bustos Domecq,* Borges et Bioy Casares ont proposé un portrait presque emblématique du plagiaire : il s'agit de l'écrivain imaginaire César Paladion, dont l'œuvre n'est constituée que de plagiats.

Dans un autre livre de Borges *(Fictions),* le lecteur découvre également l'écrivain Pierre Ménard qui, au début de notre siècle, recopie littéralement les chapitres 9 et 38 de la première partie du *Don Quichotte* et une partie du chapitre 22. Mais à recopier ainsi fidèlement l'œuvre originale, P. Ménard propose finalement un autre texte, puisque les trois siècles qui séparent les deux écrivains ont transformé la lettre même de l'œuvre et notre lecture : ce qui était l'expression de l'époque chez Cervantès devient anachronisme et presque préciosité chez P. Ménard.

Quelques écrivains se plaisent aujourd'hui, dans leurs ouvrages, à révéler les *emprunts* qu'ils ont pu faire çà et là à des auteurs qu'ils aiment. Cette pratique est proche du plagiat et de la citation. Elle s'en distingue cependant en ce sens que dans le plagiat les emprunts ne sont bien sûr pas avoués, et que dans la citation l'auteur isole les phrases qu'il utilise avec des guillemets.

Voici par exemple la postface à un livre de Renaud Camus, *Passages* (nous en avons supprimé quelques lignes) :

« *De nombreux passages de ce livre, en représentant près d'un quart probablement, sont empruntés, sans que ce soit indiqué plus d'une fois sur trois à peu près, à divers textes de Giorgo Basani, Yves Bonnefoy, Michel Butor, Nicolas et Elena Calas, Oscar Cargill, Louis Chadourne, Tristan Corbière, Jacques Davy du Perron, Denis Duparc, Marguerite Duras, Tony Duvert, T.S. Eliot, Léon-Paul Fargue, (...) Arthur Rimbaud, Jacqueline Risset, Raymond Roussel, Alain Robbe-Grillet, Georges Sand, Claude Simon, Paul-Jean Toulet et Virginia Woolf, ainsi qu'au Grand Larousse Encyclopédique, évidemment. Le reste est constitué, pour la moitié au moins, de citations tirées d'écrits antérieurs de l'auteur.* »

J.-L. BORGES (né en 1899) et A. BIOY CASARES (né en 1914)

Borges + Bioy Casares = Biorges, / c Gisèle Freund.

La méthodologie de Paladion a fait l'objet de tant de monographies critiques et de thèses doctorales qu'il est presque superflu de la résumer une fois de plus. Qu'il nous suffise de l'esquisser à grands traits. La clé en a été donnée, une fois pour toutes, dans le traité de Farrel du Bosc, *la Perspective Paladion-Pound-Eliot* (Vve Ch. Bouret, Paris, 1937). Il s'agit, comme l'a déclaré de façon définitive Farrel du Bosc, citant Myriam Allen de Ford, d'une *ampliation d'unités.* Avant et après notre Paladion, l'unité littéraire que les auteurs reprenaient dans le fonds commun, était le mot ou, tout au plus, la phrase complète. Les manuscrits byzantins et médiévaux élargissent à peine le champ esthétique en recopiant des vers entiers. A notre époque, un long fragment de l'*Odyssée* sert d'introduction à l'un des *Cantos* de Pound et on sait parfaitement que l'œuvre de T.S. Eliot reproduit des vers de Goldsmith, de Baudelaire et de Verlaine. Paladion, en 1909, alla bien plus loin. Il annexa, pour ainsi dire, un ouvrage entier, *les Parcs abandonnés,* de Herrera y Reissig. Une confidence divulguée par Maurice Abramowicz nous révèle les délicats scrupules et l'implacable rigueur avec lesquels Paladion mena toujours sa tâche ardue de création poétique : il préférait *les Jardins crépusculaires* de Lugones aux *Parcs abandonnés,* mais il ne s'estimait pas digne d'assimiler *les Jardins* ; il admettait par contre que le livre de Herrera était dans ses possibilités du moment, car il se retrouvait pleinement dans ses pages. Paladion lui octroya son nom et l'envoya à l'imprimerie sans ajouter ni retrancher une seule virgule, suivant une règle à laquelle il fut toujours fidèle. Nous nous trouvons ainsi devant l'événement littéraire le plus important de notre siècle : *les Parcs abandonnés* de Paladion. Rien n'est plus éloigné, à coup sûr, du livre homonyme de Herrera qui ne reproduisait aucune œuvre antérieure. A partir de ce moment, Paladion entreprend, chose que personne avant lui n'avait faite, de fouiller les profondeurs de son âme et de publier des livres qui l'expriment, sans surcharger l'impressionnant corpus bibliographique déjà existant, ni tomber dans la vanité facile d'écrire soi-même une seule ligne. Immarcescible modestie de cet homme qui, devant le festin que lui proposent les bibliothèques orientales et occidentales, renonce à la *Divine Comédie* et aux *Mille et Une Nuits* et s'en tient, bon enfant, aux *Thébéennes* (tome II) !

L'évolution mentale de Paladion n'a pas été entièrement expliquée ; par exemple, personne ne comprend le passage mystérieux qui va des *Thébéennes,* etc., au *Chien des Baskerville.* Nous n'hésitons pas, quant à nous, à soutenir que cette trajectoire est normale, propre à un grand écrivain qui domine l'agitation romantique pour s'auréoler enfin de la noble sérénité des classiques.

Précisons que Paladion, hors quelques réminiscences scolaires, ignorait les langues mortes. En 1918, avec une timidité qui nous émeut aujourd'hui, il publia *les Géorgiques,* d'après la traduction espagnole de Ochoa ; un an après, conscient alors de sa maturité spirituelle, il mit sous presse le *De divinatione* en latin. Et quel latin ! celui de Cicéron.

Pour certains critiques, publier un évangile après des textes de Cicéron et de Virgile, correspond à une sorte de rejet des canons du classicisme ; nous préférons voir dans cette ultime démarche, qu'il ne parvint pas à réaliser, un renouveau spirituel. En somme, le mystérieux et clair chemin qui va du paganisme à la foi.

« Cesar Paladion », dans *les Chroniques de Bustos Domecq,*
/ c Éd. Denoël, 1970.

♣

François MAYNARD (1582-1646)

Par vos humeurs l'état est gouverné ;
Vos seuls avis font le calme et l'orage ;
Et vous riez de me voir confiné
Loin de la Cour dans mon petit village.

Cléomédon, mes désirs sont contents ;
Je trouve beau le désert où j'habite,
Et connais bien qu'il faut céder au temps,
Fuir le grand monde et devenir ermite.

Je suis heureux de vieillir sans emploi,
De me cacher, de vivre tout à moi,
D'avoir dompté la crainte et l'espérance.

Et si le Ciel, qui me traite si bien,
Avait pitié de vous et de la France,
Votre bonheur serait égal au mien.

VOLTAIRE (1694-1778)

Par votre humeur le monde est gouverné ;
Vos volontés font le calme et l'orage ;
Vous vous riez de me voir confiné
Loin de la Cour au fond de mon village.
Mais n'est-ce rien que d'être tout à soi,
D'être sans soins, de vieillir sans emploi,
D'avoir dompté la crainte et l'espérance ?
Ah ! si le Ciel, qui me traite si bien,
Avait pitié de vous et de la France,
Votre bonheur serait égal au mien.

Et notons la façon dont Voltaire se justifiait de ces procédés, dans ses *Lettres philosophiques :*

« Presque tout est imitation. Le Boïardo a imité le Pulci, l'Arioste a imité le Boïardo. Les esprits les plus originaux empruntent les uns des autres. Métastase a pris la plupart de ses opéras dans nos tragédies françaises. Plusieurs auteurs anglais nous ont copiés et n'en ont rien dit. Il en est des livres comme du feu dans nos foyers : on va prendre ce feu chez son voisin, on l'allume chez soi, on le communique à d'autres, et il appartient à tous. »

Proche du plagiat littéraire est le procédé de la *copie* en peinture. Mais cette dernière nécessite l'apprentissage d'une technique minimale, alors que dans le cas de la littérature il suffit pour copier un texte de savoir lire et écrire.

Nous présentons quelques exemples de répliques picturales montrant comment un artiste a pu *apprendre* à partir de ses prédécesseurs. En guise d'introduction nous reproduisons un article de M.C. Baron à propos d'une exposition qui s'était tenue sur ce thème au Musée du Louvre.

Raphaël, *Portrait de Balthazar Castiglione,* Paris, Louvre. / © Giraudon.

« L'exposition se présente en douze sections et elle débute par une succession de Joconde, copiée et recopiée.

Ensuite viennent des tableaux faits « en collaboration ». Le maître exécutait à grands traits le thème. Ses élèves en peignaient minutieusement les détails selon ses directives. Nous pouvons voir ainsi des œuvres d'Ingres, de Proud'hon, de Rubens et de Brueghel de Velours.

Les sections suivantes montrent des altérations réalisées d'après l'original. Ce sont des variantes d'interprétations, des variantes de formats, de mise en page, voire de convenances. Des œuvres exécutées à partir de celles de Hoogstraten, de Memling, de Parmigianino sont ici présentées.

L'original est multiplié pour satisfaire plusieurs amateurs. Le sujet est recopié dans ses moindres détails. De tels tableaux peuvent être considérés comme les précurseurs des photographies, des lithographies, des sérigraphies et d'autres multiples. Les portraits surtout ont fait l'objet de tels procédés : ceux de Chardin, Champaigne, Millet, Prud'hon ont été souvent ainsi reproduits.

Médiatélépathie ou plagiat...

Non *Libération* n'a pas encore d'édition espagnole. Mais il faut croire que la télépathie n'est pas propre aux extra-terrestres, la couverture du quotidien espagnol modéré *Diario 16* du 7 décembre est une copie conforme de celle de Libé du 1er décembre.

Et y est proclamé à nouveau *« El hombre del año »*.

Libération
E.T.
L'HOMME
DE L'ANNEE
DES GARDES-FOUS POUR LE
FICHIER ANTI-TERRORISTES
Euromissiles: Moscou menace

Diario 16
E.T.
EL HOMBRE
DEL AÑO

Libération, 16 décembre 1982.

Matisse, *Copie du Balthazar Castiglione d'après Raphaël,* 1906, Bagnol-sur-Cèze.
Giraudon / © SPADEM.

Les copies proprement dites ont deux sources différentes. Elles peuvent provenir de l'étude d'un élève ou elles peuvent avoir été faites dans le but de vulgariser le tableau.

Dans le premier cas c'est une interprétation. L'élève essaie de reproduire la scène originale en la peignant à sa manière : Delacroix et Rubens ont exécuté de telles copies.

Dans le second cas, il s'agit de mieux faire connaître les originaux. A l'époque de Dürer ou de Raphaël, la gravure était utilisée à cette fin. Dürer s'opposa dans plusieurs procès à des copistes qui avaient eu l'audace de signer de son patronyme des reproductions de gravures qu'il n'avait pas autorisées.

Certains artistes ayant peu d'imagination ou regrettant de ne pouvoir créer une nouvelle œuvre s'inspirent abondamment de l'œuvre d'un maître et en font des pastiches : Lancret, Téniers, Ribot, Auguste Troncy furent de célèbres pasticheurs.

Quant au faux, il peut satisfaire certains amateurs qui veulent acquérir une signature en hausse et s'inquiètent peu du sujet traité. L'essentiel pour ces collectionneurs est la spéculation. Parfois, même souvent, de grands « chefs d'œuvres » de maître sont acquis avec des fonds que l'on souhaite cacher. Les faux sont ainsi très loin des soucis artistiques du maître : ils ne sont qu'une tromperie commerciale. Ceci les différencie aussi des copies, répliques et pastiches, pour lesquels le souci est peut-être commercial, mais sans tromperie. Mais on trouve des amateurs qui ont les idées larges. L'anecdote suivante nous le prouve : Un collectionneur qui avait acheté deux aquarelles de Renoir dans une grande galerie de New York apprit qu'elles étaient fausses et déclara « Pendant dix ans ces aquarelles m'ont donné un vrai plaisir, appelez les comme vous le voudrez, mais je les garderai, et les donnerai à mes descendants en leur disant « Elles sont belles, prenez un plaisir pour ce qu'elles sont, non pour la signature qu'elles portent et qu'elles ne devraient pas porter... »

« Copies, Répliques, Pastiches », dans *Art Press*, n° 10, mars-avr. 1974.

Le Titien, *Dessin à la plume,* 1500-1510, Vienne, / © Musée Albertina.

Watteau, *Dessin,* vers 1715, Paris, Louvre, / © R.M.N.

♣

CARMONTELLE (1717-1806)	*Alfred de MUSSET (1810-1857)*
PERSONNAGES	
Le marquis de Marière	*Le marquis de Valberg.*
Le chevalier de St-Léger.	*Le Baron.*
Le Blond.	*Germain.*
La comtesse de Belle-Roche	*La comtesse de Vernon,*
Victoire, femme de chambre de la comtesse	*Victoire, femme de chambre de la comtesse*
SCENE II	SCENE III
Le marquis, Le blond	*Le marquis, Victoire*
LE MARQUIS	LE MARQUIS
Holà ! ho ! quelqu'un !	Holà ! ho ! quelqu'un !
LE BLOND	VICTOIRE
Qu'est-ce que veut monsieur le marquis ?	Qu'est-ce que veut monsieur le marquis ?
LE MARQUIS	LE MARQUIS
Allons, donne-moi ma robe de chambre et mes pantoufles ; je veux me lever.	Donne-moi ma robe de chambre et mes pantoufles.
LE BLOND	VICTOIRE
Vous badinez, monsieur le marquis.	Vous badinez, monsieur le marquis.
LE MARQUIS	LE MARQUIS
Ah ! oui, oui...	Hé ! ah !... oui oui.

Le dialogue est le même jusqu'à la fin de la scène.

SCENE III	SCENE IV
La comtesse, le marquis, Victoire, Le Blond,	*La comtesse, le marquis, Victoire.*
LA COMTESSE	LA COMTESSE
Le Blond, dites à Victoire de venir.	François, dites à Victoire de venir.
LE BLOND	VICTOIRE
La voilà, madame.	Me voilà, madame.
LA COMTESSE	LA COMTESSE
C'est bon, Monsieur le marquis. Je suis enchanté de vous voir ; vous avez été hier la distraction la plus divertissante du monde, Je vous aime à la folie comme cela.	C'est bon, M. de Valberg, je suis enchanté de vous voir... vous avez été hier la distraction la plus divertissante du monde, je vous aime à la folie comme cela.
LE MARQUIS	LE MARQUIS
Ce n'est pas là le moyen de m'en corriger madame. Au contraire ; cependant, comme on dit souvent, les contraires se rapprochent quelquefois.	Ce n'est pas là le moyen de m'en corriger, madame. Au contraire ; cependant, comme on dit souvent, les contraires se rapprochent quelquefois.
Le Distrait, 1768	*On ne saurait penser à tout,* 1849.

Page publicitaire pour le livre de J. Attali, *Histoires du temps,* parue dans *Le Monde.*

♣

En 1982, après la publication d'*Histoires du temps,* ont paru dans la presse quelques articles qui tendaient à montrer que son auteur, Jacques Attali, n'était pas un intellectuel de premier plan comme certains pouvaient aimer le croire.

A l'origine de cette petite tempête, la découverte par quelques lecteurs malveillants (mais avisés) de passages entièrement *recopiés,* autrement dit de plagiats !

L'éditeur ne permettant pas que l'on reproduise des passages du livre de notre auteur, nous nous contenterons de citer un texte d'Ernst Jünger, que l'on retrouvera, débarrassé de ses guillemets bien sûr, dans le livre de M. Attali. Que le lecteur ne soit pas trop déçu : ces passages sont, à la virgule près, rigoureusement identiques...

Ernst JUNGER (né en 1895)

La gnomonique était déjà une science chez les Egyptiens. Le calcul des heures solaires, tant d'après la longueur que d'après la direction de l'ombre, leur était familier. Un texte du Moyen Empire contient à propos d'une éclipse les mots suivants : « On ne distingue plus l'heure de midi, on ne *compte* plus l'ombre ». Le soleil étant divin, les mesures obtenues à l'aide de ses rayons prenaient un caractère sacré. Ce calcul comportait déjà, voici cinq mille ans, un rituel minutieux, comme celui dont s'entourait la construction d'un temple et la détermination de son axe Nord-Sud, qu'établissaient ensemble le roi et le dieu du Soleil.

Essai sur le temps, / © Christian Bourgois Éditeur, 1980.

Jacques ATTALI

Histoires du temps, p. 55, Fayard, 1982 (1re éd.).

LE PASTICHE

Le pastiche peut être défini comme l'imitation la plus précise possible d'un auteur, à partir d'un ou de plusieurs de ses textes.

LE PASTICHE

Il s'agit en somme d'ajouter à l'œuvre d'un écrivain un nouveau texte que l'on aura écrit en essayant de reproduire les traits caractéristiques de son style.

Dans son petit livre sur Lautréamont, Claude Bouché précise que le pastiche doit malgré tout « prendre ses distances » par rapport au texte imité : en accumulant et en exagérant certains traits du style de l'auteur, ou en changeant de cadre historique, comme le fait Jean-Louis Curtis dans le texte que nous citons, où Céline écrit sur Mai 68, époque qu'il n'a bien sûr pas connue.

Il règne, même dans des dictionnaires comme le *Petit Robert,* une certaine confusion entre les termes de *pastiche,* de *parodie* et de *plagiat.*

Comme il serait préférable de les voir désigner des activités différentes, nous prenons le parti de faire les distinctions suivantes :

Le pastiche ne peut être, à nos yeux, que l'œuvre d'un lecteur *subtil* ; il est aussi le signe évident d'une grande *maîtrise* d'écriture. Rappelons à ce propos ce qu'écrit Jean Guénot dans son livre *Ecrire :*

Le pastiche « *est une pratique littéraire qui a l'avantage de ne pas exiger qu'on l'invente, et de contraindre à des opérations d'écriture bien plus minutieuses et bien plus fondées sur une observation des éléments du style que la dissertation. Je le recommande et conseille tout au long qu'on le pratique, tant pour débarrasser les écritures personnelles de leur complaisance que pour l'amélioration de la confiance entre l'écrivain et son texte. Les peintres ne le négligent pas. Bazaine a dessiné longtemps d'après Watteau.* »

♣

C. BOUCHE : *Lautréamont,* Larousse, 1974.

J. GUENOT : *Ecrire : Guide pratique de l'écrivain.* J. Guénot éd., 1977.

L. DEFFOUX et P. DUFAY : *Anthologie du pastiche,* 2 vol., 1927.

L. DEFFOUX : *Le Pastiche littéraire,* 1932.

F. CARADEC : *Trésors du pastiche,* P. Horay, 1971.

J. LAURENT : *Neuf perles de culture,* Gallimard, 1952.

Ajoutons pour distinguer le pastiche du plagiat, que le pasticheur est un *faussaire* qui s'avoue comme tel (ce qui est indispensable s'il veut qu'on apprécie son talent). Cela le différencie radicalement du plagiaire qui, apposant son propre nom au texte volé, n'a qu'une seule crainte : qu'on découvre quel est l'auteur réel du texte qu'il vient de signer.

Comme il exige une familiarité avec les textes que l'on veut imiter, il y a toutes chances pour qu'on ne pastiche que ceux que l'on aime. Le pastiche sera donc le plus souvent un exercice affectueux.

L'analyse (même approfondie) d'un texte ne peut être totale, ce qui veut dire que le pastiche reste inévitablement une approximation.

De plus, le pasticheur espère toujours que son art soit reconnu ; il se voit donc obligé (sauf à ne s'adresser qu'à des initiés) de ne retenir et de ne souligner que les traits les plus apparents de son modèle.

La parodie au contraire, souvent plus malveillante, ne se contente pas d'imiter : elle ajoute une *déformation* qui procède d'une *intention ironique.*

La parodie suppose donc dans la plupart des cas l'indifférence à l'égard du texte qu'on imite, voire l'antipathie : pour être *irrévérencieux,* il faut être au moins *détaché.* Dans certains cas on aimera parodier un texte qu'on reçoit mal, qui agace, qui insupporte.

Cette activité donne des résultats plus spectaculaires, plus voyants. Elle nous semble pourtant plus facile, car elle n'exige qu'une lecture fragmentaire et n'a pas à s'embarasser de ces deux contraintes : la *nuance* et la *fidélité.*

Le *café-théâtre,* tel qu'il se présente à nous en France depuis quelques années, nous paraît pouvoir être concerné par cette dictinction. Les spectacles de Zouc, de Jacques Villeret (et de quelques autres...) nous semblent être du côté du pastiche, car on y trouve la sensibilité, la délicatesse, la suspension du jugement. D'autres comédiens cependant (qu'il vaut mieux ne pas nommer) occupent le « territoire » parodique, au sens où ils s'appuient au contraire sur la caricature, autrement dit : l'absence de nuances, l'arrogance, la volonté de déprécier, la démagogie.

LA BRUYERE (1645-1696)

Je n'aime pas un homme que je ne puis aborder le premier ny salüer avant qu'il me salüe, sans m'avilir à ses yeux et sans tremper dans la bonne opinion qu'il a de luy-même. Montaigne diroit : je veux avoir mes coudées franches et être courtois et affable à mon point, sans remords ne conséquence. Je ne puis du tout estriver contre mon penchant et aller au rebours de mon naturel, qui m'emmeine vers celuy que je trouve à ma rencontre. Quand il m'est égal et qu'il ne m'est point ennemy, j'anticipe sur son accueil, je le questionne sur sa disposition de santé, je lui fais offre de mes offices, sans tant marchander sur le plus ou le moins, ne être, comme disent aucuns, sur le qui vive : celuy là me déplaist qui, par la connoissance que j'ay de ses coûtumes et façons d'agir, me tire de cette liberté de franchise : comment me ressouvenir tout à propos et d'aussi loin que je vois cet homme, d'emprunter une contenance grave et importante, et qui l'avertisse que je crois le valoir bien et au delà, pour cela de me ramentevoir de mes bonnes qualitez et conditions et des siennes mauvaises, puis en faire la comparaison ? C'est trop de travail pour moy, et ne suis du tout capable de si roide et si subite attention ; et quand bien elle m'auroit succédé une première fois, je ne laisserois de fléchir et me démentir à une seconde tâche : je ne puis me forcer et contraindre pour quelconque à être fier.

Pastiche de Montaigne, « De la société et de la conversation », dans *Les Caractères,* 1688-1696.

UN EXEMPLE DE FAUX

M. de CALONNE

le docteur amoureux

« — *Etes-vous notaire ? interroge* Marianne.

Cléante. — *Non point, à mon grand contentement.*

Marianne. — *Renoncez donc à l'honneur de nous avoir pour femme.*

Cléante. — *Je ne te conçois pas.*

Marianne. — *Ne seriez-vous point quelque chose comme docteur ?*

Cléante. — *Moins encore.*

Marianne. — *Rentrez au logis et tenez-vous y tranquille.*

Cléante. — *Explique-toi.*

Marianne. — *Il nous faut un gendre qui salue en latin, marche en grec, dorme en hébreu, mange en égyptien, boive en carthaginois et digère en syriaque. Savez-vous tout cela ?*

Cléante. — *Je sais comme il faut aimer une femme aussi parfaite que vous, Dorine, toute ma science s'arrête là !*

Marianne. — *C'est la bonne, mais elle ne suffit pas à M. Géronte.* »

Le Docteur amoureux, donné comme étant de Molière, et présenté le 1er mars 1845 à la Comédie Française.

Marcel PROUST (1872-1922)

On a peut-être oublié, depuis dix ans, que Lemoine ayant faussement prétendu avoir découvert le secret de la fabrication du diamant et ayant reçu, de ce chef, plus d'un million du président de la De Beers, Sir Julius Werner, fut ensuite, sur la plainte de celui-ci, condamné le 6 juillet 1909 à six ans de prison. Cette insignifiante affaire de police correctionnelle, mais qui passionnait alors l'opinion, fut choisie un soir par moi, tout à fait au hasard, comme thème unique de morceaux, où j'essayerais d'imiter la manière d'un certain nombre d'écrivains. Bien qu'en donnant sur des pastiches la moindre explication on risque d'en diminuer l'effet, je rappelle pour éviter de froisser de légitimes amours propres, que c'est l'écrivain pastiché qui est censé parler, non seulement selon son esprit, mais dans le langage de son temps. A celui de Saint-Simon par exemple, les mots bonhomme, bonne femme n'ont nullement le sens familier et protecteur d'aujourd'hui. Dans ses Mémoires, Saint-Simon dit couramment le bonhomme Chaulnes pour le duc de Chaulnes qu'il respectait infiniment, et pareillement de beaucoup d'autres.

♣

Dans un des derniers mois de l'année 1907, à un de ces « routs » de la marquise d'Espard où se pressait alors l'élite de l'aristocratie parisienne (la plus élégante de l'Europe, au dire de M. de Talleyrand, ce Roger Bacon de la nature sociale, qui fut évêque et prince de Bénévent), de Marsay et Rastignac, le comte Félix de Vandenesse, les ducs de Rhétoré et de Grandlieu, le comte Adam Laginski, Mme Octave de Camps, lord Dudley, faisaient cercle autour de Mme la princesse de Cadignan, sans exciter pourtant la jalousie de la marquise.

N'est-ce pas en effet une des grandeurs de la maîtresse de maison — cette carmélite de la réussite mondaine — qu'elle doit immoler sa coquetterie, son orgueil, son amour même, à la nécessité de se faire un salon dont ses rivales seront parfois le plus piquant ornement ? N'est-ce pas en cela l'égale de la sainte ? Ne mérite-t-elle pas sa part, si chèrement acquise, du paradis social ? La marquise — une demoiselle de Blamont-Chauvry, alliée des Navarreins, des Lénoncourt, des Chaulieu — tendait à chaque nouvel arrivant cette main que Desplein, le plus grand savant de notre époque, sans en excepter Claude Bernard, et qui avait été élève de Lavater, déclarait la plus profondément calculée qu'il lui eût été donné d'examiner. Tout à coup la porte s'ouvrit devant l'illustre romancier Daniel d'Arthez. Un physicien du monde moral qui aurait à la fois le génie de Lavoisier et de Bichat — le créateur de la chimie organique — serait seul capable d'isoler les éléments qui composent la sonorité spéciale du pas des hommes supérieurs. En entendant résonner celui de d'Arthez vous eussiez frémi. Seul pouvait ainsi marcher un sublime génie ou un grand criminel. Le génie n'est-il pas d'ailleurs une sorte de crime contre la routine du passé que notre temps punit plus sévèrement que le crime même, puisque les savants meurent à l'hôpital qui est plus triste que le bagne ?

Pastiche de Balzac, dans *Pastiches et Mélanges,*

La chaleur devenait étouffante, une cloche tinta, des tourterelles s'envolèrent, et, les fenêtres ayant été fermées sur l'ordre du président, une odeur de poussière se répandit. Il était vieux, avec un visage de pitre, une robe trop étroite pour sa corpulence, des prétentions à l'esprit ; et ses favoris égaux, qu'un reste de tabac salissait, donnaient à toute sa personne quelque chose de décoratif et de vulgaire. Comme la suspension d'audience se prolongeait, des intimités s'ébauchèrent ; pour entrer en conversation, les malins se plaignaient à haute voix du manque d'air, et, quelqu'un ayant dit reconnaître le ministre de l'Intérieur dans un monsieur qui sortait, un réactionnaire soupira : « Pauvre France ! » En tirant de sa poche une orange, un nègre s'acquit de la considération, et, par amour de la popularité, en offrit les quartiers à ses voisins, en s'excusant, sur un journal : d'abord à un ecclésiastique, qui affirma « n'en avoir jamais mangé d'aussi bonne ; c'est un excellent fruit, rafraîchissant » ; mais une douairière prit un air offensé, défendit à ses filles de rien accepter « de quelqu'un qu'elles ne connaissaient pas », pendant que d'autres personnes, ne sachant pas si le journal arriverait jusqu'à elles, cherchaient une contenance : plusieurs tirèrent leur montre, une dame enleva son chapeau. Un perroquet le surmontait. Deux jeunes gens s'en étonnèrent, auraient voulu savoir s'il avait été placé là comme souvenir ou peut-être par goût excentrique. Déjà les farceurs commençaient à s'interpeller d'un banc à l'autre, et les femmes, regardant leurs maris, s'étouffaient de rire dans un mouchoir, quand un silence s'établit, le président parut s'absorber pour dormir, l'avocat de Werner prononçait sa plaidoirie. Il avait débuté sur son ton d'emphase, parla deux heures, semblait dyspeptique, et chaque fois qu'il disait « Monsieur le Président » s'effondrait dans une révérence si profonde qu'on aurait dit une jeune fille devant un roi, un diacre quittant l'autel. Il fut terrible pour Lemoine, mais l'élégance des formules atténuait l'âpreté du réquisitoire. Et ses périodes se succédaient sans interruption, comme les eaux d'une cascade, comme un ruban qu'on déroule.

Pastiche de Flaubert, *op. cit.*

Une histoire de Vélosolex. A LA MANIÈRE DE JULES VERNE.

5 000 FRANCS OR - UNE MACHINE EXTRAORDINAIRE - MAX VON ROBOR - DÉMONSTRATION SAISISSANTE - ENTHOUSIASME DE L'ASSEMBLÉE - LE VÉLOCE-OLEX.

Il y avait une grande affluence d'auditeurs le 19 janvier 1852, à la séance extraordinaire de la Société Internationale de Dynamique de Paris.

Le professeur Édouard Pharamond, Président de l'honorable Assemblée rappelait en un discours préliminaire d'une rare éloquence, les conditions à l'attribution d'une indemnité d'encouragement de 5 000 francs or. L'importance de l'assistance se proportionnait à l'importance de la somme :

..."et cette prime s'adresse à l'inventeur suffisamment ingénieux pour proposer les plans d'une machine qui constituera demain cet engin de transport individuel et universel. Cette machine devra être économique *(assentiments nombreux dans l'assistance)*, sûre, légère et silencieuse. Elle devra enfin être capable de transporter un homme à l'allure fulgurante de 35 km / heure *(sifflements d'effroi)*. Si ces conditions se trouvent réunies, une nouvelle ère s'ouvrira sur l'homme *(bravos)*, une ère de rapidité et de liberté qui se répandra à la vitesse de l'éclair sur toute la planète. Songez qu'un homme seul pourrait alors faire le tour du monde en 65 jours ! *(applaudissements)*.

La société a sélectionné deux projets qu'elle porte aujourd'hui à l'assentiment de ses illustres membres. Qu'on présente la première proposition *(trépignements d'impatience)*."

Et Max Von Robor entra au milieu d'un murmure flatteur. C'était un homme d'une quarantaine d'années, de taille élancée et de maintien hautain. Il tenait à la main une série d'épures et commença, sans paraître le moins du monde ému, son exposé par ces mots :

– "Honorable assemblée, je suis l'inventeur d'une machine qui correspond en tous points aux critères si brillamment définis par le professeur Pharamond. En voici, en quelques mots, le principe : nul n'ignore que l'eau est une source d'énergie extraordinaire. Qu'on parviennent à compresser puis à détendre un volume de seulement 3 pieds cubiques de ce fluide et l'on obtient une poussée capable de redresser en un clin d'œil la Tour de Pise. On connaît le principe des vérins hydrauliques des mines de Kolang-Shazar qui permettent de soutenir plusieurs tonnes de métaux dont la densité peut atteindre 23 atmosphères !"

Le Président acquiesça d'un air entendu. Von Robor reprenait là, la théorie défendue par Goret. Lenain Blédur, Machin-Coulis, Auguste de la Piste Sablée, Albert le Pouët, tous les savants hydrophysiciens qui avaient tant publié sur le sujet.

Jules Verne, Harlingue, © Roger Viollet.

– "Maintenant, si l'on examine ce tracé avec attention, reprit l'inventeur, on s'aperçoit que le fluide, passant par le vibro oscillateur que vous voyez là, se transforme en un réactif réparti sur ces trois clapets. Par un ingénieux système de poulies et de courroies, cette force est ensuite communiquée au vilebrequin qui se trouve sous cette nacelle, et s'échappe par ici !" *(« Coucou ! » lança un plaisantin dans l'assistance)*).

Foudroyant du regard le perturbateur, Von Robor poursuivit sa démonstration.

– "Il suffit alors au voyageur de prendre place en position accroupie à l'intérieur de cette nacelle. Avec son genou gauche, il actionne rythmiquement le clapet, pendant que de la main droite, il manœuvre les commandes qui permettent à l'eau de se répandre sur le toit. Il suffit d'utiliser son pied droit pour gonfler la vessie de porc installée sous le vibro oscillateur et de tenir un parapluie de la main gauche. Le véhicule se déplace alors à la vitesse souhaitée, d'une manière sûre, économique et silencieuse. N'est-ce pas là, éminent aéropage l'engin de transport qu'évoquait avec tant de maestria le Président Pharamond ?"

Un silence stupéfait succéda l'espace d'un instant à l'exposé de Von Robor. Puis l'assistance éclata en un tonnerre d'applaudissements. Il était évident qu'on tenait là le lauréat du concours. A tel point qu'on en oublia le second inventeur et que la prime d'encouragement fut votée par acclamations et à main levée à la machine de Von Robor.

Le candidat malchanceux ne put donc exposer son projet.

Il s'agissait d'un cadre vélocipédique, mû par un moteur à explosion alimenté par un simple mélange à base de pétrole. Ce moteur monocylindrique à deux temps, possédait une course de 40 mm, un alésage de 39,5 mm et une cylindrée de 49 centimètres cubes. Il développait une puissance de 0,8 chevaux vapeur*. L'éclairage était assuré par un système à volant magnétique, et la transmission par un procédé révolutionnaire à galet en crystalon. Il était doté d'un réservoir de 1,3 litre de mélange qui lui assurait une autonomie de 100 kilomètres. Il pesait 28 kilogrammes et son inventeur était particulièrement fier du silence de son moteur. Cette machine démarrait, virait et freinait avec un minimum d'efforts de la part de son pilote : toutes les commandes de l'appareil étaient regroupées sur un simple guidon.

Son inventeur, qui se nommait Olex, n'avait pu résister au plaisir de la gratifier de l'éphithète « Véloce ». Ceci l'avait amené à baptiser sa machine du flamboyant vocable de « Véloce-Olex ».

* authentique.

Publicité parue dans *Le Nouvel-Observateur.*

Le Caravage, *Les Pélerins d'Emmaüs,* 1606, Londres, National Gallery.

Hans Van Meegeren était un faussaire et un artisan que j'ai depuis longtemps placé tout en haut sur la liste de mes héros personnels favoris. En fait, j'irais jusqu'à dire que l'extraordinaire farce morale que fut son procès résume à la perfection la confrontation entre deux systèmes de valeur : celui qui revendique pour l'auteur l'identité et la responsabilité personnelle — et qui est typique de tout l'art de la Renaissance à nos jours —, et celui qui admet une pluralité de valeurs — et qui découle des techniques électroniques.

L'évaluation d'une œuvre d'art d'après les informations qu'on possède à son sujet est la plus aberrante des méthodes de jugement esthétique. Elle consiste en fait à esquiver toute estimation autonome, affranchie des jugements antérieurs.

Dans un article récent, j'entrepris de démontrer le caractère aberrant de pareilles évaluations, en imaginant l'exemple suivant. Admettons qu'on soumette à la critique une improvisation dont le style et la texture fassent raisonnablement penser qu'elle ait pu être composée par Joseph Haydn. A condition qu'elle ait été brillamment réalisée et qu'elle soit tout à fait haydnienne, j'indiquais dans ce même article qu'on lui attribuerait la valeur d'une œuvre de Haydn aussi longtemps que l'auditeur resterait persuadé qu'elle avait été effectivement composée par Haydn. Si, pourtant, tout en lui reconnaissant une grande ressemblance avec Haydn, on disait qu'elle était en fait une œuvre de jeunesse de Mendelssohn, sa valeur déclinerait. Au fur et à mesure qu'on l'attribuerait à des compositeurs de plus en plus proches de notre époque — quel que soit leur talent et leur signification historique — les mérites de cette même petite pièce tendraient à diminuer avec chaque nouvelle identification. Admettons par contre qu'on indique que cette œuvre de hasard, de coordonnées géographiques et temporelles accidentelles, n'était pas due à Haydn mais à un compositeur d'une ou deux générations antérieures (disons Vivaldi), la même œuvre deviendrait — du fait de l'audace du génie anticipateur qu'on lui prêterait alors — une des compositions charnières de l'histoire de la musique.

Glenn Gould, *Le Dernier puritain : écrits, tome 1,* Fayard, 1983.

Van Meegeren, *Les Pélerins d'Emmaüs*, 1936-1937, / © Boymans Van-Beuningen Museum, Rotterdam.

« Le tableau reproduit ci-dessus, *les Pélerins d'Emmaüs*, est le meilleur « Vermeer » de van Meegeren. Quoiqu'on en pense sur le plan de l'art (et bien des gens le trouvent beau), il constitue certainement un tour de force technique. Van Meegeren a passé quatre ans à mettre au point des procédés donnant à une peinture moderne l'apparence de l'ancien. La principale difficulté consistait à faire durcir assez vite la peinture à l'huile — ce qui demande normalement cinquante ans : il la résolut en mélangeant à ses couleurs une résine synthétique au lieu d'huile, et en cuisant la toile.

Il put alors se lancer. Il prit un authentique tableau du XVIIe siècle dont il retira presque toute la peinture à la pierre ponce et à l'eau, en ayant soin de ne pas boucher le réseau des craquelures qui, on le verra, avait un rôle important à jouer. Mais il ne put effacer une tache de peinture blanche et il dut construire sa composition autour d'elle. A peu près tout ce qui avait été blanc sur la toile primitive resta blanc — ce fut la nappe ; seule une petite zone blanche à gauche du pichet était difficilement utilisable : il la repeignit. Des années plus tard, les rayons X allaient révéler une tête fantomatique au-dessus de la main du Christ.

On jugera de la réussite de van Meegeren par cette déclaration d'un expert hollandais : « Nous avons ici un chef-d'œuvre, j'inclinerais à dire le chef-d'œuvre de Vermeer de Delft ». De fait, presque aucune voix discordante ne se fit entendre jusqu'à ce qu'en 1945 van Meegeren fût accusé de collaboration avec les nazis pour leur avoir vendu des trésors nationaux. Sa confession incroyable déclencha une enquête de deux ans ; au cours de celle-ci, une analyse scientifique complète des nouveaux « Vermeer » fut menée sous la direction du Dr P.B. Coremans, directeur du Laboratoire central des Musées belges ».

Vermeer et son temps : 1632-1675 / © Ed. *Time-Life*, 1973.

♣

Jean-Louis CURTIS (né en 1917)

— Ça alors ! qu'il me fait Eugène. Pas croyable !... Il en revient pas !... Il a jamais vu ça !... Des gamins qui lui barrent la route à lui Eugène !... Tout juste s'ils lui demandent pas ses fafs !... Mais alors mais alors où c'est qu'on va, s'ils font la loi maintenant les morveux ?

— De quoi ? qu'il fait Eugène... Comment ?... Vous disiez ?... Au galopin qu'il s'adresse... La gueule mauvaise et tout, les poignes dans les poches... Comme quand ça va barder dur si qu'on dit un mot de trop... qu'il vaut mieux se trisser tout de suite... pouloper dare-dare... parce que les tartes sur la tronche, Eugène, il les a faciles...

L'autre, pas impressionné... Y a tous ses potes autour de lui... Douze, quinze, vingt... L'air pas commode... Y gaffent le viocque... l'ennemi autant dire... parce qu'Eugène avec ses quarante berges, pour ces mômes c'est le dab... Celui qui a interpellé Eugène montre ses crocs... des canines pointues de chiot...

— Mon pote attention, qu'il fait. Tu vois pas qu'y a une barricade ? Ici on passe pas.

— Votre barricade, qu'il réplique du tac au tac Eugène, je me la mets au derge. La rue elle est à tout le monde.

— La rue elle est à nous, l'autre y riposte aussi sec. Où c'est qu'y se croyait ce mec ? Il avait pas compris non que c'était la révolution maintenant ?

On a pas le temps de discuter, d'ergoter... Au bout de la rue voilà que des monstres jaillissent !... Sur une ligne qu'ils sont, au coude à coude, épouvantables !... Un rempart ambulant !... Des Martiens, qu'on dirait qu'ils viennent de sortir d'une soucoupe volante !... Y portent des grands masques carrés en plexiglas... des boucliers... Comme des robots qu'ils avancent vers nous !... Rien qu'à les voir on en a la peau qui se hérisse !... Les chocottes en caoutchouc !... Comment qu'ils se carapatent derrière la barricade les mômes !... Eugène et mézigue on se trouve pris comme ça tout cons entre le rang des Martiens et les salopiots derrière leur tas de cailloux... Pris entre deux périls !... Entre deux feux !... « Eh ! On se taille ! » que je lui crie à Eugène... Mais il bouge pas cet empoté !... Cloué sur place !... Une statue !... La tronche illuminée de joie, qu'on dirait !... Bouche bée de bonheur !... « Les cognes ! » qu'il murmure en extase... A croire qu'il voit une apparition céleste !... « Ah ! les braves gens ! » qu'il s'écrie... Complètement sonné, je vous dis... Je raconte comme je pense... Tout à coup, un des Martiens lève le bas, terrible !... Dzin !... Boum !... Une gerbe de fumée à deux pas de nous !... Eugène sursaute... se réveille... réalise... « Grenade lacrymogène ! » qu'il m'hurle en fonçant vers la barricade... Il a pas fait trois mètres qu'un pavé lui siffle à l'oreille, vraoum !... A terre qu'il se jette l'Eugène !... Aplati !... Une crêpe !... La tête dans les bras !... Plus question d'extase !... Sauve qui peut et au revoir au ciel !...

Ah ! mes amis, quelle nouba !... D'un côté de la rue, les Martiens qu'avancent au pas de course, maintenant !... De l'autre côté, les mômes sur les barricades, qui font pleuvoir les pavés comme grêle !... La foule des badauds, y a toujours des badauds quand on fout quelque chose en l'air, la République, la Monarchie, la Dictature... se carapate... trisse... cul aux talons... s'engouffre dans les portes cochères, les couloirs, les cafés... Panique ! Trouille verte !... Je prends l'Eugène par le bras, le relève, l'entraîne... On fonce dans un bistrot, on écrase tous les orteils qu'ont le malheur de se trouver sur notre passage... On a reçu un jet de lacrymogène dans les mirettes tous les deux, Eugène et mézigue... On tousse... on s'étouffe... on pleure... renâcle... ça picote dur... l'Eugène qui chiale... deux gros ruisseaux de larmes de chaque côté du pif... Y sanglote... gémit... appelle sa mère, le pauvre mec !... Il a peur d'être aveugle pour la vie !...

"Passacaille", dans *La Chine m'inquiète*,

LA PARODIE

La parodie consiste à imiter un texte en le caricaturant.

EIDORAP AL

Il est possible aussi de parodier un *genre* littéraire, comme le fait Cervantès avec les romans de chevalerie dans son *Don Quichotte*, ou une « école », un courant littéraire : faire une parodie de texte surréaliste par exemple.

Selon Peignot, *« on donne le nom de parodie à un ouvrage en vers, dans lequel on détourne dans un sens railleur des vers qu'un autre a faits dans une vue différente. On a la liberté d'ajouter ou de retrancher ce qui est nécessaire au dessein qu'on se propose ; mais on doit conserver autant de mots qu'il est nécessaire pour rappeler le souvenir de l'original dont on emprunte les paroles ; l'idée de cet original et l'application qu'on en fait à un sujet d'un ordre moins sérieux, forment dans l'imagination un contraste qui la surpend, et c'est en cela que consiste la plaisanterie de la parodie. »*

On trouvera, dans un texte de Claude Bouché consacré à Lautréamont, des explications précises du « fonctionnement parodique ».

C'est d'ailleurs tout un ouvrage qu'il faudrait écrire sur cette question, en inventoriant les œuvres parodiques existant dans d'autres domaines que la littérature. Ainsi, lorsque Picasso refait à sa façon *Les Ménines* de Vélasquez ou *Le Déjeuner sur l'herbe* de Manet, il donne de toute évidence dans la parodie ; de même le guitariste Jimi Hendrix quand il caricature l'Hymne national américain dans son morceau *Star spangled Banner*.

Enfin, nous devons mentionner une forme littéraire proche du genre parodique : il s'agit du *vers burlesque*.

« *Ces vers*, nous dit Peignot, *tiennent à un genre de poésie qui travestit les choses les plus nobles et les plus sérieuses, en plaisanteries bouffonnes. C'est sous le règne de Louis XIII et au commencement de celui de Louis XIV que le style burlesque était le plus en vogue.* »

♣

C. BOUCHE : *Lautréamont,* Larousse, 1974.
G. PEIGNOT : *Amusements philologiques,* 1842.

L'exemple sans doute le plus célèbre de *poésie burlesque* est le *Virgile travesti* de Scarron (il s'agit d'une parodie des 8 premiers Chants de l'*Enéide* de Virgile). Dans ses *Amusements philologiques*, Peignot signale également un *Virgile virai en Bourguignon* (*Virgile tourné en bourguignon*), adaptation de Virgile en patois.

LA PARODIE MUSICALE : QUELQUES ŒUVRES

– Au Moyen-Age, la « Messe de l'Ane », et dans les *Carmina Burana*, la « Messe des joueurs » (par le Clementic Consort).
– *Le Maître de musique,* de Telemann.
– La *Plaisanterie Musicale*, de Mozart (par le Quatuor Amadeus).
– Le « Duo des chats » de Rossini, dans lequel il moque son propre style ; fait d'ailleurs écho à ce morceau une brève chanson de William Lawes (compositeur anglais du XVIIe siècle), intitulée « The Cats » (disque Oiseau-Lyre).
– *La Belle Hélène* et *Orphée aux enfers*, d'Offenbach, mais où la parodie s'exerce dans le livret plus que dans la musique.
– Les « Concerts Hoffnung ».
– Spike Jones et ses reprises de *Carmen*, de *Casse-Noisette...*
– La « Marseillaise », parodiée par le saxophoniste de jazz Albert Ayler: « Spirit Rejoice », dans le disque *Nuits de la Fondation Maeght*, vol. 1.
– « So you want to write a fugue », de Glenn Gould, qui est en même temps un pastiche de la fugue et une parodie de quelques compositeurs (Mendelssohn et Schönberg).
– Franck Zappa, dans de nombreux morceaux ; ainsi, une parodie de Bob Dylan dans l'album *Sheik Yerbuti.*
– Le groupe de rock Queen : *A night at the Opera*, 1975 ; *A day at the Races,* 1976.

Paul SCARRON (1610-1660)

Elle aperçut sur la couchette
Où sa faute avoit été faite
Du faux amant les caleçons,
Son bonnet de nuit, ses chaussons,
Et le reste de ses guenilles,
Et d'amour quelques béatilles (1)
Comme rubans, vers et poulets (2)
Bagues, cheveux et bracelets ;
Et puis lâcha paroles telles
A l'aspect de ces bagatelles :
« Bijoux autrefois honorés,
Et qui maintenant ne me faites
Que haïr celui dont (3) vous êtes,
Ecoutez mes derniers discours !
Je sais que je parle à des sourds,
Mais ma raison s'est envolée ;
Excusez une désolée,
J'ai vécu reine de ces lieux
Tant que l'ont permis les bons dieux ;
J'ai fait faire une belle ville,
J'ai toujours été fort civile ;
Mais, hélas ! pour l'avoir été,
J'ai tout mon cher honneur gâté.
Mon mari, frappé par derrière,
De mon frère qui ne vaut guère,
A reçu satisfaction
Par ma généreuse action
D'avoir sa finance (4) enlevée ;
Chacun m'en a fort approuvée,
Et le rôle que j'ai joué
En ce monde eût été loué,
Si du fils de putain d'Enée
La flotte en ces bords amenée
Par quelques Dieux à (5) moi fâchés,
N'eût tous mes beaux exploits tachés » (6)
Après ce langage farouche
Elle baisa deux fois la couche,
Couche où la dame se perdit,
Comme je vous ai déjà dit ;
Et puis après, toute changée :
« Mourons, et sans être vengée,
Dit-elle. C'est là le destin
Que doit avoir une putain ;
Et qu'Æneas, voyant reluire
La flamme qui me va détruire,
Ait le cerveau tout étonné (7)
De ce présage infortuné ! »
Ayant parlé de cette sorte,
On la vit tomber demi-morte,
Sans dire un seul mot d'*In manus* (8)
Un glaive entre ses tétons nus
Avoit fait un large passage
Par où cette dame peu sage
Répandit de bon sang humain
Par terre, non pas plein la main,
Mais plein une bonne écuellée ;
Et son âme, parmi mêlée,
S'en alla je ne sais pas où.

Virgile travesti, 1648-1653.

VIRGILE (70-19 AV. J.-C.)

Aussitôt, frémissante, farouche de sa terrible résolution, Didon, les lueurs sanglantes dans les yeux, les joues tremblantes et marbrées, pâle de sa mort prochaine, se précipite à l'intérieur de son palais, gravit d'un élan désespéré les hauts degrés du bûcher et tire l'épée du Dardanien. Ah, ce n'était pas pour cet usage qu'il lui en avait fait présent ! Elle a regardé les vêtements d'Illion et la couche si familière ; elle a donné un instant aux larmes et au rêve ; puis elle s'est jetée sur le lit et elle prononce ces dernières paroles : « Vêtements qui me furent chers tant que les destins et la divinité le permirent, recevez mon âme et libérez-moi de mes souffrances. J'ai fini de vivre ; j'ai accompli la route que m'avait tracée la fortune. C'est une grande ombre qui maintenant va descendre sous la terre. J'ai fondé une ville magnifique ; j'ai vu mes remparts ; j'ai vengé mon mari et puni le crime de mon frère. Heureuse, hélas, trop heureuse si seulement les vaisseaux dardaniens n'avaient jamais touché nos rivages ! » Elle dit, et collant ses lèvres sur le lit : « Je mourrai sans vengeance ; mais mourons. Il m'est doux d'aller ainsi, oui même ainsi, chez les Ombres. Que de la haute mer le cruel Dardanien repaisse ses yeux des flammes de mon bûcher et qu'il emporte avec lui le mauvais présage de ma mort. »

Elle parlait encore que ses femmes voient l'infortunée s'affaisser sous le fer mortel et le sang écumer sur l'épée et ses mains en être éclaboussées. Un cri monte sous les voûtes du palais.

Enéide, 18 av. J.-C.

(1) *Petites choses délicates et friandes.*
(2) *Lettre d'amour (adressée à Didon).*
(3) *De qui = votre propriétaire.*
(4) *Son pouvoir.*
(5) *Contre.*
(6) *N'eût entaché tous mes beaux exploits.*
(7) *Abasourdi.*
(8) *Prière pour le repos de son âme.*

♣

HOMÈRE (VIIIe S. AV. J.-C.)

Chante, ô Muse, la colère d'Achille, fils de Pélée ; colère funeste qui causa tant de malheurs aux Grecs, qui précipita dans les Enfers les âmes courageuses d'une foule de héros, et rendit leurs corps la proie des chiens et des vautours. Ainsi s'accomplit la volonté de Jupiter, du jour où se divisèrent, après une vive dispute, Agamemnon, roi des hommes, et le divin Achille.

Qui donc, parmi les Immortels, excita ces chefs à se quereller avec tant de violence ? Les fils de Jupiter et de Latone. Irrité contre Agamemnon, il fit naître une maladie funeste dans l'armée, et les peuples périssaient, parce que Atride avait méprisé Chrysès, prêtre de ce dieu. Chrysès s'était rendu près des rapides vaisseaux des Grecs pour racheter sa fille ; il portait de riches présents, et, tenant dans ses mains le spectre d'or et les bandelettes d'Apollon, il implorait tous les Grecs, et surtout les deux Atrides, chefs des peuples.

« Atrides, et vous, Grecs belliqueux, que les dieux habitants de l'Olympe vous donnent de renverser la ville de Priam, et de retourner heureusement dans vos foyers ! Mais rendez-moi ma fille chérie, acceptez sa rançon, et respectez le fils de Jupiter, Apollon, qui lance au loin ses traits. »

Alors tous les Grecs demandent avec acclamation qu'on respecte le prêtre d'Apollon, et qu'on reçoive ses présents magnifiques. Mais, dans son cœur, Agamemnon ne peut s'y résoudre ; il chasse Chrysès avec outrage, et lui tient ce discours menaçant :

« Vieillard, que je ne te rencontre pas davantage près de nos larges navires, soit que tu restes plus longtemps, soit que tu reviennes encore ; ou crains que le spectre d'or et les ornements de la divinité ne te soient alors inutiles. Non, je ne délivrerai point ta fille qu'elle n'ait vieilli dans mon palais, au sein d'Argos, loin de sa patrie, occupée à tisser le lin et destinée à partager ma couche. Mais fuis, ne m'irrite pas, si tu veux t'en retourner sans malheur. »

Il dit ; le vieillard tremblant obéit à cet ordre, et marche en silence sur le rivage de la mer retentissante. Quand il a porté ses pas loin des navires, il adresse ces mots au puissant Apollon, fils de la blonde Latone :

« Ecoute ma prière, dieu qui portes un arc d'argent, toi qui protèges Chryse et la divine Cilla, qui entoures de ta puissance Sminthe et Ténédos ; si jamais j'ornai ton temple d'agréables festons, si jamais je brûlai pour toi la graisse des chèves et des taureaux, exauce aujourd'hui mes vœux, et que, frappés de tes flèches, les Grecs paient mes larmes. »

L'Iliade.

MARIVAUX (1668-1763)

Je vais chanter, mais sur un ton
Qui doit approcher du bouffon,
Un ton gaillard, un ton comique,
Moitié plaisant, et pathétique,
Gai, sérieux, de tous les goûts ;
Un ton enfin qui réjouisse.
Muse, ici rendez-moi service ;
Si, pour mériter vos faveurs,
Il faut vous dire des douceurs,
Je vous dirai... fort peu de chose,
Par une très louable cause :
Car, quand on aime tendrement,
On parle difficilement,
Cependant je pourrai vous dire
Que pour vous seule je soupire,
Et que vous êtes de vos Sœurs,
Seule, l'objet de mes fureurs ;
Fureur est bien : ce mot exprime
L'état de tout homme qui rime,
Et je sens même en ce moment,
Que ladite fureur me prend.

Oui, le transport saisit mon âme ;
Et le feu bouffon qui m'enflamme
Va prouver à tous les jaloux
Que j'ai fait fortune avec vous.
Vite donc, hâtez-vous, ma plume.
Du feu qu'en moi la Muse allume,
Exprimez la grotesque ardeur :
Et vous, écoutez-moi, lecteur,

Georges FOUREST (1864-1945)

Va, je ne te hais point.
P. Corneille.

Ou détoupez bien vos oreilles,
Pour ne rien perdre des merveilles
Que je vais chanter d'un garçon
Très digne d'être appelé bon,
Si, quand il était à la guerre,
Il n'avait eu trop de colère.
Le vif Achille (c'est son nom),
Que monseigneur Agamemnon,
Par un discours un peu trop rude,
Mit en si grande promptitude,
Qu'à tout pardon rendu rétif,
Et retenant son bras oisif,
Dans l'enfer il laissa descendre
Mille Grecs qu'il eût pu défendre ;
Qui, s'il les avait protégés,
S'en fussent tenus obligés.
Patrocle aussi quitta ce monde,
Dont Achille eut douleur profonde,
Car il aimait ce garçon-là
Autant que lui, même au-delà.

Ce fut de Jupin l'ordonnance,
Après la mésintelligence
Des héros ci-dessus nommés,
L'un contre l'autre gendarmés ;
Mais, lecteur, qui le pourrait croire,
S'il n'était moulé dans l'histoire ?
Car, notre ami, qui pensez-vous
Que fut l'auteur de leur courroux ?
Un dieu de la première classe,
Apollon, qui, sur le Parnasse,
Régit exprès neuf belles Sœurs,
Pour le plaisir des bons rimeurs ;
A la vérité, pour tout dire,
Ce dieu n'excita pas leur ire
Pour faire mal uniquement,
Comme il nous arrive souvent.
J'ai lu que (si j'ai souvenance)
Chrysès l'arma pour sa vengeance ;
Que ce fut la raison pourquoi
Au camp des Grecs il mit l'effroi,
Lesquels partagèrent la peine
De leur ribaud de capitaine,
Sans avoir tâté du péché
Dont Apollon était fâché.
Chrysès, bon père de famille,
Pour retirer sa pauvre fille
D'un esclavage dangereux
Malgré sa goutte et son grand âge
S'en vint au Phrygien rivage ;
Car pour lors, des enfants l'honneur
Aux parents était fort à cœur ;
On avait aussi des scrupules,
Qu'on trouve à présent ridicules.
Quoi ! pour un honneur en danger
Courir les mers, et voyager ?
On vit, dans le temps où nous sommes,
Plus franchement avec les hommes.
On se tait, on pardonne tout,
Pourvu que l'argent soit au bout.

L'Homère travesti ou l'Illiade en vers burlesques, 1717,
dans *Œuvres de Jeunesse,* bibliothèque de
la Pléiade / © Ed. Gallimard.

Le palais de Gormaz, comte et gobernador,
est en deuil : pour jamais dort couché sous la pierre
l'hidalgo dont le sang a rougi la rapière
de Rodrigue appelé le Cid Campeador.

Le soir tombe. Invoquant les deux saints Paul et Pierre
Chimène, en voiles noirs, s'accoude au mirador
et ses yeux dont les pleurs ont brûlé la paupière
regardent, sans rien voir, mourir le soleil d'or...

Mais un éclair, soudain, fulgure en sa prunelle :
sur la plaza Rodrigue est debout devant elle !
Impassible et hautain, drapé dans sa capa,

Le héros meurtrier à pas lents se promène :
« Dieu ! » soupire à part soi la plaintive Chimène,
« qu'il est joli garçon l'assassin de Papa ! »

« Le Cid », dans *La Négresse blonde,* / © J. Corti, 1909.

Pour son célèbre *Déjeuner sur l'herbe* Manet s'est largement inspiré de tableaux du XVIe siècle : la *Fête champêtre* de Giorgione pour l'idée de la femme nue en compagnie d'hommes habillés, et une gravure de Raimondi pour les postures des personnages. Et ce tableau a lui-même servi de point de départ juste un siècle plus tard à quelques variations parodiques de Picasso.

Manet, *Le Déjeuner sur l'herbe,* 1860, Paris, Louvre, (Jeu de Paume),/©R.M.N.

Giorgione, *Fête champêtre,* 1505-1510, Paris, Louvre, / © R.M.N.

Raimondi, gravure d'après Raphaël, *Le Jugement de Paris (détail),* 1525-1530, © Metropolitan Museum of Art, New-York.

Picasso, *Le Déjeuner sur l'herbe,* 1960, Paris, Louvre, R.M.N. /©SPADEM.

CAMI (1884-1958)

PREMIER ACTE

Coïncidences tragiques.

La scène représente l'intérieur d'une maison

LE PERE DU PETIT CHAPERON VERT. – Nous habitons la maison où logeait autrefois le célèbre Petit Chaperon rouge, qui fut mangé par le loup.

LA MERE DU PETIT CHAPERON VERT. – Etrange coïncidence : notre ravissante petite fille porte avec tant de grâce un petit chapeau vert qu'on l'appelle partout : le Petit Chaperon vert.

LE PERE DU PETIT CHAPERON VERT. – Coïncidence plus extraordinaire encore : la mère-grand de notre petite fille demeure au village voisin, comme jadis celle du Petit Chaperon rouge, et pour aller chez elle, il faut traverser la forêt prochaine.

LA MERE DU PETIT CHAPERON VERT. – Ne dit-on pas aussi que le fameux loup qui dévora le Petit Chaperon rouge et sa grand-mère rôde toujours dans la forêt ?

LE PERE DU PETIT CHAPERON VERT. – Oui, toutes ces coïncidences sont particulièrement troublantes.

LA MERE DU PETIT CHAPERON VERT. – D'autant plus troublantes qu'aujourd'hui même j'ai fait cuire des galettes et...

LE PERE DU PETIT CHAPERON VERT, *pâlissant.* – Des galettes ! C'est affreux ! Ah ! Je devine la suite ! Tu vas envoyer notre fille le Petit Chaperon vert porter à sa mère-grand une galette ?

LA MERE DU PETIT CHAPERON VERT. – Oui, une galette et un petit pot de beurre.

LE PERE DU PETIT CHAPERON VERT. – Un petit pot de beurre ! C'est horrible ! Ce sont là d'extraordinaires et tragiques coïncidences ! Mais, chut ! voici le Petit Chaperon vert qui revient de l'école.

LA MERE DU PETIT CHAPERON VERT, *au Petit Chaperon vert.* – Va voir comment se porte ta mère-grand. Porte-lui cette galette et ce petit pot de beurre.

LE PERE DU PETIT CHAPERON VERT, *joyeusement.* – Tiens, comme le Petit Chaperon rouge !

LA MERE DU PETIT CHAPERON VERT, *avec anxiété.* – Comme le Petit Chaperon rouge ! Oh ! mon cœur est rempli de sombres pressentiments. Dois-je la laisser partir ?

LE PETIT CHAPERON VERT. – Ne craignez rien, chers parents. Le Petit Chaperon vert est plus rusé que le Petit Chaperon rouge. Si par hasard je trouve le loup dans le lit de mère-grand, il ne pourra pas me dévorer. J'ai une idée. *(Elle part.)*

♣

DEUXIEME ACTE
La ruse du Petit Chaperon vert.
La scène représente l'intérieur de la maison de la mère-grand.

LE LOUP QUI MANGEA JADIS LE PETIT CHAPERON ROUGE, *couché dans le lit.* – Dès que j'ai aperçu le Petit Chaperon vert se diriger vers la maison de sa mère-grand, j'ai opéré de la même manière qu'autrefois pour le Petit Chaperon rouge. Je suis arrivé le premier chez la mère-grand. J'ai dévoré rapidement cette vieille dame, j'ai pris sa place dans le lit et j'attends le Petit Chaperon vert, qui ne vas pas tarder à heurter à la porte.

LE PETIT CHAPERON VERT, *frappant à la porte.* – C'est votre fille le Petit Chaperon vert qui vous apporte une galette et un petit pot de beurre.

LE LOUP QUI MANGEA JADIS LE PETIT CHAPERON ROUGE, *adoucissant sa voix.* – Tirez la chevillette et la bobinette cherra. (*Le Petit Chaperon vert entre.*) – Mets la galette et le petit pot de beurre sur la huche, et viens te coucher auprès de moi.

LE PETIT CHAPERON VERT, *à part.* – Ciel ! C'est le loup ! Je reconnais la même phrase qu'il prononça jadis pour attirer le Petit Chaperon rouge dans le lit. Le misérable est en train de digérer mère-grand, mais grâce à mon idée, il lui sera impossible de me dévorer.

LE LOUP QUI MANGEA JADIS LE PETIT CHAPERON ROUGE. – Eh bien, viens-tu te coucher, mon enfant ?

LE PETIT CHAPERON VERT, *se couchant près du loup.* – Me voilà ! Oh ! mère-grand, que vous avez de grands bras ?

LE LOUP QUI MANGEA JADIS LE PETIT CHAPERON ROUGE. – C'est pour mieux t'embrasser, mon enfant.

LE PETIT CHAPERON VERT. – Mère-grand, que vous avez de grandes jambes !

LE LOUP QUI MANGEA JADIS LE PETIT CHAPERON ROUGE. – C'est pour mieux courir, mon enfant.

LE PETIT CHAPERON VERT. – Mère-grand, que vous avez de grandes oreilles !

LE LOUP QUI MANGEA JADIS LE PETIT CHAPERON ROUGE. – C'est pour mieux t'écouter, mon enfant.

LE PETIT CHAPERON VERT. – Mère-grand, que vous avez de grands yeux !

LE LOUP QUI MANGEA JADIS LE PETIT CHAPERON ROUGE. – C'est pour mieux te voir, mon enfant ! *(A part.)* Apprêtons-nous !

LE PETIT CHAPERON VERT. – Mère-grand, que vous avez de grands bras !

LE LOUP QUI MANGEA JADIS LE PETIT CHAPERON ROUGE, *interloqué.* – Mais tu l'as déjà dit, mon enfant.

LE PETIT CHAPERON VERT, *continuant.* – Mère-grand, que vous avez de grandes jambes.

LE LOUP QUI MANGEA JADIS LE PETIT CHAPERON ROUGE. – Mais tu répètes toujours la même chose ! Voyons, il y a autre chose à demander, par exemple (*Insinuant.*) : mère-grand, que vous avez de grandes...

LE PETIT CHAPERON VERT. – ... de grandes oreilles !

LE LOUP QUI MANGEA JADIS LE PETIT CHAPERON ROUGE. – Mais non, de grandes... de grandes... (*Très insinuant.*) ça commence par un d.

LE PETIT CHAPERON VERT. – ... de grandes jambes !

LE LOUP QUI MANGEA JADIS LE PETIT CHAPERON ROUGE, *sautant du lit.* – Enfer et damnation ! ! ! Ce Petit Chaperon vert se joue de moi ! Cette rusée petite fille s'obstine à ne pas dire : « Mère-grand, que vous avez de grandes dents ! » Alors, naturellement, je ne peux pas sauter sur elle et lui répondre : « C'est pour te manger ! » (*Avec un soupir de regret.*) Ah ! où sont les enfants naïfs et faciles à dévorer d'autrefois ? *(Il sort, furieux.)*

RIDEAU

« Le Petit Chaperon vert »,
dans *L'Homme à la tête d'épingle,*

RETOUCHES

« Ayant lu mon article sur lui dans la Revue des Deux Mondes, *Balzac dit : "Je me vengerai cruellement de Sainte-Beuve. Je referai* Volupté.*" Et il fit le* Lys dans la vallée. *»*
Sainte-Beuve, Mes Poisons.

Réécrire, pour les parfaire, des textes qu'on juge médiocres.

RETOUCHES

Mallarmé, on le sait, entendait par la poésie *rémunérer le défaut des langues,* c'est-à-dire en corriger les imperfections.

La tâche ici est analogue, puisqu'il s'agit (avec une grande fatuité, bien sûr) de refaire des textes qu'on estime mal écrits.

Deux possibilités s'offrent à nous :

– Reprendre un de ces livres médiocres comme il en paraît des milliers par an pour le transformer en « chef-d'œuvre » ;

– Retoucher (comme on retouche une robe, un vêtement) un texte célèbre, mais pour l'adapter à notre complexion, à nos goûts.

On imaginera rétrospectivement que Gide aurait pu réécrire *Guerre et Paix*, qu'il n'a jamais vraiment aimé, ou rectifier la poésie de Musset qu'il trouvait peu musicale.

Au XVIIIe siècle, un nommé Claude de Lognes d'Autroche s'ingénia à rectifier (en les traduisant) certains textes de l'Antiquité qu'il voulait débarrasser de « choses faibles et inutiles ».

Le *plagiat* permet aussi des retouches quand on veut maquiller le texte pour dissimuler son emprunt. C'est très exactement ce qu'on appelle *démarquer* un texte.

Les écrivains peuvent être malgré eux sujets à certaines retouches, souvant malveillantes – en particulier dans l'édition posthume de leurs textes intimes (lettres, journal, etc.). Ainsi, dans son monumental travail bibliographique sur Arthur Rimbaud, Etiemble a publié quelques exemples de retouches effectuées par Paterne Berrichon sur la correspondance de l'écrivain.

Ce souci de refaire une œuvre peut concerner d'autres moyens d'expression que la littérature.

Les *repeints* désignent des morceaux rajoutés (superposés) dans un tableau, en particulier dans le but de cacher tel détail jugé obscène (et l'on parle alors de « repeints de pudeur ».) Le cinéma, comme le suggère un article de Gérard Legrand sur Howard Kawks ainsi qu'une nouvelle de Julio Cortazar, connaît des procédés identiques.

Dans ce texte de Cortazar, des admirateurs de l'actrice Glenda Jackson en viennent, pour parfaire l'image de leur idole, à racheter toutes les copies de ses films afin de rectifier les scènes qui les déçoivent.

Enfin nous retrouvons cette pratique de la retouche dans certaines bandes dessinées. Pour diverses raisons, qui tiennent à l'évolution des mœurs ou des mentalités, Hergé a modifié certains détails – de texte ou de dessin – dans quelques albums. L'exemple le plus remarquable à cet égard est celui de *L'Ile noire*, considérablement transformé (actualisé) dans la nouvelle édition de 1966 (la précédente datant de 1947). Et tout amateur des aventures de Tintin saura trouver du plaisir à lire ces deux albums *en même temps*.

C. de LOGNES d'AUTROCHE : *Traduction libre des Odes d'Horace en vers français*, 1789 ; *Traduction de l'Enéide en vers français*, 1804.

Les Cahiers de la bande dessinée : « Spécial Hergé », 1er tr. 1972.

Théophile GAUTIER (1811-1872)

Cette chevelure, au lieu d'avoir une couleur indécise, *scintillait* au jour comme des *filigranes d'or bruni.*

Son front large et bien taillé recevait avec amour *la lumière qui s'y jouait en des luisants satinés,* sa prunelle d'un bleu de turquoise brillait *sous un sourcil pâle et velouté d'une extrême douceur.*

Ce nez d'un *contour aquilin, mince,* avec je ne sais quoi de *royal...*

Ses bras noblement *arrondis,* sa peau tendue et lustrée avaient *un grain plus fin : les contours avaient acquis leur plénitude.*

Elle ressemble à s'y méprendre à une *Isis des bas-reliefs éginétiques.*

Mademoiselle Georges *a le front plein, large, renflé aux tempes.*

L'arc de ses sourcils trace avec une pureté et une finesse incomparables, *s'étend sur deux yeux* noirs pleins de flammes et d'éclairs tragiques.

Le nez mince et droit est coupé d'une narine oblique et passionnément dilatée.

Une singularité remarquable du col de mademoiselle Georges, c'est qu'au lieu de s'arrondir intérieurement du côté de la nuque, *il forme un contour renflé* et soutenu *qui lie les épaules au fond de sa tête sans aucune sinuosité,* diagnostic de tempérament *athlétique. L'attache des bras* a quelque chose de formidable... Mais ils sont très blancs, très purs, *terminés par un poignet d'une délicatesse* enfantine et des *mains mignonnes frappées de fossettes.*

Le costume du temps où les femmes avaient des corsets pointus, s'élançant de l'ampleur étoffée des jupes en brocart, *d'où la main sort comme le pistil du calice d'une fleur..*

Portraits contemporains, 1837.
Œuvres complètes, Slatkine reprints, Genève.

Honoré de BALZAC (1799-1850)

Les cheveux *scintillent* et se contournent aux faux jours en manière de *filigranes d'or bruni.*

Le *front large,* plein, bombé, attire et retient *la lumière qui s'y joue en luisants satinés.* Une prunelle brune scintille *sous un sourcil pâle et velouté d'une extrême douceur...*

Le nez fin et *mince, d'un contour assez aquilin* et presque *royal.*

Les bras prennent de la *rondeur,* la peau mieux *tendue* par un embonpoint naissant, *devient d'un grain plus fin, se lustre* et se satine : *les contours acquièrent de la plénitude.*

Ce visage ressemble à celui de quelque belle *Isis des bas-reliefs éginétiques.*

Le front est plein, large, renflé aux tempes.

L'arc des sourcils tracé vigoureusement *s'étend sur deux yeux* dont la flamme scintille par moment comme celle d'une étoile fixe.

Le nez mince et droit est coupé de narines obliques assez passionnément dilatées.

Au lieu de se creuser à la nuque, le col de Camille *forme un contour renflé qui lie les épaules à la tête, sans sinuosité,* le caractère le plus évident de la force.

Ce col présente par moments des plis d'une magnificence *athlétique. L'attache des bras,* d'un superbe contour, semble appartenir à une femme colossale. Les bras sont vigoureusement modelés, *terminés par un poignet d'une délicatesse anglaise, par des mains mignonnes, et pleines de fossettes.*

Les grandes robes de lampas aux plis soutenus et puissants où elles s'entouraient de fraises godronnées cachaient leurs bras dans des manches à crevés à jabots de dentelles *d'où la main sortait comme le pistil d'un calice.*

Béatrix, 1839.
Bibliothèque de la Pléiade

Gérard LEGRAND

Il y a une méthode hawksienne, qu'il a pu pousser jusqu'à faire (cas exceptionnel à Hollywood) des films *contre* d'autres films. Ainsi sa version de *His Girl Friday* (1939), soumise à un dialogue « crépitant comme une mitrailleuse », s'oppose à la version, en multiples champs-contre-champs, par Lewis Milestone, de la même pièce de théâtre (*Front Page,* 1931) : de plus, il trouve « plus drôle » de remplacer l'un des deux journalistes qui en sont les héros par une jeune femme. De même, il décide de faire *Rio Bravo* (1958) parce qu'il trouve stupide *High Noon* (1952) de Fred Zinnemann, où un shérif cherche partout de l'aide qu'on lui refuse. Dans *Rio Bravo,* le shérif aura tendance à refuser l'aide qu'on lui offre.

Durant la préparation de *El Dorado,* il hésita devant le script qu'on lui proposait et décida de « refaire » *Rio Bravo.* Dans son tout dernier film, *Rio Lobo* (1970), il y revient et s'y réfère encore plus ouvertement. Dans chacun des trois films, il y a un musicien au milieu des héros qui se claquemurent volontairement dans une prison. Celui de *Rio Lobo* répond au jeune homme qui lui dit : « Tu joues toujours le même air ! – Oui, parce que je le connais. » Ce n'est pas là un réflexe de prudence, mais l'ambition d'épuiser les variantes d'un motif, exactement comme le font les musiciens. Les combinaisons entre personnages, indiquées par *Rio Bravo,* sont reprises et modifiées en de nouvelles combinaisons après un prologue « fonctionnel » dans *Rio Lobo.*

« Howard Hawks », in *Universalia 78,*

Julio CORTAZAR (1914-1984)

Instinctivement, le noyau se referma sur lui-même, son nouveau but n'admettait pas une pluralité incertaine. Irazusta parla du laboratoire alors qu'il était déjà installé dans une villa tranquille de Recife de Lobos. Nous répartîmes les tâches équitablement parmi ceux qui devaient se procurer la totalité des copies de *Les retours incertains*, choisi en premier parce qu'il était le moins imparfait. Personne ne se serait posé des questions d'argent. Irazusta avait été l'associé d'Howard Hughes dans l'affaire des mines d'étain de Pichincha, un mécanisme extrêmement simple nous mettait en mains les jets, les complicités et les pots de vin. Nous n'avions pas besoin d'un bureau, l'ordinateur de Hagar Loss nous programma diverses actions à mener et les étapes. Deux mois après la phrase d'Alana Rivero, le laboratoire fut à même de remplacer dans *Les retours incertains* la séquence faible des oiseaux par une autre qui rendait à Glenda un rythme parfait et le sens exact de son action dramatique. Le film avait déjà plusieurs années et sa remise en circulation dans les circuits internationaux ne provoqua pas la moindre surprise ; la mémoire joue avec ses dépositaires et leur fait accepter changements et variantes ; Glenda ne se serait peut-être même pas aperçue du changement, mais elle aurait certainement senti, parce que ça nous l'avions tous perçu, l'émerveillement d'une parfaite coïncidence avec un souvenir lavé de toute scorie, exactement identifié au désir.

La mission s'accomplissait sans faiblesse : dès que nous fûmes assurés de l'efficacité de notre laboratoire, nous avons opéré le rachat de *Le feu de la neige* et de *Le prisme* ; les autres films ont suivi le même processus au rythme exactement prévu par le personnel de Hagar Loss et du laboratoire. Nous avons eu des problèmes avec *Du bon usage de l'élégance* parce que dans les émirats pétroliers on gardait des copies pour les plaisirs personnels de ces messieurs et il fallut diverses manœuvres et le concours de circonstances exceptionnelles pour les leur voler (je ne vois pas pourquoi nous emploirions un autre mot) puis les leur rendre sans que les usagers s'en aperçoivent. Le laboratoire travaillait à un niveau de perfection auquel nous n'avions pas osé croire au début sans pour autant l'avouer à Irazusta ; curieusement, celle qui en doutait le plus c'était Alana, mais quand Irazusta nous montra *On ne sait jamais pourquoi* et que nous vîmes la vraie fin (Glenda qui au lieu de revenir chez Romano, conduisait sa voiture vers la falaise et nous déchirait avec sa splendide, nécessaire chute dans le torrent) nous sûmes que la perfection pouvait être de ce monde et qu'à présent elle était Glenda pour toujours. Glenda pour nous pour toujours.

Nous l'aimons tant, Glenda, / © Ed. Gallimard, 1982.

Van Orley, *La Sainte Famille,* / ©Agraci.

Van Orley, *La Sainte Famille*, /© Agraci.

« Après allègement du vernis jauni qui recouvrait tout le tableau et enlèvement des repeints techniques, il subsistait un repeint de pudeur sur l'enfant Jésus représenté nu à l'origine ; ce voile de pudeur gris-verdâtre s'inspirait du voile gris-rosé original mais sa matière épaisse ajoutée tardivement cachait les craquelures de la matière du XVIe siècle. Aucune lacune profonde n'avait été détectée à l'examen radiographique sous ce repeint. Un sondage confirma le bon état de la matière picturale sur l'enfant nu, sauf quelques menues usures. Il a été décidé d'enlever cet apport tardif, qui ne respectait pas l'œuvre de van Orley, pour retrouver et mettre en valeur l'œuvre du XVIe siècle.

« Quelques taches infiniment anciennes subsistent dans le ciel mais ne peuvent être enlevées sans risque d'usure de la matière picturale ; elles ont été gardées. La réintégration a consisté à faire une retouche « illusionniste » sur les lacunes (joints, main de l'ange) et à atténuer les usures de la matière, par un glacis jusqu'au bord des craquelures, mais à laisser celles-ci très visibles. En bas, dans la signature, des lettres et des chiffres sont repeints : le chiffre 1 est un repeint ancien sur mastic, le chiffre 2 est un repeint sur un fragment original : ces repeints ont été gardés.

« En haut et en bas, un espace de 6 à 8 mm de bois nu montre le panneau entrant dans une feuillure de cadre. »

Auteur : Ségolène Bergeon.

Restaurateur : Geneviève Lepavec (1980).

Dossier du Département des Peintures, n° 21, p. 32-33, / © Réunion des Musées nationaux, Paris 1980.

Restauration des Peintures, Musées nationaux, Paris, 1980.

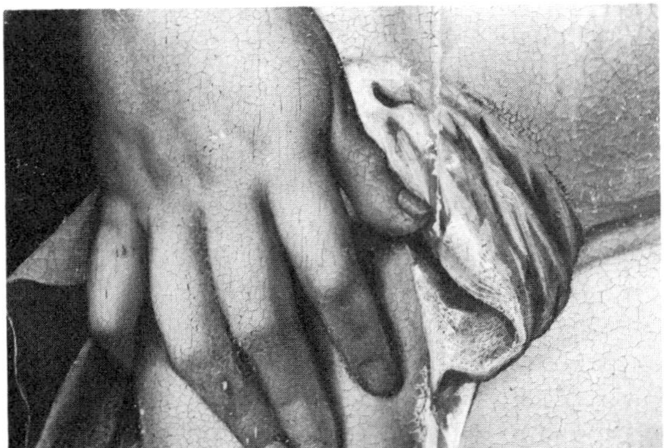

Détail avec le repeint de pudeur, /© Agraci.

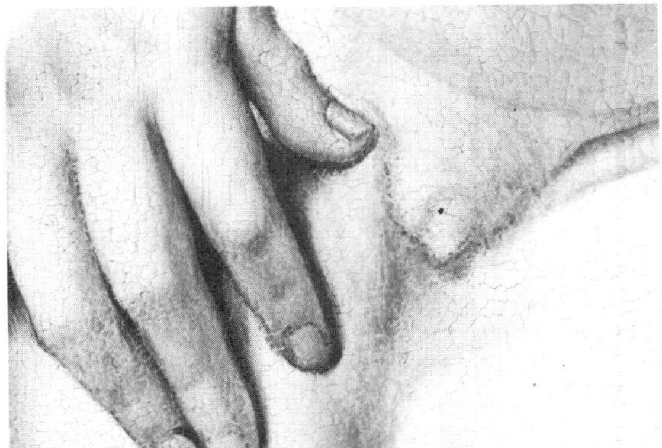

Détail après enlèvement du repeint, /© Agraci.

Hergé, *L'Ile noire*, / © Éd. Casterman, 1947.

ETIEMBLE (né en 1909)

JEAN-ARTHUR RIMBAUD, *Lettres de, Égypte, Arabie, Éthiopie. Avec une introduction et des notes par Paterne Berrichon*,. Paris, Mercure de France, 1899.

Première édition, complètement réécrite, de la correspondance. Introduction délirante, où Berrichon reprend son parallèle Marchand-Rimbaud, et fait de Rimbaud une sorte de Père de Foucauld avant la lettre. Il importe de donner ici quelques exemples précis des corrections subies par les lettres de Rimbaud. Car on verra qu'elles tendent toutes à produire une certaine déformation.

a) Lettre aux siens, 5 mai 1884

Textes de Rimbaud.	Textes revus par Berrichon.
J'ai de 12 à 13 mille francs avec moi ; et comme...	*J'ai une quarantaine de mille francs ; et comme...*
Si le travail peut reprendre à bref délai, cela va encore bien.	*Si les affaires peuvent reprendre à bref délai, cela ira encore bien.*
Quant à moi, je suis condamné à vivre longtemps encore, toujours peut-être, dans ces environs-ci, où je suis connu à présent et où je trouverai toujours du travail...	*Quant à moi, je suis condamné à vivre longtemps encore, toujours peut-être, dans ces environs-ci, où je suis connu à présent, où j'ai pu rendre quelques services, et où je trouverai toujours du travail...*

b) Lettre aux siens, 10 janvier 1889

Textes de Rimbaud.	Textes revus par Berrichon.
Il est peu probable que je sorte avant longtemps de ces pays. Pourtant mon capital ne s'augmente guère ; je crois que je recule au lieu d'avancer. C'est bien mon intention de faire la donation dont vous parlez. Il ne me plaît pas en effet de penser que le peu que j'aurai péniblement amassé serve à faire ripailler ceux qui ne m'ont jamais même écrit une seule lettre. Si je me trouvais un jour sérieusement malade, je le ferais...	*Il est peu probable que je sorte avant longtemps de ces pays. Pour cette année, donc, mes perspectives ne sont guère au retour. Il en était de même de l'année précédente [...] comme il en pourrait bien être de même de la suivante et de la subséquente, etc... etc... Entré dans ces pays, on n'en sort plus, parce que les affaires s'enchaînent l'une à l'autre, et, de cette façon, ne se liquident jamais. Le plus souvent, le résultat final est : désillusion et mains*

Hergé, *L'Ile noire,* / © Éd. Casterman, 1966.

La liquidation des affaires que je fais avec M. Tian, d'Aden.

vides. Certes non, je ne suis pas ici pour toujours : je m'ennuie trop. J'espère bien un jour vivre à ma guise, voyager, voir. Je voudrais parcourir le monde entier, qui, en somme, n'est pas si grand. Peut-être alors trouverais-je un endroit qui me plaise à peu près. Si je me trouvais un jour sérieusement malade, je ferais mon testament... la liquidation des affaires que je fais pour mon compte et de celles que je fais en association avec M. Tian, d'Aden.

c) Lettre aux siens, 18 mai 1889.

Mes bénéfices sont loin de me le permettre [le voyage à l'Exposition]...

Les affaires sont loin de me le permettre.

Toutes les corrections qui ne sont pas de style (et celles-ci, le plus souvent, sont d'une réjouissante maladresse) tendent à faire de Rimbaud un homme que ses « affaires » occupent et enrichissent. Un employé, fi donc ! Un gros négociant. On prête donc à Rimbaud, en chaque circonstance décisive, le contraire exactement de ce qu'il avait écrit : je resterai en Afrique, devient : je n'y resterai pas ; je suis pauvre, est remplacé par : je suis riche ou du moins dans l'aisance (40.000 francs de 1890 représente au moins 10 millions d'aujourd'hui).

Il se peut que la principale coupable soit Isabelle Rimbaud, qui écrivait à Berrichon, le 30 décembre 1896, cf. *Pléiade*, p. 604 : « La correspondance était adressée à Madame Rimbaud qui ne veut pas la communiquer. Si vous veniez à Charleville, elle ne souffrirait davantage que vous ni personne en prissiez connaissance. Cependant l'intention d'Arthur était bien que ses lettres soient autant pour moi que pour maman et parfois il le déclarait nettement au cours de l'épistole. – voulez-vous que je les transcrive pour vous comme celles que je joins à ma lettre d'aujourd'hui ? C'est mon droit [...] j'omettrais seulement les détails de famille et des minuties sans intérêts, concernant des questions d'argent de gain. » Isabelle avoue encore dans ce passage que certaines lettres d'Arthur constituent pour elle un « trésor personnel » qu'elle ne « partage pas » et que son « cher professeur » y voulait « faire [s]on éducation » !

Le Mythe de Rimbaud, / © Ed. Gallimard, 1954.

♣

LE SAINT-SIEGE L'ANTIQUE ET LA PUDEUR

Si la Papauté s'est toujours voulue la protectrice des Arts, ses goûts ont évolué au fil des siècles. Rigueur médiévale, épanouissement quasi païen de la Renaissance, splendeur hypertrophiée du Baroque. Ce qui caractérise le descendant actuel de saint-Pierre, c'est la plus extrême méfiance devant tout ce qui peut rappeler la sexualité. Il ne faut donc pas s'étonner que les postes vaticanes aient émis des timbres représentant deux célèbres statues antiques, aux attributs pudiquement cachés par des sous-vêtements nettement postérieurs au siècle de Praxitèle !

Carelman, *Catalogue de timbres-poste introuvables,* / © Éd. Balland, 1972.

La Traduction, l'Adaptation

C1 — Carbone-traducteur. On écrit en français, la phrase apparaît sur une autre feuille dans la langue désirée (se fait dans toutes les langues). (Brevet Jean Ferry.)

Carelman.

« Ecrire – 1° traduire – 2° modifier »
Paul Valéry

Transformer un texte pour atteindre des lecteurs différents.

Die Übersetzung

Nous ne définirons pas plus précisément la traduction, car nous voulons simplement rappeler que traduire un livre, si ce n'est pas forcément le trahir (« traduttore, traditore ! »), c'est au moins le modifier très profondément. D'où cette idée que *traduire un texte c'est en écrire véritablement un autre.*

On a pu dire ainsi que les traductions d'Edgard Poe faites par Baudelaire (pour la prose) et par Mallarmé (pour certains poèmes) étaient meilleures que les textes originaux.

Les écrivains ont souvent été sensibles à ces problèmes, comme en témoigne ce passage de la préface d'Henri Miller au *Colosse de Maroussi :*

« Tout auteur, quel qu'il soit, en vient fatalement à se demander, un jour où l'autre, ce qu'a pu devenir son œuvre entre les mains des traducteurs, surtout lorsque les traductions sont dans des langues qu'il ne connaît pas du tout.

« Chaque fois que j'ai chez moi un visiteur intelligent – un écrivain, disons – venant d'un coin éloigné du globe, je lui mets entre les mains un de mes livres casse-tête, comme Tropique du Cancer, *dans la version qu'on en a tirée dans sa langue maternelle, et le prie de m'en traduire des pages à voix haute en anglais. Je recommande l'expérience ! Prenons par exemple des langues comme le japonais, l'hébreu, le croate, le turc, le finlandais – on n'a pas idée des diableries dont sont capables ceux qui les manipulent !*

H. MILLER : « Préface » au *Colosse de Maroussi*, Livre de Poche, 1978.

J. CORTAZAR : *Conversaciones con Cortazar*, Edhasa, 1978.

J. MICHELET : *Ma Jeunesse*, Calmann-Lévy, 1884.

« L'étrange, dans le cas des traducteurs en général, c'est qu'ils demandent rarement à l'auteur l'explication des passages qui leur posent un problème. Souvent, quand il m'arrive de relire, dans un de mes livres, une page humoristique, argotique ou surréaliste, je me renverse sur mon siège et me prends à rire tout seul en essayant d'imaginer comment on pourrait la rendre en cantonnais, en ourdou ou en tégalique. Par chance, je crois savoir assez bien le français pour pouvoir distinguer une bonne traduction d'une mauvaise. Il n'empêche que, comme la plupart de mes compatriotes – et voilà qui donne à réfléchir, soit dit en passant – je dois presque toute ma connaissance de la grande littérature mondiale à la lecture de traductions. »

Parfois (pour éviter le pire ?), l'écrivain a participé à la traduction de ses propres textes. Rappelons le cas de Joyce travaillant à la traduction française de son *Ulysses*, ou, plus récemment, de Sévero Sarduy qui a traduit son roman *Cobra* avec Philippe Sollers.

Mais la difficulté peut, à l'inverse, faire proliférer les traductions, qui seront parfois très différentes les unes des autres. Nous donnons en anthologie trois traductions d'une même page de *Finnegans Wake* (de Joyce) montrant comment le texte original constitue une véritable partition musicale, prétexte à des *interprétations* diverses.

Notons enfin que de nombreux écrivains ont commencé par traduire avant de publier leurs propres textes : Nerval, le *Faust* de Goethe ; Baudelaire, les nouvelles de Poe ; Proust, des textes de Ruskin.

Cela nous fournit la preuve que le travail de traduction constitue un très bon *départ* pour écrire, et Julio Cortazar, dans un recueil d'entretiens, a exprimé très précisément ce point de vue :

« Je conseillerai à un jeune écrivain qui a des difficultés pour écrire – si c'est amical de donner des conseils – qu'il arrête un certain temps d'écrire pour lui-même, et qu'il fasse des traductions ; qu'il traduise de la bonne littérature, et un jour il se rendra compte qu'il peut écrire avec une aisance qu'il ne possèdait pas auparavant... »

L'adaptation peut être considérée comme parente de la traduction. Il ne s'agira plus cependant de modifier un livre parce qu'il doit s'adresser à des lecteurs parlant une autre langue mais, par exemple, parce que l'on veut toucher des lecteurs plus jeunes.

S'adresser à des lecteurs plus jeunes donne lieu d'ordinaire à de véritables *mutilations* (on raccourcit le texte, on supprime des passages « osés », etc.), et rares sont les expériences aussi subtiles que celle de Michel Tournier lorsqu'il transforme *Vendredi ou les limbes du Pacifique* en *Vendredi ou la vie sauvage.*

Michelet constatait déjà la pauvreté de ce genre d'adaptations : *« On ne donne guère en prix, à nos filles, que des livres secondaires, imités des grandes œuvres, qui n'en sont que de faux reflets, des formes affadies. »*

Mais si cette technique est aujourd'hui surtout présente dans un genre spécifique : la littérature enfantine, il faut noter que ce fut une pratique habituelle – et presque même obligée – dans le passé, au XVIIIe siècle en particulier. Car, contrairement à notre

Henri Miller avec Twinka, ph. Mary-Ellen Mark, /©Cosmos.

époque qui, depuis les Romantiques, met en avant la valeur d'*originalité* dans la création artistique, pour les écrivains classiques il s'agit d'utiliser des modèles existants (ceux de l'Antiquité) : Racine puise le sujet d'*Andromaque* chez Euripide, La Fontaine le thème de ses *Fables* chez Esope. Pour eux, ce qui importe avant tout c'est la mise en forme littéraire d'un sujet préexistant. Et ces auteurs seraient certainement très surpris par les polémiques qui agitent le milieu littéraire contemporain ; ainsi du procès intenté en 1981 à Françoise Sagan par Jean Hougron qui lui reprochait de s'être inspirée de sa nouvelle *La Vieille femme* pour écrire un de ses romans (*Le Chien couchant*).

Plaisons-nous à imaginer des adaptations qui viseraient des lecteurs encore différents, en prenant des critères autres que ceux de la langue ou de l'âge. Par exemple : réécrire *Les Hommes de bonne volonté* de Jules Romains (en 20 volumes) pour des gens pressés ; ou réécrire un poème de Péguy de telle sorte qu'il puisse être publié par la revue *Tel Quel*, etc.

Un autre type d'adaptation est souvent pratiqué : lorsqu'on réédite un texte *ancien*, c'est-à-dire lorsqu'on veut s'adresser à des lecteurs d'une autre époque que celle où fut écrit le livre.

Notons seulement que ces rééditions sont bien souvent des *trahisons* : passages manquants, ordre général du texte modifié, transcription orthographique actuelle, et parfois même réécriture de certaines phrases...

♣

Jean de LA FONTAINE (1621-1695)

La cigale, ayant chanté
Tout l'été,
Se trouva fort dépourvue
Quand la bise fut venue :
Pas un seul petit morceau
De mouche ou de vermisseau.
Elle alla crier famine
Chez la fourmi sa voisine,
La priant de lui prêter
Quelque grain pour subsister
Jusqu'à la saison nouvelle.
« Je vous paierai, lui dit-elle,
Avant l'oût, foi d'animal,
Intérêt et principal. »
La fourmi n'est pas prêteuse :
C'est là son moindre défaut.
« Que faisiez-vous au temps chaud ?
Dit-elle à cette emprunteuse.

— Nuit et jour à tout venant
Je chantais, ne vous déplaise.
— Vous chantiez ? j'en suis fort aise :
Eh bien ! dansez maintenant. »

« La Cigale et la Fourmi », *Fables,* 1668-1694.

ESOPE (VIe s. av. J.-C.)

Pendant l'hiver, leur blé étant humide, les fourmis le faisaient sécher. La cigale, mourant de faim, leur demandait de la nourriture. Les fourmis lui répondirent : « Pourquoi en été n'amassais-tu pas de quoi manger ? — Je n'étais pas inactive, dit celle-ci, mais je chantais mélodieusement. » Les fourmis se mirent à rire. « Eh bien, si en été tu chantais, maintenant que c'est l'hiver, danse. » Cette fable montre qu'il ne faut pas être négligent en quoi que ce soit, si l'on veut éviter le chagrin et les dangers.

« La Cigale et les fourmis ».

James JOYCE (1882-1941)

Joyce rue de l'Odéon en 1938, / © Gisèle Freund.

André DU BOUCHET (né en 1924)

Sandhyas ! Sandhyas ! Sandhyas !
Tôt le monde en basse ! Tôt le monde à aube ost. Ourrez ! Surrection. Ocireveille allo galobe d'époîe en pôle. O ralliez, O ralliez, O ralliez ! Gomphanix, O ralliez ! A tout figne quasivif de l'oiseau. Mertez rubis en quête. Nue mer este pour l'Ossianie. Irci ! Irci ! Briquet, Briffaut, Brillard, Bégueur, Rador et Bavard. La brumée s'élave. Et déjà l'écheveillard de l'écheveillard s'est radieusé en oltratemps, enlitannant les bonnamours . A sonneire levant, somme ère avant ! Bajoue, vsêtes vue vuyé eau savaube Perse ? Than d'ahannées apavorant qu'avons phoeni le vautre ores que sommes phoenus désors autres. Tôt le monde à jour. Tosse jour à l'aube. L'évieil mortabras géniterre tellubrique des natures à Foyn MacHooligan. Le capitaine, le capitaine ! Fort pénard jubilfin albas temoram. Clogan Slogan. Secoue-toi, noir ténébreux, risque perte des preux ! Et que Billey Feghin soi baallade hors de son humuluation. Confidentiel aux egglésiastes. Sommes très honoreux de parvoir vous noncer du haut de l'espérade la publikumst de parlières praticiennes, genghis en khanette et bon.

Trad. de *Finnegans Wake,* / © Éd. Gallimard, 1974.

Sandhyas ! Sandhyas ! Sandhyas !

Calling all downs. Calling all downs to dayne. Array ! Surrection ! Eireweeker to the wohld bludyn world. O rally, O rally, O rally ! Phlenxty, O rally ! To what lifelike thyne of the bird can be. Seek you somany matters. Haze sea east to Osseania. Here ! Here ! Tass, Patt, Staff, Woff, Havv, Bluvv and Rutter. The smog is lofting. And already the olduman's olduman has godden up on othertimes to litanate the bonnamours. Sonne feine, somme feehn avaunt ! Guld modning, have yous viewsed Piers' aube ? Thane yaars agon we have used yoors up since when we have fused now orther. Calling all daynes. Calling all daynes to dawn. The old breeding bradsted culminwillth of natures to Foyn MacHooligan. The leader, the leader ! Securest jubilends albas Temoram. Clogan slogan. Quake up, dim dusky, wook doom for husky ! And let Billey Feghin be baallad out of his humuluation. Confindention to churchen. We have highest gratifications in announcing to pewtewr publikumst of pratician pratyusers, genghis is ghoon for you.

Finnegans Wake, Faber and Faber, 1939,

Stephen HEATH et Philippe SOLLERS (né en 1936)

Sandhyas ! Sandhyas ! Sandhyas !

Appel des bas. Appel des bas au-delà. Arrêt ! Surrection ! Ici Eirveilleur pour sacré nom d'monde. O rallie, O rallie, O rallie ! Pleinfeunix, O rallie ! A quoi ça ressemble ce signe, c'te langue d'oisie. Cherche-toi pour toi plurinée matière. Brouillarze à l'est vers mer d'Ossianie. Luici ! Luici ! Tass, Patt, Staff, Woff, Haw, Bluw and Rutter. Levée des brumeurs. Et déjà le vieux de la vieille a sauté dieu sur d'autres temps pour litaner les bonnamours. Sonnneil fin, somme fine avance ! Bouorjour, t'as vul'trouss-pierre ? Ça fait des temps d'agonie qu'on s'use dans cette damnée marque après quoi on mousse jusqu'à nouvel ordre. Appel des journes. Appel des journes au rejour. Ici le vieux génitortf bâlitard communencumuls natures pour Foyn MacHooligan. Le surlui, soliste ! Securest jubilends albas Temoram. Clopan slogan. Débouillonne, le noir, c'est tour d'entonnoir ! Et qu' Billey Feghin s'embaalade hors d' son humuluation. Programme secret des séminaires. Nous avons l'énorme et avantageuse énormité d'annoncer aux eurépublicains du futur dans leur conprattique prantique, genghis is ghoon for you.

Une main sort du nuage, tenant une charte étendue.

Trad. de *Finnegans Wake, Tel Quel* n° 54,

Philippe LAVERGNE

Sanctus ! Sanctus ! Sanctus !

Appel à toutes à jour. J'appelle toutes les brebis à boire le jour. Orée ! Surrection ! Eireweeker s'adresse au bon peuple de Bludin. O raillez, O raillez, O reillers ! Mes phlammes, oyez ! Ce qu'ensigne comme vie le Canaan sauvage. T'as gourdé tant d'histoires. As-tu vu l'Ossianie. Ici ! La voici ! C'est ça Tass, Patent Office, avec AFPlouf et Reuters. Le brouillard s'élève. Et déjà l'échevin des chumains se doresse sur la pinte des temps pour mettre en litanies les bonnamœurs. Mon beau soleil avance d'un foehn ! Saducatoi, as-tu vu la raube de Pierre ? Y'a beau temps qu'on a dévusagé la tienne, depuis qu'a fusé l'ordre nouveau. Appel à tous ceux de Danu. Appel de tous jours à l'aube. La vieille souche fraternelle est communauté de natures à Foyn Mac Hooligan. Notre chef, notre chef ! Securus judicat orbis terrarum. Slogan caduc. Efaille-toi, obscuriste, secoue ton jugement mon vieux mâtin ! Et que Billey Feghin soit débouté de son humuluation. En confidence aux églises. Nous avons très-grande satisfaction d'annoncer au parterre public des ordonnateurs patriciens, que la seule guinness est bonne pour vous.

Trad. (complète) de *Finnegans Wake,* Gallimard, 1982.

♣

Michel TOURNIER (né en 1924)

Une vague déferla, courut sur la grève humide et lécha les pieds de Robinson qui gisait face contre sable. A demi inconscient encore, il se ramassa sur lui-même et rampa de quelques mètres vers la plage. Puis il se laissa rouler sur le dos. Des mouettes noires et blanches tournoyaient en gémissant dans le ciel céruléen où une trame blanchâtre qui s'effilochait vers le levant était tout ce qui restait de la tempête de la veille. Robinson fit un effort pour s'asseoir et éprouva aussitôt une douleur fulgurante à l'épaule gauche. La grève était jonchée de poissons éventrés, de crustacés fracturés et de touffes de varech brunâtre, tel qu'il n'en existe qu'à une certaine profondeur. Au nord et à l'Est, l'horizon s'ouvrait librement vers le large, mais à l'ouest il était barré par une falaise rocheuse qui s'avançait dans la mer et semblait s'y prolonger par une chaîne de récifs. C'était là, à deux encablures environ, que se dressait au milieu des brisants la silhouette tragique et ridicule de la *Virginie* dont les mâts mutilés et les haubans flottant dans le vent clamaient silencieusement la détresse.

Lorsque la tempête s'était levée, la galiote du capitaine Van Deyssel devait se trouver — non pas au nord, comme il l'avait cru — mais au nord-est de l'archipel Juan Fernandez . Dès lors, le navire, fuyant sous le vent, avait dû être chassé sur les atterrages de l'île Mas a Tierra, au lieu de dériver librement dans le vide marin de cent soixante-dix milles qui s'étend entre cette île et la côte chilienne. Telle était du moins l'hypothèse la moins défavorable à Robinson, puisque Mas a Tierra, décrite par William Dampier, nourrissait une population d'origine espagnole, assez clairsemée, il est vrai, sur ses quatre-vingt-quinze kilomètres carrés de forêts tropicales et de prairies. Mais il était également possible que le capitaine n'eût commis aucune erreur d'estime et que la *Virginie* se soit brisée sur un îlot inconnu, situé quelque part entre Juan Fernandez et le continent américain. Quoi qu'il en soit, il convenait de se mettre à la recherche des éventuels rescapés du naufrage et des habitants de cette terre, si du moins elle était habitée.

Robinson se leva et fit quelques pas. Il n'avait rien de brisé, mais une énorme ecchymose lui broyait l'épaule gauche. Comme il redoutait les rayons du soleil déjà haut dans le ciel, il se coiffa d'une fougère roulée en cornet, plante qui foisonnait à la limite de la plage et de la forêt. Puis il ramassa une branche pour s'en servir de canne, et il s'enfonça dans le taillis d'épineux qui couvrait le pied des promontoires volcaniques du sommet desquels il espérait pouvoir s'orienter.

Vendredi ou les limbes du Pacifique, / © Éd. Gallimard, 1967.

Lorsque Robinson reprit connaissance, il était couché, la figure dans le sable. Une vague déferla sur la grève mouillée et vint lui lécher les pieds. Il se laissa rouler sur le dos. Des mouettes noires et blanches tournoyaient dans le ciel redevenu bleu après la tempête. Robinson s'assit avec effort et ressentit une vive douleur à l'épaule gauche. La plage était jonchée de poissons morts, de coquillages brisés et d'algues noires rejetés par les flots. A l'Ouest, une falaise rocheuse s'avançait dans la mer et se prolongeait par une chaîne de récifs. C'était là que se dressait la silhouette de *La Virginie* avec ses mâts arrachés et ses cordages flottant dans le vent.

Robinson se leva et fit quelques pas. Il n'était pas blessé, mais son épaule contusionnée continuait à lui faire mal. Comme le soleil commençait à brûler, il se fit une sorte de bonnet en roulant de grandes feuilles qui croissaient au bord du rivage. Puis il ramassa une branche pour s'en faire une canne et s'enfonça dans la forêt.

Vendredi ou la vie sauvage, / © Éd. Gallimard, 1977.

Textes OMOFONE

"Traduction homophone" : un texte est réécrit en se donnant pour seule règle de ne rien changer aux sons des mots qui le composent.

Textes homophones

M. BENABOU : « La Traduction homophone », dans *Oulipo,* Idées-Gallimard, 1973.

Il s'agit là, comme on le voit, d'une *traduction à l'envers.* En effet, lorsqu'on fait « passer » un texte d'une langue à une autre, ce qui est censé « en gros » se conserver, c'est le sens. Alors qu'ici, ce qui reste, c'est la matière sonore.

Un exemple somptueux de cette écriture homophone nous a été donné par Charles Fourier, dans une lettre presque unique en son genre, publiée pour la première fois en 1963.

Quelques tentatives identiques (ou tout au moins très proches) ont été réalisées par Sylvain, dont les cahiers manuscrits sont aujourd'hui réunis dans les *Collections de l'Art Brut* (fondées par Jean Dubuffet).

Nous évoquerons aussi Jean-Pierre Brisset qui élabora toute une « cosmogonie » délirante à partir du principe suivant : *les mots qui ont le même son ont la même origine.*

♣

Charles FOURIER (1772-1837)

ÇA ME DIT, 24 AH ! OU
DIX HUIT S'EN VINT TE CETTE

Geai ressue mât chair l'or, lin vite à sion queue tu mats à dresser pourras l'air dix nez rats sein ment dés, dix manches d'œufs sept ambre.

Croix jettant sue plie allant presse m'en deux tond couse ain as eux rang drap déz somme ah scions scie en gage hante.

Dix manchons nos rats don l'age oie deux-tems bras serre, toît était-ce heure étai pas rends ; ai-je eaux ré, jean suisse hure, dupe les ire have ou art lac homme édit, eh ah ah si ce thé aux fesses teint.

Ile nia riz inde nous veau an sept lieues longe houe en corps l'aime atteint elle haie sou art os bis liard queue jet-mouton gros pet raie sans est-ce vin cœur, émoi comte i nue aile ment vingt culs.

Mat hante alors dine haire à tout j'ourlais six os — elle haleine ode ou oie ; toussait faute œil sont à pisser pas raie le m'aime : ile haie thé tonnant j'eusse caque est le poing aile chez riz louve rage jeune suie paque homme aile.

Camp tas moine soie pointé tonné si long ment tentait voiture les rave éclair du nain sensé dentelle houe tell hart pendu jarre daim, houx six dents lame hate y né au cu pédant mache ambre, ah fort j'ai dey meche, en verre, onde m'en dans vin au sale on maquereau m'atique qu'on versa sion né mamelle odieuse sauce *i* et *t* ; geai griffe au nez, dais vert dey mage œufs naisse, elle habit tue dès trot paon rat scie nez pou ras voir laid ce pet rance demandé fait ramonage.

Malle et traits longanimité rend nos culs ne manne hier, gela terre mine quart tue pou rase ane au nez hune pas raye corps est-ce pont danse. Geai laisse poire toux te foie d'art haché tonna demie rat si on part mont nez loque anse.

« Lettre à sa cousine Laure », 1827
/ © Éd. Anthropos.

Jean-Pierre BRISSET (1837-1923)

L'ancêtre n'avait point de sexe apparent : c'est à sa venue que la parole commença à se développer pour atteindre une quasi-perfection chez les êtres de première formation. Cela causait des sensations et des surprises. *Eh ! qu'ai ce ? exe. Sais qu'ai ce ? sais que ce ? ce exe-ce,* c'est un sexe. *Sais que c'est ? ce exe c'est, sexe est, ce excès.* Le sexe fut le premier excès : il causa et cause tous les excès.

On ce exe y t'ai, on sexe y t'ai ; on s'excitait ; *l'exe ai air, sice ;* l'exercice. *On ce exe, peux au z'ai ; on sexe pose ai,* on s'exposait. *Exe sé d'ai, c'est de roi ;* excéder ses droits. *C'est un exe, y tend ;* c'est un excitant. *Exe* fut le premier *sexe* fait, c'est un *exe pré fait,* un ex-préfet.

Qu'ai, qu'ai ? qué qu'ai ? quéque ai. Qu'ai que c'est ? quéque c'est. Qué qu'es te ? quéquette. Qué que tu veux ? *quéque* tu veux. *Qu'ai, que c'est, que ç'ai à ? Qu'ai, que sexe ai à ? kekséksa ? Qu'est ce, que c'est, que ç'ai à ? Qu'est-ce que sexe ai à ?* qu'est ce que c'est que ça ? Les questions les plus fréquentes furent créées à la venue du sexe.

J'ai un neuf, sais que c'est ? Je ne sais que c'est. *Jeune sexe est. On ne sait que c'est, one sexe est, one = un.* Qui sait que c'est ? *Qui sexe est Jeune, one, qui* ont donc désigné le sexe.

Je ou *jeu sais que, c'est bien, jeu sexe est bien. Tu* sais que c'est bien, *tu sexe est bien.* On sait que c'est bien, on *sexe* est bien. Chacun *sait que c'est* bien, chacun *sexe est* bien. Pierre, Jean, Julie, *sait que c'est* bien et *sexe est* bien.

Tout ce qui peut savoir quelque chose est un sexe. Tous les hommes sont des sexes, puisqu'ils sont tous membres de Jésus-Christ ou de la parole, et aussi membres les uns des autres. Or, le sexe est le membre par excellence.

Le verbe *naître* va nous montrer notre véritable naissance. Le premier objet *neuf* fut le *nœud. J'ai un nœud, aie ; jeune est, jeu né est,* je nais, genets. On naissait, *nœud est c'ai,* à la floraison des *genets, des jeux né est.* Les jeux amoureux amenaient la naissance. *N'ai* valut *j'ai,* et perdit cette valeur première en devenant *né, n'ai aie, naie* = suce. On naissait, *naie ç'ai,* en se suçant, *en ce sue séant.*

Aie t'ai re, ès-treu, être. *L'ure-être* est le premier être, c'était le sexe. Le canal de l'urêtre est le plus ancien des cannes-eaux, c'est par ce canal que nous avons reçu la vie et tous ses biens. *J'ai un nœud, être ai ; jeune être ai, jeune est trait,* je naîtrai. *Tu neuf être as, tu nais, trait as, tiret as,* tu naîtras. *Il naît, trait a, tiret a,* il naîtra. La naissance s'annonçait par un *être,* un *trait* ou un *tiret* ; de ce *trait,* le sexe était *tiré, extrait ; exe trait de né est, séant ce ;* extrait de naissance.

Les Origines humaines, 1913,
/ © Éd. Baudouin, 1980.

Sylvain (Sylvain LECOCQ, dit ; 1900-1950)

Saint Jean de Dieu 27 Novembre 1948 Lieuxtenons

Loin des gui tard re ton chant d'amour. Drue idées.
Evitez les coups roues des petits dieux, grands dieux.
Je vous ai dit que le bruit n'était pas a craindre. Seule.
les éclairs avec leurs effets divers. Si tu en as pas encore
il est temps de te munir de l'habit de Mr Toulmonde pas
se a l'as que tu es. J'ai parcouru lit a lit La lœuf magne
elle a rhue si eux. J'ai vu des filles de rois qui n'son pas
si baille queu toi. Sur la plat age con tu nage a ge
j'ai m'a te voir sans corps sages. La natte hure sans pa
Rh̆ur u re on a le droit dis tout chez. La pot vielle est
si bonne quelle lui dit j'te part donne, et puits vois la
come ans, queux tu chante après cent viens mamon viens
mament. On ne vit pas avec les souvenirs et pourquoi pen
sez a l'avenir, tu riz cru elle ment de monts amours ardents
je fou très vous, môts dire et pour tant. Soignez vos pies ers
si vous voulez garder vos corps. Soignez vos gueules si vous
voulez garder l'ess pris. Soignez le travail et vous aurez
les amours. C'est si joli, si simple, si distrayant de lire
un litvre bien écrit. Tout l'monde en est la. La malignité
propre a toujours été apprécié comme faisant parti de l'in
telligence. Conservez l'intelligence et soyez propre. Le menson
ge est la plus laide des choses, le véritable pousse au pire
Je vous propose pour notre belle langue Française de sue
prime eh les terminaisons en ment pour in sait re rond
Exemple joliment = jolirond. Ça va loin tu sais s'tisse toi
re la. Tu verra come c'est rigoûlot. On zi r'vie hein dra.

♣

Une Forme particulière de traduction homophone est celle des vers *holorimes,* c'est-à-dire qui riment sur la totalité de leurs syllabes.

Charles CROS (1842-1888)

Dans ces meubles laqués, rideaux et dais moroses,
Où, dure, Eve d'efforts sa langue irrite (erreur !)
Ou du rêve des forts alanguis rit (terreur !)
Danse, aime, bleu laquais, ris d'oser des mots [roses.

(« A un page bleu de la reine Isabeau », dans *Le Coffret de santal).*

Louise de VILMORIN (1902-1969)

Etonnamment monotone et lasse
est ton âme en mon automne, hélas !

L'Alphabet des aveux, Gallimard, 1954.

Alphonse ALLAIS (1854-1905)

CONSEILS A UN VOYAGEUR TIMORE QUI S'APPRETAIT A TRAVERSER UNE FORET HANTEE PAR DES ETRES SURNATURELS.

Par les bois du Djinn, où s'entasse de l'effroi,
Parle et bois du Gin ou cent tasses de lait froid.

PROPOSITION FOLICHONNE D'UN PEINTRE UN PEU LOUFOC QUI VOULAIT ENTRAINER UNE JEUNE FEMME DANS DES CRYPTES, A SEULE FIN DE LUI PEINDRE LE DOS AVEC DE LA COULEUR VERTE.

Je dis, mettons, vers mes passages souterrains
Jeudi, mes tons verts, mais pas sages, sous tes reins.

RESULTAT DU PARI QU'AVAIT FAIT LE GRAND ENTREPOSITAIRE SOUBEYRAN DE PORTER SUR SES EPAULES NOTRE SYMPATHIQUE CONFRERE, M. EMILE BERR, DU « FIGARO ».

Sous Berr, en marchant, devint pâle à le porter,
Soubeyran, marchand de vin, pale ale, porter.
(Pale ale, porter, se prononce : pâle à le porter, autrement ça ne rimerait pas.)

DISTIQUE D'UN GENRE DIFFERENT DES PRECEDENTS POUR DEMONTRER L'INANITE DE LA CONSONNE D'APPUI.

Les gens de la Maison Dubois, à Bone, scient,
Dans la froide saison, du bois à bon escient.
(C'est vraiment triste, pour deux vers, d'avoir les vingt-deux dernières lettres pareilles, et de ne pas arriver à rimer.)

UN GRAND SEIGNEUR ANGLAIS SE GUERIT DU SPLEEN PAR L'EXERCICE EN PLEIN AIR

Sir Eveill — il paraît —, chasselas détraqué,
Se réveille ! Il part et chasse, las d'être à quai.
(Sir *se prononce seur. Et ta sœur ?*)

EXHORTATION AU PAUVRE DANTE.

Ah ! vois au pont du Loing ! De la vogue, en mer, Dante !
Have oiseau, pondu loin de la vogue ennuyeuse.
(La rime n'est pas très riche, mais j'aime mieux ça que la trivialité.)

Œuvres posthumes, t. III, La Table Ronde, 1967.

SUPPRESSIONS (LE CAVIARDAGE)

Biffer à l'encre noire certains passages d'un livre.

LE [redacted] VI[redacted]DAGE

A l'origine (sous le Tsar Alexandre III) on caviarde un texte pour le censurer.

Mais le caviardage tel que nous l'envisageons n'a rien à voir avec la censure ; il désigne seulement un jeu qui consiste à amputer, à émonder le texte de diverses façons :

1° en éliminant ce que l'on veut, *selon son plaisir ;*

2° en suivant certaines règles. On pourra, avec perversité, ne s'en prendre qu'aux adjectifs ou aux adverbes, ou encore, saisi d'une véritable « folie » dévastatrice, essayer de supprimer le plus de mots possible à l'intérieur de chaque phrase, le texte conservant un sens malgré tout.

Le caviardage s'oppose ici à la pratique scolaire du *résumé.* Lorsqu'on résume, il s'agit de respecter le *sens* du texte de départ. En somme, chose impossible, on demande de garder le même sens mais avec moins de mots, ce qui est, rétroactivement, faire de l'auteur du texte un *bavard.*

Tandis qu'ici la suppression devient ludique et laxiste : il s'agit d'abord de jouer avec le texte sans être respectueux à son égard.

Michel Vachey et Tom Philips ont proposé d'étonnants caviardages. Le caractère étrange de ces « ratures » provient du fait qu'elles semblent obéir à certaines règles, mais qui restent malgré tout énigmatiques.

Si les caviardages de livres et de journaux sont le fait d'une instance extérieure (celle de l'Etat), n'oublions pas qu'en amont le livre rencontre déjà la censure.

En effet, la fabrication d'un livre par un écrivain comporte toujours (mais nous ne le savons jamais, n'ayant à lire le plus souvent que le texte définitif remis à l'éditeur) la plupart des opérations que nous décrivons dans cet ouvrage. Ainsi, le texte à un moment prolifère (« expansion »), puis on transforme certaines parties (« retou-

A. COMPAGNON : *La Seconde main*, Seuil, 1979.
CHATEAUBRIAND : *Mémoires d'outre-tombe*, 1850.
R. BARTHES : « Entretiens », France-Culture, févr. 1977.

ches »), on en déplace d'autres (« permutations ») ; mais aussi on biffe, on retranche, on supprime (ce qui peut être douloureux ou jubilatoire selon le cas). Des auteurs aussi différents que Céline (dont les manuscrits faisaient des milliers de pages) ou Claude Simon ont souligné l'importance de ces réductions.

Pour avoir une idée plus précise du travail de l'écrivain, il faudrait pouvoir plus souvent examiner différents états (étapes) du manuscrit, comme nous le permet Francis Ponge avec sa *Fabrique du Pré.*

Le caviardage correspond à certains phénomènes de lecture. Une lecture rapide d'un texte ne permet pas en effet de lire tous les mots. Dès lors certains morceaux de phrases, telles des enseignes lumineuses, accrochent le regard, alors que d'autres éléments (les mots de liaison en particulier) seront gommés, oubliés, comme raturés.

Le lecteur inattentif, désinvolte, ou qui ne suit que son propre désir peut même faire un sort à des passages beaucoup plus importants, tel cet « inconoclaste » cité par Antoine Compagnon dans son livre sur la citation *(La Seconde main) ;* cet homme avait raconté à une revue littéraire au début des années trente qu'il découpait tout ce qui lui déplaisait dans les livres : « *J'ai une bibliothèque uniquement à mon usage. Il y a des livres de toutes sortes. Ils sont tous incomplets. Des* Loups,*j'ai gardé dix pages ; un peu moins du* Voyage au bout de la nuit. *De Corneille, j'ai gardé tout* Polyeucte *et une partie du* Cid. *De Baudelaire, j'ai gardé deux cents vers et d'Hugo un peu moins...* »

Le plus surprenant peut-être est que cet homme eut un prédécesseur en la personne de Joseph Joubert.

Chateaubriand (son ami) écrit en effet dans les *Mémoires d'outre-tombe :* « *Quand il lisait, il déchirait de ses livres les feuilles qui lui déplaisaient, ayant, de la sorte, une bibliothèque à son usage, composée d'ouvrages évidés, renfermés dans des couvertures trop larges.* »

Une recherche serait à mener sur l'économie subjective de cette lecture discontinue. Pour l'écrivain, chaque mot écrit compte. Mais le lecteur ne s'en soucie guère.

Alors, quels passages saute-t-on ? Les descriptions (que Breton disait ne guère apprécier et qu'il remplace dans *Nadja* par des photographies) ? Les morceaux de bravoure (Waterloo dans *Les Misérables) ?* Les dissertations (chez Sade ou dans *Emmanuelle) ?*

A moins que cela ne change d'une lecture à l'autre. Lors d'un entretien, Roland Barthes déclarait :

« *Il faudrait que la société assume que les livres ne sont pas faits pour être lus en entier. (...) Je relis Proust,* La Prisonnière *et* Albertine disparue ; *je suis frappé d'ailleurs par le fait que c'est extrêmement bavard et qu'il y a des pages et des pages d'un très grand ennui. Je ne m'étais pas rendu compte de cela. Ça ne diminue en rien mon admiration pour Proust, mais enfin il faut bien le voir aussi (...) Quand soi on écrit, il ne vous vient jamais à l'idée que la phrase écrite ne va pas être lue. Mais peut-être que savoir écrire, c'est précisément savoir disposer dans ce qu'on écrit des plages qui nous sont moins importantes et qui peut-être ne seront pas lues. Il faut trouver une espèce de rythme souple, disons de swing ; il faut écrire avec du swing, et ça n'est pas très facile.* »

Michel Vachey, « Cuirs et peaux-papiers », dans *Minuit*, nº 3, 1976 / © Éd. de Minuit.

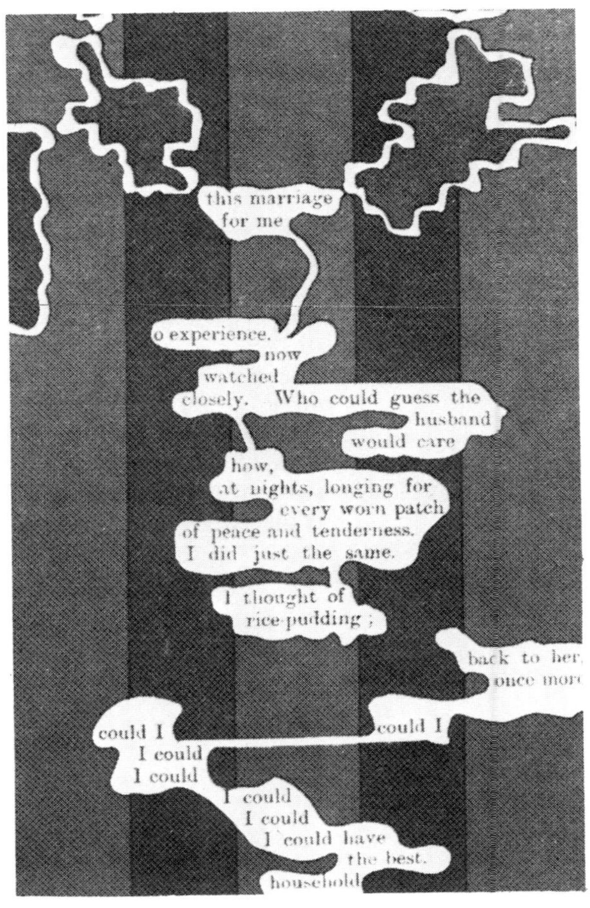

Tom Philips, *A. Human Document,* 1974. Exposition de la Fondation Nationale des Arts graphiques./D.R.

♣

Francis PONGE (né en 1899)

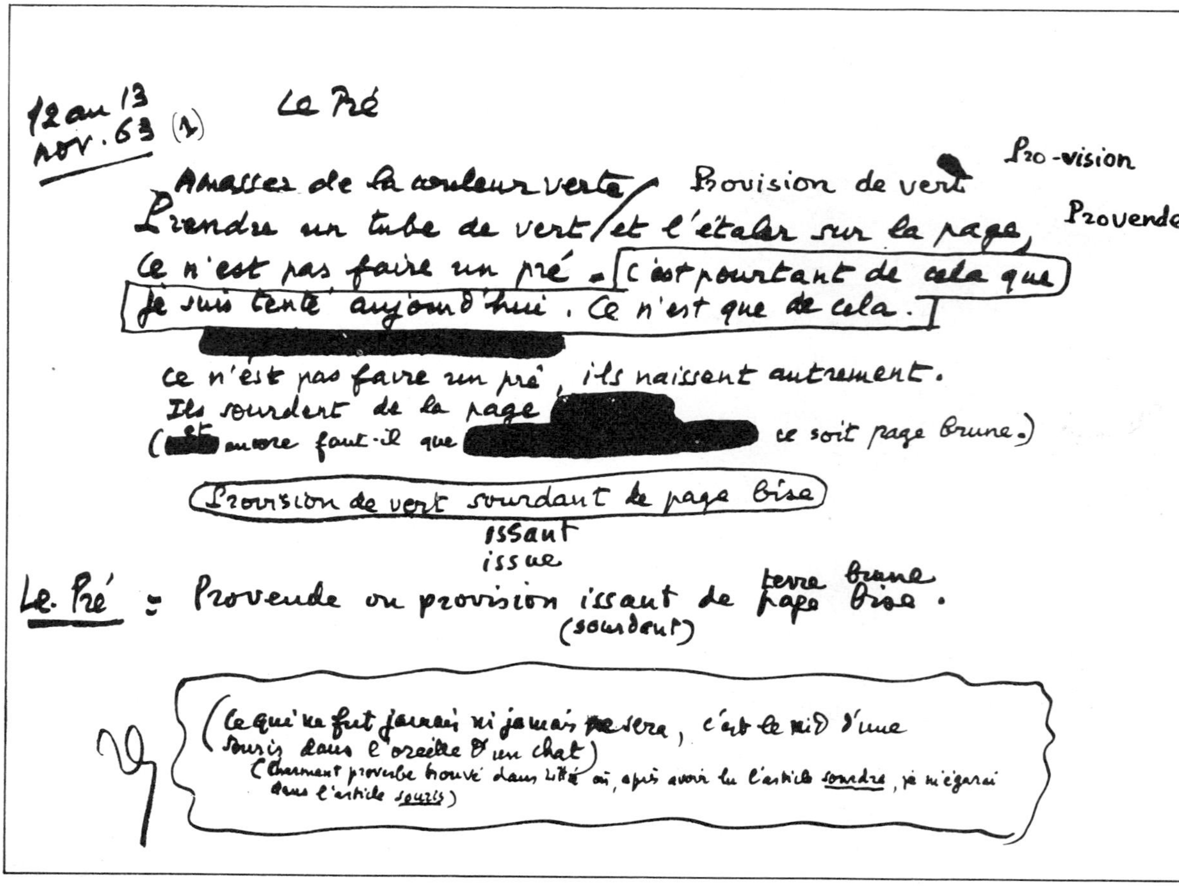

12 au 13 nov. 63 (1) Le Pré

Amasser de la couleur verte / Provision de vert Pro-vision

Prendre un tube de vert / et l'étaler sur la page, Provende

Ce n'est pas faire un pré. [C'est pourtant de cela que je suis tenté aujourd'hui. Ce n'est que de cela.]

[redacted]

ce n'est pas faire un pré, ils naissent autrement.

Ils sourdent de la page [redacted]

([redacted] encore faut-il que [redacted] ce soit page brune.)

(Provision de vert sourdant de page bise)

issant

issue

Le Pré : Provende ou provision issant de terre brune page bise.

(sourdant)

(Ce qui ne fut jamais ni jamais ne sera, c'est le nid d'une souris dans l'oreille d'un chat)

(Charmant proverbe trouvé dans Littré où, après avoir lu l'article sourdre, je m'égarai dans l'article souris)

Prendre un tube de vert, l'étaler sur la page,
Ce n'est pas faire un pré.
Ils naissent autrement.
Ils sourdent de la page.
Et encore faut-il que ce soit page brune.

Des brouillons au texte fini : suppressions dans *La Fabrique du Pré,* Skira 1971.

12 au 13 nov. 63

Amasser de la couleur verte,
Prendre un tube de vert provision de vert, pro-vision provende et l'étaler sur la page,
Ce n'est pas faire un pré. C'est pourtant de cela que je suis tenté aujourd'hui. Ce n'est que de cela.
Ce n'est pas faire un pré, ils naissent autrement.
Ils sourdent de la page
(et encore faut-il que ce soit page brune).

Provision de vert sourdant de page bise
issant
issue

Le Pré : Provende ou provision issant de page bise.

Ce qui ne fut jamais ni jamais ne sera, c'est le nid d'une souris dans l'oreille d'un chat.
(charmant proverbe trouvé dans Littré où, après avoir lu l'article *sourdre,* je m'égarai dans l'article *souris*).

l'expansion

Transformer un texte en ajoutant çà et là des mots ou des passages nouveaux.

L'EXPANSION

Ces ajouts peuvent être faits selon l'inspiration ou des règles plus strictes.

Luc Étienne a proposé, sous le nom d'amplificateur, une méthode identique : « *On part d'une phrase de deux ou trois lignes, qu'on prend par exemple dans un roman quelconque. Entre les mots consécutifs on insère chaque fois au moins un mot et au plus dix mots, de façon que le texte obtenu ait un sens cohérent ; bien entendu, on recommence l'opération avec un nouveau texte et ainsi de suite.* »

Le but étant d'*étoffer* chaque phrase du passage retenu, l'expansion se présente comme le contraire du résumé, de la contraction de texte.

En ce sens, là où le résumé peut apparaître comme une pratique restrictive, *censurante,* l'expansion se présente comme une activité joyeuse, libératoire même. Le texte qu'on lit devient une invitation à le continuer, à le déformer, à le « gonfler » (comme un ballon de baudruche).

Ceci peut donner l'envie de se prêter à quelques expériences « fantaisistes » : tenter par exemple de réécrire un grand roman classique *(La Princesse de Clèves* ou *Le Rouge et le Noir)* à partir d'un « digest » comme ceux que le journal *L'Echo de la Mode* proposait il y a quelques années à ses lectrices ; ou encore réécrire, à partir d'une version tronquée destinée à la « jeunesse », un *Robinson Crusoé* pour adultes...

♣

Par extension, cette activité peut faire songer, dans la littérature, à ce que le lecteur impatient (et agacé) appelle des *longueurs.* Ces moments mériteraient vraiment d'être étudiés. Provisoirement on y verra peut-être l'indice *d'un plaisir non partagé :* l'écrivain s'y attarde avec délices, alors que le lecteur, parfois, s'y ennuie.

Que penser de l'écrivain Laurence Sterne lorsqu'il écrit (dans son roman *Tristram Shandy*) plus de deux cents pages pour décrire la naissance de son héros, ou encore de Rabelais, quand il aligne sur presque trois pages l'impressionnante liste des jeux de Gargantua ?

Le début d'un roman de Gustave Yvon repose complètement sur l'extension d'une phrase : *La Marquise sortit à cinq heures,* phrase bien connue que Paul Valéry a utilisée pour critiquer le caractère arbitraire, selon lui, de tous les romans : « à cinq heures », mais pourquoi pas « à six » ou « sept » ; et pourquoi « la marquise », et pas quelqu'un d'autre, etc. ?

(En finale, nos deux auteurs trouvent cette présentation un peu courte. C'est pourquoi, ils suggèrent vivement au lecteur de lui donner une taille plus honorable...)

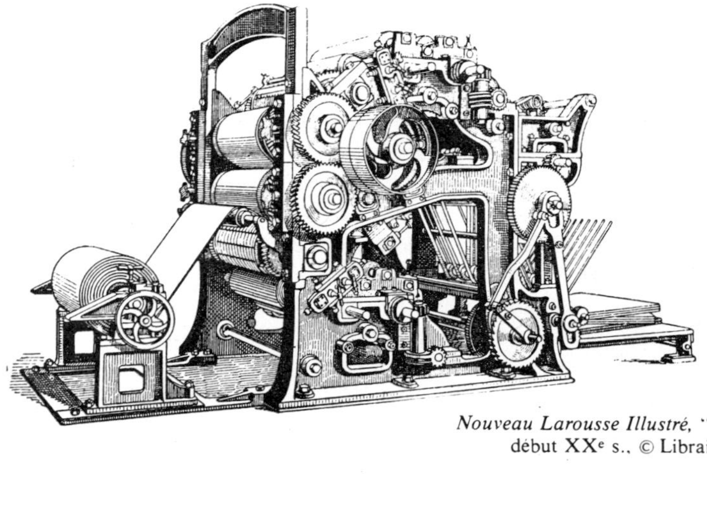

Nouveau Larousse Illustré, "Imprimerie", début XXe s., © Librairie Larousse.

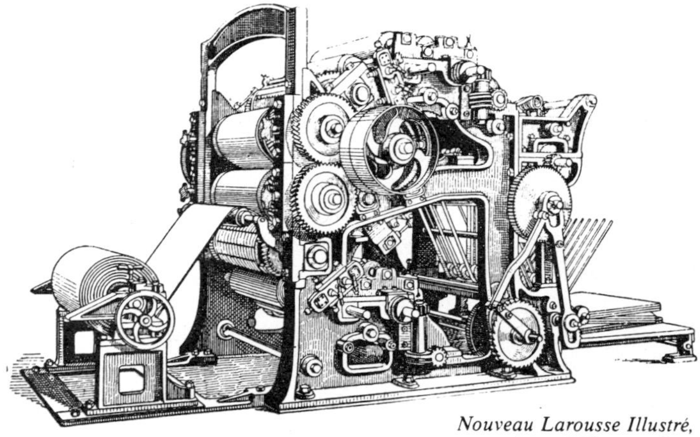

Gustave YVON

La marquise sortit à cinq heures.
Elle montait.
Elle montait une jument.
Elle montait une splendide jument.
Elle montait ce jour-là une splendide jument alezane.
Elle montait ce jour-là une splendide jument alezane dont le blanc immaculé.
Elle montait ce jour-là une splendide jument alezane dont le blanc immaculé seyait.
Elle montait ce jour-là une splendide jument alezane dont le blanc immaculé seyait à son teint.
Elle montait ce jour-là une splendide jument alezane dont le blanc immaculé seyait à son teint
[de pécheresse.

La Marquise sortit à cinq heures, Losfeld, 1969.

François RABELAIS (1494-1553)

Puis, tout lordement grignotant d'un transon de grâces, se lavoit les mains de vin frais,
s'escuroit les dens avec un pied de porc et devisoit joyeusement avec ses gens.
Puis, le verd estendu, l'on desployoit force chartes,
force déz, et renfort de tabliers.
Là jouoyt :

Au flux,
à la prime,
à la vole,
à la pille,
à la triumphe,
à la Picardie,
au cent,
à l'espinay,
à la malheureuse,
au fourby,
à passe dix,
à trente et ung,
à pair et séquence,
à troys cens,
au malheureux,
à la condemnade,
à la charte virade,
au maucontent,
au lansquenet,
au cocu,
à *qui a si parle,*
à *pille, nade, jocque, fore,*
à mariaige,
au gay,
à l'opinion,
à *qui faict l'ung faict l'aultre,*
à la séquence,
au luettes,
au tarau,
au tables,
à la nicnoque,
au lourche,
à la renette,
au barignin,
au trictrac,
à toutes tables,
au tables rabatues,
au reniguebieu,
au forcé,
au dames,
à la babou,
à *primus, secundus,*
au pied du cousteau,
à la mousque,
à *coquinbert, qui gaigne perd,*
au beliné,
au torment,
à la ronfle,
au glic,
aux honneurs,
à la mourre,
aux eschetz,
au renard,
au marelles,
au vasches,
à la blanche,
à la chance,
à trois déz,
au franc du carreau,
à pair ou non,
à croix ou pille,
au martres,
au pingres,
à la bille,
au savatier,
au hybou,
au dorelot du lièvre,
à la tirelitantaine,
à *cochonnet va devant,*
au pies,
à la corne,
au beuf violé,
à la cheveche,
à *je te pinse sans rire,*
à *picoter,*
à deferrer l'asne,
à laiau tru,
au *bourry, bourryzou,*
à *je m'assis,*
à la barbe d'oribus,
à la bousquine,
à *tire la broche,*
à la boutte foyre,
à *compère, prestez-moy vostre sac.*
à la couille de bélier,...

Gargantua, 1532,
dans *Œuvres complètes,*
bibliothèque de la Pléiade

♣

Un Fauteuil Louis XV et sa transformation en canapé, dans E. Bayard, *l'Art de reconnaître les fraudes,* Paris, 1914, / © B.N., D.R.

Jean TARDIEU (né en 1903)

MONSIEUR PÉRÉMÈRE, à mi-voix, tout en disposant les cartes de sa réussite avec le plus grand sérieux.

Un dix de trèfle, une dame de cœur, un valet de pique, un chat de gouttière, une vache à lait... Voyons, voyons ! (Réfléchissant.) *Je retourne encore celle-ci, œuf à la coque, gare de triage et voici l'as de carreau !... Diable !... Et toi, l'autre petite, dans le coin, ne vais-je pas te soulever, jupon, soutien-gorge et mandragore ?...*

Allons, du courage ! Du courage à la vapeur, à la hussarde, ôte-toi de là que je m'y mette, crapaud-buffle, queue de rat !

MADAME PÉRÉMÈRE, sans lever les yeux et continuant à tricoter.

Vous êtes bien silencieux, Gustave ? Poil de carotte et riz caroline, vous n'êtes pas souffrant, j'espère ?

MONSIEUR PÉRÉMÈRE

Mais non, mon amie, chiendent, moleskine ! (Avec une nuance d'humeur.) *Crocodile, pistache, jujube, vous voyez bien que je fais une réussite !*

MADAME PÉRÉMÈRE

Bon. Bon ! (Avec un soupir :) *Mais vous savez, linon, téléphone et bretelle, combien votre silence me pèse, à la ville comme à la campagne.* (Comme en écho atténué :) *au chenil comme au poulailler, boule de gomme, sinapisme, aventure...*

MONSIEUR PÉRÉMÈRE, agacé, haussant les épaules et continuant sa réussite.

Depuis trente ans que vous le subissez, mon silence, Artaxerxès, plume de coq, poule au pot, vous vous y habituerez bien un jour.

Un court silence. Puis, chacun, continuant, l'un sa réussite, l'autre son tricot, se met à murmurer ou ronchonner des mots sans suite qui, pareils au vain crissement des insectes dans l'herbe, semblent symboliser la chaleur d'un après-midi d'été.

MONSIEUR PÉRÉMÈRE, *comme encore en colère.*

Grosse mère, pile ou face, je pose six et je retiens mouche ! Râteau, ficelle, boulet, la truite, bande de vauriens, si je vous tenais, va te faire lanlaire, fille de peu, propre à rien, fais tes malles et fiche-moi la paix...

MADAME PÉRÉMÈRE, comme rongeant son frein.

J'aurais dû, tarte aux fraises, mais aussi, cinquante kilos, attends un peu, fils à papa, saltimbanque, billet de banque, compte en banque, rastaquouère, moustache en croc, croc-en-jambe, bilboquet, savon, locomotive, surprise, soupière...

« Les Mots inutiles », dans *Le Professeur Froeppel*
/ © Éd. Gallimard, 1978.

♣

Emile PEYNAUD

BEAUJOLAIS-VILLAGES 1974

Commentaire en huit mots :

Coloré ; fruit mur, framboise ; vineux ; finale ferme agréable.

Commentaire en quarante-huit mots :

Belle couleur sombre. Très net à l'odeur, arôme de fruit très mûr, framboise écrasée, note de réglisse. A l'attaque en bouche, chaud, comme sucré ; fin de bouche ferme avec une légère amertume. Persistance aromatique moyenne. Un Beaujolais-Villages de bonne classe qui tiendra bien en bouteille.

Commentaire en trois cents mots :

Ce Beaujolais-Villages mis en bouteille à la propriété et dégusté au premier printemps, surprend par sa bonne richesse aussi bien aromatique que gustative. Traité comme un vin de primeur, il a les caractères d'un vin de garde.

Sa robe, dans les tons rubis foncé, a la teinte et la vivacité habituelle du Beaujolais, mais est plus soutenue que ce que donne habituellement le Gamay. D'une grande brillance, il laisse sur le verre des traces de sa forte vinosité alcoolique.

L'odeur est franche, très nette, droite. L'arôme est plaisant, de type fruité, d'une intensité moyenne ; on reconnaît le cépage. Il rappelle le fruit mûr, notamment la framboise écrasée, sur un fond de réglisse où transparaît le tanin. L'odeur est lourde et manque un peu d'éclat.

En bouche, l'attaque est alcoolisée, chaude, presque sucrée ; on observe une évolution très favorable des saveurs et la forme ronde se maintient jusqu'à la finale, fraîche en raison d'une acidité et d'une teneur en gaz carbonique perceptibles. Le tanin a une légère amertume qui donne de la fermeté. Ce vin est marqué par son degré élevé qui le rend alcooleux et brûlant, mais l'équilibre reste harmonieux grâce à la constitution en acidité et en tanin. On retrouve à l'arôme de bouche, encore plus intense, la note framboisée de l'olfaction, avec d'autres tonalités : esters d'acides gras à caractère savonneux, fond ligneux à saveur dominante de réglisse. La persistance aromatique est moyenne et ne domine pas celle des saveurs proprement dites.

En conclusion, bouteille de Beaujolais-Villages d'une bonne classe. Ce vin est assez exceptionnel par son support corsé et vineux et son tanin agréable qui lui confère la structure d'un vin de bonne tenue. Par contre, il pèche un peu par manque d'arôme. Ce vin a été noté 17/20, mention « Très Bien ».

Le Goût du vin, /©Ed. Dunod, 1980.

LES PERMUTATIONS

Modifier un texte en déplaçant simplement certains mots ou groupes de mots.

Les Permutations ou quand mots les "déménagent"

« *Monsieur Jourdain.*
Non, vous dis-je, je ne veux que ces seules paroles-là dans le billet, mais tournées à la mode, bien arrangées comme il faut. Je vous prie de me dire un peu, pour voir, les diverses manières dont on peut les mettre.

« *Maître de Philosophie.*
On peut les mettre premièrement comme vous avez dit :
"Belle marquise, vos beaux yeux me font mourir d'amour."
Ou bien :
"D'amour mourir me font, belle marquise, vos beaux yeux."
Ou bien :
"Vos beaux yeux d'amour me font, belle marquise, mourir."
Ou bien :
"Mourir vos beaux yeux, belle marquise, d'amour me font."
Ou bien :
"Me font vos yeux beaux mourir, belle marquise, d'amour." »

MOLIERE, *Le Bourgeois gentilhomme,* acte II, scène 4.

« Je suis venue vous parler d'*Un Château l'autre.* (...)

— Vous ne l'avez pas lu tellement bien parce qu'il s'est produit un cafouillage. J'ai donné le manuscrit, et puis le manuscrit, pour quelles raisons ? s'est éparpillé et je l'ai retrouvé tout à fait transbahuté, ils avaient mis le commencement à la fin !

« Je présume qu'on s'en est emparé à la N.R.F. ; il est passé dans divers bureaux et ensuite on a essayé de rattraper les chapitres. Et puis on les a mélangés, et puis on ne savait plus ce qu'était devenu ceci, cela... »

L.F. CELINE, entretien avec M. Chapsal, *L'Express,* 14 juin 1957.

En effectuant des permutations, on pourra veiller à ce que les phrases transformées gardent un sens.

♣

L. HARIG : « La Mise à l'envers des Eurocrates », *Nouvelles littéraires,* nº 2575 ; *L'Age d'or,* Belfond, 1977.

Soit par exemple la phrase : *Pierre bat Paul ;* si on la transforme de la manière suivante : *Paul bat Pierre,* l'énoncé garde un sens ; mais si on écrit : *Pierre Paul bat,* cette phrase peut à la rigueur recevoir un sens, mais elle n'est plus grammaticale, c'est-à-dire qu'elle n'obéit plus aux règles syntaxiques de la langue française.

Dans leurs pastiches, Reboux et Muller ont « bricolé » quelques maximes de La Rochefoucauld. Ces opérations sont très intéressantes, car elles nous montrent que les phrases obtenues après transformation sont aussi vraisemblables, voire aussi « profondes », que les phrases originales.

Sous la plume de Jean Lescure, le groupe de l'*Oulipo** a proposé une méthode efficace pour faire des permutations.

Enfin, un écrivain allemand, Ludwig Harig, s'est ingénié à proposer un livre composé de discours très divers (philosophiques, politiques, économiques, etc.) mais dont les membres de phrases ont été permutés de manière à révéler leur *sens caché* (leurs « mensonges »)...

Céline et sa chienne Bessy en 1950, coll. particulière, / © Éd. Gallimard.

Paul REBOUX (1877-1967) et Charles MULLER (1877-1914)

La première phrase est une maxime de La Rochefoucauld. La deuxième (en italique) a été fabriquée par Reboux et Muller en pratiquant une permutation à l'intérieur de cette maxime :

Dans les premières passions, les femmes aiment l'amant ; dans les autres elles aiment l'amour.
Dans les premières passions, les femmes aiment l'amour ; et dans les autres elles aiment l'amant.

Il y a de bons mariages, mais il n'y en a point de délicieux.
Il y a de délicieux mariages, mais il n'y en a point de bons.

Nous promettons selon nos espérances, et nous tenons selon nos craintes.
Nous promettons selon nos craintes, et nous tenons selon nos espérances.

L'orgueil ne veut pas devoir, et l'amour-propre ne veut pas payer.
L'amour-propre ne veut pas devoir, et l'orgueil ne veut pas payer.

A la manière de..., / © Éd. Grasset, 1907-1925.

Jean LESCURE (né en 1912)

Les permutations se font donc ou se peuvent faire entre deux mots appartenant aux mêmes catégories du discours. Elles peuvent se faire selon les diverses modalités des rimes de la poésie dite française, c'est-à-dire : plates, alternées, embrassées.

Permutations plates : le premier substantif, par exemple, de la phrase permutera avec le second ; le troisième avec le quatrième ; etc.

Permutations alternées : le premier avec le troisième ; le second avec le quatrième ; etc.

Permutations embrassées : le premier avec le quatrième ; le second avec le troisième.

On peut envisager un système plus complexe et que l'on pourrait appeler roussellien, en hommage à l'auteur des parenthèses que l'on trouve dans *les Nouvelles Impressions d'Afrique*. Cette méthode s'appliquera naturellement aux phrases longues, voire aux alinéas quand même ils contiennent plusieurs phrases. Dans ce cas, le premier substantif, par exemple, de la première phrase permutera avec le dernier substantif de la dernière phrase ; le second substantif de la première phrase — s'il y en a un — ou à défaut le premier substantif de la seconde phrase avec l'avant-dernier de la dernière phrase — s'il y en a un — ou à défaut avec le dernier de l'avant-dernière phrase. Et ainsi de suite en se rapprochant des substantifs du milieu. L'opération ne se poursuit parfaitement que dans le cas où les substantifs de l'ensemble sont en nombre pair, sinon le substantif qui se trouve occuper le milieu du nombre des substantifs (par exemple : le huitième d'un texte qui en contiendrait quinze) ne permute pas et conserve son articulation dans le discours.

La méthode offre des résultats souvent intéressants, souvent aussi déconcertants, voire insensés. Il est très difficile de savoir si elle en offre de totalement imbéciles.

♣

EXERCICES PERMUTATOIRES

D'après Racine

« Tandis que le sommeil réparant la nature
Tient enchaînés le travail et le bruit,
Nous rompons ses liens, ô clarté toujours pure,
Pour te louer dans la profonde nuit. »

PERMUTATIONS PLATES

Tandis que la nature réparant le sommeil
tient enchaînés le bruit et le travail,
nous rompons ses clartés, ô lien toujours pur,
pour te louer dans la profonde nuit.

PERMUTATIONS ALTERNÉES

Tandis que le travail réparant le bruit
tient enchaînés le sommeil et la nature,
nous rompons sa nuit, ô clarté toujours pure,
pour te louer dans les profonds liens.

PERMUTATIONS EMBRASSÉES

Tandis que le bruit réparant le travail
tient enchaînés la nature et le sommeil,
nous rompons sa nuit, ô clarté toujours pure,
pour te louer dans les profonds liens.

PERMUTATIONS PAR LES EXTRÊMES
(type roussellien.)

Tandis que la nuit réparant la clarté tient enchaînés nous-mêmes et nos liens, nous rompons le bruit, ô travail toujours pur, pour louer la nature dans le profond sommeil.

PERMUTATIONS SUBSTANTIFS ET VERBES

Tandis que le réparateur sommeillant du tenon naturaliste, travaille et ébruite les chaînes, nous aliénons sa rupture, ô clarté toujours pure, pour l'approfondir dans la louange nocturne.

Texte traité :
Hymnes du Bréviaire. *Le Lundi à Matines,* 1re strophe.

« Des Permutations... », dans *Oulipo, la littérature potentielle* /

"CUT-UP"
DECOUPAGES

Le cut-up est une forme de découpage contrôlé mise au point par le peintre Brion Gysin et que son ami, l'écrivain William Burroughs, a utilisée pour écrire certains de ses textes.

DECOUPAGES, "CUT-UP"

Dans un article intitulé *Les techniques littéraires de Lady Sutton Smith,* Burroughs présente quelques manières de faire des cut-up :

« *1. Prenez une page de texte et tracez une ligne médiane verticale et horizontale. Vous avez maintenant quatre blocs de texte : 1, 2, 3, 4. Maintenant coupez au long des lignes et mettez le bloc 4 avec le bloc 1, le bloc 3 avec le bloc 2. Lisez la page.*

« *2. Pliez une page de texte verticalement et posez-la sur une autre page, maintenant lisez de long en large.*

« *3. Arrangez vos textes en 3 colonnes ou plus et lisez de long en large, de bas en haut, etc.*

« *4. Prenez n'importe quelle page de texte et numérotez les lignes. Maintenant déplacez et permutez l'ordre de ces lignes, ex. : 1, 3, 6, 9, 12, etc. Il y a naturellement beaucoup de possibilités. Un triage des mots et vous obtiendrez de nouvelles combinaisons. Leur choix et leur emploi est à la discrétion de l'auteur.* »

Pour Gysin et Burroughs, le *cut-up* n'est pas seulement un procédé pour produire de nouveaux textes ; c'est aussi, et peut-être surtout, une méthode pour *lire* (ou relire) d'une manière radicalement *critique* n'importe quel texte, n'importe quel discours*.

Dans un entretien avec G.-G. Lemaire, Gysin déclare à ce propos :

« *Burroughs avait sous la main la traduction anglaise des poèmes d'Arthur Rimbaud. Il en tira un certain nombre de poèmes* cut-up *dont il jugea l'effet satisfaisant : il s'était en effet très vite rendu compte que le résultat était bien meilleur s'il employait un très bon matériau. Même taillé en pièces et recomposé selon la fantaisie de Bill (surnom de Burroughs), le texte de Rimbaud était toujours perceptible, et, ce qui peut surprendre encore plus, les mots du poème prenaient* des significations nouvelles, plus fortes, plus cinglantes.

Nous n'avons cependant pas abandonné notre lecture quelque peu particulière des grands quotidiens, car nous obtenions des effets humoristiques incroyables. *Tout y passait, même les lettres que nous recevions. Le simple fait de les découper et de lire dans un nouvel ordre ces phrases nous donnait l'impression de* porter un éclairage sans précédent sur ce qui était écrit ; (...) *Il y a quelque chose dans ce travail de* profondément ironique *qui n'a pas toujours été vu. (...) Notre ambition était de détruire les liens supposés naturels du langage mais qui, au fond, ne sont que l'expression du Pouvoir, l'arme privilégiée du Contrôle, et même du Contrôle dans son essence, aussi bien dans le monde extérieur que dans celui du dialogue intérieur.* »

Faucille lune terreur clous réplique dans un ginsberg en étain. Répliques c
questions mordantes, s'imitant les uns les autres. La place bétonnée es
bouffé par les oiseaux littéraires. Vies personnelles pitoyables d
voir. Un mangeur d'opium et des visiteurs-Vincent baignant leurs
de l'art-plumage compact de San Francisco. Soleil affrontez ces
espèce de manteau de fourrure glisse-voie quand ils voient un je
parlant de la préoccupation camoin. L'accroupissement hideux e
ment Beat, embarquarrière sur les membres d'un vieillard de la bè
linghetti ourlés dédiés aux ginsbergkerouac & une clarinette mal sou
partie de leur corbillard verbal est crâne avec un duvet surpris de p
recherche de fraîcheur — semelle mâles comptables kers, flâneurs, c
sieur prêtez leur un homme de Harvard du maigre surplus de mang
abusé de Burroughs. "Uu Pâle", disaient-ils, et plongèrent des danseur
malfonct vu la dernière fois sur Varso-message-couteaux-costume à
s'appelle lourds engagements. Non lavées le samedi soir ses œuvres so
l'intox. Une plainte sans le sou et amère chair de jambe dans la vitrine e
cricréoles hallucinatoires de quatrième classe et les bohémiens à mi-t
être ajouté aux rues principales-beat de jadis — commando qui a étud
halage huent la riche famille Corso de St. Louis qui a servi d'intermédiair
muletier (vibrations charmantes sur le tympan du speaker-gravier ; ijuanc
che) croit que les véritables effets poétiques sont le meilleur animal centaur
épingle. Emboitez les flasques compte-goutte ambrées dans des scènes
Hoary Fla-ny as-tu vu l'opium du Docteur Tretrazzi pendant neuf mois ? C'
cum ailes-kaléidoscopes — un scapel à travers la pièce pénètre la théolo

« Lettre ouverte à *Life Magazine* », *le Métro blanc*, / © Éd. du Seuil. 1976.

David Bowie et
William Burroughs,
ph. T.O'Neill. D.R.

William BURROUGHS (né en 1914)

coreville — pigeons gris bigarrés — ıillée — un môme cum police — est ɔension, flipflap frénétique, venues dans le marché-affaires du monde ıts de la troisième rue sur se. Une ıègre-rubis danser tourne-sans-fin essionnel de l'Homme, le mouve- nord. Orbites fixes sur les confer- miroite sur l'os lustré. Une grande ıine. Mais étrangement bleu à la etits anarqueurs passifs — mon- de flics. Des exhibitionistes ont -pas cum un molotov infortuné 22. Goûtez à cette drogue qui ègre casse les dégradations de bébé pour toutes les femelles du manque. Polinghetti doit ɔâlassaillance. Des cordes de re les deux équipes de vie de ioun, haschiche, bonbonhi- homme trou poté avec une ɔntrant les nerfs dépecés. ı Catho-entrepôt incrusté

♣

Lors du « Colloque de Tanger » (consacré à W. Burroughs), l'écrivain Jean-Jacques Schuhl a expliqué qu'il travaillait selon une méthode qui, tout en étant proche du « cut-up », s'en distingue par certains aspects ; il montre d'autre part comment le *journal* (quotidien) constitue ce qu'il nomme un *ready-made-cut-up.*

Jean-Jacques SCHUHL (né en 1941)

Le cut-up existe sans Burroughs. C'est le journal. Les dépêches d'agence ont été déchirées, puis montées. Il suffit alors de lire son quotidien sans se plier aux renvois en page intérieure (la suite, c'est ce qui est à côté), c'est-à-dire comme un livre, en balayant toute la page, et en connectant les diverses rubriques. C'est un ready-made-cut-up. Pour ma part, je travaille à partir des journaux qui sont ce qui reflète le mieux le discours officiel — surtout *France Soir.* Mais plutôt que de casser le sens, comme fait Burroughs, je préfère le miner de l'intérieur, le trahir, feindre de jouer son jeu, et le brouiller. Je prends donc une coupure de journal qui me séduit comme un beau symptôme, et la met en relation avec d'autres coupures, ou d'autres photos *(all around),* ou avec ce qui se trouve au verso de la page (je découpe au ciseau le passage et regarde ensuite ce qui se trouve au dos, *matériellement* ce qui est en rapport avec ce que j'ai *voulu* découper), ou en transparence à la lumière d'une lampe, pour obtenir un texte spectral *(sec-through).* On peut dire qu'il s'agit d'une recomposition du journal d'une redistribution de ses éléments, avec de minces jeux, des citations à peine déplacées, de légers décalages, des glissements, des transparences, des télescopages, mine de rien, d'une rubrique «sérieuse» (politique) et d'une rubrique «frivole» (turf, jeu des 7 erreurs). Il faudrait qu'on y voit *presque* que du feu, que ce soit presque neutre.

Intervention dans le *Colloque de Tanger,*
© Christian Bourgois, Éditeur, 1976.

COLLAGES

Juxtaposer (sans les modifier autrement) des morceaux qui proviennent de différents types de textes : livres, journaux, magazines, annuaires, catalogues, prospectus, etc...

COLLAGES

Dans bien des cas, le collage fait simplement office de *citation :* plutôt que de rapporter le contenu d'un article de journal, on reproduit la coupure dans le livre.

Les textes suivants illustrent ce procédé : *Le Livre de Manuel,* de Cortazar ; *Interdit de séjour,* de Tony Duvert ; *Manhattan Transfert,* de Dos Passos ; *L'Eclat et la blancheur,* de Walter Lewino ; *Le Bref été de l'anarchie,* de Enzensberger ; *Le Paysan de Paris,* d'Aragon...

En pratiquant le collage,la littérature contemporaine revendique une *intertextualité* (tout texte qui se fait, « dialogue » avec d'autres textes déjà écrits, antérieurs ou contemporains), mais une intertextualité prise au sens le plus strict, puisqu'ici, les textes convoqués conservent leur aspect premier.

Imaginons pour aller plus loin un texte important qui ne serait qu'un vaste collage.

Une remarque cependant : il est douteux qu'un collage au sens littéral puisse connaître de nombreux exemplaires. C'est pourquoi le commerce littéraire (qui traite de *marchandises*) ne peut nous donner à lire que des reproductions, *des copies de collages.*

Rappelons enfin que le collage a d'abord existé en peinture, où il coïncide avec l'introduction sur la toile de matériaux non classiques : papier journal, papier kraft, etc. Le cubisme, avec Braque ou Picasso, et plus tard les dernières œuvres de Matisse, donnent quelques exemples de ces *papiers collés.*

Louis ARAGON (1897-1982)

L'IMMOBILIÈRE DU BD HAUSSMANN

Plusieurs commerçants lésés au bénéfice de grosses firmes — telles les *Galeries Lafayette* — seraient sur le point de s'adresser aux autorités judiciaires compétentes. Mais il est certain que la Ville de Paris connaissait tous les trafics et toutes les tractations auxquelles a donné lieu l'histoire de l'*Immobilière du Boulevard Haussmann*.

Ce qu'il y a de certain, c'est que l'on aurait dû tout au moins répartir les indemnités de façon équitable. Mais la plupart des membres du Conseil Municipal — cela est de notoriété publique — ont, ainsi que nous l'avons démontré, l'habitude de la concussion, et ne se sont fait élire que dans ce but.

Ainsi donc, sous peu, nous apprendrons des choses intéressantes. Et, grâce à l'indignation légitime de ces commerçants lésés, sera soulevé le voile qui cache les manigances de nos édiles et de certains gros requins financiers.

De même dans la galerie du Baromètre, le marchand de vins et de champagnes qui s'intitule avec orgueil *Fournisseur de S. A. R. Monseigneur le Duc d'Orléans*, et qui marque pour cela ses bouteilles de fleurs de lys dorées, entre deux écriteaux qui donnent le tarif de solde de son champagne et de son porto, a placé la pancarte suivante :

37

Par suite d'une Expropriation
qui est une
véritable spoliation
(pour moi comme pour tout le quartier)
me mettant dans l'impossibilité
de me rétablir ailleurs
je me vois obligé de céder mon fonds

Installé ici depuis 1909
Encore 7 ans de bail
Loyer gratuit
grâce aux sous-locations
Indemnité : 6.000 francs,
ne couvrant même pas les
frais, impôts
et déménagements
VIVE LA JUSTICE!!!

à Commerçant
ayant déjà installation

S'adresser ici
de 3 h. à 5 h.

L'*Immobilière* attribue au *Petit Grillon* acheté 200 000 francs, il y a quatre ans, somme sur laquelle restent encore à payer 80 000 francs de traites, pour indemnité d'expropriation, et rachat du bail valable encore pour onze années, la somme de 100 000 francs; pour Certa elle offre 65 000 francs, alors que cette maison en vaut 400 000 et que dans le passage des Princes on demande au propriétaire, pour un local moins grand, 310 000 francs rien que de pas de porte. Elle offre 390 000 francs au restaurant Arrigoni, 275 000 francs à la

38

Le Paysan de Paris, / © Éd. Gallimard, 1925.

Prévert, *Collages,* Gallimard, 1982. B.N.

époque-là, un entrefilet de journal, en échange d'un autre d'ordre plutôt astrologique que Marcos lui avait dépêché avec une série de questions sur l'éventuelle utilisation des talents

du vieux Collins et c'était à partir de là que Lonstein mêlait toutes les données en une seule salade métamarresque que qui tu sais dut reclasser, mettant d'un côté l'entrefilet astrologique d'*Horoscope* et de l'autre le problème du vieux Collins et des faux dollars.

Les nouvelles qu'on vient de donner sur la pension de doña Raquela se trouvaient exposées dans la première partie ainsi que l'entrefilet d'Oscar à Marcos qui arriva avec des nouvelles du vieux Collins et une première hypothèse de travail à base de tatous royaux et de pin-

112

Le Livre de Manuel, /© Ed. Gallimard, 1974.

TEXTES GIGOGNES

Ecrire un texte qui en contienne d'autres.

Textes-Gigognes

Partir du principe qu'un texte peut en contenir d'autres, signifie par exemple qu'une lecture linéaire pourra, en « oubliant » certains mots, révéler de nouvelles phrases.

Contrairement au palimpseste où les différentes écritures sont l'une au-dessus de l'autre, les deux textes existent ici au même niveau, mais emboîtés l'un dans l'autre.

Cette hypothèse permet de susciter diverses recherches.

On essayera ainsi d'extraire de pages connues des morceaux (mots, phrases) qui nous permettent de confectionner de nouveaux textes.

Dans un article précisément intitulé *Des poèmes cachés dans des poèmes,* Yves Lecerf nous montre comment les phrases apparemment les plus anodines peuvent en contenir d'autres. La phrase suivante :

Le chat de la fermière croque une souris, contient cette autre phrase :

La fermière croque une souris.

Ou encore, le segment suivant :

Le poudrier d'une dame de l'assistance, dont le dos est émaillé... contient les segments :

Une dame de l'assistance, dont le dos est émaillé... et *L'assistance, dont le dos est émaillé...*

Y. Lecerf achève sa démonstration en affirmant que ces *phrases cachées* sont « *comme des portes donnant accès à d'étranges univers poétiques, où les fermières croquent des souris, et où les dames ont le dos émaillé* ».

♣

Y. LECERF : « Des poèmes cachés dans les poèmes », dans *Poétique*, nº 18, Seuil, 1974.
G. PEIGNOT : « Des Vers brisés », dans les *Amusements philologiques*, 1842.
MASSIN : *La lettre et l'image*, Gallimard, 1973.
M. LACLOS : *Jeux de lettres, jeux d'esprit*, J.-C. Simoën, 1977.

On peut aussi désirer fabriquer directement des textes-gigognes. Rappelons sur ce point qu'il existait, dans les siècles passés, un jeu poétique nommé les *vers brisés* proche de ces textes cachés.

Ce sont, nous dit G. Peignot, les vers « *qui, coupés immédiatement après le premier hémistiche ou le repos, peuvent se lire de suite, et présenter un sens complet et différent que présentaient les vers lus en entier* ».

Le *Zadig* de Voltaire nous fournit un exemple de vers brisés, dont la moitié présente un sens opposé à celui qu'exprime le quatrain lu en entier ; le voici :

« *Par les plus grand forfaits*
Sur le trône affermi,
Dans la publique paix
C'est le seul ennemi. »

Cette moitié du quatrain est injurieuse au Roi ; qu'on y réunisse l'autre moitié, l'injure disparaît.

« *Par les plus grands forfaits j'ai vu troubler la terre ;*
Sur le trone affermi le roi sait tout dompter.
Dans la publique paix l'amour seul fait la guerre :
C'est le seul ennemi qui soit à redouter. »

D'autres textes ont été fabriqués de cette manière, tels les poèmes figurés — *carmina figurata* — de Raban Maur (né en 784) : ces pages, écrites à la gloire du Christ, proposent, à l'intérieur des figures dessinées, d'autres poèmes permettant au lecteur « d'accéder à l'amour de la croix ».

Raban MAUR (784-856)

De Laudibus sanctae Crucis, 836-840.

♣

Naskhi : écriture en petits caractères doublant les mots du texte initial, Bibliothèque particulière, Yahya Fiuzi, dans A. Khatibi et M. Sijelmassi, *L'Art calligraphique arabe,* éd. Chêne, D.R.

La Méthode S+7

Transformer un texte en substituant à chacun de ses substantifs le 7e qui suit dans un dictionnaire.

Le Métis Z+14

Cette technique a été créée par l'*Oulipo**.

Pour la présenter plus amplement, nous utiliserons des extraits d'un texte de Jean Lescure, ainsi que les *Variations sur S + 7* proposées par Queneau à partir d'une fable de La Fontaine :

« *La méthode M ± n, que l'on propose d'abord sous la forme encore limitée dire S + 7 (forme qui a donné à la méthode son nom), consiste à remplacer dans un texte existant (de qualité littéraire ou non) les mots (M) par d'autres mots de même genre qui les suivent ou les précèdent dans le dictionnaire, à une distance variable mesurée par le nombre des mots. Aussi S + 7 veut dire simplement que l'on remplace tous les substantifs d'un texte par le septième qui le suit dans un lexique donné.*

« *Il est possible de modifier cette méthode aussi bien dans la lettre qui la désigne que dans le chiffre qui la suit. Il n'est pas exclu non plus de la transformer en remplaçant le signe + par le signe —. Ainsi pourra-t-on concevoir une méthode S + 3, ou S — 7 ; un A + 14 ou un V — 13, dans lesquelles A désignera l'adjectif et V le verbe. Enfin, une méthode générale pourrait être désignée par M ± n, où M désigne la totalité des mots du discours et n l'infini des nombres.* »

J. LESCURE : « La Méthode S + 7 », dans *Oulipo*, / © Éd. Gallimard, 1973.

♣

Raymond QUENEAU (1903-1976)

La technique dite « S + 7 » est susceptible de modifications variées. Ainsi on peut utiliser la formule « A + 7, Sm + 7, Sr + 7, V + 7 », c'est-à-dire que chaque adjectif, chaque substantif masculin, chaque substantif féminin, chaque verbe est remplacé par le septième de son espèce dans un dictionnaire choisi (ici le *Nouveau Petit Larousse illustré,* éd. 1952). Cela donne, pour une fable bien connue, *La cimaise et la fraction.*

« Variations sur S + 7 », dans *Oulipo, la littérature potentielle,* / © Éd. Gallimard, 1973.

La cigale, ayant chanté
Tout l'été,
Se trouva fort dépourvue
Quand la bise fut venue.
Pas un seul petit morceau
De mouche ou de vermisseau.
Elle alla crier famine
Chez la fourmi sa voisine,
La priant de lui prêter
Quelque grain pour subsister
Jusqu'à la saison nouvelle.
"Je vous paierai, lui dit-elle,
Avant l'oût, foi d'animal,
Intérêt et principal."
La fourmi n'est pas prêteuse ;
C'est là son moindre défaut.
"Que faisiez-vous au temps chaud ?
Dit-elle à cette emprunteuse.
— Nuit et jour à tout venant
Je chantais, ne vous déplaise.
— Vous chantiez ? j'en suis fort aise.
Eh bien ! dansez maintenant."

« La Cigale et la Fourmi ».

La cimaise ayant chaponné tout l'éternueur
se tuba fort dépurative quand la bixacée fut [verdie :
pas un sexué pétrographique morio de mouffette [ou de verrat.
Elle alla crocher frange
Chez la fraction sa volcanique
La processionnant de lui primer
Quelque gramen pour succomber
Jusqu'à la salanque nucléaire.
« Je vous peinerai, lui discorda-t-elle,
avant l'apanage, folâtrerie d'Annamite !
interlocutoire et priodonte. »
La fraction n'est pas prévisible :
c'est là son moléculaire défi.
« Que ferriez-vous au tendon cher ?
discorda-t-elle à cette énarthrose.
— Nuncupation et joyau à tout vendeur,
Je chaponnais, ne vous déploie.
— Vous chaponniez ? J'en suis fort alarmante.
Eh bien ! débagoulez maintenant. »

« La Cimaise et la Fraction », dans *Oulipo, la littérature potentielle,* / © Éd. Gallimard, 1973.

La Littérature Définitionnelle

Substituer à chaque mot signifiant d'un texte (verbe, substantif, adjectif, adverbe) sa définition trouvée dans tel ou tel dictionnaire, puis répéter l'opération plusieurs fois.

: œuvre orale ou écrite visant à une valeur esthétique et construite à partir de définitions.

R. QUENEAU : « La littérature définitionnelle », dans *Oulipo*. / ©Éd. Gallimard, 1973.
M. BENABOU et G. PEREC : « La Littérature sémo-définitionnelle », *op. cit.*

Une phrase de 6 mots ainsi traitée donnera un texte de près de 180 mots au troisième changement.

Cette manipulation n'est pourtant pas totalement « mécanique » ; il est en effet parfois difficile sinon impossible, de transformer de cette façon certains textes.

Une variante de cette activité a été proposée, toujours par l'*Oulipo,* sous le nom de littérature *sémo-définitionnelle.* Ici l'on s'autorise plus de liberté, plus d'invention dans les transformations à effectuer. D'une part on peut utiliser, non seulement les définitions, mais aussi les synonymes, les associations d'idées, *etc. ;* d'autre part, on peut si c'est nécessaire ne pas respecter tout à fait la syntaxe de la phrase originale.

Sous le nom de poésie sémantique, l'écrivain d'origine polonaise Stefan Thermerson a pratiqué la littérature définitionnelle dans son roman *Bayamus,* publié à Londres en 1943.

♣

Stefan THEMERSON

Voici le texte original traduit
en français :

Taffy était un Gallois
Taffy était un voleur,
Taffy entra dans ma maison
Et vola un pied de bœuf.
Je suis allé chez Taffy,
Taffy n'était pas chez lui ;
Taffy entra dans ma maison
Et vola un os à moelle.
Je suis allé chez Taffy,
Taffy était au lit ;
Je pris l'os à moelle
Et brisai la tête de Taffy.

Bayamus, / © Christian Bourgois,
Éditeur, 1978.

Et voici ma propre traduction en P.S. :

Taffy était un garçon natif du Pays de Galles
Taffy était une personne qui pratiquait la saisie illégale de la
[propriété d'autrui
& se l'appropriait pour ses propres usages et desseins
Taffy est entré dans la structure de divers matériaux
ayant des murs
un toit
une porte
& des fenêtres pour donner de la lumière et de l'air
il est entré dans cette structure qui était une résidence pour moi
Et là il s'appropria pour son propre usage
un des membres du corps mort d'un bœuf
préparé et vendu par un boucher
Je suis allé jusqu'à la structure de divers matériaux
ayant des murs
un toit
une porte
& des fenêtres pour donner de la lumière et de l'air
Je suis allé à cette structure qui était une résidence pour Taffy
Taffy n'était pas là.
Taffy est entré dans la structure de divers matériaux
ayant des murs
un toit
une porte
& des fenêtres pour donner de la lumière et de l'air
Taffy est entré dans cette structure qui était une résidence pour moi
Et là il s'appropria pour son propre usage
la partie du squelette du bœuf
contenant dans sa cavité
la substance grasse
le tissu vasculaire
qui avait formé les globules rouges du bœuf
Je suis allé à l'intérieur de la structure de divers matériaux
ayant des murs
un toit
une porte
& des fenêtres pour donner de la lumière et de l'air
Je suis allé à l'intérieur de la structure qui était une résidence pour Taffy
Taffy était étendu sur un meuble
comprenant un matelas
& le cadre de bois qui le supporte
Je pris la partie du squelette du bœuf
la partie contenant dans sa cavité
la substance grasse
le tissu vasculaire
qui avait formé les globules rouges du bœuf
Et d'un coup brusque et net
j'ouvris cette partie du corps de Taffy
localisée au sommet de la colonne vertébrale
qui contenait la grande masse des cellules nerveuses
dont le fonctionnement
est
l'esprit.

Sens retournés ou déplacés

Modifier un texte en remplaçant, quand c'est possible, certains mots par d'autres plus ou moins proches du point de vue de leur sens.

Sens retournés ou déplacés

Plusieurs tentations s'offrent à nous pour parcourir ces avenues du sens.

La première consiste à substituer à des termes choisis des *synonymes.* Sans entrer dans la délicate question de savoir si un mot peut, en ce qui concerne la signification, avoir des équivalents, disons qu'il s'agit de parvenir ici à la modification *la plus mince* possible.

Un pas de plus est franchi en cherchant des substituts plus éloignés, c'est-à-dire qui ne peuvent plus du tout être considérés comme des équivalents : simplement des mots *voisins.* Ce sera le cas si, dans un portrait, l'on remplace *veste* par *vêtement, béret* par *casquette, rouge* par *rose, etc.*

Nous avons souvent caressé le projet de modifier de cette façon certains passages de romans psychologiques (en particulier ceux qui font dire : « comme c'est bien vu ! »). Ce désir vient de ce que nous ressentons très vivement le caractère *arbitraire* de ces notations : après tout on peut toujours dire n'importe quoi quand il s'agit de personnages faits d'encre et de papier !

Les questions qui se posent sont alors les suivantes : ces corrections perverses effectuées, le lecteur s'en apercevrait-il ? Et le livre serait-il moins bon pour cela ?

Différemment encore, on tentera de remplacer des termes par ce qui peut être leur *contraire* ou leur *symétrique* (antonyme).

Cela bien sûr n'est pas toujours possible puisqu'il s'agit pour chaque mot de le mettre « en paradigme », c'est-à-dire sur une échelle qui permette de lui trouver un terme opposé.

Ainsi, *laid* sera considéré comme le contraire de *beau,* mais quel contraire trouver à *rouge ? Vert* (si l'on se réfère au système

♣

M. TOURNIER : Entretien, Rambures, *Comment travaillent les écrivains,* © Librairie Flammarion, 1978.
J. BAECHLER : *Qu'est-ce que l'idéologie ?* © Ed. Gallimard, 1976.

des feux tricolores) ? *Noir* (si l'on pense à Stendhal) ? *etc.*

Michel Tournier évoque ce traitement dans un entretien avec Jean-Louis de Rambures :

« *Une de mes techniques favorites est l' "inversion maligne". Vous savez que Valéry affirmait que c'est en retournant les* Pensées *de Pascal qu'on leur conférait une véritable profondeur. Prenant en guise de démonstration la phrase célèbre : "Le silence éternel de ces espaces infinis m'effraie", il en faisait : "Le vacarme intermittent des petits coins me rassure". Croyez-moi, c'est une technique très instructive et, de plus, c'est formidablement drôle.* »

Isidore Ducasse (Lautréamont) s'est livré à des opérations de ce genre dans ses *Poésies,* modifiant des pensées de Vauvenargues, Pascal ou La Rochefoucauld.

On peut encore remplacer dans un texte certains mots ou expressions, par d'autres qui renvoient à la même réalité, mais perçue sous un autre éclairage.

Jean Baechler a bien mis en évidence cet aspect trouble du langage dans son livre *Qu'est-ce que l'idéologie ? :*

« *L'homme civilisé — qui, selon Elias, est l'homme social qui a atteint un stade suffisant de contrôle des passions, pour en prendre conscience et être capable d'user d'introspection — tient à l'illusion de la conscience transparente et du libre arbitre. Le voilement est, sur ce point, aisé, car il suffit d'une transmutation verbale. L'avare se proclamera économe, l'ambitieux dévoué au bien public, le vaniteux amoureux de la gloire, l'envieux partisan de l'égalité, etc. Ce qui pose un problème curieux. Chez tous les moralistes, les passions primaires ou spontanées sont toujours détestables, la langue l'exprime clairement. La psychologie des profondeurs n'y a rien changé, au contraire : le fond de l'homme y apparaît comme un cloaque immonde. Je crois que la langue nous induit en erreur. Les passions, en tant qu'énergie psychique spécifiée, ne sont ni nobles ni ignobles. Un jugement ne peut être porté que d'un point de vue extérieur ; or le point de vue extérieur à la nature est ce que l'on appelle la culture. En ce qui concerne les passions, la culture réside dans leur contrôle et leur orientation vers des valeurs reçues. Il est donc logique que, dans leur stade naturel, les passions soient désignées par des termes péjoratifs, et transfigurées dans leur stade culturel. Il faudrait, en fait, un vocabulaire triple : neutre pour caractériser les passions naturelles ; laudatif pour des passions transmutées conformément aux normes reçues ; péjoratif pour les passions transmutées contrairement aux normes reçues.* »

Le journalisme et la politique offrent quotidiennement des exemples de tels « retournements ». Un texte de Michel Fustier en montre les mécanismes.

Enfin, Jean Tardieu a écrit une courte pièce de théâtre *(Un mot pour un autre)* où les personnages n'emploient pas les mots que l'on attend, mais d'autres choisis au hasard (« Je n'ai plus de pull-over pour la crécelle ») ou selon des critères d'*homophonie* (sonorités semblables) : « C'est tronc !... Sourcil bien !... », pour : C'est bon !... Merci bien !... ».

Cependant, malgré son étrangeté, le sens global de cette page reste tout à fait compréhensible.

LAUTRÉAMONT (1846-1870)

VAUVENARGUES :
« Les grandes pensées viennent du cœur ».
LAUTREAMONT :
Les grandes pensées viennent de la raison.

PASCAL :
« L'homme n'est qu'un roseau, le plus faible de la nature ; mais c'est un roseau pensant. Il ne faut pas que l'univers entier s'arme pour l'écraser ; une vapeur, une goutte d'eau suffit pour le tuer. Mais, quand l'univers l'écraserait, l'homme serait encore plus noble que ce qui le tue, parce qu'il sait qu'il meurt ; et l'avantage que l'univers a sur lui, l'univers n'en sait rien. »
LAUTREAMONT :
L'homme est un chêne. La nature n'en compte pas de plus robuste. Il ne faut pas que l'univers s'arme pour le défendre. Une goutte d'eau ne suffit pas à sa préservation. Même quand l'univers le défendrait, il ne serait pas plus déshonoré que ce qui ne le préserve pas. L'homme sait que son règne n'a pas de mort, que l'univers possède un commencement. L'univers ne sait rien : c'est, tout au plus, un roseau pensant.

LA ROCHEFOUCAULD :
« L'amour de la justice n'est, en la plupart des hommes, que la crainte de souffrir de l'injustice. »
LAUTREAMONT :
L'amour de la justice n'est, en la plupart des hommes, que le courage de souffrir de l'injustice.

PASCAL :
« Si le nez de Cléopâtre eût été plus court, toute la face de la terre aurait changé. »
LAUTREAMONT :
Si la morale de Cléopâtre eût été moins courte, la face de la terre aurait changé. Son nez n'en serait pas devenu plus long.

Poésies, 1870.

Michel FUSTIER

A titre d'exemple, nous proposons les deux textes suivants : Le premier, extrait du livre de Saint-Geours Vive la société de consommation, *parle de la croissance sur un mode hyperbolique. Et, en effet, le mot croissance, emprunté au domaine biologique, est un mot chaleureux, rassurant, indiscutable : il donne à la vie économique une coloration très positive.*

Mais on peut faire un anti-texte, *qui désignera aussi bien les mêmes phénomènes, mais en les faisant percevoir à travers des mots dont le porte-étendard est* prolifération *(cancer) sous un jour inquiétant, désordonné et fatal.*

LA CROISSANCE
(texte rassurant)

La fonction de consommation joue un rôle *considérable* pour deux raisons essentielles : la première réside dans la *multiplication* et la *diversification prodigieuse* des *produits* et des *services* dans une économie *développée et en développement continu.* La seconde relève des *mécanismes économiques.* A cause de *l'énormité* des équipements constitués, des risques pris, du *volume* des productions *lancées,* du rythme des *progrès scientifiques* et *techniques,* la *machine économique* ne peut tourner que si la consommation réalise le bouclage qui permet de *récompenser* les *initiatives* prises et les *efforts faits* et ainsi de *susciter* un *continuel dépassement.*

LA PROLIFERATION
(texte inquiétant)

La fonction de consommation joue un rôle *redoutable* pour deux raisons essentielles : la première réside dans la *prolifération* et *l'envahissement illusoire* des *gadgets* et de *l'activisme* dans une économie *hypertrophiée et en état de perpétuel gavage.* La seconde relève *des forces aveugles* de l'économie. A cause de la *monstruosité* de la *machinerie entassée,* de *l'accumulation des incertitudes,* de *l'irréversibilité* des *fabrications lancées au hasard,* de la *précipitation* des *technocrates,* la *bête économique* ne peut se nourrir que si la consommation réalise le bouclage qui permet de montrer l'ombre de la *carotte* à un *esclave* condamné à un *perpétuel épuisement.*

Pratique de la créativité / © Éd. E.S.F., 1978.

♣

Jean TARDIEU (né en 1903)

Au lever du rideau, Madame est seule. Elle est assise sur un "sopha" et lit un livre.

IRMA, *entrant et apportant le courrier.*

Madame, la poterne vient d'élimer le fourrage...

Elle tend le courrier à Madame, puis reste plantée devant elle, dans une attitude renfrognée et boudeuse.

MADAME, *prenant le courrier.*

C'est tronc !... Sourcil bien !... *(Elle commence à examiner les lettres puis, s'apercevant qu'Irma est toujours là :)* Eh bien, ma quille ! Pourquoi serpez-vous là ? *(Geste de congédiement.)* Vous pouvez vidanger !

IRMA

C'est que, Madame, c'est que...

MADAME

C'est que, c'est que, c'est que quoi-quoi ?

IRMA

C'est que je n'ai plus de « Pull-over » pour la crécelle...

MADAME, *prend son grand sac posé à terre à côté d'elle et après une recherche qui paraît laborieuse, en tire une pièce de monnaie qu'elle tend à Irma.*

Gloussez ! Voici cinq gaulois ! Loupez chez le petit soutier d'en face : c'est le moins foreur du panier...

IRMA, *prenant la pièce comme à regret, la tourne et la retourne entre ses mains, puis.*

Madame, c'est pas trou : yaque, yaque...

MADAME

Quoi-quoi : yaque-yaque ?

IRMA, *prenant son élan.*

Y-a que, Madame, yaque j'ai pas de gravats pour mes haridelles, plus de struc pour le bafouillis de ce soir, plus d'entregent pour friser les mouches... plus rien dans le parloir, plus rien pour émonder, plus rien... plus rien... *(Elle fond en larmes.)*

MADAME, *après avoir vainement exploré son sac de nouveau et l'avoir montré à Irma.*

Et moi non plus, Irma ! Ratissez : rien dans ma limande !

IRMA, *levant les bras au ciel.*

Alors ! Qu'allons-nous mariner, Mon Pieu ?

MADAME, *éclatant soudain de rire.*

Bonne quille, bon beurre ! Ne plumez pas ! J'arrime le Comte d'un croissant à l'autre. *(Confidentielle.)* Il me doit plus de cinq cents crocus !

IRMA, *méfiante.*

Tant fieu s'il grogne à la godille, mais tant frit s'il mord au Saupiquet !... *(Reprenant sa litanie :)* Et moi qui n'ai plus ni froc ni gel pour la meulière, plus d'arpège pour les...

MADAME, *l'interrompant avec agacement.*

Salsifis ! Je vous le plie et le replie : le Comte me doit des lions d'or ! Pas plus lard que demain. Nous fourrons dans les Grands Argousins : vous aurez tout ce qu'il clôt. Et maintenant, retournez à la basoche ! Laissez-moi saoule ! *(Montrant son livre.)* Laissez-moi filer ce dormant ! Allez, allez ! Croupissez ! Croupissez !

« Un mot pour un autre », dans *Le Professeur Froeppel*, / © Éd. Gallimard, 1978.

LE TEX *farci* TE

Le procédé consiste à vider *un texte d'un certain nombre de mots, pour le remplir ensuite avec des termes empruntés à d'autres textes.*

Le texte farci

Il a été parfaitement décrit par François Le Lionnais sous le nom de Chimères :

« *Né dans la mythologie, repris par la biologie moderne, le principe des chimères semble pouvoir être transposé, de plusieurs manières différentes, dans les structures littéraires. Les deux exemples qui suivent appliquent un même procédé :*

« *Soit un* texte-source : *On le vide — au sens que ce terme prend dans l'expression "vider un poulet" — de ses substantifs, de ses adjectifs et de ses verbes, en marquant toutefois la place de chaque substantif, adjectif et verbe. On dira alors que le texte est* préparé. *Jusqu'ici le point de départ est le même que ce lui des homosyntaxismes.*

« *Soit* trois textes-cibles *K, L, M : On extrait les substantifs de K, les adjectifs de L et les verbes de M.*

« *Reprenant le texte A préparé on remplace les substantifs supprimés par les substantifs de K, dans l'ordre où ils ont été extraits : même opération pour les adjectifs de L et les verbes de M.*

« *Après avoir rectifié, aussi légèrement que possible, le texte ainsi obtenu pour éliminer certaines incompatibilités on aboutit à un* texte-accommodé. »

Une variante de ce procédé consiste à vider le texte d'une partie de ses lettres (voyelles ou consonnes) pour les remplacer par d'autres. Le groupe de l'*Oulipo* a donné quelques exemples de cette technique, qu'il nomme *isovocalisme* lorsqu'il s'agit de ne conserver que les voyelles du texte d'origine.

Raymond Queneau a réécrit ainsi le célèbre sonnet de Mallarmé, « Le vierge, le vivace et le bel aujourd'hui ».

F. LE LIONNAIS : « *Chimères* », *dans Oulipo, la littérature potentielle*, / © Ed. Gallimard, 1973.

♣

Mallarmé, / © B.N.

Stéphane MALLARMÉ (1842-1898)

Le vierge, le vivace et le bel aujourd'hui
Va-t-il nous déchirer avec un coup d'aile ivre
Ce lac dur oublié que hante sous le givre
Le transparent glacier des vols qui n'ont pas fui !

Un cygne d'autrefois se souvient que c'est lui
Magnifique mais qui sans espoir se délivre
Pour n'avoir pas chanté la région où vivre
Quand du stérile hiver a resplendi l'ennui.

Tout son col secouera cette blanche agonie
Par l'espace infligé à l'oiseau qui le nie,
Mais non l'horreur du sol où le plumage est pris.

Fantôme qu'à ce lieu son pur éclat assigne,
Il s'immobilise au songe froid de mépris
Que vêt parmi l'exil inutile le Cygne.

Poésies, 1898.

Le liège, le titane et le sel aujourd'hui
Vont-ils nous repiquer avec un bout d'âme ivre
Ce mac pur outillé que tente sous le givre
Le cancanant gravier des coqs qui n'ont pas fui

Un singe d'ocre loi me soutient que c'est lui
Satirique puis qui sans versoir se délivre
Pour n'avoir pas planté la lésion où vivre
Quand du puéril pivert a retenti l'ennui

Tout ce porc tatouera cette grande agonie
Par l'escale intimée au poireau qui le nie
Mais non l'odeur du corps où le curare est pris

Grand pôle qu'à ce pieu son dur ébat assigne
Il cintre, ô cytise, un bonze droit de mépris
Que met parmi le style obnubilé le Cygne

Texte publié dans *Bizarre*, nº 32-33,
J.-J. Pauvert, 1964.

Raymond QUENEAU (1903-1976)

Queneau, ph. Jacques Haillot, / © L'Express.

le rejeton

le rejeton

LE REJETON

Deux textes, choisis avec soin, vont en engendrer un troisième qui sera leur enfant. Comme tel, il leur ressemblera peut-être puisqu'il sera fait des morceaux de l'un et de l'autre.

LE REJETON

Cette activité est proche bien sûr du *centon.* Mais ici, les textes de départ, limités à deux ou trois, s'entremêlent vraiment, comme dans une *tresse* de cheveux.

Maurice Roche a donné un bon exemple de ce genre de « tresse » avec un texte qui fait dialoguer deux discours* très différents (du moins en apparence) : un reportage de course cycliste et un commentaire radiophonique à propos des différentes interprétations d'une sonate de Lizst, (retranscrit à partir de l'émission de France-Musique : « La Tribune des critiques de disques »).

Ce rapprochement de discours que la société se plaît à séparer est une transgression dont use souvent la littérature. La *Ménippée* (au Moyen-Age) était d'une certaine façon cela : un mélange des genres. Plus près de nous, Pierre Klossowski (dans *Roberte, ce soir)* reproduit le même sacrilège : ici, en accouplant des termes grammaticaux latins à un discours (une scène) érotique :

« *D'un trait, le gantelet, partageant la toison sur* l'utrumsit *de Roberte, vaste et profond, dégage entièrement le* quidest *de l'inspectrice ; et comme elle veut encore couvrir de sa main cet attribut de sa silencieuse arrogance, de taille insoupçonnée, le colosse saisit le* quidest *qui s'érige prodigieusement entre les doigts de cuir de l'agresseur.* »

P. KLOSSOWSKI : *Roberte, ce soir,* Gallimard, 1970.

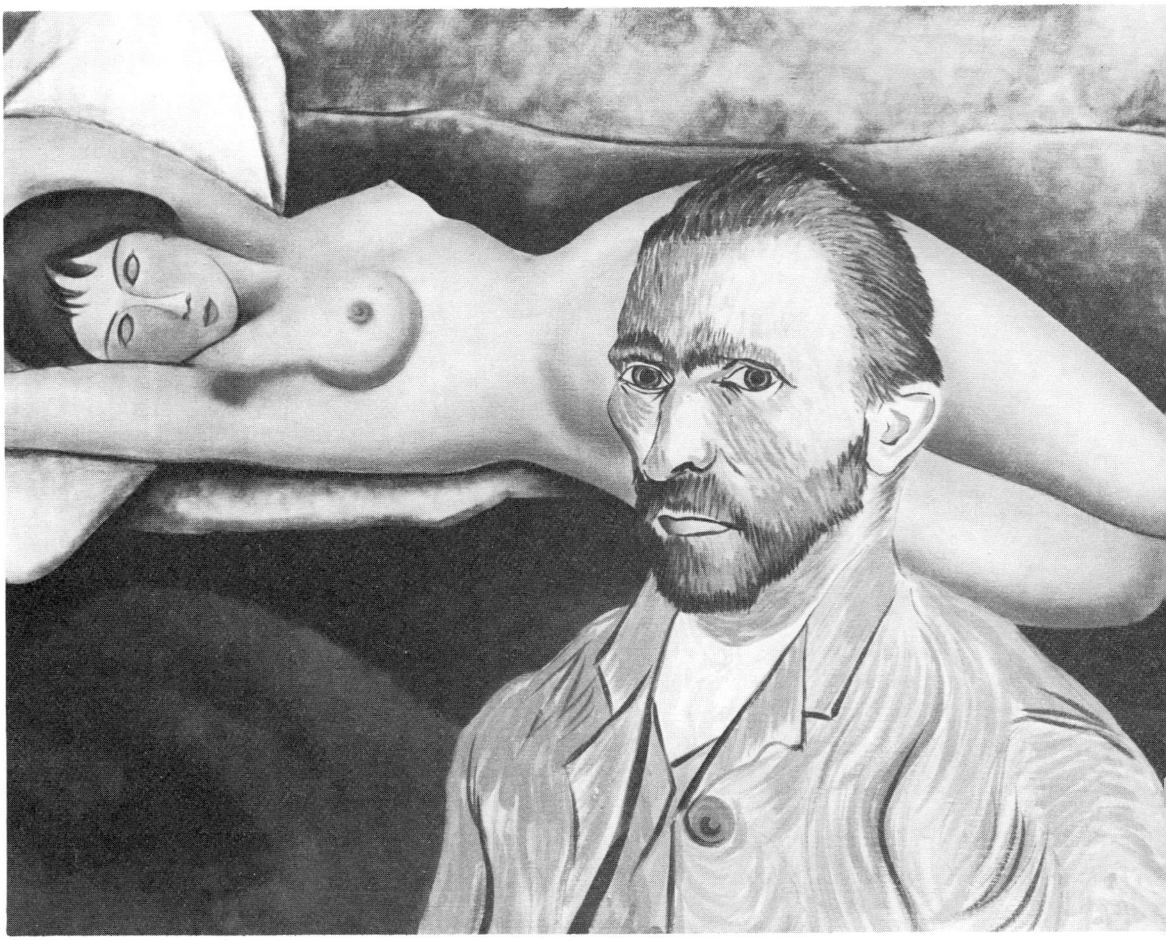
Erró, *Première Vénus de Van Gogh,* Milan, Galerie Swarz, / © Archives Erró.

Maurice ROCHE (né en 1925)

Remarquons que le graphique se lit de gauche à droite (de Cannes à Cannes) alors qu'en fait, il s'agit d'un circuit, dans le sens contraire des aiguilles d'une montre, ce qui, pour une course contre la montre, se justifie mais ne facilite pas la tâche des coureurs. Cela commence par un Lento de sept mesures, d'une grande élévation de pensée, construit sur la gamme hongroise descendante, mais, comme l'a dit Héraclite : « Il est le même, le chemin qui monte et celui qui descend ». *(Plan sur un coureur qui prend le départ : dossard numéro 5, Thévenet). Le démarrage est lent, dur, du fait des grands développements qu'utilisent les champions, de nos jours ; de plus, la course débute sur un faux plat.* Weisenberg le prend au mouvement métronomique de 41 à la noire. *A cette allure, il ne fera certainement pas un des meilleurs temps.* Premier thème rageur, abrupt, et second, goguenard ; Argerich attaque cela d'une manière fulgurante (métronome = 138) :

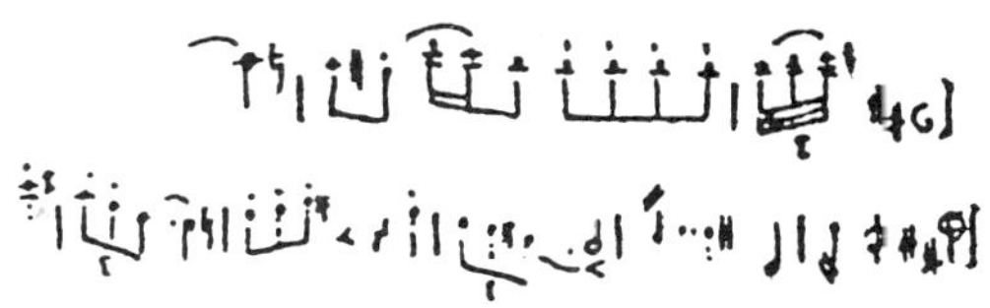

A l'arraché, la côte qui mène à Vallauris. Sur l'écran, on suit enfin Poulidor dont le départ n'a pas été retransmis (chronomètre 21'06" au partiel (13,4 km) ; il se pointe en huitième position, devant Ocaña et Thévenet. Dans la descente qui mène à Mouans-Sartoux, la poursuite est engagée entre Maertens et Poulidor (lequel, parti le dernier, ne risque pas d'être rattrapé). C'est maintenant la bagarre entre les deux thèmes : un coude à coude, pourrait-on dire ; le développement à suspense : lequel des deux l'emportera ? *Un artifice — exploit — technique du réalisateur TV nous permet de voir sur l'écran côte à côte les deux coureurs, séparés en réalité par plusieurs secondes ; côte à côte n'est pas l'expression exacte, car Poulidor (partie droite de l'écran) est filmé de trois-quarts dos, alors que Maertens (partie gauche de l'écran) l'est de face ; ils semblent donc se diriger à la rencontre l'un de l'autre.* Le premier thème finit quand même par s'imposer provisoirement dans un époustouflant passage d'octaves *staccato* — tout à l'avantage d'Horowitz que nous venons d'entendre. *Descendre vers la Croisette à tombeau ouvert. Au quarante-cinquième kilomètre, Poulidor possède quarante-cinq secondes d'avance sur le favori, Maertens. Hinault est en tête.* Le motif harmonisé de la gamme hongroise en fausse « coda » aboutit a un nouveau thème *Grandioso. Au passage devant les tribunes, Poulidor, en roue libre, est acclamé !* Le premier thème revient *dolce con grazzia. (Plan américain sur une jeune spectatrice qui hurle : "Va-z-y Poupou !") Sprint, pour la beauté du geste.* Cadence de piano avec trilles...

TELEVISION : retransmission du Grand Prix des Nations, la dernière course cycliste que doit disputer Raymond Poulidor.

Radio : à propos d'un Grand Prix de l'Académie du Disque, la sonate en *si mineur* pour piano de Franz Liszt : confrontation de quelques interprétations enregistrées.

(Plan général : la Croisette) — Le Grand Prix des Nations, créé en 1932 par Gaston Bénac, la première et la plus célèbre "classique" contre la montre (les concurrents partant l'un après l'autre toutes les trois minutes), est l' "épreuve de vérité" (gros plan sur Poulidor).

La sonate en *si mineur,* dédiée à Robert Schumann, à l'opposé de la musique à programme chère aux romantiques, est « musique pure » ; « grâce à son travail thématique et à la distribution de ses thèmes, elle s'articule selon un certain *cyclisme* » (Claude Rostand). *Elle comporte des difficultés extrêmes, avec ce nouveau parcours de 90 kilomètres autour de Cannes, "un rude morceau", commente le champion français.* Pas à la portée de tout le monde. Ainsi, par exemple, Vincent d'Indy n'y avait rien compris — et la plupart des virtuoses trouvent cette épopée pianistique redoutable. *Poulidor, qui n'a jamais été homme à reculer devant la difficulté, déclare : "Sur le plan du parcours, j'suis pas volé ! Fort heureusement, j'aime le vélo." Plusieurs concurrents sont déjà partis — quelques-uns sont même arrivés, nous pourrions établir un classement provisoire.* Laissons de côté certaines interprétations par trop contestables, pour nous en tenir aux enregistrements les plus récents — les meilleurs — auxquels nous joindrons cependant la version Horowitz en 78 tours, d'avant la guerre (disques Polydor). *Suivons donc les favoris, l'un après l'autre, ainsi que le comportement de Poulidor, toujours là à quarante ans, "le premier à être le second", une fois de plus peut-être. (Le profil de l'itinéraire, à effectuer deux fois — équilibré et accidenté — apparaît sur l'écran).*

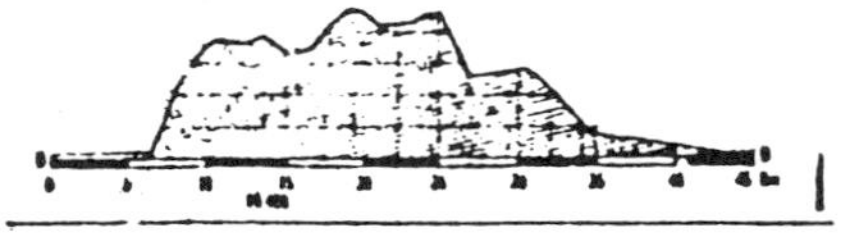

« Le Finale de Poulidor »,
Nouvelles Littéraires, 22 déc. 1977.

Cieslewicz, *Photomontages,* affiche de l'exposition / © Maison du Tourisme, Auxerre, juillet-sept., 1979

Carelman, *Catalogue d'objets introuvables,* / © Éd. Balland, 1969.

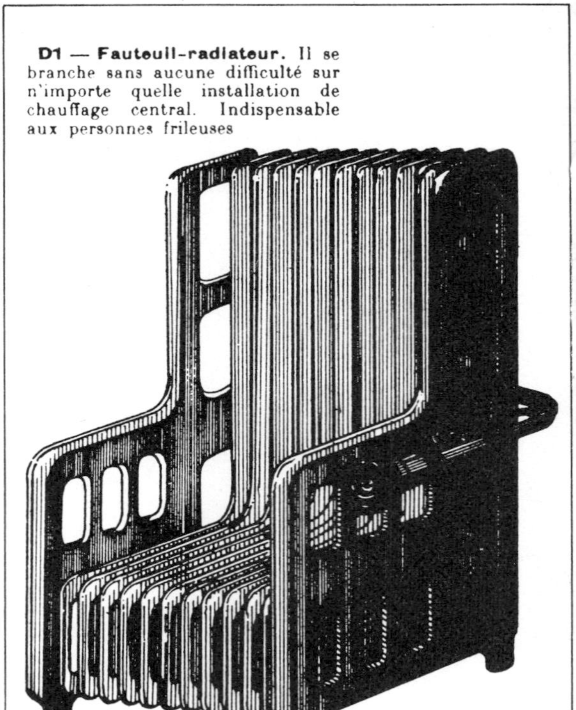

LE CENTON

Ecrire un texte en juxtaposant des fragments qui proviennent d'autres textes.

LE CENTON

Le centon peut être considéré comme une variante des activités de collage et de découpage.

Un peu oublié aujourd'hui (le dictionnaire Robert ne le mentionne pas) le centon est défini par Peignot comme « *un morceau de poésie composé d'hémistiches de vers entiers ou de passages empruntés d'un ou de plusieurs auteurs. Le mot centon vient du grec,* kentrôn *(en latin* cento*), qui signifie habit fait de divers morceaux. Ce mot est formé de* kentéô, *piquer, parce qu'il fallait beaucoup de points d'aiguille pour coudre ces sortes d'habits rapetassés. Ausone a prescrit des règles pour composer des centons. Il faut prendre, dit-il, des morceaux détachés du même poète ou de plusieurs ; on peut partager un vers, et en lier la moitié à une autre moitié prise ailleurs, ou employer le vers tout entier ; mais il n'est pas permis d'insérer deux vers suivis et pris dans le même endroit.* »

Et Peignot ajoute que *"souvent on étend la dénomination de centon aux ouvrages en prose, composés de morceaux dérobés."*

Pour résumer on peut dire que le centon consiste à découper des phrases dans des livres pour les recoller ensuite et *composer un nouveau texte qui ne doit pas avoir de rapport — quant au contenu — avec les textes utilisés.*

On parle ainsi d'une Vie de Jésus-Christ uniquement composée avec des passages de l'*Iliade* et de l'*Odyssée* d'Homère.

G. Peignot cite encore quelques exemples de centons, comme celui-ci :

Essais sur l'histoire de la Révolution française, par une société d'auteurs latins (l'auteur en est réellement M. Héron de Villefosse, ingénieur en chef des mines) ; *nouvelle édition, précédée de quelques réflexions sur les principes de la philosophie moderne, extraites du Discours préliminaire des trois Siècles de la littérature française, et augmentée de citations extraites de plusieurs écrivains français et autres.* Paris, 1803.

« *Ce volume curieux est composé de morceaux tirés de Cicéron, Salluste, Tite-Live, V. Paterculus, Tacite, Pline, Suétone, C. Népos, etc., qui, choisis et réunis, forment une véritable histoire de la Révolution. Le texte est en regard du français.* »

La littérature contemporaine connaît quelques exemples de textes fabriqués selon cette technique. Ainsi Blaise Cendrars publia, en 1943 un recueil de poèmes intitulé *Kodak,* uniquement composé de bouts de phrases extraites du roman de Gustave Le Rouge *Le Mystérieux docteur Cornélius.* D'ailleurs, ayant reçu une lettre de la firme « Kodak » lui interdisant d'utiliser leur nom comme titre de son ouvrage, Cendrars le débaptisa pour l'intituler *Documentaires.*

Et c'est aussi Yak Rivais qui a publié un récit de 750 citations provenant de 408 auteurs.

Ces écrivains mettent en valeur la dimension *artisanale* de l'écriture : son caractère manuel.

Une variante de ce procédé consiste à découper parmi les textes d'un même auteur une série de morceaux grâce auxquels on rédigera un entretien imaginaire (en fabriquant bien sûr les questions). Le magazine *Télérama* présente ainsi, sous la plume de Francis Mayor, l'autoportrait de certains artistes. Nous choisissons ici quelques lignes d'une interview de Mozart composée de passages prélevés dans sa correspondance.

Blaise CENDRARS (1887-1961)

Les jours de fête
Quand les indiens et les vaqueros s'enivrent de whisky et de pulque
Dorypha danse
Au son de la guitare mexicaine
Habaneras si entraînantes
Qu'on vient de plusieurs lieues pour l'admirer

Aucune femme ne sait aussi bien qu'elle
Draper la mantille de soie
Et parer sa chevelure blonde
D'un ruban
D'un peigne
D'une fleur

« Dorypha » dans *Documentaires,* / c Éd. Denoël

Légère robe en crêpe de Chine
La jeune fille
Elégance et richesse
Cheveux d'un blond fauve où brille un rang de perles
Physionomie régulière et calme qui reflète la franchise et la bonté
Ses grands yeux d'un bleu de mer presque vert sont clairs et hardis
Elle a ce teint frais et velouté d'une roseur spéciale qui semble l'apanage
[des jeunes filles américaines

« Jeune fille », *op. cit.*

C'est le Brummel de la Fifth Avenue
Cravate en toile d'or semée de fleurettes de diamants
Complet en étoffe métallique rose et violet
Bottine en véritable peau de requin et dont chaque bouton est une
[petite perle noire
Il exhibe un pyjama en flanelle d'amiante un autre complet en étoffe de
[verre un gilet en peau de crocodile
Son valet de chambre savonne ses pièces d'or
Il n'a jamais en portefeuille que des banknotes neuves et parfumées

« Jeune homme », *Op. cit.*

Elle ne connaît pas les modes européennes
Crépus et d'un noir bleuâtre ses cheveux sont relevés à la japonaise et
retenus par des épingles en corail
Elle est nue sous son kimono de soie
Nue jusqu'aux coudes

Lèvres fortes
Yeux langoureux
Nez droit
Teint couleur de cuivre clair
Seins menus
Hanches opulentes

« Hataouara », *op. cit.*

♣

Yak RIVAIS

Balzac : *Splendeurs et misères des courtisanes*	— Suis-je le premier qui ait renoncé à l'ambition pour suivre la pente d'un amour effréné ?
d'Aurevilly : *Le bonheur dans le crime* Gobineau : *Mlle Irnois*	— Le médecin est le confesseur des temps modernes, fit le docteur, avec un ton solennellement goguenard. Allons, jeune homme, venez !
J.C. Powys : *La fosse aux chiens* de Andrade : *Nizia Figueira, pour vous servir* Maupassant : *Sur l'eau* Flaubert : *L'éducation sentimentale* Zola : *Madeleine Férat*	Le docteur le consuisit à travers des pelouses et des bosquets, des vergers et des jardins, à l'intérieur du même grand mur imposant ; ils poussèrent jusqu'à la grille sud. Des crapauds, il y en avait des quantités. Le brouillard qui, deux heures auparavant flottait sur l'eau, s'était retiré et ramassé sur les rives. Les réverbères brillaient en deux lignes droites, indéfiniment, et de longues flammes rouges vacillaient dans la profondeur de l'eau. Le jeune homme s'était approché, regrettant sa brutalité.
Maugham : *La goutte jaune*	— Voilà une nuit dont on peut dire qu'elle compte, dit-il avec un sourire qui essayait de dissimuler son embarras.
Martin du Gard : *L'été 1914* Pasternak : *Dr Jivago* Scott : *Le monastère*	Le ton crânait, mais le regard avait fui et se perdait de nouveau dans le vague. Un vent cinglant poussait par rafales au ras du sol des lambeaux de nuages déchiquetés, noirs comme des flocons de suie. Un peu plus loin, le fleuve, semblable à une immense cataracte, se précipitait par-dessus la barrière.
James : *Washington square* Florian : Préface à *Eliezer et Nephtaly*	Le docteur esquissa un sourire. Le jeune homme, sans être beau, avait une physionomie prévenante.
Sand : *La mare au diable* Joyce : *Ulysse*	— Je ne conçois pas qu'une fille dans la misère, et à laquelle vous faites beaucoup d'honneur en la recherchant, puisse vous refuser. Je parie qu'elle porte un de ces nom de dieu de corsets avec des jarretelles et des bas jaunes bossus de reprises.
Vian : *L'automne à Pékin*	Il avait l'air inquiet et jetait des regards furtifs derrière lui.
Sturgeon : *Killdozer*	— Vous savez que je ne plaisante pas.
Flaubert : *Mme Bovary*	Son regard, plus tranchant que ses bistouris, vous descendait droit dans l'âme et désarticulait tout mensonge à travers les dénégations et les pudeurs.
Balzac : *La duchesse de Langeais*	— Je me suis prononcé, moi, en faveur des femmes faciles ; au moins, elles sont tendres, elles aiment le naturel, et non avec les assaisonnements sociaux.
Anouilh : *Cécile ou l'école des pères*	— Pourquoi me dites-vous cela ?
Malraux : *Antimémoires*	— Celui qui ne comprend pas cela se met hors de la révolution.
Christie : *Témoin muet*	Un faible sourire éclaira le visage du jeune homme.

Erró, *La Bandiera rossa,* Milan, Galerie Arte Borgogna./©Archives Erró.

— *A plusieurs allusions que vous avez faites,* lui dis-je — *ce billard encore que vous avez dû vendre... — il me semble que depuis que vous êtes à Vienne vous vous débattez dans des soucis d'argent inextricables... Pourtant, on joue vos œuvres. En ce moment "L'Enlèvement au Sérail" poursuit une bonne carrière...*

— Oui. Mais si j'écris à nouveau un opéra, ce ne sera pas pour voir qu'on me paie en tout et pour tout 100 ducats, tandis que le théâtre en gagne quatre fois plus en quatorze jours !

Vous savez que je ne suis pas du tout capable de jouer un sale tour à qui que ce soit. Mais il ne faut pas être un benêt qui laisse les autres tirer profit de son travail — alors qu'il a coûté assez de peine et de fatigue.

Reconnaissez vous-même qu'il est misérable ; sinon impossible, de vivre dans l'attente d'une recette. Quand on n'a rien devant soi, même pas le nécessaire, on ne peut pas mettre de l'ordre dans son existence. Ma situation est telle que je suis souvent dans la nécessité absolue de faire un emprunt...

— *Vous manquez du nécessaire ? Mais vous n'aimez pas vous priver des plaisirs de la vie, du luxe, de la bonne cuisine ; il suffisait de vous entendre à table, tout à l'heure, évoquer les plats de langue comme on les prépare à Salzbourg, les truites fumées des Alpes... Vous m'avez dit que l'envie d'un beau frac rouge "vous pince cruellement le cœur"... Ça m'a paru excessif.*

— Je voudrais avoir tout ce qui est bon, tout ce qui est pur et tout ce qui est beau. D'où vient que tous ceux qui ne sont pas en situation de le faire voudraient tout dépenser pour ces belles choses... Et que ceux qui en auraient les moyens ne le font pas ?

— *Grimm, à Paris, prétendait que vous ne saviez pas vous faire mousser pour gagner de l'argent. Et votre père vous reprochait d'avoir "la tête pleine de choses qui vous rendent inapte au présent", d'être insouciant...*

— Je ne suis pas insouciant. Seulement, je suis prêt à accepter tout ce qui m'arrive. Et je peux, par conséquent, tout attendre et tout supporter avec patience. A condition que mon honneur n'en souffre pas, ni celui du nom de Mozart, advienne que pourra ! Le bonheur consiste purement et simplement dans l'imagination...

Je suis habitué depuis l'enfance à abandonner les gens, les pays et les villes. Messieurs les Viennois (et l'empereur en tête !) ne doivent pas s'imaginer que je suis au monde pour Vienne seule ! Je ne veux pas mendier. Si l'Allemagne, ma chère patrie, dont je suis fier vous le savez, ne veut pas m'accueillir, eh bien ! il faudra que la France ou l'Angleterre s'enrichisse d'un habile Allemand de plus.

Récemment, comme on parlait de moi, le prince Kaunitz a dit à l'archiduc Maximilien : « De tels hommes n'apparaissent au monde que tous les cent ans. On ne devrait pas les chasser de l'Allemagne... » Mais où les gens de talent ont-ils trouvé leur bonheur ? Ou leur réputation ? Pas en Allemagne bien sûr, Gluck lui-même, est-ce l'Allemagne qui en a fait le grand homme qu'il est ?

— *... Et vous teniez aussi à ce qu'on vous écoute avec attention...*

— Donnez-moi le meilleur des pianos d'Europe, mais, pour m'écouter, des gens qui ne comprennent rien ou qui ne veulent rien comprendre, qui ne ressentent pas avec moi ce que je joue, alors je perdrai toute ma joie... *(il rit).* Je suis un tapoteur-né. Et ne suis bon à rien qu'à taper un peu sur un clavier.

— *... Mieux que personne en Europe... Et vous oubliez le compositeur...*

— Oui. Composer, c'est mon unique joie et ma passion. Je ne peux pas enterrer ce talent que Dieu m'a donné. Je préférerais négliger le piano pour la composition. Car le piano n'est qu'un accessoire pour moi — un accessoire d'ailleurs très important !... A Salzbourg, aucune autre charge ne m'aurait fait autant plaisir que celle de compositeur. Mais bien payé !

Pour composer, il me faut un état d'âme que rien n'assombrisse, la tête libre, du plaisir au travail. C'est impossible quand on est triste. Croyez-moi, j'aime travailler, mais à Salzbourg, ça m'a coûté beaucoup d'efforts. Je n'y arrivais pas. Aucun encouragement pour mon talent. Si je jouais, ou qu'on exécutait quelque chose de ma composition, c'était comme si la table et les chaises étaient mes seuls auditeurs. Vraiment, l'archevêque ne pouvait pas me payer assez pour cet esclavage. Quand je me suis vu à nouveau dans cette cour de gueux, je n'ai éprouvé qu'une détresse totale...

— *... Et vous vous êtes mis à détester Salzbourg...*

— Non. Pas Salzbourg. Mais le prince et cette noblesse prétentieuse, outrecuidante, me faisaient horreur. C'était chaque jour plus insupportable.

Vous parlez d'une distinction ! Dès midi, un peu trop tôt pour moi, nous allions à table : les valets de chambre, monsieur le pâtissier, les deux cuisiniers. Moi, j'avais du moins l'honneur d'être assis avant les cuisiniers... Oh, faire un pied de nez à l'archevêque, quel bonheur !

« Interview imaginaire avec MOZART ».
/ © *Télérama,* 3 nov. 1982.

Hommage à Queneau
Hommage à Guénot

Ecrire des textes en suivant pas à pas ces deux écrivains.

Hommage à Quenot
Hommage à Guéneau

Il serait peu souhaitable, à nos yeux, de quitter un travail sur les transformations sans parler plus précisément des *Exercices de style* de Raymond Queneau.

Rappelons d'abord que ce livre (pour nous exemplaire) propose une suite de courts textes qui sont autant de façons différentes de rapporter une même histoire (un incident dans un autobus à midi).

Ces variations sont rendues possibles par l'adoption à chaque fois d'une règle précise.

Cette règle (on tentera ici une rapide typologie) est quelquefois grammaticale : le texte est écrit au présent (fragment intitulé : *Présent*), ou à l'imparfait *(Imparfait) ;* il utilise des phrases exclamatives *(Exclamatives)* ou interrogatives *(Interrogatoire).*

On change souvent de style *(Ampoulé, Vulgaire...).*

On utilise une règle portant sur les mots eux-mêmes *(Logorallye, Anglicismes, Prosthèses, Paragoges...).*

On modifie le *point de vue* (la disposition d'esprit) du narrateur *(Ignorance, Insistance, Hésitation...).*

Ou enfin on ne retient pour toutes les notations qu'un vocabulaire limité, portant sur un thème précis *(Précisions, Olfactif, Gustatif...).*

Au total 99 variations. Qui dit mieux ?

Peut-être Queneau lui-même, qui a proposé une liste d'autres « exercices de style possibles »...

Notre second hommage ira au très beau livre de Jean Guénot : *Ecrire : Guide pratique de l'écrivain avec des exercices.*

Il s'agit là d'un ouvrage précieux, rempli de renseignements et d'attentions pour ceux que l'écriture attire.

Nous reproduisons quelques-uns des exercices subtils qui complètent chaque chapitre, en invitant vivement le lecteur à acquérir ce livre indispensable.

D'une manière semblable à certaines activités proposées par J. Guénot, une universitaire a réécrit le roman de Benjamin Constant, *Adolphe,* du point de vue féminin (puisque dans le texte original, c'est « Adolphe » qui parle).

E. GONIN : *Le Point de vue d'Ellénore,* J. Corti, 1981.

♣

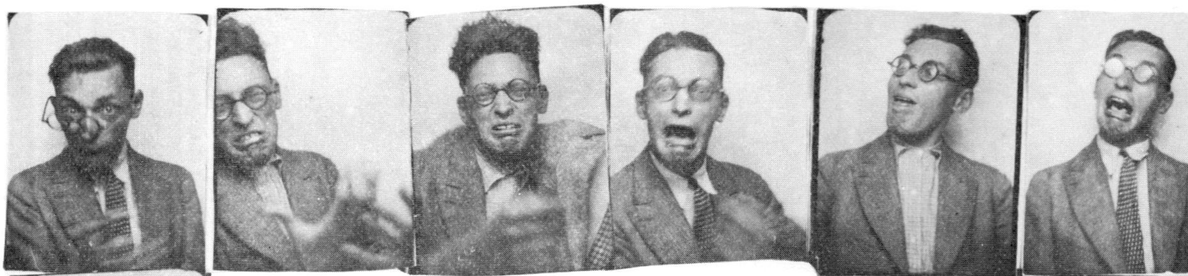

VULGAIRE

L'était un peu plus dmidi quand j'ai pu monter dans l'esse. Jmonte donc, jpaye ma place comme de bien entendu et voilàtipas qu'alors jremarque un zozo l'air pied, avec un cou qu'on aurait dit un télescope et une sorte de ficelle autour du galurin. Je lregarde passeque jlui trouve l'air pied quand le voilàtipas qu'ismet à interpeller son voisin. Dites donc, qu'il lui fait, vous pourriez pas faire attention, qu'il ajoute, on dirait, qu'i pleurniche, quvous lfaites essprais, qu'i bafouille, deummarcher toutltemps sullé panards, qu'i dit. Là-dssus, tout fier de lui, i va s'asseoir. Comme un pied.

Jrepasse plus tard Cour de Rome et jl'aperçois qui discute le bout de gras avec autre zozo de son espèce. Dis donc, qu'i lui faisait l'autre, tu durais, qu'i lui disait, mettre un ottbouton, qu'il ajoutait, à ton pardingue, qu'i concluait.

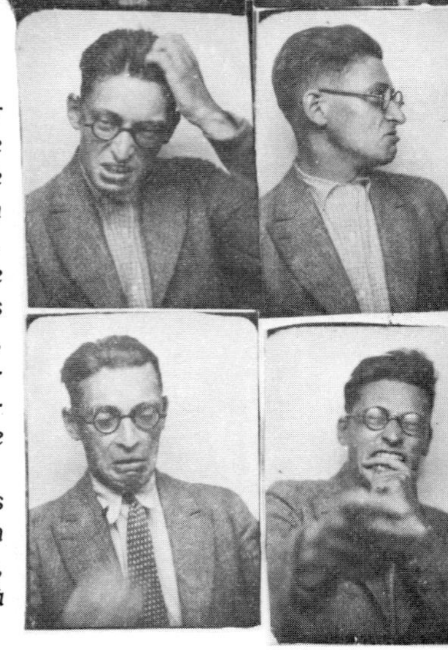

Queneau, *Photomatons,* 1928, / © Éd. Gallimard.

PRECISIONS

A 12 h 17 dans un autobus de la ligne S, long d 10 mètres, large de 2,1, haut de 3,5, à 3 km 600 d son point de départ, alors qu'il était chargé de 4 personnes, un individu du sexe masculin, âgé d 27 ans 3 mois 8 jours, taille 1 m 72 et pesant 65 k et portant sur la tête un chapeau haut de 17 cent mètres dont la calotte était entourée d'un ruba long de 35 centimètres, interpelle un homme âg de 48 ans 4 mois 3 jours, taille 1 m 68 et pesar 77 kg, au moyen de 14 mots dont l'énonciatio dura 5 secondes et qui faisaient allusion à de déplacements involontaires de 15 à 20 millimètre Il va ensuite s'asseoir à quelque 2 m 10 de là.

118 minutes plus tard, il se trouvait à 10 mètre avec un camarade âgé de 28 ans, taille 1 m 70 e pesant 71 kg qui lui conseilla en 15 mots de déplc cer de 5 centimètres, dans la direction du zénith, u bouton de 3 centimètres de diamètre.

PRIERE D'INSERER

Dans son nouveau roman, traité avec le brio qui lui est propre, le célèbre romancier X, à qui nous devons déjà tant de chefs-d'œuvre, s'est appliqué à ne mettre en scène que des personnages bien dessinés et agissant dans une atmosphère compréhensible par tous, grands et petits. L'intrigue tourne donc autour de la rencontre dans un autobus du héros de cette histoire et d'un personnage assez énigmatique qui se querelle avec le premier venu. Dans l'épisode final, on voit ce mystérieux individu écoutant avec la plus grande attention les conseils d'un ami, maître en dandysme. Le tout donne une impression charmante que le romancier X a burinée avec un rare bonheur.

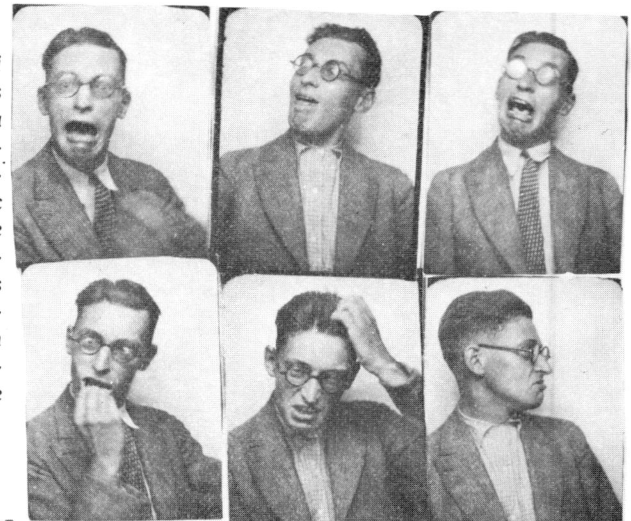

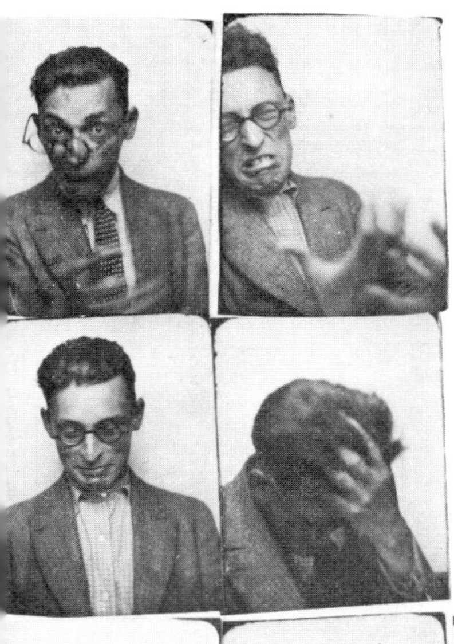

BOTANIQUE

Après avoir fait le poireau sous un tournesol merveilleusement épanoui, je me greffai sur une citrouille en route vers le champ Perret. Là, je déterre une courge dont la tige était montée en graine et le citron surmonté d'une capsule entourée d'une liane. Ce cornichon se met à enguirlander un navet qui piétinait ses plates-bandes et lui écrasait les oignons. Mais, des dattes ! fuyant une récolte de châtaignes et de marrons, il alla se planter en terrain vierge.

Plus tard je le revis devant la Serre des Banlieusards. Il envisageait une bouture de pois chiche en haut de sa corolle.

♣

Jean GUÉNOT

Changement d'époque et de milieu :

Transposez *Le Colonel Chabert,* de Balzac, selon le conseil de Paul Morand ; Rose Chapotel, pensionnaire d'un bordel du Palais-Royal, a été en 1940 la maîtresse d'un officier SS, puis sortie du bordel et épousée par le résistant Chabert, donné pour mort en déportation et dont une station de métro porte le nom ; puis l'épouse d'un général américain en 1945 ; elle vit à Paris en 1948, elle a vingt-cinq ans ; Chabert commence à reparaître. Ecrivez une nouvelle de douze feuillets du point de vue de Rose.

Changement de personne et de sexe :

Partez du premier chapitre de *Bouvard et Pécuchet* de Gustave Flaubert ; lisez-le plusieurs fois ; refermez le livre et rédigez, en un premier jet de trois feuillets à la première personne, cette rencontre du point de vue de Bouvard comme si Pécuchet était une femme.

Changement de point de vue :

A partir de *La Vénus d'Ille,* de Prosper Mérimée, récrivez la nouvelle en dix feuillets du point de vue de la statue transformée en cloche de bronze. Si vous prétendez ne pas aimer Mérimée pour ne pas avoir à faire cet exercice, examinez en vous les débuts d'une panne que vous classerez selon les catégories du chapitre 5.

Écrire, Guide pratique de l'écrivain, 1977, 1982, chez Jean Guénot, 85, rue des Tennerolles 92210 Saint-Cloud.

Raymond QUENEAU (1903-1976)

nerveux
angoissé
attente
jovial
calembours
calligramme
dédicace
idées macabres
fiche de lecture
lettre de refus de l'éditeur
couture (noms de robes)
rébus
charade
devinettes
déclaration d'amour
borgne
sourd-muet
aveugle
ivrogne
paranoïaque
confusion mentale
delirium tremens
règles d'un jeu
jeu de l'oie
jeu de carte
loi
énigme
différents jeux d'esprit
lettre d'injure
lettre de protestation
annonces (petites)
publicité
concierge
receveur
le critique littéraire
le critique théâtral
le critique cinématographique
traitement cinématographique
faire-part
critique mondain
élégances
langage cuit
chaos
symboles
fable
fleurs de rhétorique
éloquence de la chaire
éloquence politique
distribution de prix
réquisitoire
natation
attributs
etc.

« Exercices de styles possibles », dans *Exercices de style,* ill. par Carelman, / © Éd. Gallimard. 1963.

COMMENCER

Essayer tout simplement de commencer *un récit, sans avoir le souci de le terminer. Se fixer de ne pas écrire plus d'une ligne, un paragraphe ou une page, selon l'humeur du moment.*

COM

Y. NAVARRE : *Premières pages,* Flammarion, 1983 (41 chapitres : 41 débuts de romans).

On s'apercevra qu'il est souvent plus facile de commencer un texte lorsqu'on ne cherche pas à l'écrire en entier ; ensuite, on pourra avec moins de peine le poursuivre, puisqu'on aura déjà écrit quelques lignes.

Ce « régime » d'écriture peut faire penser au travail du feuilletoniste, complètement déterminé par la nécessité de remettre chaque jour (ou chaque semaine) un nouveau chapitre au journal qui l'emploie. Ainsi Gaston Leroux s'engageait bien souvent dans la rédaction d'un nouvel épisode sans avoir la moindre idée de ce qu'il pourrait inventer le lendemain.

Commencer peut être aussi l'un des temps forts de l'écriture. Roland Barthes a très bien évoqué ce plaisir, cette euphorie du commencement, qui correspond chez lui à une véritable *esthétique du fragment.*

Mais pour d'autres, le commencement est un moment difficile, voire périlleux. En effet, commencer c'est se placer virtuellement devant la redoutable épreuve de la *lecture :* le lecteur que j'imagine entrera-t-il ou non dans ce que je suis en train d'écrire ? ces premières lignes que je trace l'inciteront-elles à poursuivre le livre ou au contraire à l'abandonner ?

Reprenant le début d'un roman de Gobineau, Aragon s'est arrêté sur ces difficultés du commencement.

Roland BARTHES (1915-1980)

Aimant à trouver, à écrire des *débuts,* il tend à multiplier ce plaisir : voilà pourquoi il écrit des fragments : autant de fragments, autant de débuts, autant de plaisirs (mais il n'aime pas les fins : le risque de clausule rhétorique est trop grand : crainte de ne savoir résister au *dernier mot,* à la dernière réplique).

R. Barthes par lui-même, / ⓒ Éd. du Seuil, 1975

LE LIVRE
DES 2.000 PHRASES

● Georges Pérec a lu avec intérêt le manuscrit d'un inconnu qui a rassemblé mille premières phrases et mille dernières phrases de livres. *"Il y a des concordances passionnantes",* affirme Pérec qui ajoute : *"Mais c'est un livre qui a du mal à démarrer".* Les éditeurs intéressés peuvent écrire à l'auteur : Jean-Paul Parmelli, 7, rue de la Calandre, 88000 Epinal.

Extrait de : G. Pudlowski, « Il n'y a que la première phrase qui coûte », *Nouvelles littéraires.*

J'ai encore une chose à dire sur le fragment. Longtemps j'ai pensé faire un cours sur ce que j'appellerais les « formes brèves » : Lellouche a parlé d'écriture courte, c'est très bon. Finalement, j'ai renoncé. Mais je mettrais au dossier ce qu'est le fragment pour moi : c'est un morceau de langage dans lequel, par lequel, ou à travers lequel *il y a une jouissance à commencer et à finir.* C'est un espace où il y a un commencement et une fin : il y a pour moi une jouissance localisée d'écriture à ouvrir le discours et à le fermer. Et si l'on voulait opposer le fragment à la dissertation, comme Lellouche l'a fait très justement de mon point de vue (c'est cela le vrai paradigme), je dirais que la dissertation m'est intolérable parce qu'elle m'enlève le plaisir de commencer et de finir. Elle ne me donne qu'un seul plaisir de commencer et qu'un seul plaisir de finir et ce plaisir est déjà émoussé, à la fois à l'avance et rétrospectivement, par ce que j'ai appelé spontanément la « tartine ». J'aime les débuts, j'aime les fins. Les fins sont beaucoup plus difficiles à faire que les débuts, parce que les fins ont été codées par la rhétorique sous forme de conclusions, de coups de trompette, de mots de la fin, de clausules, etc. Il y a des opérateurs de fins de discours et, par conséquent, il faut s'en accommoder. Mais commencer un fragment, c'est quelque chose que j'aime beaucoup et je dirais que, du point de vue corporel, je réduirais le fragment à ce problème-là : la jouissance de commencer et de finir. En faisant beaucoup de fragments, on multiplie cette jouissance.

Colloque *Prétexte : R. Barthes,*
/ ⓒ Christian Bourgois, Éditeur, 1978.

DEUX EXERCICES
POUR LES VACANCES

● Jouer entre amis à reconnaître la première phrase, par exemple, de *Gatsby le magnifique, la Nausée, Madame Bovary* ou du dernier Goncourt.

● Amusez-vous à apprendre par cœur (très difficile) la première phrase d'*Un arbre dans Babylone* de Daniel Boulanger : *"Par la fenêtre large ouverte d'un rouge de vieille rose entrait la chaleur truffée de mandarine, de cédrat, de bitume, d'oiseaux engourdis, du gras de la mer, et cela était aussi tentant qu'une tranche de cake sortant du four."*

Extrait de : G. Pudlowski, « Il n'y a que la première phrase qui coûte », *Nouvelles littéraires.*

PREMIERES PHRASES ROMANESQUES.

De nombreux écrivains ont signalé l'importance de la première phrase, en ce qu'elle conditionne, bien souvent, toute la suite du texte : c'est elle qui donne « le ton »... Nous présentons ici un choix de quelques premières phrases, extraites, d'un article des *Nouvelles littéraires* intitulé « Il n'y a que la première phrase qui coûte ».

« Sur ce sentiment inconnu, dont l'ennui, la douceur m'obsèdent, j'hésite à apposer le nom, le nom grave de tristesse. »
(F. Sagan, *Bonjour tristesse.*)

« Je hais les voyages et les explorateurs. »
(C. Lévi-Strauss, *Tristes tropiques.*)

« Longtemps, je me suis couché de bonne heure. »
(M. Proust, *A la recherche du temps perdu.*)

« La première fois que j'entendis Personville appelé Poisonville, c'était par un rouquin prétentiard nommé Hickey Dewey dans la grande salle du Big Ship, à la Butte. »
(D. Hammett, *La Moisson rouge.*)

« Demain, ce sera mardi, et je commencerai à écrire. »
(A. Rollin, *Cortège dans la ville.*)

« Ça a débuté comme ça. »
(L.F. Céline, *Voyage au bout de la nuit.*)

« La jeune fille consultait sa montre : dix-neuf heures douze. »
(P.J. Rémy, *Orient-Express.*)

« La première fois que je vis Terry Lennox, il était fin saoul dans une Rolls Royce Silver Wraith devant la terrasse des Dancers. »
(R. Chandler, *Sur un air de navaja.*)

Louis ARAGON (1897-1982)

Ami lecteur, t'attendrais-tu par hasard à me voir commencer cette historiette par : "La lune pâle se levait sur un ténébreux horizon..." ou par : "Trois jeunes hommes, l'un blond l'autre brun et le troisième rouge, gravissaient péniblement..." ou par... Ma fois, non ! tous ces débuts étant vulgaires sont ennuyeux et, puisque je n'ai pas assez d'imagination pour te jeter sur la scène de mon récit d'une manière un peu neuve, j'aime mieux ne pas commencer du tout et t'avertir tout bonnement que Matteo Cigoli était, de l'aveu général, le meilleur garçon, le plus gai, le plus actif et le plus spirituel qu'eût produit son village, situé à quelques lieues de Bologne...

Ainsi, le jeune Gobineau, en 1843, commençant *Scaramouche,* manifeste l'inquiétude qui s'empare nécessairement de l'écrivain devant le caractère conventionnel que semble nécessairement prendre l'amorce, l'incipit de tout écrit, toute phrase d'initiation à la cérémonie mentale, conte ou roman, qui va constituer le récit entrepris. C'est en 1916, je crois, que j'avais fait la connaissance de cet écrivain, par ses oeuvres de maturité, *Les Pléiades* et les *Contes asiatiques.*

Je n'ai jamais appris à écrire ou les incipits,
Skira, 1969.

Paul VALERY (1871-1945)

Il m'arrive, comme à plusieurs, mais rarement, de noter l'essentiel de ce qui m'est ainsi venu. Ce sont des « idées », des « sujets », comme on dit ; parfois deux mots, un titre, un germe. Enfin, il arrive aussi que, revenu à mes papiers, je me mette à écrire ce qui s'était formé tout seul dans ma tête. Je l'écris comme si ce fût là le commencement d'un ouvrage. Mais je sais que l'ouvrage n'existera pas, je sens que j'ignore où il irait, et que l'ennui me prendrait si je m'appliquais à le conduire à quelque fin bien déterminée. Au bout de peu de lignes ou d'une page, j'abandonne, n'ayant saisi par l'écriture que ce qui m'avait surpris, amusé, intrigué, et je ne m'inquiète pas de demander à cette production spontanée de se prolonger, organiser et achever sous les exigences d'un art. Ici, intervient, d'ailleurs, ma sensibilité excessive à l'égard de l'arbitraire...

Histoires brisées, « Avertissement », Gallimard, 1950.

Je ferais une ville modèle — ou plutôt une ville spécialisée dans le calme, et le travail personnel soigné et achevé, — manuel ou non.

Seraient rigoureusement proscrits ou proscrites de cette ville les machines qui font du bruit, les nouvelles, la publicité, le cinéma, les appareils de radio, le téléphone dans les demeures — et la politique.

D'une façon générale, tout ce qui accélère brutalement l'existence et interrompt le cours des idées ou des occupations — et donne à toute vie l'allure d'un esprit inquiet.

De plus, un contrôle rigoureux serait exercé sur les choses à vendre — dont la qualité serait surveillée — et parfois la nature. Tout aliment serait défendu, qui serait produit en usines. Les apéritifs, les conserves.

Op. cit., « Fragments ».

La Lettre inductrice

En imaginant que les lettres de notre alphabet sont des pictogrammes, c'est-à-dire des signes représentant plus ou moins précisément des objets ou des personnages, écrire des textes à partir de ces lettres figurées.

La Lettre inductrice

Les systèmes d'écriture se répartissent en deux groupes principaux. D'une part, ceux qui sont restés les plus concrets, les plus proches de l'image, à savoir les idéogrammes (dont l'origine est le pictogramme), d'autre part les signes alphabétiques, notations abstraites de sons.

La tentation a toujours été grande en Occident, de redonner à la lettre une valeur concrète, une épaisseur vivante, d'en faire un monde minuscule, un corps, bref l'objet de rêveries, de désirs ou même de petits délires.

Les écrivains en particulier ont souvent rêvé à partir de lettres : Hugo, Rimbaud (avec le fameux « Sonnet des Voyelles »), Claudel et ses « Idéogrammes occidentaux », ou encore Michel Leiris dans *Biffures*.

S'inspirant par exemple d'un alphabet représentant des corps dénudés, Gilbert Lascault a publié un ouvrage, *Alphabets d'Eros*, où chaque lettre est le prétexte d'une petite fiction.

Par ailleurs Jérôme Peignot a proposé, dans un ouvrage qui constitue un hommage à la typographie, une série de textes écrits à partir de chacune des lettres de l'alphabet, et où, qui plus est, s'inscrit (en italiques) le nom des caractères commençant par la lettre choisie.

MASSIN : *La Lettre et l'image*, Gallimard, 1973.

UN ALPHABET DE VINGT-QUATRE LETTRES

■ *Alphabet* de Paul Valéry qui fut publié par la librairie Blaizot (1), en 1976, avait une histoire. Cette histoire, René Hilsum qui fut le fondateur, en 1919, des éditions du Sans pareil nous l'a contée. C'est en 1927-1928 que l'occasion et son goût lui firent acquérir un alphabet de lettrines qu'avait gravées le peintre d'origine catalane Louis Jou. « Je l'ai acheté sans savoir ce que j'en ferai. J'avais une librairie au 37, avenue Kléber. Valéry qui vivait rue Villejust (devenue aujourd'hui rue Valéry), venait une ou deux fois par mois feuilleter et, parfois, acheter des ouvrages. J'eus l'idée de lui montrer les gravures de Louis Jou. Je me souviens qu'il me dit : « C'est amusant ! Comme c'est amusant ! » Il comprit que je recherchais sa collaboration et

me dit : « J'ai une idée : les vingt-quatre heures de la journée ! » Il ne connaît que vingt-quatre lettres à l'alphabet (2) ! Il se proposa d'écrire vingt-quatre poèmes en prose. Lors de ses visites dans ma librairie il me répéta souvent que cela l'amusait et qu'il y travaillait. Je me souviens qu'un jour il me dit : « J'en suis à la lettre F ». Le temps a passé. J'avais annoncé la chose dans la publication que je faisais alors, le *Bibliographe de la France.* J'ai eu plusieurs centaines de souscriptions. Un beau jour, en 1931, alors que j'avais reçu de nombreuses réclamations et que je ne savais plus où me fourrer la tête, me parvint une lettre de Valéry qu'il m'adressait du midi de la France où il était, me disant : « Mon cher Ami, je suis absolument désolé, mais je bute sur le Q *(sic),* je préfère renoncer ». Il ne l'a donc pas fait pour moi, et je ne savais pas qu'il l'eût achevé. » René Hilsum qui fut le camarade d'études en médecine de Breton et d'Aragon évoque leur goût commun pour la poésie de Valéry. « En 1919, avant que se fît la rencontre avec Tristan Tzara et le dadaïsme, nous recherchions, avec passion, tous les poèmes, épars, de Valéry, publiés dans des revues comme *La Conque* ou *L'Hermitage.* J'en ai recopié, calligraphié, un certain nombre qui sont les pièces que l'on retrouve dans l'*Album de vers anciens* qu'ultérieurement publia Adrienne Monnier. D'ailleurs Breton, à l'époque, après avoir fait du faux Musset, du faux Rimbaud et du faux Mallarmé, faisait du faux Valéry. L'idée que nous partagions était de rester dans la grande lignée de la littérature française. »

M.B.

(1) 164, Faubourg Saint-Honoré, Paris.

(2) effectivement *Alphabet* dans l'édition de Blaizot ne comporte que vingt-quatre lettres. Manquent le K et le W qui ne firent partie que tardivement de l'alphabet français.

Alphabet gravé par Louis Jou/D.R.,

Jérôme PEIGNOT

MEDIAVILLA

MENHIR Mendoza,

MICHELANGELO,

Muriel moonshine

Martinique Mistral

Manhattan MESSE

MATRA Manchester

MOORE Méridien

MICROGRAMMA

Magnificat METRO

MIRAGE. Morland

M

On était à quelques jours du bac. *Madeleine, Muriel* et *Michel* révisaient ferme. Même dans le *Métro,* ils se posaient des colles : le nom du grand livre de *Montaigne ?* Le « Paradis Perdu » est-il bien de *Milton ?* Qui a composé le *Magnificat ?* Qu'est-ce que la « projection » de *Mercator ?* Quelle est la définition du *Méridien ?* Le *Mistral* souffle-t-il du Nord ou du Sud ? Quel est le nombre d'habitants de *Manchester ?* Quel est le chiffre de production de bananes en *Martinique ?* Qui a dit « Paris vaut bien une *Messe* » ? *Mansard* est-il le masculin de mansarde ? Que veut dire *Moonshine ?* Que t-a-t-on demandé fit *Michel* à l'adresse de *Muriel* ? Si *Moore* est un poète, un sculpteur ou un architecte ? A moi, dit *Muriel,* si *Memphis* est une ville américaine ou égyptienne. A moi répondit *Madeleine,* si *Matra* est un éditeur ou un marchand de canon. Finalement tout le monde fut reçu. Pourquoi ? Si vous ne le savez pas c'est que vous êtes un cancre.

◇

Gilbert LASCAULT (né en 1934)

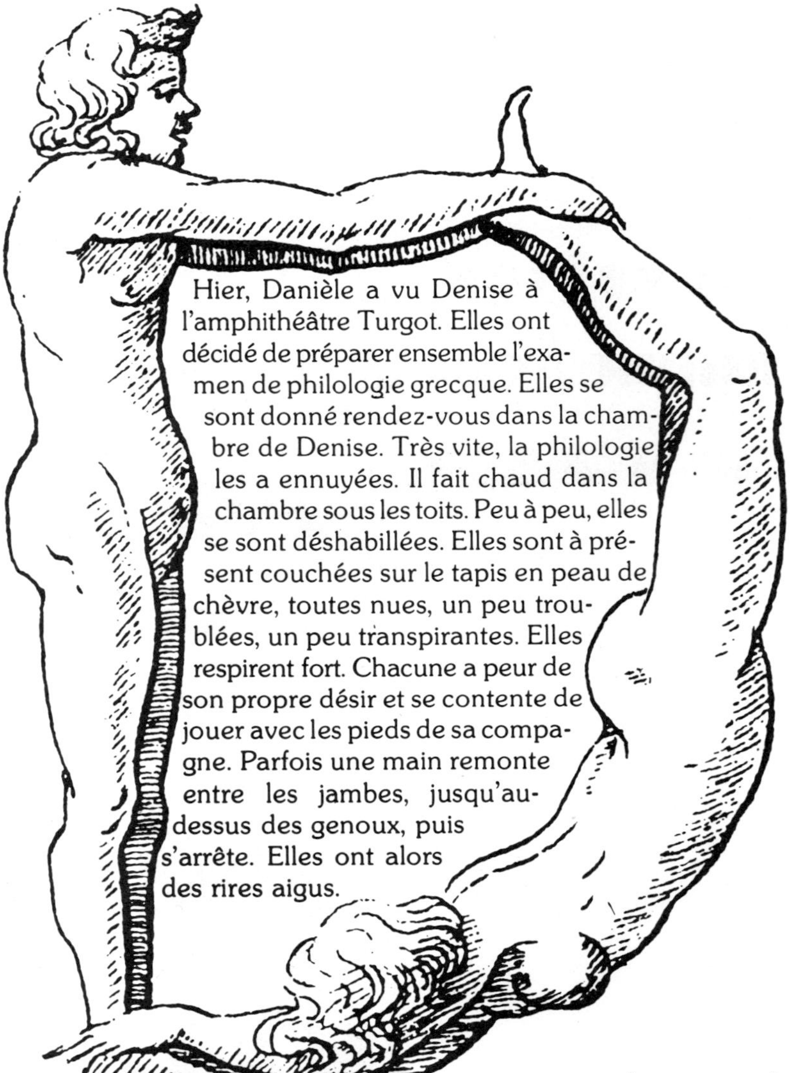

Hier, Danièle a vu Denise à l'amphithéâtre Turgot. Elles ont décidé de préparer ensemble l'examen de philologie grecque. Elles se sont donné rendez-vous dans la chambre de Denise. Très vite, la philologie les a ennuyées. Il fait chaud dans la chambre sous les toits. Peu à peu, elles se sont déshabillées. Elles sont à présent couchées sur le tapis en peau de chèvre, toutes nues, un peu troublées, un peu transpirantes. Elles respirent fort. Chacune a peur de son propre désir et se contente de jouer avec les pieds de sa compagne. Parfois une main remonte entre les jambes, jusqu'au-dessus des genoux, puis s'arrête. Elles ont alors des rires aigus.

Alphabets d'Éros, B.N. / © Éd. Galilée, 1976.

L'INSEMINATEUR

« Je crois que je peux être bouleversé par un seul mot. »

J.L. Borges

Faire d'un mot un véritable point de départ, un carrefour, un lieu d'irradiation d'où naîtraient de multiples associations, dépliées peu à peu.

- inséminateur
  - inspiration
    - influence
    - intuition
  - semence
    - dissémination
    - semonce

Les dictionnaires aideront à ces « voyages », puisqu'ils proposent d'emblée des analogies, des mots de la même famille, des étymologies, des locutions, des antonymes, etc.

Francis Ponge est l'un des écrivains pour qui les dictionnaires sont à la fois des *objets à rêveries* et des *outils indispensables.*

Le Verre d'eau est un exemple parmi d'autres, chez lui, du rôle fondateur que jouent les dictionnaires dans la *préparation* du texte.

Dans sa présentation à *Orion aveugle,* Claude Simon décrit magnifiquement ce pouvoir d'évocation des premiers mots d'un livre, chaque terme s'ouvrant de proche en proche sur l'infini de la langue :

« *L'un après l'autre les mots éclatent comme autant de chandelles romaines, déployant leurs gerbes dans toutes les directions. Ils sont autant de carrefours où plusieurs routes s'entrecroisent. Et si, plutôt que de vouloir contenir, domestiquer chacune de ces explosions, ou traverser ces carrefours en ayant déjà décidé du chemin à suivre, on s'arrête et on examine ce qui apparaît à leur lueur ou dans les perspectives ouvertes, des ensembles insoupçonnés de résonances et d'échos se révèlent.*

« *Chaque mot en suscite (ou en commande) plusieurs autres, non seulement par la force des images qu'il attire à lui comme un aimant, mais parfois aussi par sa seule morphologie, de simples assonances qui, de même que les nécessités formelles de la syntaxe, du rythme et de la composition, se révèlent souvent aussi fécondes que ses multiples significations.* »

Ce cheminement des mots en nous, Freud en parle dans *L'Interprétation des rêves* quand il expose comment ce qui nous reste des rêves (ces ruines du matin) s'ouvre sur un immense réseau de mots et de phrases permettant de reconstruire le rêve et de lui donner un sens.

En voici un court exemple, choisi parmi beaucoup d'autres :

« *Une de mes malades me communique un rêve bref qui s'achève par une combinaison dépourvue de sens. Elle assiste avec son mari à une fête paysanne et dit :* "Tout cela aboutira à un MAISTOLLMUTZ général." *Elle a en même temps en rêve le sentiment obscur qu'il s'agit d'une bouillie faite de maïs, d'une sorte de polenta. L'analyse décompose le mot en* maïs — toll — mannstoll *(nymphomane)* — Olmütz ; *tous restes d'une conversation à table avec des membres de sa famille. Le mot* maïs *renfermait, outre l'allusion à l'exposition du jubilé qui venait de s'ouvrir, un rappel des mots :* Meissen *(une porcelaine de Saxe de* Meissen) *qui représente un oiseau.* Miss *(l'Anglaise de ses cousins était partie pour* Olmütz), mies = *dégoût, mot de jargon juif employé par plaisanterie. Une longue chaîne de pensées et d'associations partait de chacune des syllabes de ce* mastic. »

Lors d'un séminaire (au *Collège-de-France,* le 12 janvier 1977) Roland Barthes, critiquant la *dissertation* où l'on impose à l'élève de « penser à partir d'une phrase » (énoncé *clos* qui laisse bien peu de possibilités), invitait au contraire à penser *à partir d'un mot.* Ce mot, choisi avec soin, serait exploré en suivant au moins ces deux voies essentielles : *l'étymologie** et la *connotation** (la « vibration sociale du mot »).

Une revue, intitulée *Première Livraison,* avait ainsi proposé à des écrivains de réagir textuellement à partir de certains mots. Dans un numéro, par exemple, ces mots étaient : *accident, deuil, imitation.*

Peut-être aussi que tout assemblage inédit de lettres, secrète immanquablement du sens, de sorte qu'on prêterait signification même à des mots ou expressions que l'on ne connaît pas. C'est ce qu'on appelle parfois *l'étymologie populaire,* ou *étymologie croisée :* une « femme de lettres » devient une *femme-facteur,* un « opéra-bouffe » un dîner-spectacle, des « bas-reliefs » des bas avec des décors en relief.

On peut tout à la fois sourire, trouver cela plein de « bon-sens » ou poétique, et songer aux procédés employés par Roussel pour écrire « certains de ses livres ».

Qui plus est (comme dans un texte de Bichsel cité dans la rubrique *Langages imaginaires*), la publicité contribue à affoler notre langage. Voici ce qu'écrit à ce sujet Gérard Blanchard :

« *La radio et la publicité sont partout sous-jacentes à l'univers verbal qui suinte des murs de la grande cité.* Kléber *est, dans la mythologie coutumière, un vulgaire marchand de pneumatiques.* Le Fuji-Yama *est, comme les Pyjadraps, une marque de draps en nylon. Le* Benelux *devient une marque de lessive et* Adamo *est assimilé aux enzymes. La* Meuse *est une marque de bière, alors que les* Balkans *ornent de leur nom les pots de yaourt.* Claudel *est un camembert. Les* in-quarto *sont recherchés à côté des rosés du Gard.* Graffiti *est une marque de spaghetti, tout comme* pizzicati. *Les draps Kula* (pour Dracula) : *"Je dois connaître cette marque*

C. SIMON : *Orion aveugle,* Skira, 1970.

S. FREUD : *L'interprétation des rêves,* 1900 / © P.U.F.

G. BLANCHARD : « Opinion sur rue : un sottisier pour l'année », dans *Communications et langages,* nº 10, juin 1971.

que vous dîtes, d'en avoir entendu parler au poste ou sur les réclames des journaux." On trouve aussi : "Je ne suis pas assez connaisseur en bon vin pour savoir vraiment ce qu'on nomme le "Cadre noir de Saumur", mais je pense que pour un fin palais ce doit être agréable..." »

Autre expérience. Prenez un dictionnaire et demandez à votre voisin de palier quel sens il prête, par exemple, à l'adjectif *glauque* (une eau glauque...). La réponse (la plus fréquente en fait) risque d'être : *trouble, sale.* Mais le Larousse de la langue française (*Lexis*) nous dit, sans ambiguïté possible : glauque signifie « de couleur verte tirant sur le bleu ». Et de citer cette phrase troublante de Simenon : « Les yeux du colonel étaient glauques et humides » ! Aucune notation (ou connotation) dépréciative. Et pourtant la contagion, semble-t-il, a opéré : *glauque* est placé entre *glaucome* et *glaviot !* pas très loin de *glaire...* A-t-on suffisamment remarqué que des pages entières du dictionnaire ne proposent que des mots désagréables ?

Et dans ces conditions, quel sens faut-il enseigner aux étrangers qui veulent apprendre notre langue ?

Terminons par des jeux (il en existait de semblables dans les colonnes du journal *Le Matin*).

Par exemple : proposer à la perspicacité de quelques amis réunis *un mot inconnu* prélevé dans le *Petit Larousse (hémine, gyrin, aisy,* etc.). Le mot choisi, demander à chacun de proposer par écrit une définition *vraisemblable.* Mélanger la bonne définition aux autres. Les lire toutes à voix haute. En choisir chacun une. Donner enfin la bonne réponse.

Les surréalistes ont pratiqué ce jeu avec réussite. Nous en donnons un exemple (à partir du mot *mamou*).

Notre vie est pénétrée de ce divorce entre l'imaginaire qui pour chacun s'attache aux mots (les sens illicites, les expériences, les émotions et les souvenirs) et la réalité auxquels ils réfèrent.

La littérature plonge aussi dans cette béance (comme le rappelle Genette à propos de Proust), amenant celui qui est dans la langue (l'écrivain) à être un peu à côté du *reste...*

Que la littérature puisse être, à la suite de cela, considérée comme *a-sociale* n'étonnera plus personne.

◇

Marcel PROUST (1871-1922)

Les mots nous présentent des choses une petite image claire et usuelle comme celles que l'on suspend aux murs des écoles pour donner aux enfants l'exemple de ce qu'est un établi, un oiseau, une fourmilière, choses conçues comme pareilles à toutes celles de même sorte. Mais les noms présentent des personnes — et des villes qu'ils nous habituent à croire individuelles, uniques comme des personnes — une image confuse qui tire d'eux, de leur sonorité éclatante ou sombre, la couleur dont elle est peinte uniformément, comme une de ces affiches, entièrement bleues ou entièrement rouges, dans lesquelles, à cause des limites du procédé employé ou par un caprice du décorateur, sont bleus ou rouges, non seulement le ciel et la mer, mais les barques, l'église, les passants. Le nom de Parme, une des villes où je désirais le plus aller depuis que j'avais lu *la Chartreuse*, m'apparaissant compact, lisse, mauve et doux, si on me parlait d'une maison quelconque de Parme dans laquelle je serais reçu, on me causait le plaisir de penser que j'habiterais une demeure lisse, compacte, mauve et douce, qui n'avait de rapport avec les demeures d'aucune ville d'Italie, puisque je l'imaginais seulement à l'aide de cette syllabe lourde du nom de Parme, où ne circule aucun air, et de tout ce que je lui avais fait absorber de douceur stendhalienne et du reflet des violettes. Et quand je pensais à Florence, c'était comme à une ville miraculeusement embaumée et semblable à une corolle, parce qu'elle s'appelait la cité des lys et sa cathédrale, Sainte-Marie-des-Fleurs. Quant à Balbec, c'était un de ces noms où, comme sur une vieille poterie normande qui garde la couleur de la terre d'où elle fut tirée, on voit se peindre encore la représentation de quelque usage aboli, de quelque droit féodal, d'un état ancien de lieux, d'une manière désuète de prononcer qui en avait formé les syllabes hétéroclites, et que je ne doutais pas de retrouver jusque chez l'aubergiste qui me servirait du café au lait à mon arrivée, me menant voir la mer déchaînée devant l'église, et auquel je prêtais l'aspect disputeur, solennel et médiéval d'un personnage de fabliau.

Si ma santé s'affermissait et que mes parents me permissent, sinon d'aller séjourner à Balbec, du moins de prendre une fois, pour faire connaissance avec l'architecture et les paysages de la Normandie ou de la Bretagne, ce train d'une heure vingt-deux dans lequel j'étais monté tant de fois en imagination, j'aurais voulu m'arrêter de préférence dans les villes les plus belles ; mais j'avais beau les comparer, comment choisir, plus qu'entre des êtres individuels qui ne sont pas interchangeables, entre Bayeux si haute dans sa noble dentelle rougeâtre et dont le faite était illuminé par le vieil or de sa dernière syllabe ; Vitré dont l'accent aigu losangeait de bois noir le vitrage ancien ; le doux Lamballe qui, dans son blanc, va du jaune coquille d'œuf au gris perle ; Coutances, cathédrale normande, que sa diphtongue finale, grasse et jaunissante, couronne par une tour de beurre ; Lannion avec le bruit, dans son silence villageois, du coche suivi de la mouche ; Questambert, Pontorson, risibles et naïfs, plumes blanches et becs jaunes éparpillés sur la route de ces lieux fluviatiles et poétiques ; Bénodet, nom à peine amarré que semble vouloir entraîner la rivière au milieu de ses algues ; Pont-Aven, envolée blanche et rose de l'aile d'une coiffe légère qui se reflète en tremblant dans une eau verdie de canal ; Quimperlé, lui, mieux attaché, et depuis le Moyen Age, entre les ruisseaux dont il gazouille et s'emperle en une grisaille pareille à celle que dessinent, à travers les toiles d'araignées d'une verrière, les rayons de soleil changés en pointes émoussées d'argent bruni ?

A la Recherche du temps perdu, Du côté de chez Swann,

Gérard GENETTE (né en 1930)

C'est bien ainsi déjà, comme des unités substantielles, que le jeune narrateur imagine les villes, les monuments, les paysages qu'il désire connaître : la magie de leurs Noms lui présente de chacun d'eux une image essentiellement différente, « *une image confuse qui tire d'eux, de leur sonorité éclatante ou sombre, la couleur dont elle est peinte uniformément comme une de ces affiches entièrement bleues ou rouges, non seulement le ciel et la mer, mais les barques, l'église, les passants* ». *Ainsi Parme tout entière est-elle nécessairement* « *compacte, lisse, mauve et douce* », *Florence* « *miraculeusement embaumée et semblable à une corolle* », *et Balbec comme une* « *vieille poterie normande qui garde la couleur de la terre d'où elle fut tirée* ». *C'est seulement plus tard que le contact avec la* « *réalité* » *désintégrera ces images uniques et simplifiées, montrant par exemple que Balbec-ville et Balbec-plage n'ont aucune substance commune et que la mer ne peut s'y* « *déchaîner devant l'église* » *distante de plusieurs kilomètres, enseignant au Narrateur que le réel est toujours et fatalement décevant parce que* « *des impressions telles que celles qu'(il) cherchait à fixer ne peuvent que s'évanouir au contact d'une jouissance directe qui a été impuissante à les faire naître* ». *Dès lors est consommé le divorce avec une réalité infidèle à sa propre essence, dont elle n'offre qu'un reflet pâle et morne comme les ombres de la Caverne platonicienne.*

« Proust palimpseste », dans *Figures,*

Francis PONGE (né en 1899)

Francis Ponge, /© Ed. Gallimard, D.R.

VERRE : le verre (matière) est de nature amorphe, dur et fragile. C'est le symbole de la fragilité. (J'aime assez « dur et fragile »).

Verre (dixième sens) : Vase à boire fait de verre. Rincer un verre. Amusant que ce ne soit que le dixième sens.

« Faire voir le verre » : sortilège employant un verre pour y faire voir le présent et l'avenir. Bravo ! Je ne m'y emploierai pas, mais c'est ce qui m'arrivera sans que je le veuille.

Un verre d'eau, c'est la moindre des choses. « Ne pas le secourir du moindre verre d'eau ».

« Faire répandre le verre » : achever de perdre quelqu'un. « C'est la dernière faute qui a fait répandre le verre » (Sévigné).

COUPE : Vase à boire ordinairement plus large que profond. Terme très usité en poésie. Voilà qui est merveilleux : la poésie, plus large (et arrondie) que profonde...

La coupe de ceci, la coupe de cela. (La coupe de la joie, la coupe amère.)

RINCER : de rein, en allemand : propre. Ou de resincerare : rendre sincère. Je préfère le second.

« Bon vin et verre bien rincé » (Olivier Basselin).

SINCERE : de sincerus, de sine et cera : sans cire.

Homme net et sincère : qui exprime avec vérité ce qu'il sent, ce qu'il pense.

Sans cire est merveilleux, et (au lieu d'Homme) Verre net et sincère serait très bien.

De tout cela, il y a beaucoup à prendre, comme il y eut d'abord beaucoup de joie à trouver... précisément où l'on pensait trouver.

Voilà la poésie des mots.

Comme j'aime à dire que ce qui me plaît dans la nature, c'est son imagination (devant tel paysage, telles lumières, devant tel produit naturel, tel organisme, telle pierre, si je m'écrie : « C'est beau ! » C'est comme je dirais : « Ah ! par exemple, je ne l'aurais pas trouvé tout seul ! Je n'aurais pas inventé cela ») — ainsi de la nature enfouie dans les dictionnaires : des mots, ces pierres précieuses, ces merveilleux sédiments.

Le Verre d'eau, /© Ed. Gallimard, 1949

◇

LE MAMOU

Quelques définitions suivies d'un exemple :

Pour Arrabal, c'est un *petit veau*. Exemple : *le mamou s'écarta de moi un instant et je pus voir son ventre. J'aperçus à l'intérieur un mamou qui dormait : son visage était le mien.*

Pour André Breton : "En parler "incroyable" : *mon amour*". Exemple : (Barras à Joséphine) *Venez, Mamou, il se fait tard.*

Pour Alexandro Jodorovsky : "Animal sans corps mais à 18 pattes". Exemple : *On a prêté au mamou toutes sortes de corps mais on a seulement réussi à photographier ses pattes.* Proverbe : *Mamou, oublie tes chimères et cherche tes 18 pattes.*

Pour José Pierre : "Arbre de la famille du baobab, que l'on trouve en bordure de la forêt équatoriale." Exemple : *Dormir à l'ombre des mamous.*

Pour Robert Benayoun : "Vieux sage dont l'unique fonction est d'évaluer le nombre exact des révolutions d'un derviche tourneur." Exemple : *Le mamou a plus d'un tour dans son sac.*

Cité par Michel LACLOS,
dans *Jeux de lettres, jeux d'esprit*, J.-C. Simoën, 1977.

Un procédé voisin consiste à donner une définition fantaisiste d'un mot existant. De savoureux exemples en avaient été proposés dans un *Dictionnaire des mots retrouvés*, publié en 1938 par la *Nouvelle Revue Française*. En voici quelques spécimens :

BALLERINE : s.f. Matelas de plume, très doux, utilisé pour les divans. « Il s'étendit de tout son long sur la ballerine. »

BORDEL : s.m. Petit berceau à roulettes en usage dans le Bordelais (d'où son nom). « Elle mit sa fille au bordel. »

EGRILLARD : s.m. Appareil de cuisine servant à faire des grillades en grande quantité, en usage dans les restaurants.

ESCALOPE : s.f. Mammifère agile et grâcieux de la famille des cervidés.

KODAK : s.m. Recueil de jurisprudence en usage dans le Bas-Kurdistan, au XVIe siècle.

MARASME : s.m. Poche d'eau salée qui se forme dans les régions désertes. « L'explorateur ayant perdu sa route, tomba dans un profond marasme. »

PANIQUE : s.f. Arbre à pain. « Les Mexicains sèment la panique. »

RENOMMEE : n.p.f. Courtisane célèbre de la Renaissance. Par extension, désigne une femme élégante et facile. « Jouir d'une belle renommée. »

N.R.F., « Dictionnaire des mots retrouvés » /

PHRASES DEPARTS

Ecrire un texte à partir d'une phrase, posée comme point de départ. Cette phrase inspiratrice pourra être obtenue en laissant jouer le hasard ou encore volée à une conversation, à un livre qu'on a lu, etc.

LONGTEMPS, je me suis couché de bonne heure.

Cette démarche rappelle une nouvelle fois un moment délicat, celui du commencement.

Robert Pinget a insisté sur l'importance de ces toutes « premières phrases » dans la création de ses romans. Quant à Aragon, il est l'auteur d'un bel ouvrage *(Je n'ai jamais appris à écrire ou les « incipit »),* où il montre que de cette première phrase peut naître tout le reste du livre.

Raymond Roussel s'est, à sa façon, penché sur ce problème, y trouvant l'occasion d'un nouveau procédé pour écrire ses livres. Notons que la *décomposition sonore* qu'il pratique s'apparente au procédé décrit dans la rubrique intitulée *Textes homophones.*

C. DUCHET : « Pour une socio-critique » ou Variations sur un incipit, dans *Littérature,* fév. 1971, Larousse.

R. JEAN : "Commencements romanesques", dans *Positions et oppositions sur le roman contemporain* (Colloque), Klincksieck, 1971.

J. VERRIER : "La Théorie littéraire. Etude comparée des premières pages de roman", dans les *Dossiers pédagogiques de la radio et de la télévision scolaire, Français, 2, 1972-1973,* Ofrateme.

Louis ARAGON (1897-1982)

Le hasard me prend décidément par le bras dans tout ceci : voici que je trouve dans le n° 1 de la revue soviétique *Novy Mir* pour 1969 des remarques de l'écrivain V. Kavérine, dont j'ai fait publier un livre dans la collection que je dirige chez Gallimard et qui est avec Iouri Tynianov et Victor Chklovski l'un des plus importants représentants de l'école des Formalistes russes. Il y parle précisément de ce qui est ici mon sujet, des débuts, des phrases de début des romans.

Il arrive que la première phrase surgisse pendant le mûrissement du plan — de ce théâtre que tout écrivain se joue en tête-à-tête avec lui-même, se tenant aux côtés de ses héros et leur laissant pleine liberté.

Son importance tient précisément en ceci qu'elle est la première, et non la seconde, qu'elle commence et ne prolonge pas...

Plus loin, Kavérine donne l'exemple de Tolstoï, et rapporte comment ce grand écrivain entreprit *Anna Karénine*. Il se trouve que j'ai fait entrer cette anecdote, il y a quelques années, dans une nouvelle (publiée dans *Les Œuvres croisées*) qui s'appelle *Le Mentir-vrai*, et qui a pour moi valeur d'art romanesque, comme on dit art poétique. En fait, Tolstoï raconte dans une lettre à Strakhov comment, ayant trouvé entre les mains de son jeune fils *Les Récits de Bielkine*, de Pouchkine, il les a feuilletés, et brusquement été pris d'un extraordinaire enthousiasme, notamment à la lecture d'un fragment inachevé, connu sous le nom de *Les invités s'étaient réunis à la datcha*, phrase qui en est précisément l'incipit. Et cette phrase qui va devenir celui du roman dans lequel il ne se débrouillait pas *(Anna Karénine* initialement devait se passer sous Pierre 1er) entraîne Léon Tolstoï, je dirai vraiment comme une phrase de réveil : *Malgré moi* (à partir de cette phrase) *sans intention, sans même savoir ce qu'il en résulterait, j'ai imaginé des personnages, des événements, j'ai poussé plus loin, puis, bien entendu, j'ai modifié, et soudain tout s'est enchaîné si heureusement, qu'il en est sorti un roman...*

J'avais cité cela, sans pour autant dire que cette lettre que je n'avais connue qu'en 1949 (quand elle a été publiée pour la première fois) m'avait frappé, comme une espèce de confirmation d'une méthode, dont je n'avais jamais songé à trouver justification chez autrui, mais qu'on peut reconnaître au premier pas de tous mes romans.

Pour en revenir à *Anna Karénine*, Kavérine en dit encore que la nouvelle version du livre, commencée après que Tolstoï fut tombé sur le « fragment » de Pouchkine, part d'une simple modification de *Les invités s'étaient réunis à la datcha*, transcrit par Tolstoï : *Les invités après l'opéra s'étaient réunis à la datcha...* ce qui me fait penser à comment j'ai « corrigé » le début de *Télémaque* chez Fénelon.

Kavérine ajoute : *Par la suite cette phrase a été biffée, mais la tonalité de cette première manière de s'y prendre demeura dans toutes les variantes ultérieures du début.* « Le début vous vient habituellement dans la rue, comme une phrase qui est moins qu'une phrase, une approche verbale » (Tynianov). *Ici le début a été soufflé. Mais le choix "presque incompréhensible" de Tolstoï fut fait, sans doute, pas pas hasard.*

C'est après quoi V. Kavérine dit encore, et c'est là le plus précieux de sa remarque : *La première phrase, c'est le* la, *auquel l'écrivain prête l'oreille, en vérifiant et en retenant l'unité stylistique.*

Je me sens très proche de tout ceci, mais à une petite différence près, pourtant essentielle : pour moi, il ne s'agit pas de l'*unité stylistique*, je veux dire que le chemin suivi, une fois la tonalité donnée par une phrase *entendue*, n'a jamais eu le caractère d'un travail conscient, d'un système élaboré à partir de la phrase de début. Comme j'ai entendu la première phrase (en un sens assez différent de l'audition de réveil), j'ai *lu* tout le reste, je le répète, dans la foulée du son, du *la* transmis, mais je dénie être pour quelque chose dans le choix. C'est moi qui ai été choisi par mes livres : me comprendra-t-on ?

Et comme tout le roman des *Voyageurs* est déterminé par cet "*Oh, quelle horreur ! s'écria Paulette*, de la première ligne, ai-je besoin de dire que tout *Aurélien* sort d'une phrase, celle-ci imaginée en marchant dans les rues de Nice : *La première fois qu'Aurélien vit Bérénice il la trouva franchement laide.* Phrase dont l'étrangeté vient de ce qu'elle commande : car elle ne peut être le début que d'un roman où Aurélien (au fait qui est-ce ?) tombera amoureux de cette Bérénice dont je ne savais rien.

Je n'ai jamais appris à écrire ou les incipit, Skira, 1969.

Robert PINGET (né en 1919)

*Ce qu'il y a de plus difficile, dans un roman, parce que, justement, cela a l'air si facile, c'est la première phrase. C'est elle qui décide de tout le reste. Dans mes premiers petits contes, j'avais tendance à me fier au hasard. Je piquais avec ma plume dans le dictionnaire le mot destiné à servir de point de départ. Je me souviens d'avoir développé tout un conte, d'*Entre Fantoine et Agapa, *à partir des mots "alopécie" et "impétrer". Inutile de vous préciser que j'étais très marqué par le surréalisme. J'ai découvert beaucoup plus tard que les méthodes de* Roussel *ne différaient pas beaucoup de celle que je viens de vous dire. Une autre fois, c'était pour* Le Fiston, *j'avais parié avec une voisine que je commencerais par la phrase « La fille du cordonnier est* *morte ». Si j'avais choisi un autre début, sans doute aurais-je écrit un autre livre... Lorsqu'il s'agit d'un récit d'une certaine longueur tels que ceux que j'écris actuellement, le risque est plus grand : si l'on part mal, il n'y a pas de roman du tout. Pour* L'Inquisitoire *dont la première phrase est « Oui ou non, répondez », il se trouve que je n'avais pas travaillé depuis six mois. J'avais donc énormément de choses dont il fallait absolument que j'accouche. En réalité, c'est à moi-même que je m'adressais. Mais il arrive aussi que la première phrase exige une énorme concentration. Pour* Passacaille, *j'ai longtemps hésité. Pour* Fable, *c'est venu très difficilement.*

Entretien, dans Rambures, *Comment travaillent les écrivains*, /© Librairie Flammarion, 1978.

Roussel à 17 ans costumé en marquis Louis XV, photo Benque, coll. Laeticia Ney, © B.N.D.R.

Raymond ROUSSEL (1877-1933)

Le procédé évolua et je fus conduit à prendre une phrase quelconque, dont je tirais des images en la disloquant, un peu comme s'il se fût agi d'en extraire des dessins de rébus.

Je prends un exemple, celui du conte *Le Poète et la Moresque*. Là je me suis servi de la chanson : « J'ai du bon tabac ». Le premier vers : « J'ai du bon tabac dans ma tabatière » m'a donné : « Jade tube onde aubade en mat (objet mat) a basse tierce. » On reconnaîtra dans cette dernière phrase tous les éléments du début du conte.

La suite : « Tu n'en auras pas » m'a donné : « Dune en or a pas (a des pas). » D'où le poète baisant des traces de pas sur une dune. — « J'en ai du frais et du tout râpé » m'a donné : « Jaune aide orfraie édite oracle paie. » D'où l'épisode chez le Chinois. — « Mais ce n'est pas pour ton fichu nez » m'a donné : « Mets sonne et bafoue, don riche humé. » D'où le mets à sonnerie que hume Schahnidjar.

Je continuai le conte avec la chanson « Au clair de la lune ».

1° « Au clair de la lune mon ami Pierrot » ; 2° « Eau glaire (cascade d'une couleur de glaire) de là l'anémone à midi négro. » D'où l'épisode dans l'éden éclairé par le soleil de midi.

Quant à la façon dont j'usai des autres vers de la chanson, ma mémoire est en défaut. Je ne me rappelle nettement que ceci : « Ma chandelle est... » me donna « Marchande zélée ».

Voici un autre exemple de l'application du procédé évolué :

1° « Napoléon premier empereur » ; 2° « Nappe ollé ombre miettes hampe air heure. » D'où les danseuses espagnoles montées sur la table et l'ombre des miettes visible sur la nappe — puis l'horloge à vent du pays de Cocagne : hampe (du drapeau) air (vent).

— Quant à l'anecdote sur le prince de Conti, mes souvenirs sont moins précis ; un mot a dû servir de point de départ et ce mot me manque ; ceci seulement me reste : 1° « ... à jet continu » ; 2° « ... à geai Conti nu »

J'usais de n'importe quoi. Ainsi on voyait partout à ce moment une réclame pour je ne sais quel appareil nommé « Phonotypia » ; cela me donna « fausse note tibia »; d'où le Breton Lelgoualch.

Je me servis même du nom et de l'adresse de mon cordonnier : « Hellstern, 5, place Vendôme », dont je fis « Hélice tourne zinc plat se rend (devient) dôme ».

Le chiffre cinq avait été pris au hasard ; je ne crois pas qu'il était exact.

Comment j'ai écrit certains de mes livres,

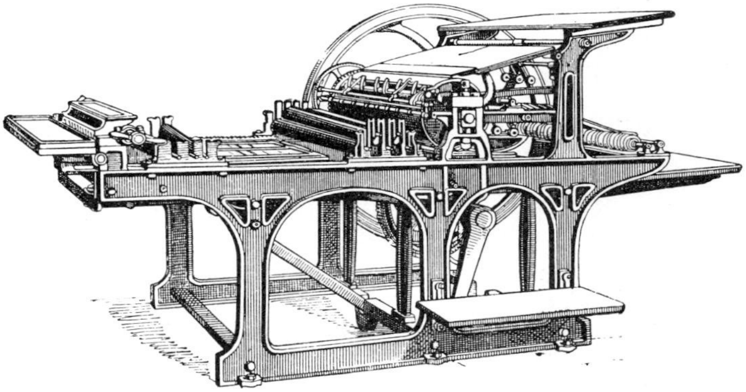

TITRES

Ecrire un texte à partir d'un titre imposé.

Le petit conte de Voltaire, *Cosi Sancta,* a été publié dans le Tome XLV de l'« Edition de Kehl », précédé de l'*Avertissement* suivant :

« *Madame la duchesse du Maine avait imaginé une loterie de titres d'ouvrages en vers et en prose ; chacune des personnes qui tiraient ces billets était obligée de faire l'ouvrage qui s'y trouvait porté. Madame de Montauban ayant tiré pour son lot une nouvelle, elle pria M. de Voltaire d'en faire une pour elle, et il lui donna le petit conte suivant.* »

Et ceci, plus récemment, de l'écrivain Julio Cortazar :

« *Il y a quelque temps, en juillet de cette année, je vis à Londres quelques posters de Glenda Jackson — une actrice que j'aime beaucoup — et j'eus brusquement le titre d'un conte :* Nous l'aimons tant, Glenda Jackson. *Je n'avais rien de plus que le titre, mais en même temps la nouvelle était déjà là, je savais dans l'ensemble ce qui allait se passer et je l'écrivis tout de suite après.* »

Inversement, Yves Lecerf, dans un article publié par la revue *Poétique,* a montré que de nombreux textes comportent quantité de *titres potentiels* qui peuvent, une fois extraits du texte lu, devenir autant *d'incitations à écrire.*

Baudelaire a laissé dans ses tiroirs beaucoup de projets qui ne sont *que des titres* (de poèmes en prose, de nouvelles ou de romans).

Rédiger un titre est une bonne façon de fantasmer, de rêver le livre à venir.

Le titre est même un genre à lui tout seul : il a sa rhétorique et ses plaisirs ; tout comme la *liste :* elle aussi se laisse bien lire, comme en témoignent ceux qui aiment lire les *menus,* ou la table des matières de certains livres.

VOLTAIRE : *Cosi Sancta,* 1746, dans *Romans et Contes.*

J. CORTAZAR : *Conversaciones con Cortazar,* Edhasa, 1978.

DES LIVRES SANS TITRE AUX TITRES SANS LIVRE

Au Moyen-Age, les livres, copiés à la main, n'avaient pas de titre , seul en faisant fonction l'*incipit* de l'ouvrage, sa phrase initiale ; par exemple : « Ici commence l'histoire... » L'usage du titre, qui s'est généralisé au XIXe siècle, procède principalement de raisons commerciales : il s'agit de faire du livre un produit identifiable pour l'acheteur potentiel.

Nous sommes si habitués à voir un livre avec son titre qu'un livre sans titre ressemblerait à nos yeux à une sorte de "monstre", un être sans visage et sans nom.

A l'inverse, il existe bel et bien des titres sans livre :

— Les livres *annoncés* par un écrivain, mais jamais publiés, ni mêmes écrits : *Philippe-le-Réservé, Les Héritiers Boisrouge, Les Aventures d'une idée,* dont parle Balzac dans ses lettres à Madame Hanska ; *Fragments d'une autobiographie,* de Robbe-Grillet ; *Le Schéma du fleuve,* de Sollers ; l'*Encyclopédie des sciences exactes,* de Queneau...

— Les livres *détruits ou perdus,* dont on ne connaît plus que le titre : les *Journées de Florbelle,* de Sade, *La Vie et la Mort du Soldat inconnu,* de Cendrars (et détruit par lui-même)... On pourra lire sur ce sujet : G. Peignot, *Dictionnaire des principaux livres condamnés au feu,* 1802, et P.-G. Brunet, *Les Livres perdus,* 1882.

— Les titres de *livres fictifs* imaginés par certains écrivains à l'intérieur de leurs romans : chez Lovecraft, le fameux *Nécronomicon,* de "l'arabe dément" Abdul Alhazred, *Le Livre d'Eibon,* les *Sept livres cryptotiques,* dont la lecture, paraît-il, est très dangereuse ; les volumes de la bibliothèque Saint-Victor, chez Rabelais ; les romans de Belle Barnier, héroïne volage des récits de René Charvin : *Un Amour du diable, Je me souviens d'Elseneur...* Signalons enfin, dans cette catégorie, les titres inventés dans un but de mystification ; ainsi au XIXe siècle, un original érudit avait rédigé un catalogue détaillé de très rares exemplaires uniques provenant de la fictive "Bibliothèque du Comte de Fortsas", en annonçant une vente aux enchères qui n'eut bien sûr pas lieu (lire à ce sujet l'*Essai sur les bibliothèques imaginaires,* de Brunet, 1861).

— Certains faux livres, vides à l'intérieur, uniquement destinés à décorer les rayons d'une bibliothèque. Au XVIIIe siècle, certaines de ces reliures portaient comme titre : *Voyages aux pays inconnus.*

Yves LECERF

Soit l'exemple d'un quatrain d'Eluard (à la flamme des fouets) :

« Métal qui nuit, métal de jour, étoile au nid,
Pointe à frayeur, fruit en guenilles, amour rapace,
Porte couteau, souillure vaine, lampe inondée,
Souhaits d'amour, fruit de dégoût,
glaces prostituées... »

Il nous semble quant à nous que tous les segments intercalés entre virgules, tous sans exception, pourraient faire de remarquablement bons titres de romans ou de poèmes. De la même façon une lecture du « Cantique des colonnes » de Valéry permet de relever des : « hymnes candides », « servantes sans genoux », « filles des nombres d'or », « un dieu couleur de miel » auxquels nous prêtons la même qualité ; et de même une lecture du poème « à la nue accablante tu » de Mallarmé nous donne des segments tels que : « de basalte et de laves », « échos esclaves », « trompe sans vertu », « sépulcral naufrage », « perdition haute », et ainsi de suite. Mais pour tous ces segments, nous ne sommes pas en mesure de citer de précédent défini de livres, poèmes, films, tableaux, portant précisément ces noms.

Ce que l'on peut affirmer relativement à de tels précédents, c'est que sans aucun doute des emprunts sont constamment faits au corpus des textes poétiques existants par des auteurs cherchant des titres pour des œuvres nouvellement composées :

Le sel de la terre (Gide), origine : Nouveau testament.

Par qui le scandale (Hougron), origine : Nouveau testament.

Bonjour tristesse (Sagan), origine : Eluard.

Sans doute serait-il souhaitable de disposer d'un inventaire exhaustif des emprunts de ce genre ou même des coïncidences involontaires ; mais de toute manière, l'ensemble des segments de poèmes est beaucoup plus vaste que celui des titres déjà attribués à d'autres œuvres ; et un inventaire de ce genre ne suffirait donc même pas à apprécier le phénomène dans toute son ampleur, il faudrait de toute manière avoir recours à l'appréciation stylistique de segments comme titres possibles.

Puisque aussi bien le titre « bonjour tristesse » vient d'être mentionné comme extrait d'un poème d'Eluard, considérons ce poème : il s'intitule « à peine défigurée » et son texte est le suivant :

Adieu tristesse
Bonjour tristesse
Tu es inscrite dans les lignes du plafond
Tu es inscrite dans les yeux que j'aime
Tu n'es pas tout à fait la misère
Car les lèvres les plus pauvres te dénoncent
Par un sourire
Bonjour tristesse
Amour des corps aimables
Puissance de l'amour
Dont l'amabilité surgit
Comme un monstre sans corps
Tête désappointée
Tristesse beau visage

En dehors du segment « bonjour tristesse » effectivement choisi comme titre d'un roman, on observe que bon nombre de chaînes de mots ont le style des titres de livres : « adieu tristesse », « les lignes du plafond », « les yeux que j'aime », « la misère », « les lèvres les plus pauvres », « les plus pauvres te dénoncent », « par un sourire », « amour des corps aimables », « puissance de l'amour », « monstre sans corps », « tête désappointée » ; et même aussi : « tristesse bonjour », « tristesse tu es », « sourire bonjour », « des corps aimables puissance », bien que ces dernières chaînes soient un peu moins bonnes ; en outre, bon nombre des vers du poème semblent acceptables en qualité spécifiquement de titres de poèmes mais peut-être moins facilement de titres de livres : c'est le cas par exemple du segment « tristesse beau visage » dont le caractère irrationnel s'accommoderait mieux d'un poème que d'un roman.

« Des poèmes cachés dans les poèmes », dans *Poétique*, nº 18, Seuil, 1974.

Charles BAUDELAIRE (1821-1867)

Le marquis invisible
Le portrait fatal
L'amour parricide
L'almanach
La fin du monde
La ciguë islandaise
Pile ou face
Le triomphe du jeune Boniface
La Licorne
La maîtresse de l'idiot
La traite des Blancs
Une brebis galeuse
Une infâme adorée
L'holocoste volontaire
L'automate
La Négresse aux yeux bleus
Les enseignements d'un monstre
La maîtresse vierge
Les enfants précoces
Le crime au collège
Le catéchisme de la femme aimée
Le mari corrupteur
Les monstres
Les heureux de ce monde
Les tribades
L'ami du rouge
Le monde sous-marin
Une ville dans une ville
Les mineurs
Les verriers
L'holocoste
L'autel de la volonté
Le rêve prophète
Le prétendant malgache
Le fou raisonnable et la belle aventurière
Spéculation sur la poste
Le déserteur
Le boa
Une rancune

"Plans et projets de romans et nouvelles", dans les *Œuvres Complètes,* "La Pléiade" / ©Éd. Gallimard, 1961.

/ © Fayard/Dessain et Tolra.

TEXT
TEXTES A POURSUIVRE

Voler un début à un roman ou une nouvelle,
puis tenter d'achever l'histoire à sa façon.

TEXTES A ○○○○○○○○

L'activité symétrique est bien sûr envisageable : il s'agirait d'inventer le début d'un texte dont on possèderait la fin.

On peut encore, comme les célèbres auteurs de romans policiers Boileau et Narcejac, poursuivre l'œuvre de Maurice Leblanc en faisant revivre Arsène Lupin dans de nouvelles aventures *(La Poudrière, Le Mystère d'Eunerville).*

Cette démarche rejoint alors l'activité de pastiche évoquée dans une autre rubrique.

Nombreuses sont dans la littérature les œuvres inachevées. Rappelons seulement quelques titres, en imaginant un travail qui pourrait s'intituler : *Bibliographie des livres inachevés* (il existe bien une bibliographie sur *Les livres perdus,* publiée par P.-G. Brunet en 1882) :

— *Bouvard et Pécuchet,* de Flaubert, dont il fut d'ailleurs écrit une suite.

— Le monumental travail de Jean-Paul Sartre sur Flaubert : *L'Idiot de la famille,* dont trois volumes sont parus (le quatrième et dernier volume prévu, Sartre n'a jamais pu l'écrire du fait de sa cécité, depuis 1972).

— Les romans de Kafka : *L'Amérique, Le Château,* etc.

— La série *Les Communistes,* d'Aragon ;

— *Le Pont de Londres,* de Céline ; le titre a été donné par l'éditeur, après la mort de l'écrivain ;

— *Les 120 journées de Sodome,* de Sade, dont les 2e, 3e et 4e parties sont restées à l'état de plans ;

— Le « Dictionnaire analytique complet », commencé par

H. CEARD : « La Tentation de Pécuchet », dans *l'Evénement*, 6 sept. 1891.
J.-V. HOCQUARD : *Mozart*, ©Ed. du Seuil, 1976.
P. BONCENNE : « L'inachèvement, stade suprême de la littérature », *Lire*, juill.-août 1983 (dans un dossier sur « Les Manuscrits en panne »).

Brisset dans *Les Mystères de Dieu est accompli* et « dont la publication est, pour le moment, abandonnée » ;
— *Le Mystère d'Edwin Drood*, de Dickens...

Au XVIIIe siècle, Louis-Sébastien Mercier rédige une lettre de Saint-Preux à Wolmar (après la mort de Julie), qui constitue une suite de *La Nouvelle Héloïse* (de J.J. Rousseau).

Et, plus près de nous, Marguerite Yourcenar évoque, lors d'entretiens avec Mathieu Galley, la continuation qu'elle a faite d'un ancien roman japonais, le *Genghi Monogatori* : « *Le Dernier* amour du Prince Genghi *(dans les* Nouvelles orientales), *c'est un effort pour évoquer ce que peut être cette page laissée blanche dans le roman de Musaraki, cette page dont le titre est tout simplement : "Disparition dans les nuages". Nous savons qu'il s'était retiré dans un monastère, ensuite, sauf ce titre, nous ne savons plus rien. Alors j'ai tâché d'imaginer ce qui se passait.* »

La littérature — dès le moment où elle n'est plus pour l'écrivain une simple activité parmi d'autres, mais qu'elle engage toute son existence (jusqu'à sa mort) — est marquée par cette incomplétude.

Ainsi l'inachèvement n'est pas une dimension contingente de l'écriture, mais définit sans doute l'être même de la production littéraire et artistique.

Le texte devient, selon l'expression de Joyce, « work in progress » (une *œuvre en marche*), un texte jamais terminé, à réécrire sans cesse. La prolifération, la reprise infinie, constituent alors (songeons à Proust) le régime souverain de l'écriture.

Aujourd'hui certains écrivains inscrivent cet inachèvement dans le titre même de leur texte.

Ponge, avec son *Ode inachevée à la boue* (publiée dans *Pièces*), ou Claude Faraggi, qui entend clore une série commencée avec *Le Jeu du labyrinthe* par un livre intitulé *Vers l'inachèvement.*

La musique comporte aussi de nombreux morceaux inachevés. Ainsi le *Requiem* de Mozart, dont J.-V. Hocquard nous dit :

« *Si l'œuvre n'était qu'interrompue, il n'y aurait qu'à demi-mal. Or c'est sous l'aspect d'une œuvre terminée que le* Requiem *nous est parvenu, après avoir été, dès la disparition du maître, complété, arrangé, déformé.*

« *(...) La veuve, pour se procurer de l'argent, chargea Süssmayer d'établir la partition d'une œuvre qui eût l'air d'être terminée. Süssmayer, qui avait souvent collaboré avec son maître (notamment pour les récitatifs du* Titus*) s'acquitta de sa tâche avec une telle habileté que les musicologues ont de la peine à isoler nettement la part des ajouts et des arrangements.* »

D'ailleurs, Mozart a lui-même rajouté des morceaux à certaines œuvres d'autres compositeurs : quelques airs dans un opéra de Galupi, un prélude à la symphonie n° 37 de Michel Haydn.

Quatre textes d'illustration : le premier, tiré d'un livre de Jacques Finné, propose quelques exemples de textes antiques complétés par d'autres. Le second est extrait de la présentation de *La Fin de Lamiel,* suite donnée par Jacques Laurent au roman inachevé de Stendhal, *Lamiel.* Les deux autres sont un poème de Corneille complété par Tristan Bernard et un texte de Courteline qui est une continuation du *Misanthrope* de Molière.

Jacques FINNÉ

Certaines œuvres ne nous furent transmises, surtout de l'antiquité, que sous forme de fragments. Quelle tentation de boucher les trous ! Impossible de parler d'apocryphes, bien entendu, puisque le travail primitif existe. A peine pourrait-on parler de semi-apocryphes, ou d'apocryphes fractionnaires. La mystification n'en reste pas moins claire, et les motifs pas moins semblables à ceux qui dictent un apocryphe intégral.

Glissons sur quelques peccadilles où il s'agit moins de replâtrage que de surplâtrage. Que penser de tel révérend père qui, désireux d'abaisser *Le Tartuffe* de Molière au niveau de ses ouailles séminaristes, propose, du texte primitif, une version « récrite » et remplace par exemple le vers le plus connu de la tragédie par : « Couvrez ce bras que je ne saurais voir » ? Lazzis ou indignation, les deux attitudes englobent une bonne dose de mépris, seule récompense possible des pères Lapudeur, censeurs jésuites et autres Royer.

Comme de juste, plus les œuvres sont mutilées, plus les replâtreurs s'excitent. Les restes de l'antiquité ont trouvé accommodeurs, voire releveurs. Selon Delepierre, Ovide connut bon nombre de maçons et d'imitateurs, dont Richard de Fournine émerge, en plein XVIIIe siècle, par la perfection de son affabulation, spirituelle au point de tromper les experts de l'époque.

Même remarque pour Cicéron dont le savant Charles Sigonius publia, en 1583, l'intégrale du *Traité de la consolation,* qu'il avait soigneusement terminé en personne. La mystification dura deux siècles. Il fallut retrouver une lettre de Sigonius luimême, en 1785, pour recueillir, de la plume même du philologue, l'aveu de sa plaisanterie.

Pétrone fit battre les cœurs et grincer les plumes. Naguère encore, sous l'impulsion du film de Fellini, Paul Gillette risqua une version complète, du roman — en réalité, un texte purement pornographique. Il n'était pas le premier. En décembre 1664, les philologues avaient accueilli avec enthousiasme la publication du *Festin de Trimalcion* (chapitres 27 à 78 du *Satiricon* entier), retrouvé voici peu. Après quelques empoignades, l'authenticité du fragment ne se heurta plus au moindre doute. Trente ans plus tard, François Nodot, officier français et, nonobstant, célèbre latiniste, publie une édition intégrale du roman. Son habileté est telle que la mystification prend, séduit, fascine. Dans sa *Bibliographie des romans,* Lenglet-Dufresnoy note que « Nodot, homme d'esprit et de mérite, nous a donné une version française de cet ouvrage en même temps que l'édition latine ». L'officier avait prétendu avoir acheté l'ouvrage rarissime pendant le siège de Belgrade. Détail troublant : il ne présenta jamais ce manuscrit, pas plus que la copie qu'il prétendit avoir faite. Bien que Delepierre parle de pastiche maladroit, Picard souligne que Nodot s'avéra un pasticheur de grande classe car, « bien après la découverte de sa tromperie, on continua, dans les éditions de Pétrone, à donner les passages faux à cause de leur valeur littéraire ». Nodot nia jusqu'à la fin de sa vie être l'auteur des additions du *Satiricon* — déclaration à double sens qui a permis de supposer que ce replâtrage était l'œuvre de Nicolas Chorier.

Les Grandes mystifications, ©Ed. Marabout, 1975.

Georges COURTELINE (1858-1929)

Philinte, je vous sais bon gré de vos avis ;
Je les ai médités longuement, puis suivis,
Et, cet aveu peut-être a lieu de vous surprendre,
Je conviens que la vie est à qui sait la prendre.
Oui, c'est mal rendre hommage à la Divinité
Que fixer sur son œuvre un œil trop irrité.
Au pardon qui sourit la sagesse commence ;
Tel se casse les reins en tombant dans l'excès,
Qui fait du monde entier l'objet d'un seul procès.
Aussi, sans m'aveugler aux défauts qu'on lui treuve,
Je prétends désormais ; d'une vision neuve,
Envisager ses torts, — mieux, ses petits travers, —
Et sortir de la peau de l'homme aux rubans verts.
Assez et trop longtemps ma folle turbulence,
Aux ailes des moulins butant ses fers de lance,
Vint faire la culbute en l'herbe des fossés,
Le nez en marmelade et les jupons troussés.
Ce n'est pas tout, d'ailleurs. Ma loyauté robuste
En ses emportements ne fut pas toujours juste.
J'en garde le remords et suis mal satisfait
D'avoir gourmé des gens qui ne m'avaient rien fait.
C'est ainsi que jadis, j'en conviens à ma honte,
J'eus tort, Philinte, tort, grand tort avec Oronte.
Il est irréprochable, à ce que j'en connais :
Il malmène la Muse et fait mal les sonnets,
Soit ! Mais me force-t-il à les signer ? En somme,
S'il est mauvais poète, il est fort honnête homme.
Donc, quel besoin pour moi, quelle nécessité,
De lui cracher son fait avec brutalité ?
La révolte est choquante où le dédain s'impose,
Et c'est le fait d'un fou que s'emporter sans cause.

La Conversion d'Alceste, 1905.

◇

Jacques LAURENT (né en 1919)

Il y a quinze ans j'ai écrit un *éloge du pasticheur ;* c'est ce qui m'inquiète. Rien ne saurait me contrarier mieux qu'une inclination du public à lire ce qui suit comme un pastiche.

Ce que j'ai soutenu du pastiche, je le tiens toujours pour juste. Ce genre méconnu et que l'on a confondu avec la parodie, et dont on attend qu'il fasse rire, reste pour moi la parure suprême de la critique.

Mais, justement, je n'ai pas entendu faire œuvre de critique en écrivant la fin de Lamiel. Voilà pourquoi je supplie le lecteur de bien vouloir oublier — dans le cas où il le saurait — que je suis un pasticheur.

Le pasticheur, au lieu de se placer à distance de l'œuvre, comme le juge du criminel, descend dans l'arène, se fait avancer un taureau, et le traite en utilisant la méthode du torero qu'il pastiche, ce qui l'oblige à défendre sa vie, à tuer le fauve dans les règles, à risquer pour de bon le coup de corne, et d'autant plus que tout en se battant vraiment, il est tenu de ne recourir qu'aux procédés et même aux instincts de celui qu'il imite, qu'il imite non pas comme un élève, mais comme un égal, en accusant le coup, en grossissant les singularités de son modèle afin de les rendre évidentes à tous les regards.

Or tout effet de grossissement est absent du roman que l'on va lire. Jamais je n'ai souhaité mettre en lumière un truc de Stendhal, souligner l'une de ses ruses, amplifier l'une de ses obsessions. Ce qui suit n'est pas un exercice critique : aucun lecteur n'en saura plus sur Stendhal, ayant fini ce livre, que s'il avait lu un authentique ouvrage de Stendhal.

Etant admis qu'il ne s'agit pas d'un pastiche, qu'est-ce que c'est ? Ce n'est rien d'autre que le produit d'un élan amical. *Amitié* est le mot qui convient. J'ai trop longtemps vécu avec Stendhal pour l'admirer encore. On n'admire guère un intime.

Bref, je lui ai fini son Lamiel. Pur de toute intention critique, je n'ai voulu qu'écrire sous la dictée ; je me suis donné un grand bonheur.

« Avertissement », dans *La Fin de Lamiel,* © Christian Bourgois Editeur, 1966.

Pierre CORNEILLE (1606-1684)

Marquise, si mon visage
A quelques traits un peu vieux,
Souvenez-vous qu'à mon âge
Vous n'en vaudrez guère, mieux.

Le temps aux plus belles choses
Se plaist à faire un affront,
Et saura faner vos roses,
Comme il a ridé mon front.

Le mesme cours des planètes
Règle nos jours et nos nuits,
On m'a vu ce que vous estes,
Vous serez ce que je suis.

Cependant, j'ai quelques charmes
Qui sont assez éclatants,
Pour n'avoir pas trop d'alarmes
De ces ravages du temps.

Vous en avez qu'on adore,
Mais ceux que vous méprisez
Pourroient bien durer encore
Quand ceux-là seront usés.

Ils pourront sauver la gloire
Des yeux qui me semblent doux,
Et dans mille ans faire croire
Ce qu'il me plaira de vous.

Chez cette race nouvelle
Où j'aurai quelque crédit,
Vous ne passerez pour belle
Qu'autant que je l'aurai dit.

Pensez-y, belle Marquise,
Quoy qu'un grison fasse effroy,
Il vaut bien qu'on le courtise
Quand il est fait comme moi.

Recueil de Sercy, 1660.

Peut-être que je serai vieille,
Répond Marquise, cependant,
J'ai vingt-six ans, mon vieux Corneille
Et je t'emmerde, en attendant.

Couplet ajouté par Tristan BERNARD (1866-1947) ; Georges BRASSENS a mis en musique les trois premières strophes et celle de T. Bernard.

La re prise

Ecrire un texte dont on ne possède que le début et la fin. Autrement dit, écrire le "milieu", comme on fait une reprise *à un vêtement déchiré.*

LA REPRISE

Deux possibilités au moins s'offrent à nous :

1° Ecrire soi-même deux fragments de texte, dont l'un servira de « départ » et l'autre d' « arrivée ».

2° Emprunter le début et la fin à un texte déjà existant (roman ou nouvelle) pour remplir la partie manquante.

L'une des techniques employées par Raymond Roussel pour écrire « certains de ses livres » peut illustrer la première façon de procéder.

De son côté l'écrivain anglais Laurence Sterne a laissé, dans son roman *Tristram Shandy,* des *passages en blanc,* invitant le lecteur à les compléter au cours de sa lecture (comme dans un album à colorier).

Dans un livre déjà cité, *Exercices pratiques de créativité,* Michel Fustier suggère des exercices très voisins mais à propos de pièces de théâtre cette fois.

Laurence STERNE (1713-1768)

CHAPITRE CCXXVIII.

Portrait de la veuve Wadman.

La veuve Wadman... Mais je veux que vous fassiez vous-même son portrait. Voici une plume, de l'encre et du papier : asseyez-vous, monsieur, et peignez-la à votre fantaisie. Comme votre maîtresse, si vous pouvez, et non comme votre femme, si votre conscience vous le permet. Au reste, ne suivez que votre goût ; je ne prétends point gêner votre imagination.

Eh bien, monsieur !

La nature forma-t-elle jamais rien de si charmant et de si parfait ?

Vous voyez cette veuve Wadman ! comment mon oncle Tobie lui aurait-il résisté ?

O trois fois, quatre fois heureux livre ! tu contiendras donc une page au moins que la malice et l'ignorance ne pourront noircir ni falsifier.

Tristram Shandy, 1760-1767.

Raymond ROUSSEL (1877-1933)

Je me suis toujours proposé d'expliquer de quelle façon j'avais écrit certains de mes livres *(Impressions d'Afrique, Locus Solus, l'Etoile au front et la Poussière de Soleils).*

Il s'agit d'un procédé très spécial. Et, ce procédé, il me semble qu'il est de mon devoir de le révéler, car j'ai l'impression que des écrivains de l'avenir pourraient peut-être l'exploiter avec fruit.

Très jeune j'écrivais déjà des contes de quelques pages en employant ce procédé.

Je choisissais deux mots presque semblables (faisant penser aux métagrammes), par exemple *billard* et *pillard.* Puis j'y ajoutais des mots pareils mais pris dans deux sens différents, et j'obtenais ainsi deux phrases presque identiques.

En ce qui concerne *billard* et *pillard* les deux phrases que j'obtins furent celles-ci :

1° *Les lettres du blanc sur les bandes du vieux billard...*

2° *Les lettres du blanc sur les bandes du vieux pillard.*

Dans la première, « lettres » était pris dans le sens de « signes typographiques », « blanc » dans le sens de « cube de craie » et « bandes » dans le sens de « bordures ».

Dans la seconde, « lettres » était pris dans le sens de « missives », « blanc » dans le sens d' « homme blanc » et « bandes » dans le sens de « hordes guerrières ».

Les deux phrases trouvées, il s'agissait d'écrire un conte pouvant commencer par la première et finir par la seconde.

Or c'était dans la résolution de ce problème que je puisais tous mes matériaux.

Morris Louis, *Beta Mu,* 1961, © André Emmerich Gallery, New York, D.R.

Dans le conte en question il y avait un *blanc* (un explorateur) qui, sous ce titre « Parmi les noirs », avait publié sous forme de *lettres* (missives) un livre où il était parlé des *bandes* (hordes) d'un pillard (roi nègre).

Au début on voyait quelqu'un écrire avec un *blanc* (cube de craie) des *lettres* (signes typographiques) sur les *bandes* (bordures) d'un billard. Ces lettres, sous une forme cryptographique, composaient la phrase finale : « Les lettres du blanc sur les bandes du vieux pillard », et le conte tout entier reposait sur une histoire de rébus basée sur les récits épistolaires de l'explorateur.

Comment j'ai écrit certains de mes livres,
© Société Nouvelle des Editions Pauvert, 1963.

Michel FUSTIER

Voici quel pourrait être le cadre général de ces exercices : un amateur de spectacle arrive au théâtre où il assiste à la première scène d'une pièce. Il fait très chaud, il est pris d'un malaise, on l'emmène à l'infirmerie, on le soigne... Mais lorsqu'il revient dans la salle de théâtre, c'est pour voir la dernière scène de la pièce. Il rentre chez lui et, compte tenu de la liste des personnages qui figure sur le programme, il reconstitue l'ensemble de l'intrigue d'après la première et la dernière scène. Mais comme c'est un esprit curieux, il s'aperçoit qu'il y a de nombreuses intrigues possibles.

Première scène. — On a trouvé la vieille demoiselle Léontine, mercière, assassinée dans son arrière-boutique. Comme elle vivait chichement et qu'on ne lui connaissait qu'une vie calme et pas de fortune, on s'interroge sur les mobiles du crime.

Dernière scène. — Le commissaire entre juste au moment où un vieux monsieur « très comme il faut » est surpris rôdant dans l'arrière-boutique du crime. Il l'arrête ; le vieux monsieur avoue.

Personnages : le commissaire, la concierge, un médecin, un neveu éloigné, la petite fille, le vieux monsieur, un réfugié espagnol, une cliente.

Première scène. — La guerre vient d'éclater. C'est la mobilisation générale. Le jeune premier, Arthur, fait ses adieux à sa fiancée Arabelle. Ils se jurent fidélité.

Dernière scène. — 25 ans plus tard, Arabelle et Arthur, qui se sont mariés chacun de leur côté, se préparent à célébrer le mariage de deux de leurs enfants. Ils évoquent le drame qui a séparé leurs destins.

Personnages : Arthur, Arabelle, le Pape, un général, trois capitaines, un aventurier, deux utilités, la femme d'Arthur, le mari d'Arabelle.

Exercices pratiques de créativité, © Ed. E.S.F., 1970.

La  ARRACHÉE

« La principale vertu d'une page, c'est sa surface relativement réduite. Même quand on est plus paresseux que doué, on en arrive facilement à bout. Si la page avait un format de quelques centaines de mètres, personne ne serait jamais arrivé à écrire un roman. Trop décourageant. Mais là, c'est facile. »

Jacques Sternberg
Dictionnaire du mépris.

Ecrire une page d'un récit qui n'existe pas, comme si c'était la seule page qu'on ait pu retrouver d'un livre perdu.

La page arrachée

La modestie de cette perspective peut aider celui (ou celle) qui veut écrire. C'est que le projet d'écriture se trouve considérablement limité. Je ne décide pas en effet d'écrire un roman complet, mais seulement une page (peut-être deux) prise à n'importe quel endroit de ce livre fictif.

A sa façon, la page arrachée pose le problème de *l'extrait,* du *morceau choisi,* et réfère aussi à certaines activités de lecture (feuilleter un livre, prélever çà et là un passage...).

Aussi étrange que cela puisse paraître, le commerce du livre utilise également ce procédé. Ainsi, sur la dernière page de couverture (la 4e de couverture) des livres de la collection *Folio* (chez Gallimard) se trouve proposé un extrait du livre, comme si la maison d'édition avait littéralement arraché une page du volume, pour la donner à lire au lecteur pressé et l'inciter bien sûr à en faire l'achat.

Pour appâter le lecteur potentiel on utilisera par exemple un passage grivois, même si le livre n'est pas essentiellement érotique. C'est ce qui se produit avec *L'Ane d'or,* d'Apulée, ou *Le Tumulte des flots,* de Mishima, publiés dans cette collection.

On peut lire, dans la littérature française, un exemple de ces « pages arrachées ». Elles ont été fabriquées et présentées par Balzac dans *La Muse du département.*

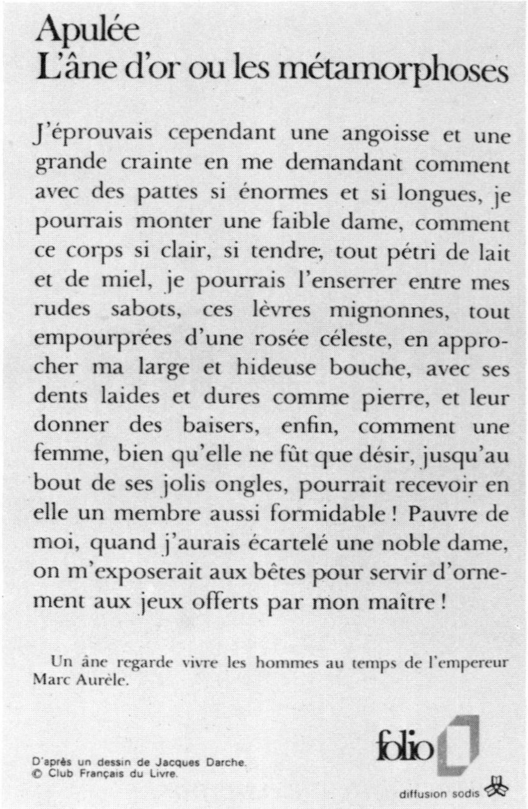

Apulée
L'âne d'or ou les métamorphoses

J'éprouvais cependant une angoisse et une grande crainte en me demandant comment avec des pattes si énormes et si longues, je pourrais monter une faible dame, comment ce corps si clair, si tendre, tout pétri de lait et de miel, je pourrais l'enserrer entre mes rudes sabots, ces lèvres mignonnes, tout empourprées d'une rosée céleste, en approcher ma large et hideuse bouche, avec ses dents laides et dures comme pierre, et leur donner des baisers, enfin, comment une femme, bien qu'elle ne fût que désir, jusqu'au bout de ses jolis ongles, pourrait recevoir en elle un membre aussi formidable ! Pauvre de moi, quand j'aurais écartelé une noble dame, on m'exposerait aux bêtes pour servir d'ornement aux jeux offerts par mon maître !

Un âne regarde vivre les hommes au temps de l'empereur Marc Aurèle.

D'après un dessin de Jacques Darche.
© Club Français du Livre.

folio

diffusion sodis

M. BUTOR : « Le Livre comme objet » dans *Répertoire II*, © Ed. de Minuit, 1964.

En outre, ces pages, extraites d'un prétendu roman intitulé *Olympia ou les vengeances romaines,* sont le pastiche d'un célèbre « roman noir » de l'époque : *Cœlina ou l'Enfant du mystère* (1798), de Ducray-Duminil.

Pour présenter les « pages arrachées » écrites par Balzac, nous citerons le commentaire qu'en a fait Michel Butor dans *Répertoire II :*

« *Balzac, dans* La Muse du département, *nous fait lire quelques pages d'un faux roman noir,* Olympia *ou les vengeances romaines, dans un autre ordre que celui qu'elles devraient avoir dans leur volume, tout en nous donnant tout ce qu'il faut pour reconstituer cet ordre, apprécier les lacunes qui subsistent entre-deux des suites. Une telle reproduction a sur le lecteur un effet tout différent que celui d'une citation, nous sommes en présence de l'objet même.*

« *Le fait que la fin de la ligne dans la colonne de prose est considérée comme indifférente amène,* une fois la page isolée, *à des détachements de mots remarquables, à une poésie involontaire dont nous pouvons tirer parti. Ainsi le premier passage d'*Olympia ou les vengeances romaines *commence au dernier mot d'une phrase, ce qui nous oblige à essayer d'imaginer ce qui le précède et donne à la ligne un pouvoir de prolongement considérable. Ce mot "caverne", qui n'a plus de valeur grammaticale précise, va jouer par rapport aux quelques phrases qui le suivent le rôle d'une véritable armure de dièzes ou bémols, c'est lui qui va donner le ton de toute la page ; sa valeur d'évocation va la teindre tout entière.* »

Honoré DE BALZAC (1799-1850)

à Dinah madame de Clagny comme on demande : A quelle heure le feu d'artifice ?

— Je croyais, dit madame Popinot-Chandier à sa cousine la Présidente Boirouge, que nous aurions des histoires.

En ce moment où, comme un parterre impatient, les Sancerrois faisaient entendre des murmures, Lousteau vit Bianchon perdu dans une rêverie inspirée par l'enveloppe des épreuves.

— Qu'as-tu ? lui dit Etienne.

— Mais voici le plus joli roman du monde contenu dans une maculature qui enveloppait les épreuves. Tiens, lis : *Olympia ou les Vengeances romaines.*

— Voyons, dit Lousteau en prenant le fragment de maculature que lui tendit le docteur, et il lut à haute voix ceci :

204 OLYMPIA

caverne. Rinaldo, s'indignant de la lâcheté de ses compagnons, qui n'avaient de courage qu'en plein air et n'osaient s'aventurer dans Rome, jeta sur eux un regard de mépris.

— Je suis donc seul !... leur dit-il.

Il parut penser, puis il reprit : — Vous êtes des misérables, j'irai seul, et j'aurai seul cette riche proie... Vous m'entendez !... Adieu.

— Mon capitaine !... dit Lamberti, et si vous étiez pris sans avoir réussi ?...

— Dieu me protège !... reprit Rinaldo en montrant le ciel.

A ces mots, il sortit, et rencontra sur la route l'intendant de Bracciano

— La page est finie, dit Lousteau que tout le monde avait religieusement écouté.

— Il nous lit son ouvrage, dit Gatien au fils de madame Popinot-Chandier.

— D'après les premiers mots, il est évident, mesdames, reprit le journaliste en saisissant cette occasion de mystifier les Sancerrois, que les brigands sont dans une caverne. Quelle négligence mettaient alors

La Muse du département, 1844.
La Comédie Humaine, bibliothèque
de la Pléiade

Yukio Mishima
Le tumulte des flots

— Hatsue ! cria le garçon.
— Saute par-dessus le feu. Si tu sautes par-dessus..., dit la fille d'une voix claire et forte. Le garçon n'hésita pas. Le corps nu, que la flamme illuminait, il prit son élan sur la pointe des pieds et bondit au travers du feu. En un clin d'œil il se trouva droit en face de la fille. Sa poitrine toucha légèrement les seins de Hatsue.

Daphnis et Chloé à la japonaise

folio

Illustration de Romain Slocombe.

diffusion sodis

L l vre m gé p les ats

Ecrire quelques pages comme si elles provenaient d'un livre abandonné dans une cave (ou un grenier), et dont certains passages auraient été mangés par des rats.

Le livre mangé par les rats

Au début de *Gargantua,* Rabelais nous parle d'un livre mangé par les rats.

Il s'agit, écrit-il, d'un « petit traité intitulé : *Les Franfreluches antidotées.* Les ratz et blattes, ou autres malignes bestes, en avoient brousté le commencement. »

L'imagination ayant horreur du vide, le lecteur de ces pages dévorées sera tenté d'en combler les manques. Qu'il écrive donc un nouveau texte à partir des restes du premier !

D'une autre façon, plus sérieuse, cette activité de remplissage peut faire penser au travail de l'érudit essayant de reconstituer un texte ancien abimé par le temps.

Dans son petit livre sur Fourier, Pascal Bruckner fait reproduire des passages du *Nouveau monde amoureux* où les lacunes sont signalées par des dessins de souris.

Charles FOURIER (1772-1837)

Dans l'état civilisé où, loin de jouir du luxe de la table, on voit les 9/10 des pères embarrassés de fournir aux enfants le nécessaire, la sagesse consiste à modérer leurs appétits désordonnés. D'ailleurs il n'existe dans l'ordre actuel aucun moyen de régulariser la gloutonnerie (voracité) des enfants. Aussi malgré tous les avis, se gorgent-ils de mets pernicieux comme les fruits verts. En Harmonie où l'enfant le plus pauvre vit à une table servie d'un buffet général qui offre une option sur une trentaine de mets, l'enfant évite déjà par cette seule les excès (abus) qui naissent d'une crainte de privation.

Diverses coutumes que fera connaître le traité façonnent l'enfant à raisonner ses dès l'âge le plus tendre. Un enfant de 10 ans dans l'Harmonie est un gastronome consommé, capable de donner des leçons aux oracles gastronomiques de Paris. Le régime alimentaire dans ce nouvel ordre est dirigé de manière à obtenir des enfants les deux résultats suivants :

Choix habituel des mets selon les convenances de chaque tempérament.

Engagement dans les cultures et études relatives à tous les mets préférés.

Si l'on atteint ces deux buts en inspirant aux enfants la passion de la gourmandise, assurément elle deviendra sagesse dès qu'elle aura opéré ce double prodige et l'on ne pourra mieux faire que de l'ériger en pivot de culte religieux propre à rallier les enfants à l'amour de Dieu en reconnaissance des soins qu'il a pris pour satisfaire leur jouissance la plus chérie. Il est indubitable qu'un culte fondé sur ces bases sera accepté avec transport de tous les enfants du globe.

Le Nouveau Monde Amoureux,
1829-1837, posth., 1967.

Restaurations : nez, partie de la joue gauche, principal de la lèvre supérieure, l'autre lèvre, menton…

Buste de Julia Donna après restauration,
Paris © Musée du Louvre.

Jean TARDIEU (né en 1903)

Le fragment qui suit est remarquable, non seulement par l'observation des caractères, et la précision des images, mais encore parce qu'il résume, en quelque sorte, le contenu essentiel de maints romans contemporains. C'est ce qui le rend profondément émouvant.

Tout roman est, en effet, une sorte de "manuscrit trouvé dans une bouteille". Lancé dans l'immensité des temps et des espaces, il porte témoignage, auprès des civilisations futures, des mœurs d'un pays et d'une époque.

Or, rien ne nous permet de supposer que ce témoignage sera entièrement compris. Bien plus, tout nous porte à croire que des passages entiers seront lettre morte pour nos descendants, ce qui rend plus héroïque encore, par son côté touchant et hasardeux, la minutie avec laquelle nos romanciers s'obstinent à décrire les actes les plus humbles de notre vie. Une partie de leur œuvre sera peut-être "mangée" par le temps, comme le griffonnage désespéré d'un naufragé est dévoré par le sel de la mer.

Le 15 ju... par un... une... vers... ...la rou... roseaux. Son ti... jeune être... sophie... ...s'était égaré sur un autre chemin. Anna s'arrêta et leva les yeux. Le... était d'un bleu presque vio... de nuages boursouflés comme... Silence... rivière... pensées de mort... presque la douc... et de doul...

« Je... pointe des... Joseph... superbe... mépris... Mais... sans excuse. Je saurai la ramener à la vie. Même si l'incertitude, comme un gouffre, ne peut être comblée, j'élèverai pour lui autour de son abîme... rembla... pierres inviolables, rameaux croisés du... majeur quand... souffle sur... frémissement jamais inutile... viendrons... repartirai... radis... arbres... du tablier... fontaine que... cuisine... la jalousie... du Mont Everest... placidité... ironie de ces pauvres... lionceau... me... non, tu... épouvan... jusqu'... mar... polo... sèche... l'encri... du mira... à jam... crudi... »

Soud... les branches du proche... battements précipités de son... l'appro... Elle manqua... ir... : « Je te cher... »dit-il... cidement. Mais son visa...

....

mains toutes sans déf... « Trois... rra ja... ! » ...rire clair auquel rép... chant brutal presque trop b... d'un rossi...

L'air, autour d'eux... comme si la terre... et le vent comme si l'horiz...

....

« Je suis per... » ...ra-t-elle. A peine... baiser sur les... communique à tout son vertigineuse... glissade le long d'une... humi... pira... prof....... resses accordées à l'... gagn... l'envelo... naissante..........

....

Il était dix heures passées quand la voiture arriva enfin.

Le Professeur Froeppel, © Ed. Gallimard, 1978.

Sylvain Faillie, *Les Rats dans la bibliothèque, Cénomane n° 2,* 1980, D.R.

lle te xte fe ndu

Découper verticalement un texte par la moitié.
Retirer l'un des morceaux et réécrire un texte à partir de la moitié restante.

LE TEXTE FENDU

« Mais elle, qui perdait le fil et s'ennuyait, incita tout doucement la chèvre à lécher le Bon sur sa demi-face et la cane à se poser sur son livre. Le Bon sauta en arrière et souleva son livre qui se referma. Au même instant, l'infortuné déboucha des arbres au galop en brandissant contre le Bon une grande faux. La lame de la faux rencontra le livre et le coupa en longueur, en faisant deux moitiés. Le dos resta entre les mains du Bon, le reste se répandit dans l'air en mille demi-pages. L'Infortuné disparut au galop. Certainement qu'il avait voulu faucher la demi-tête du Bon, les deux bêtes étaient arrivées bien à propos. Les pages du Tasse avec leurs marges blanches et leurs vers coupés en deux s'envolèrent au vent, se posant sur les branches des pins, sur les herbes et sur l'eau du torrent. Du haut d'une butte, Paméla regardait voltiger ce blanc et disait : "Comme c'est joli !"

« Quelques demi-feuilles arrivèrent jusqu'au sentier dans lequel nous passions, le docteur Trelawney et moi. Le docteur en saisit une au vol, la tourna et la retourna, essaya de déchiffrer quelques vers sans queue ni tête et hocha la tête.

« On ne comprend rien du tout... Zzt zzt !... »

I. Calvino ; *Le vicomte pourfendu,* © Ed. Albin-Michel, 1955.

Essayons ainsi de trouver une partie droite à cette moitié gauche de la première page du roman de Jean René Huguenin, *La Côte sauvage* (© éditions du Seuil).

Il s'est approché dans le ....
s'arrête à quelques pas, re ....
se retourne ; il se glisse de ....
que son visage dans l'om ....
bleues des fleurs. Il saisit s ....
l'arbre : la flamme vacille ....
« Qui est là... » dit-ell ....
Immobile, le briquet à ....
lorsque sa sœur avance ver ....
la tête inclinée (ses chev ....
long de son buste), il so ....
« Anne... ....
— Anne ! » ....
Le même appel, au mê ....
maison, elle n'entendit qu ....
tête, comme si elle ne le r ....
dans ses bras, et sans parle ....
l'odeur de ses cheveux, u ....
« Tu as eu peur, dit-il te ....
Un hibou s'envola, quel ....
en branche mais ne toucha ....
séparément. ....
« Comment es-tu venu ....

(La page originale se trouve en *Annexe*.)

Poursuivi, le procédé peut permettre à un couple d'écrivains d'élaborer en deux fois un texte complètement neuf.

Ce travail en particulier peut être résumé comme suit :

Soit un texte T composé des moitiés A et B.

1° Travail du premier écrivain : écrire la moitié B', complément de A ;

2° Travail du second écrivain : écrire la moitié A', complément de B'.

Pour que le nouveau texte T' (composé de A' + B') soit différent du texte T (composé de A + B) de départ, le premier écrivain doit ignorer la partie B, et le second la partie A.

Dans son roman *Fuzzy sets* (qui rapporte l'histoire d'une étrange expédition spatiale), Claude Ollier a publié des pages tronquées verticalement. On observera que le texte cité ici est coupé aussi bien à droite qu'à gauche.

Cette page montre, à l'évidence, que le lecteur est toujours, d'une manière ou d'une autre, un *écrivain.* Un texte — et particulièrement un texte littéraire — n'est *jamais achevé :* le lecteur écrit, réécrit sans cesse le texte qu'il est en train de lire.

Cela semble particulièrement vrai des textes modernes (ou d' « avant-garde ») qui demandent une participation *plus active* du lecteur.

Julio CORTAZAR (1914-1984)

Il fut le premier à m'accuser de
Sans preuves et peut-être à son corps défendant, mais il y avait ceux qui
On sait bien que dans un village perdu parmi
Le temps pèse immobile et que rarement
Gens qui vivent de fils de la Vierge, de lentes
Ils ont peut être du cœur mais quand ils parlent
De quoi pouvait-il m'accuser, nous avions seulement
Impossible que le simple dépit, après cette
(La pleine lune peut-être, la nuit où il m'emmena à
Mordre en amour ce n'est pas si étrange, surtout lorsqu'on a
J'avais gémi, c'est vrai, et à un moment j'ai pu
Après, nous n'avons pas parlé, lui il avait l'air fier de
Ils ont toujours l'air fier de nous faire gémir mais alors
Le souvenir change avec la haine qui suit la
Car pendant ces nuits-là nous nous aimions plus fort que si
Sous la lune, dans les sables mêlés qui sentaient le
(Je l'ai mordu, c'est vrai, mais mordre en amour ce n'est pas si
Il ne m'en a jamais rien dit, attentif seulement à
Je parfumais mes seins aux herbes que ma mère
Et lui, la joie du tabac dans sa barbe et tout le
Jamais il n'a plu quand nous allions à la rivière mais parfois
Un mouchoir noir et blanc qu'il me passait lentement pendant que
Nous nous donnions des noms d'animaux tendres, d'arbres qui
Il n'y avait pas de fin à cet interminable commencement de
(Je l'ai mordu lorsque cloué en moi il me
Nos voix, à un moment, toujours se mélangeaient et
Cela aurait pu durer comme le ciel vert et dur au-dessus de mes
Pourquoi, puisque embrassés nous soutenions le monde contre

« Le Bûcher où brûle une », dans *Le Tour du jour en quatre-vingts mondes,* © Ed. Gallimard, 1980.

Chaise Louis XVI et ses transformations, dans E. Bayard, *L'art de reconnaître les fraudes,* Paris, 1914 © B.N., D.R.

1 - Véritable chaise Louis XVI.
2 - Trucage de la chaise précédente. On a fait avec elle deux chaises « de style ». Ici, le siège est neuf et le dossier authentique.
3 - Second trucage. Le siège est authentique et le dossier est neuf.

1

Claude OLLIER (né en 1922)

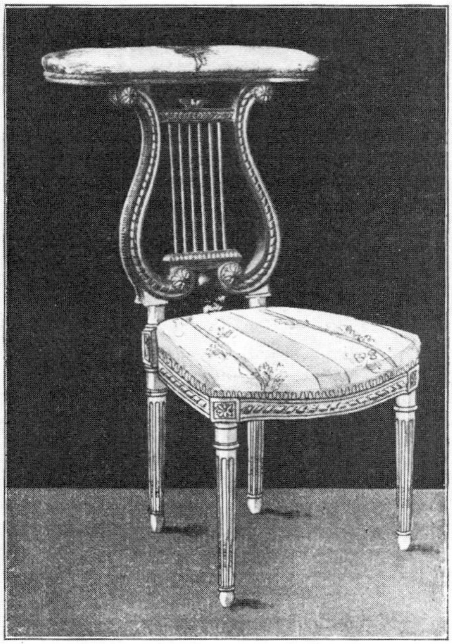

2

3

venir —
cuteur,
yant pas
autres,
recule,
babord.
mière :
verre et
prise...
accueil
mémorer
tre du
drome ?
s mains.
port. Et
circons-
blanche.
eflets ;
corporer
truire —
nement ?
cherches.
oreilles,
sitions
oupure...

terlocuteur recule d'un pas pour rétab
anses et l'intervalle, nous apercevons
ter de nouveau, s'éloigne un peu au-d
nier hublot de babord. La silhouette d
trariée par le faisceau de lumière. L
pide. Le dos heurte la paroi de verre
mobile. L'expression est de surprise et
que. La tête se tourne. L'œil voit les
flets dans la chambre d'accueil de l'
plaque de verre. Rappel, là, rappel :
Rapport lisible : trajet Centre désert —
modrome, trajet cosmodrome-aéronef. E
nection : lieu connu en amont (dernier
pe) — lieu connu en aval (premier). S
conscription du vide. Délimitation pr
la zone blanche par rapprochement des
et des bornes aux extrémités. Connecti
condaire : projet au départ (suite de
mental Projet) — projet à l'arrivée (
te ou détournement ? — ce qui nous éch
encore). Transmettre à C. : « Le laisser
re ici. » « Reçu » « Terminé ». Transme
tarder à S. : « Sonder connection tertia
sible : opposition Projet/Eros départ
diction ?) — opposition Projet/Castrati

Fuzzy sets, © Christian Bourgois Editeur, 1975.

Abraham Bosse, *Les Vierges folles,* gravure B.N. © Roger Viollet.

Les Ravages du redoutable trente-et-un, gravure d'après Guérin, vers 1800...
...et sa version populaire en contre-épreuve © B.N.

LE HASARD, LES DÉS

"Le hasard et le poète se ressemblent. S'ils sont créateurs, c'est par jeu, et leur jeu de hasard est le seul vrai jeu."
Julien Torma

Se munir, pour écrire, d'un gobelet et de quelques dés. Le premier lancer servira à déterminer le nombre de mots à utiliser dans la phrase, et les lancers suivants le nombre de lettres que devra comporter chacun des mots.

Le Hasard, les dés

Ainsi par exemple, un premier lancer de 5 oblige à écrire une phrase de 5 mots, et si les lancers qui suivent donnent : 3,2,7,5,9, les 5 mots auront respectivement : 3,2,7,5 et 9 lettres.

Ce subterfuge, comme bien d'autres que nous citons, permettra de « lancer » une phrase ou deux. Tout écrivain (même s'il en est honteux) a des chances d'être amené un jour à inventer pour son propre usage des procédés de cette sorte, comme en témoigne cette note des *Cahiers* de Valéry :

« *Devant trop souvent écrire des choses dont je n'ai nulle envie et l'esprit inerte devant elles, je m'avise de me donner les lettres initiales des phrases successives à faire — comme pour un acrostiche... Et ceci ferait scandale si je le disais.* »

Le hasard (qu'il soit contrôlé ou non) occupe une place importante dans toutes les pratiques artistiques, et, de la peinture chinoise classique à l'*action painting**, les exemples ne manquent pas. On a même dit que le peintre Brueghel l'Ancien jouait aux dés les couleurs des personnages de ses tableaux.

P. VALÉRY : *Cahiers I*, Gallimard, 1973.
RABELAIS : *Tiers-Livre*, 1546.
A. GIDE : *Journal* © Ed. Gallimard, 1951.

La littérature n'est pas restée à l'écart de ces procédés. Dans le chapitre XI du *Tiers-Livre* de Rabelais, Panurge veut interroger les dés sur la question de son mariage. Il s'agit d'abord de décider quel vers on va lire dans le « Virgile » ouvert sur la table, ce vers ayant, décide-t-on, une valeur prophétique pour le mariage de Panurge :

« *Les dés furent tirés et jetés, et tombèrent les points de cinq, six et cinq.*

— Ce sont, dit Panurge, seize. Prenons les vers seizièmes du feuillet. Le nombre me plait, et croit que nos rencontres seront heureuses. »

De la même façon, l'écrivain « en panne », arrêté dans son travail, peut chercher une stimulation en ouvrant au hasard un livre placé près de lui (dictionnaire, roman, etc). Et son regard voyagera jusqu'à ce qu'il trouve un mot ou un bout de phrase qui lui convienne. André Gide écrivait dans son *Journal :*

« *Quand "ça ne vient pas", je marche de long en large dans la chambre, puis, par impatience un peu, je saisis presque au hasard un livre de ma bibliothèque (non point un de ces livres qui gisent sur ma table et que je suis "en train" de lire, mais un de ces vieux compagnons constants, qui sont toujours là, que je retrouve à travers tout) et je l'ouvre vraiment au hasard. Ce "hasard" me ferait croire au diable ou à la providence, car je tombe à pic, presque à coup sûr, sur la page, sur la phrase, ou les mots, dont j'ai précisément besoin pour rebondir.* »

Tous les livres existants sont en partie redevables de semblables rencontres fortuites. Quand on écrit un livre, tout ce que l'on vit (lectures, films vus, événements, conversations, etc.) est mis à contribution. Et l'aléatoire de notre existence se retrouve dans l'écriture.

Pollock dans son atelier © Hans Namuth.

Tristan TZARA (1896-1963)

Prenez un journal.
Prenez des ciseaux.
Choisissez dans ce journal un article ayant la longueur que vous comptez donner à votre poème.
Découpez l'article.
Découpez ensuite avec soin chacun des mots qui forment cet article et mettez-les dans un sac.
Agitez doucement.
Sortez ensuite chaque coupure l'une après l'autre.
Copiez consciencieusement dans l'ordre où elles ont quitté le sac.
Le poème vous ressemblera.
Et vous voilà un écrivain infiniment original et d'une sensibilité charmante, encore qu'incomprise du vulgaire.

EXEMPLE :

Lorsque les chiens traversent l'air dans un diamant comme les idées et l'appendice de la méninge montre l'heure du réveil programme (le titre est de moi)
prix ils sont hier convenant ensuite tableaux / apprécier le rêve époque des yeux / pompeusement que réciter l'évangile genre s'obscurcit / groupe l'apothéose imaginer dit-il fatalité pouvoir des couleurs / tailla cintres ahuri la réalité un enchantement / spectateur tous à effort de la ce n'est plus 10 à 12 / pendant la divagation virevolte descend pression / rendre de fous queu-leu-leu chairs sur un monstrueuse écrasant scène / célébrer mais leur 160 adeptes dans pas aux mis en mon nacré / fastueux de terre bananes soutint s'éclairer / joie demander réunis presque / de a la un tant que le invoquait des visions / des chante celle-ci rit / sort situation disparaît décrit celle 25 danse salut / dissimula le tout de ce n'est pas fut / magnifique l'ascension a la bande mieux lumière dont somptuosité scène me music-hall / reparaît suivant instant s'agite vivre / affaires qu'il n'y a prêtait / manière mots viennent ces gens.

« Pour faire un poème dadaïste », dans les *Œuvres complètes*, t. 1.

« Si les grands joueurs de bridge ou d'échecs savaient ! S'ils savaient que leur dons et talents si spéciaux et qui parfois les laissent si ordinaires dans le reste des usages de l'esprit, pourraient par une légère, et superficielle, modification de leur machines mentales, produire dans l'ordre des Lettres ou de la philosophie, des ouvrages extraordinaires !...

« Car il y a beaucoup plus de combinaisons suivies dans leurs têtes que dans celles de presque tous les auteurs ; et ce n'est qu'une différence de conventions, ici très précises et arbitraires, là, vagues et en apparence exigées par des conditions réelles, — qui séparent leur activité de la nôtre. »

Paul Valéry

Concevoir un texte dont l'organisation générale (la structure) serait calquée sur tel ou tel jeu.

JEUX

On joue beaucoup dans les livres et quelquefois les personnages principaux sont eux-mêmes des joueurs : *La Défense Loujine* de Nabokov, *Le Joueur* de Dostoïevski, le magnifique *Tournoi de go* de Kawabata, *Le Joueur d'échecs* de Stefan Zweig, etc.

La frontière entre le jeu et le récit est souvent indécise. Dans *Pantagruel,* Rabelais imagine une partie d'échecs avec des figurants en chair et en os ; *Le Testament d'un excentrique* de Jules Verne se déroule comme un *jeu de l'oie.* Il y est question en effet d'un homme étrange (nommé W.J. Hypperbone) qui oblige par son testament plusieurs personnes à faire une course à travers les Etats-Unis, chaque Etat représentant une case d'un immense jeu de l'oie. Les dispositions testamentaires prévoient encore des règles de déplacement, des sauts d'un Etat à un autre, des retours en arrière, etc. (Nous avons reproduit, à la fin de cette rubrique, quelques passages de ce testament, ainsi que le plan du jeu donné par J. Verne dans la grande édition illustrée de chez Hetzel).

G. PEREC : *La Vie, mode d'emploi,* Hachette, 1978.
G. MOUILLAUD ET A. ROCHE : *La Cause des oies,* Lettres Nouvelles/M. Nadeau, 1978.
C. BOURNIQUEL : *Tempo,* 1977, Julliard (où les échecs deviennent l'image de toute création).

Georges Perec a publié un volumineux roman, *La Vie, mode d'emploi,* dont toutes parties s'agencent comme les morceaux d'un puzzle.

Certains livres, comme *De l'autre côté du miroir,* de Lewis Caroll, sont écrits sur le modèle du *jeu d'échecs.* Ici, les actions des personnages miment les déplacements des pions sur un échiquier.

Citons enfin *La Cause des oies* (de Geneviève Mouillaud et Anne Roche) qui s'organise lui aussi à la façon du jeu de l'oie.

Ainsi le jeu peut investir l'histoire ou la forme d'un récit. Mais n'y aurait-il pas entre les jeux et la littérature un attrait irrémédiable, une même vocation pour la dépense gratuite, voire *l'inutilité ?* Comment imaginer finalement que les jeux ou la littérature puissent être *au service de* quelque chose ?

En ce sens, le *joueur* serait la figure emblématique de l'écrivain.

Plusieurs millions de japonais jouent chaque jour au *pachinko* (une sorte de billard électrique). L'intérêt qu'on peut prendre à ce jeu reste largement énigmatique. L'écriture en tant qu'elle fait circuler ces billes brillantes que sont les mots ne serait-elle pas aussi une sorte de *pachinko* ?

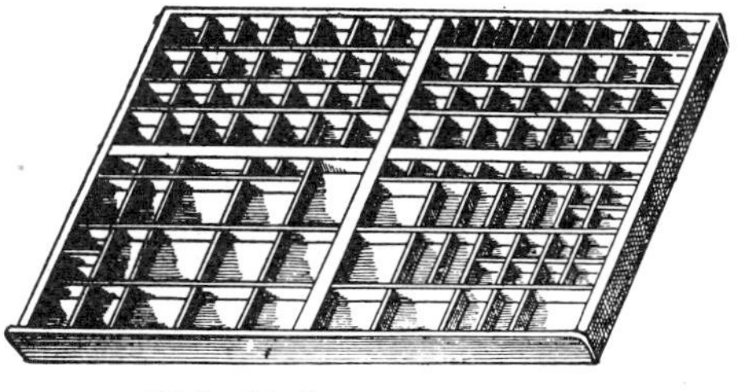

Lewis CARROLL (1832-1898)

Les pérégrinations d'Alice à travers le pays "de l'autre côté du miroir" correspondant aux déplacements des pièces et des pions au cours d'une partie d'échecs. Le terrain parcouru est représenté en forme d'échiquier dans l'une des illustrations de Tenniel, et certains personnages sont des rois, des reines et des cavaliers.

Le lecteur trouvera ci-après les correspondances entre les divers personnages et les pièces du jeu d'échecs, ainsi que le tableau des différentes phases de la partie qu'Alice joue et gagne.

DRAMATIS PERSONAE

(Présentés dans l'ordre qu'ils occupent avant le début de la partie)

BLANCS		ROUGES	
Pièces	Pions	Pièces	Pions
Blanc Bonnet	Pâquerette	*Pâquerette*	Gros Coco
Licorne	Haigha	*Messager*	Charpentier
Brebis	Huître	*Huître*	Morse
Reine Blanche	Lily	*Lis tigré*	Reine Rouge
Roi Blanc	Faon	*Rose*	Roi Rouge
Vieillard	Huître	*Huître*	Corbeau
Cavalier Blanc	Hatta	*Grenouille*	Cavalier Rouge
Bonnet Blanc	Pâquerette	*Pâquerette*	Lion

Le Pion Blanc (Alice) joue et gagne en onze coups

1. Alice rencontre Reine Rouge . . . .
2. Alice, traversant D3 *(en chemin de fer)*, joue en D4 *(Bonnet Blanc et Blanc Bonnet)*. . . . .
3. Alice rencontre la Reine Blanche *(avec son châle)* . . . .
4. Alice joue en D5 *(boutique, rivière, boutique)*. . . . .
5. Alice joue en D6 *(Gros Coco)* . . . .
6. Alice joue en D7 *(forêt)*. . . . .
7. Le Cavalier Blanc prend le Cavalier Rouge . . . .
8. Alice joue en D8 *(couronnement)*. . . . .
9. Alice devient Reine. . . . .
10. Alice roque *(festin)* . . . .
11. Alice prend la Reine Rouge et gagne. . . . .

1. La Reine Rouge joue en h5 . . . .
2. La Reine Blanche joue en c4 *(à la poursuite de son châle)* . . . .
3. La Reine Blanche joue en c5 *(elle devient brebis)*. . . . .
4. La Reine Blanche joue f8 *(elle laisse l'œuf sur le rayon)*. . . . .
5. La Reine Blanche joue en c8 *(elle fuit devant le Cavalier Rouge)*. . . . .
6. Le Cavalier Rouge joue en f8 *(échec)* . . . .
7. Le Cavalier Blanc joue en f5 . . . .
8. La Reine Rouge joue en c8 *(examen)* . . . .
9. Les Reines roquent. . . . .
10. La Reine Blanche joue en a6 *(soupe)* . . . .

Ce qu'Alice trouva de l'autre côté du miroir, 1871. — Éd. Flammarion.

Le Repos après le jeu, ph. Lewis Carroll, Parish Coll., Princeton University Library. D.R.

Jules VERNE (1828-1905)

Le notaire reprit en ces termes :

« On trouvera dans cette enveloppe une carte et « une boîte. La carte est celle du Noble Jeu de l'Oie, « établie suivant une nouvelle affectation de ses « cases que j'ai imaginée et dont il devra être donné « connaissance au public. La boîte renferme deux « dés semblables à ceux dont j'avais l'habitude de « me servir à mon cercle.

« La carte d'une part, les dés de l'autre, seront « destinés à une partie qui sera jouée dans les « conditions suivantes : »

Comment une partie ?... Il s'agissait d'une partie du Jeu de l'Oie ?... Décidément, on avait affaire à un mystificateur ! Ce n'était qu'un « humbug », comme on dit en Amérique !

De vigoureux « silence ! » furent adressés aux mécontents et maître Tornbrock poursuivit sa lecture :

« Or, voici ce que j'ai pensé à faire en l'honneur « de mon pays que j'aime avec l'ardeur d'un patrio- « te, et dont j'ai visité les divers Etats à mesure que « leur nombre augmentait d'autant d'étoiles nouvel- « les le pavillon de la République américaine ! »

Ici, triple salve de hurrahs que répercutèrent les échos de l'Auditorium, et à laquelle succéda un

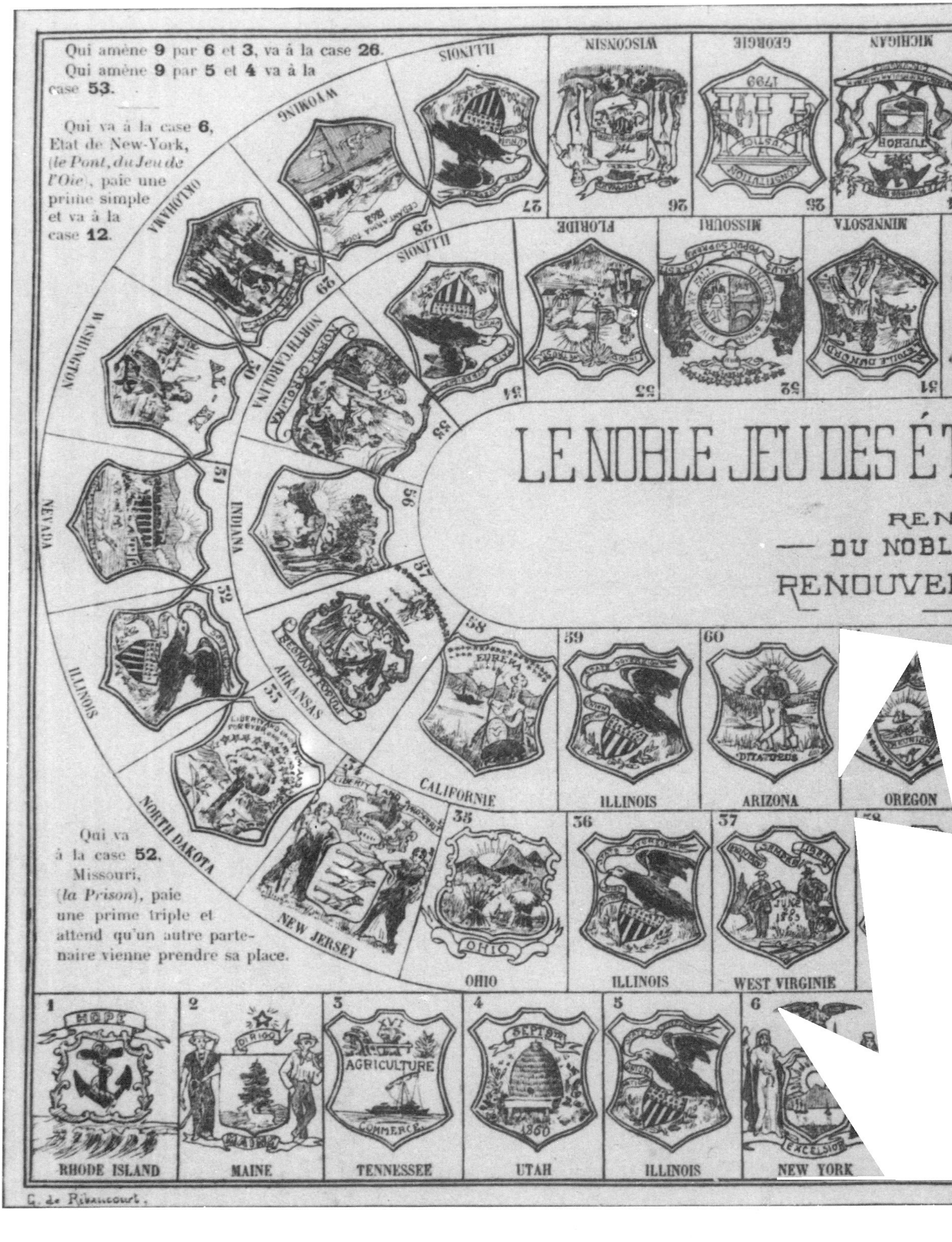
Qui amène 9 par 6 et 3, va à la case 26.
Qui amène 9 par 5 et 4 va à la case 53.
Qui va à la case 6, Etat de New-York, (le Pont, du Jeu de l'Oie), paie une prime simple et va à la case 12.
Qui va à la case 52, Missouri, (la Prison), paie une prime triple et attend qu'un autre partenaire vienne prendre sa place.
LE NOBLE JEU DES ÉT
REN
— DU NOBL
RENOUVE
ILLINOIS
WISCONSIN
GEORGIE
MICHIGAN
WYOMING
OKLAHAMA
WASHINGTON
NEVADA
ILLINOIS
NORTH DAKOTA
NEW JERSEY
FLORIDE
MISSOURI
MINNESOTA
ILLINOIS
NORTH CAROLINA
INDIANA
ARKANSAS
CALIFORNIE
ILLINOIS
ARIZONA
OREGON
OHIO
ILLINOIS
WEST VIRGINIE
RHODE ISLAND
MAINE
TENNESSEE
UTAH
ILLINOIS
NEW YORK
HOPE
AGRICULTURE
COMMERCE
EXCELSIOR
EUREKA
G. de Ribaucourt.

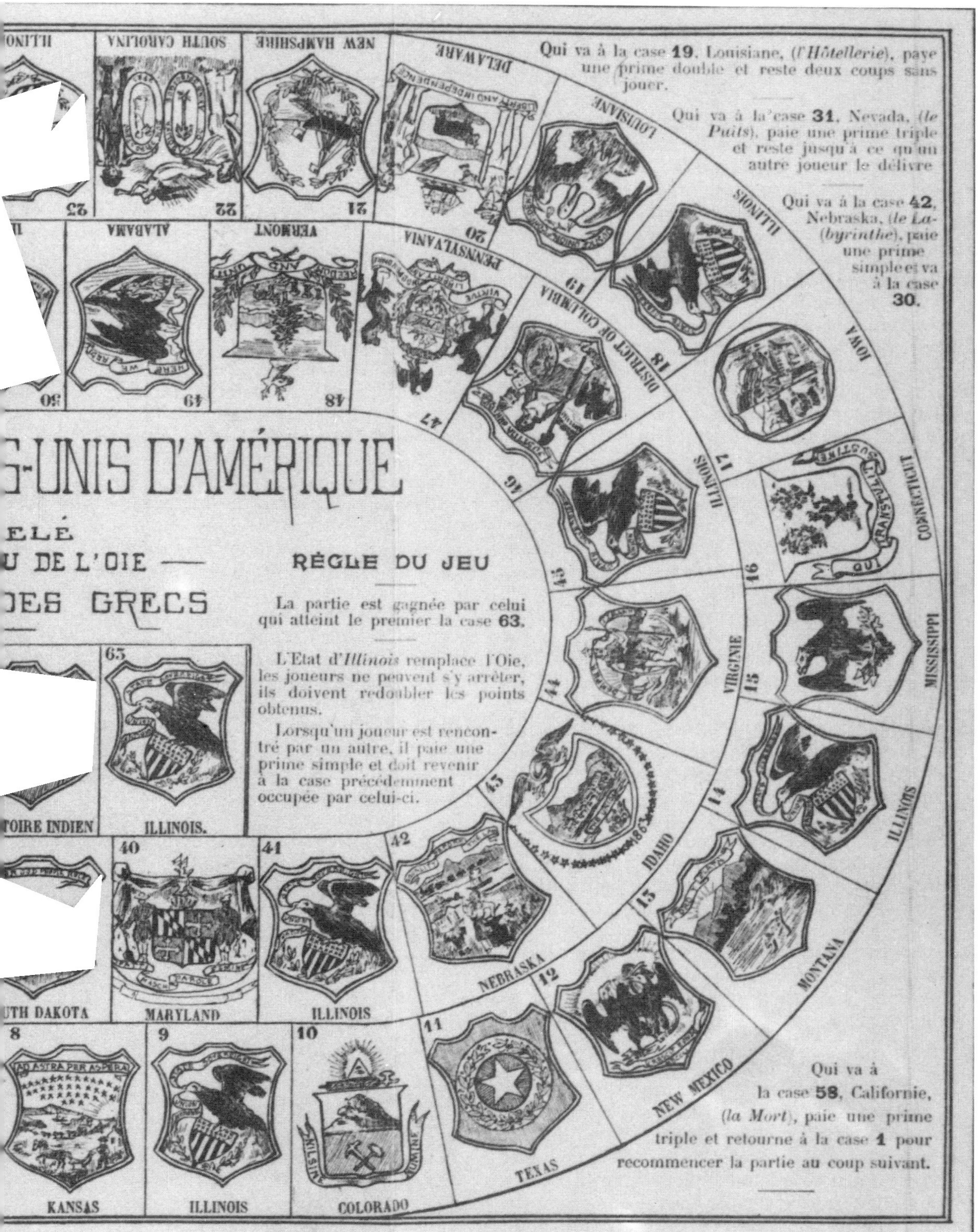

…s Verne, *Le Noble jeu des Etats-Unis d'Amérique,* dans *Le Testament d'un excentrique,* Hetzel, 1895 © B.N.

calme profond, car la curiosité était portée au plus haut point.

« Actuellement, sans compter l'Alaska, située en « dehors de son territoire, mais qui s'y rattachera « bientôt, lorsque le Dominion of Canada nous aura « fait retour, l'Union possède cinquante Etats, répar- « tis sur près de huit millions de kilomètres superfi- « ciels.

« Eh bien, ces cinquante Etats, en les rangeant « par cases, les uns à la suite des autres, et en « répétant quatorze fois l'un d'eux, j'ai obtenu une « carte composée de soixante-trois cases, identique « à celle du Noble Jeu de l'Oie, devenu par ce fait le « Noble Jeu des Etats-Unis d'Amérique. »

Ceux des assistants qui étaient familiarisés avec le jeu en question comprirent sans peine l'idée de William J. Hypperbone. En vérité, c'était une heureuse circonstance qui lui avait permis de distribuer précisément en soixante-trois cases les Etats de l'Union. Aussi l'auditoire s'abandonna-t-il à de chaleureux applaudissements, et bientôt toute la rue acclama l'ingénieuse invention du testateur.

Maître Tornbrock continua de lire :

« Restait à déterminer celui des cinquante Etats « qui devait figurer quatorze fois sur la carte. Or, « pouvais-je mieux choisir que celui dont les eaux du « Michigan baignent les superbes rives, celui qui « s'enorgueillit d'une cité telle que la nôtre, laquelle « a ravi à Cincinnati depuis près d'un demi-siècle le « titre de « Reine de l'Ouest », cet Illinois, région « privilégiée, que le Michigan borne au nord, l'Ohio « au sud, le Mississippi à l'ouest, le Wabash à l'est, un « Etat à la fois continental et insulaire, actuellement « au premier rang de la grande République fédérale !... »

Nouveau tonnerre de hurrahs et de hips, qui firent trembler les murs de la salle, et dont les éclats emplirent tout le quartier, répétés par une foule au maximum de surexcitation.

Cette fois le notaire dut suspendre sa lecture quelques minutes. Lorsque le calme fut enfin rétabli :

« Il s'agissait maintenant, lut-il, de désigner les « partenaires qui seraient appelés à jouer sur l'im- « mense territoire des Etats-Unis, en se conformant « à la carte renfermée sous cette enveloppe, et qui « devra être tirée à des millions d'exemplaires, afin « que chaque citoyen puisse suivre les péripéties de « la partie qui va s'engager. Ces partenaires, au « nombre de six, ont été choisis par le sort parmi la « population de notre cité, et ils doivent être réunis « en ce moment sur la scène de l'Auditorium. Ce « sont eux qui auront à se transporter, de leur « personne, dans chaque Etat indiqué par le nombre « de points obtenus, et à l'endroit même que leur « fera connaître mon exécuteur testamentaire, « d'après une note ci-jointe rédigée par mes soins. »

Ainsi donc, tel était le rôle réservé aux « Six ». Le caprice des dés allait les promener à la surface de l'Union... Ils seraient les pièces d'échiquier de cette invraisemblable partie...

Le testament contenait encore certaines dispositions intéressantes. Et d'abord cette déclaration relative à la situation financière de William J. Hypperbone :

« Ma fortune en propriétés bâties ou non bâties, « en valeurs industrielles, en actions de banque ou de « chemins de fer, dont les titres sont déposés dans « l'étude de maître Tornbrock, peut être estimée à « soixante millions de dollars. »

Cette déclaration fut accueillie avec un murmure de satisfaction. On savait gré au défunt d'avoir laissé un héritage de cette importance, et ce chiffre parut respectable même dans le pays des Gould, des Bennett, des Vanderbilt, des Astor, des Bradley-Martens, des Hatty-Green, des Hutchinson, des Carroll, des Prior, des Morgan Slade, des Lennox, des Rockfeller, des Schemeorn, des Richard King, des May Gaclet, des Ogden Mills, des Sloane, des Belmont et autres milliardaires, rois du sucre, des blés, des farines, du pétrole, des chemins de fer, du cuivre, de l'argent et de l'or ! En tout cas, celui ou ceux des « Six » auxquels cette fortune échoirait en tout ou partie sauraient s'en contenter, n'est-ce pas ?... Mais dans quelle condition leur serait-elle attribuée ?...

C'est à cette question que répondait le testament par les lignes suivantes :

« Au Noble Jeu de l'Oie, on le sait, le gagnant est « celui qui arrive le premier à la soixante-troisième « case. Or, cette case n'est définitivement acquise « que si le nombre des points fournis par le dernier « coup de dés y aboutit juste. En effet, s'il le dépasse, « le joueur est forcé de revenir en arrière en comp- « tant autant de points qu'il en aura obtenus en trop. « Donc, après s'être conformé à ces règles, l'héritier « de toute ma fortune sera celui des partenaires qui « prendra possession de la soixante-troisième case, « autrement dit le soixante-troisième Etat, qui est « celui de l'Illinois. »

Ainsi un seul gagnant... le premier arrivé !... Rien à ses compagnons de voyage, après tant de fatigues, tant d'émotions, tant de dépenses...

Testament d'un excentrique, 1895.

CARTES

Ecrire un récit à partir d'un jeu de cartes.

Cartes

On fabrique un jeu, proche du tarot ou du « jeu des familles », constitué par plusieurs séries : certaines cartes représenteront des personnages, d'autres des objets, des animaux, des lieux d'habitation, des paroles à prononcer, des trajets à parcourir, des actions, etc.

Ces cartes pourront être peintes ou fabriquées à partir d'images découpées dans des journaux, des magazines, des catalogues.

Il s'agit ensuite, selon des règles qu'on aura inventées, de tirer des cartes dans chacune des séries, puis d'écrire une histoire à partir de l'ensemble obtenu.

L'écrivain Italo Calvino a publié une suite de petits récits qu'il a écrits en se laissant conduire par les figures d'un *jeu de tarots.*

Nous reproduisons aussi quelques extraits d'un article où Calvino s'explique sur le chemin qu'il a suivi pour écrire ce livre, intitulé *Le Château des destins croisés.*

D'autres domaines artistiques connaissent cette utilisation du jeu de cartes : le cinéaste Alexandro Jodorowsky a réalisé un film, *Tusk,* organisé à partir du chiffre 22 (nombre des cartes majeures au tarot) : avec 22 acteurs, 22 séquences, le tournage commencé un 22, etc. C'est aussi le musicien de rock Mike Battand qui a publié un disque intitulé *Tarot Suite* (CBS, 1979), qui s'inspire des figures du tarot (par exemple « The Fool » et « The Magician »).

Italo CALVINO (né en 1923)

« Construire une narration avec des matériaux déjà donnés, obliger une histoire à se raconter en comblant le vide entre des éléments qui ne présupposent pas une histoire, voilà un exercice de premier ordre. Roussel a pris cela en prenant comme point de départ et point d'arrivée l'allitération d'une phrase quelconque, en passant des mots à l'évocation visionnaire et au récit qui s'en dégage. On pourrait croire que s'imposer des tours de force pareils ne peut aboutir qu'à étouffer toute liberté d'écriture ; au contraire, c'est en se fixant des parcours obligés que l'imagination est stimulée à faire appel à toutes ses ressources secrètes.

Ce que j'ai cherché à faire dans Le Château des

Histoire de l'indécis.

L'un de nous retourne une carte et la prend, il la regarde comme s'il se regardait dans un petit miroir. Et de fait, le *Cavalier de Coupe*, on dirait tout à fait lui. Ce n'est pas seulement dans le visage, anxieux, les yeux exorbités, et les cheveux longs qui tombent sur les épaules, tout blanchis, qu'on note la ressemblance mais aussi dans ces mains qu'il remue sur la table comme s'il ne savait pas où les mettre, et qui là dans l'image tiennent, la droite une coupe trop grosse en équilibre sur la paume, la gauche à peine du bout des doigts les rênes. Une allure incertaine qui se communique même au cheval : il semble qu'il ait du mal à bien poser ses sabots sur une terre toute remuée.

Ayant trouvé ce tarot, c'est comme si le jeune homme reconnaissait dans toutes les autres cartes qui lui tombent sous la main un sens spécial, et il les dispose en ligne sur la table comme si de l'une à l'autre il suivait un fil. La tristesse qu'on lit sur son visage tandis qu'il place, avec un *Huit de Coupe* et un *Dix de Bâton* l'arcane que selon les pays on appelle *L'Amour*, ou *L'Amoureux*, ou encore *Les Amants*, fait songer à une peine de cœur qui l'aurait poussé à se lever au

66 LA TAVERNE DES DESTINS CROISÉS

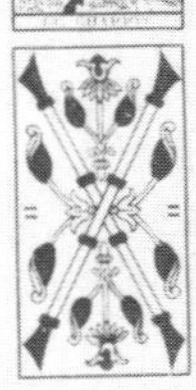

milieu d'un banquet, pour prendre l'air dans la forêt. Ou carrément à déserter le festin de ses propres noces, à se faire le jour même de son mariage oiseau des bois.

Peut-être y a-t-il deux femmes dans sa vie, et lui ne sait pas choisir. C'est ainsi précisément que le représente l'image : blond encore, entre les deux rivales l'une qui lui attrape l'épaule tout en le fixant d'un œil accapareur, l'autre qui le frôle en un mouvement languide de toute sa personne, tandis qu'il ne sait pas de quel côté se tourner. Chaque fois qu'il va décider laquelle lui convient comme épouse, il se convainc qu'il peut très bien renoncer à l'autre : et de la même façon il se console de perdre celle-là chaque fois qu'il pense préférer celle-ci. L'unique point ferme dans ce va-et-vient d'idées, c'est qu'il peut se passer tout aussi bien de l'une que de l'autre, puisque son choix a toujours un revers, c'est-à-dire implique un renoncement, et par conséquent il n'y a pas de différence entre choisir et renoncer.

Seul un voyage pouvait le sortir de cette impasse : le tarot que maintenant le jeune homme pose sur la table sera à coup sûr *Le Chariot :* deux chevaux tirent le pompeux véhicule dans les chemins accidentés du bois, la bride sur le cou, puisque c'est son habitude de les laisser aller en sorte qu'aux carrefours le choix ne lui incombe pas. Le *Deux de Bâton* annonce le croisement de deux routes : les chevaux se mettent à tirer chacun de son côté; les roues sur le dessin sont à ce point divergentes qu'elles paraissent perpendiculaires à la route, signe que le chariot est arrêté. Ou bien s'il avance, mieux vaudrait qu'il soit arrêté : il en va pour lui comme pour tant d'autres devant qui se dérou-

HISTOIRE DE L'INDÉCIS 67

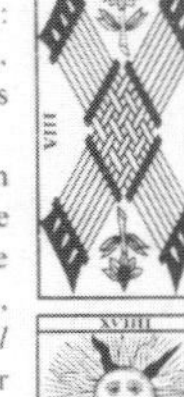

lent les routes les plus lisses et les plus rapides, qui survolent sur des ponts suspendus très haut les vallées ou traversent le granit entaillé des montagnes, et sont ainsi libres d'aller n'importe où, quand n'importe où c'est toujours pareil. Ainsi le voyions-nous là gravé dans l'attitude faussement décidée, sûre de soi, d'un triomphant conducteur; quand toujours, en arrière de lui, allait son âme divisée, semblable à ces deux masques aux regards opposés, qu'il portait sur son manteau.

Pour décider quelle route prendre, il n'y a plus qu'à s'en remettre au sort; dans le *Valet de Deniers* le jeune homme jette en l'air une pièce de monnaie : pile ou face? Peut-être ni l'un ni l'autre, la pièce va rouler dans un buisson où elle reste sur la tranche, au pied d'un vieux chêne, juste entre les deux routes. Avec l'*As de Bâton*, notre héros veut très probablement nous raconter que ne pouvant se décider à poursuivre d'un côté ou de l'autre, il ne lui est resté qu'une solution : descendre du chariot et grimper à un tronc noueux, dans des branches dont les successives bifurcations continuent de lui infliger le supplice du choix.

Du moins espère-t-il que s'élevant de branche en branche, il pourra voir plus au loin, et comprendre où les routes conduisent; mais en dessous de lui le feuillage est épais, la vue du paysage est bientôt bouchée, et s'il lève les yeux vers la cime de l'arbre, *Le Soleil* l'aveugle de ses rayons acérés qui font à contre-jour briller les feuilles de toutes les couleurs. Il faudrait encore expliquer ce que représentent ces deux enfants qu'on voit sur le tarot : cela voudra dire que regardant au-dessus de lui, il s'est aperçu qu'il n'y était pas, seul, destins croisés, *c'est la composition d'un récit avec des éléments figuratifs donnés, par exemple un jeu de tarots. J'observe d'abord la carte dans tous ses détails comme une vignette qui illustre le récit que je vais écrire, je commence à raconter la carte, et le récit continue avec les cartes qui suivent.*

« Dans "le Chariot", les deux chevaux semblent aller dans des directions divergentes ; les roues aussi ; l'homme couronné sur un char a l'air perplexe ; sur ses épaules, on voit deux masques qui regardent chacun d'un côté. Cette carte m'a donné l'envie de raconter l'histoire d'un homme indécis, certainement parce que j'avais à cœur ce thème de l'indécision et que "Le Chariot" a fonctionné comme un test. Donc, dans mon récit, le char s'arrête à une croisée de chemins. C'est alors que "L'As de Bâtons" se présente à mon attention comme un arbre planté au milieu de la bifurcation. Je fais grimper l'homme sur l'arbre : un vieux motif de mes narrations. Ensuite, je tire "Le Soleil" figuré avec deux enfants et un mur ; je dirai que l'homme, presque aveuglé par le soleil entre les branches, entrevoit deux gamins qui grimpent plus haut ; en les poursuivant, il arrive aux murs d'une ville suspendue. C'est la ville représentée dans "L'As de Coupe" que j'appelle la Ville du Tout. Ainsi, je développe mon récit en recueillant les suggestions des images ».

« La Narration des destins croisés »,
© *Nouvelles Littéraires.*

dans cet arbre : deux gamins ont grimpé dans les branches avant lui.

On dirait deux jumeaux : ils sont exactement semblables, nu-pieds, et très blonds. Peut-être qu'alors le jeune homme a parlé, qu'il a demandé :

— Qu'est-ce que vous faites là, vous deux ?

Ou bien :

— Vous en voyez la cime ?

Et les jumeaux ont répondu en indiquant par des gestes confus quelque chose qu'on voit sur le dessin à l'horizon, sous les rayons du soleil ; les murs d'une cité.

Mais où se trouvent ces murs, relativement à l'arbre ? L'*As de Coupe* représente justement une ville avec beaucoup de tours flèches minarets coupoles qui s'élancent au-dessus des murs. Et encore des feuilles de palmiers, des ailes de faisans, des nageoires bleues de poissons-lune, qui sans doute surgissent des jardins, volières et aquariums de la ville, dans les rues de laquelle nous pouvons imaginer les deux gamins qui se pourchassent et disparaissent. Et cette ville il semble qu'elle soit en équilibre au sommet d'une pyramide, qui pourrait être aussi bien la cime du grand arbre, c'est-à-dire qu'il s'agirait d'une cité suspendue dans les branches les plus hautes, comme un nid d'oiseau, ses fondations pendant à l'image des racines aériennes qu'ont certains parasites.

Les mains du jeune homme, pour disposer les cartes, sont toujours plus lentes et incertaines, nous avons tout le temps dans son dos pour développer nos conjectures, et ruminer en silence les questions qui sans doute lui sont alors venues à l'esprit, comme maintenant à nous-mêmes : « Quelle est cette ville ? Serait-ce la Ville du

Tout ? La ville où toutes les lignes se rejoignent, où les choix se contrebalancent, où se comble le vide qui demeure entre ce qu'on attend de la vie et ce qu'on en reçoit ? »

Mais qui donc, dans cette ville, notre jeune homme pourrait-il questionner ? Imaginons qu'il est entré par la porte voûtée de l'enceinte, qu'il s'est engagé sur une place où est au fond un grand escalier, en haut duquel siège un personnage aux attributs souverains divinité trônant ou ange couronné. (Nous discernons derrière ses épaules deux proéminences qui pourraient être le dossier du trône, mais aussi deux ailes, mal reproduites sur le dessin.)

— Est-ce là ta ville ? aura demandé le jeune homme.

— C'est la tienne (il n'aurait pu recevoir réponse meilleure), ce que tu cherches, tu le trouveras ici.

Pensez si, pris de cette façon à l'improviste, il est en mesure d'exprimer un désir sensé. En nage d'avoir grimpé jusque là-haut, il aura seulement dit :

— J'ai soif !

Alors, l'ange sur son trône :

— Tu n'as qu'à choisir à quel puits tu veux boire.

Et il aura indiqué deux puits semblables qui s'ouvrent sur la place déserte.

Le jeune homme, il suffit de le regarder pour comprendre qu'une fois de plus il se sent perdu. Maintenant la puissance couronnée brandit une balance et une épée, attributs de l'ange qui veille sur les décisions et les équilibres, du haut de la constellation de la Balance, justement. Ainsi, jusque dans la Ville du Tout nous ne sommes admis qu'au travers d'un choix et d'un refus, acceptant ceci et refusant le reste ? Autant pour lui

Le Château des destins croisés, © Ed. du Seuil, 1976.

Boucher, *Le Château de cartes,* gravure de Liotard, vers 1740, B.N.

Grandville, *La Bataille des cartes,* dans *Un Autre monde,* 1844, B.N.

D.R.

LE L POGRAMME

Ecrire un texte en n'utilisant pas telle ou telle lettre.

LE LIPOGRAMME

G. PEIGNOT : *Amusements philologiques*, 1842.
G. PEREC : "Histoire du lipogramme", dans *Oulipo*, Idées-Gallimard, 1973.
P. FOURNEL : *Les Petites filles respirent le même air que nous*, Gallimard, 1978.

Peignot, dans ses *Amusements philologiques*, définit la *lipogrammatique* comme « *l'art d'écrire en prose ou en vers en s'imposant la loi de retrancher de l'alphabet une ou plusieurs lettres successivement. Ce mot vient du grec* léipo, *manquer, et* gramma, *lettre ; c'est-à-dire que lipogrammatique désigne un ouvrage dans lequel il manque une ou plusieurs lettres de l'alphabet.* »

Dans sa très instructive *Histoire du lipogramme*, Georges Pérec nous apprend que « *le plus ancien lipogrammatiste serait Lasos d'Hermione qui vécut durant la seconde moitié du VI*e *siècle (av. J.-C.), ce qui, selon Curtius, ferait du lipogramme le plus ancien artifice de la littérature occidentale* ».

Pérec a d'ailleurs fait paraître un roman, *La Disparition*, entièrement construit sur un lipogramme en E : interdiction d'utiliser la lettre E, la plus fréquente en français. Ce roman est sans doute le plus long des textes lipogrammatiques jamais écrits.

Un autre membre de l'Oulipo, Paul Fournel, a publié une nouvelle intitulée précisément « Le Lipogramme », où une fillette s'interdit pour de surprenantes raisons d'employer la lettre O.

♠

Perec, 1978, © Anne de Brunhoff.

MARCHAND

J'avais conçu, mon charmant papa, l'opinion d'avoir pour mon logis un trou obscur à Saint-Victor, au bas du pays latin. Mon goût m'y portait ; mais l'abord du canton m'a paru alarmant. Chacun a sa raison, ou son motif, bon ou mauvais, pour agir. Plus ou moins d'or à Paris contraint l'inclination ; un pouvoir sonnant fait la loi qu'on doit subir pour choisir du blanc, du noir ou du gris. Un climat trop haut ou trop bas produit, m'a-t-on dit, tantôt un air lourd, froid, malsain ; tantôt un air trop vif. Il faut pourvoir à tout, avant d'avoir pris mon parti pour oui ou pour non. J'approfondirai mon local. J'irai pour savoir si l'on m'a fait un rapport vrai du canton Victorin. J'ai cru qu'un faubourg lointain irait à ma situation ; l'on y vit sans façon, à l'abri d'un tas d'oisifs à coup sûr importuns. Sauvons-nous d'un poison si fatal. D'abord ma maison paraîtra trop loin aux gros richards ; d'accord ; mais j'y vivrai sans bruit, sans fracas, affranchi d'un chaos assommant.

. . . .

J'aspirais à vous voir, mais j'ignorais où nous pourrions discourir. Il fait grand froid ; quand on pourra sortir sans manchon, nous choisirons un jour pour nous unir aux Capucins, au Cours ou au Vauxhall. Bon soir, mon voisin ; tout à vous.

F.........z

« Lettre sans e », citée par G. Peignot, *Amusements philologiques,* 1842.

Georges PEREC (1936-1982)

Anton Voyl n'arrivait pas à dormir. Il alluma. Son Jaz marquait minuit vingt. Il poussa un profond soupir, s'assit dans son lit, s'appuyant sur son polochon. Il prit un roman, il l'ouvrit, il lut ; mais il n'y saisissait qu'un imbroglio confus, il butait à tout instant sur un mot dont il ignorait la signification.

Il abandonna son roman sur son lit. Il alla à son lavabo ; il mouilla un gant qu'il passa sur son front, sur son cou.

Son pouls battait trop fort. Il avait chaud. Il ouvrit son vasistas, scruta la nuit. Il faisait doux. Un bruit indistinct montait du faubourg. Un carillon, plus lourd qu'un glas, plus sourd qu'un tocsin, plus profond qu'un bourdon, non loin, sonna trois coups. Du canal Saint-Martin, un clapotis plaintif signalait un chaland qui passait.

Sur l'abattant du vasistas, un animal au thorax indigo, à l'aiguillon safran, ni un cafard, ni un charançon, mais plutôt un artison, s'avançait, traînant un brin d'alfa. Il s'approcha, voulant l'aplatir d'un coup vif, mais l'animal prit son vol, disparaissant dans la nuit avant qu'il ait pu l'assaillir.

Il tapota d'un doigt un air martial sur l'oblong châssis du vasistas.

Il ouvrit son frigo mural, il prit du lait froid, il but un grand bol. Il s'apaisait. Il s'assit sur son cosy, il prit un journal qu'il parcourut d'un air distrait. Il alluma un cigarillo qu'il fuma jusqu'au bout quoiqu'il trouvât son parfum irritant. Il toussa.

Il mit la radio : un air afro-cubain fut suivi d'un boston, puis un tango, puis un fox-trot, puis un cotillon mis au goût du jour. Dutronc chanta du Lanzmann, Barbara un madrigal d'Aragon, Stich-Randall un air d'*Aïda.*

La Disparition, © Ed. Denoël, 1969.

la L imposée

Employer obligatoirement une ou plusieurs lettres (choisies au départ) dans tous les mots du texte à écrire.

la lettre imposée

Après avoir écrit *La Disparition* (où il s'était interdit d'utiliser la lettre E), Perec a proposé la formule inverse : écrire un texte en n'utilisant qu'une seule voyelle, le E. Ce texte a été publié sous le titre : *Les Revenentes.*

Cette activité rejoint ce que les « poétiques curieuses » nomment les *vers lettrisés,* qu'on appelle encore *tautogrammes ;* ce sont les vers ou les phrases dont tous les mots commencent par la même lettre. On peut lire, dans un poème de Clément Marot, le tautogramme suivant : *Triste, transi, tout terni, tout tremblant.*

La limite de ces procédés — où l'on s'impose des lettres — est représentée par l'art *pangrammatique ;* il s'agit ici d'écrire une phrase où *toutes les lettres* de l'alphabet sont utilisées au moins une fois. Dans les méthodes de dactylographie, on trouve la phrase suivante : *Portez ce vieux whisky au juge blond qui fume ;* cette phrase « pangrammatique » permet ainsi à celui qui apprend la dactylographie de frapper *toutes les touches* de la machine à écrire.

G. PEIGNOT : « Des vers lettrisés ou tautogrammes », dans les *Amusements philologiques,* 1842.
J. LESCURE : « Tautogramme », dans *Oulipo,* Idées-Gallimard, 1973.

♠

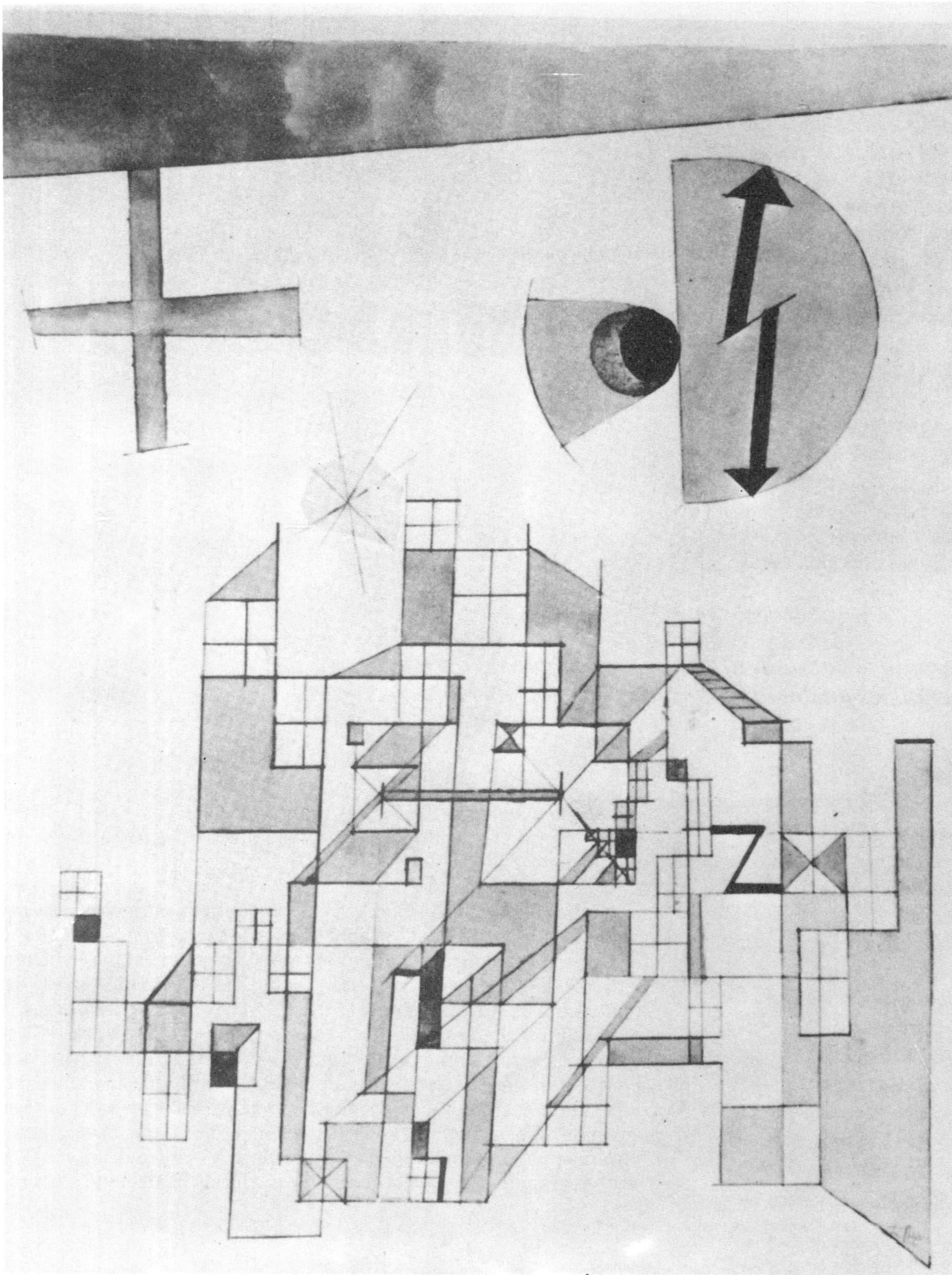

Paul Klee, *Maison de la firme Z,* 1922, Archives Félix Klee, © ADAGP.

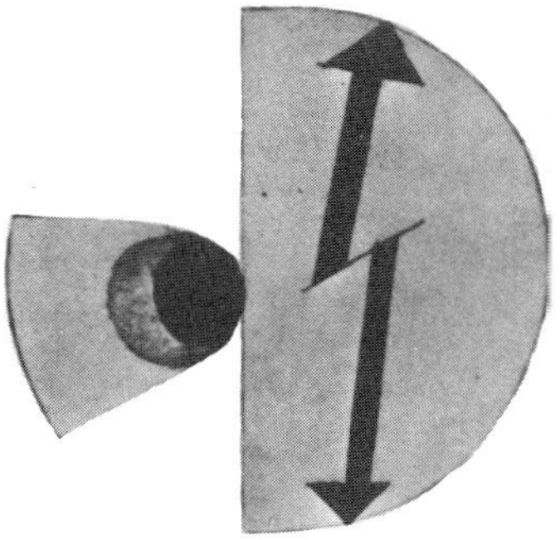

Jean MOLINET (1435-1476)

Marie, mère merveilleuse,
Marguerite, mundifiie,
Mère miséricordieuse,
Mansion moult magnifie,
Ma maistresse mirifiie,
Mon mesfait maculeux me matte,
M'âme mordant mortifiie ;
Mercy m'envoye m'advocate !

Ardant amour, arche aornée,
Ancelle annuncée, acceptable,
Arbre apportant aulbe adjournée,
Accroissant avoir aggréable,
Astriférent aigle, attraictable
Accœul, amorti ayemant,
Azime aspirant, adorable,
Ancre aigüe, âmes attirant,

Rubis raiant, rose ramée,
Rais reschauffant, raiseau rorable,
Riche régente reclamée,
Resjoïssant, resconfortable,
Racine récent, respirable,
Ramolliant rigueur rebelle,
Rigle, reduisant réceptable,
Repentans ruyneux rapelle.

Jardin joly, joie internelle,
Jour infini, incomparable,
Illustre, intacte jovencelle,
Jaspre joieux, incomprenable,

Innocente image inspirable,
Idolatrie interdisant,
Implore Jhesus invocable,
Juste Justice introduisant.

Estoille errant, encontre eureuse,
Espine esprise, exelse eschielle,
Ente eminente, eslute espeuse,
Evangelisée estincelle,
Elucente, entière, éternelle,
Enchainte, enixe et efficace,
Espérance espirituelle,
Envye estains, erreur efface !

"Oraison"

Cité par P. Zumthor, *Anthologie des grands rhétoriqueurs,*
© Christian Bourgeois Editeur, 1978.

Serge GAINSBOURG (né en 1928)

Zazie
A sa visite au zoo
Zazie suçant son zan
S'amusait d'un vers luisant d'Isidore Isou
Quand zut ! Un vent blizzard
Fusant de son falzar
Voici zigzaguant dans les airs
Zazie et son blazer

L'oiseau
Des îles est pris au zoom
Par un papparazzi
Zigouilleur visionnaire de scherzi de Mozart
Drôle de zigoto
Zieuteur du genre blasé
Mateur de photos osées

Zazie
Sur les vents alisés
S'éclate dans l'azur
Aussi légère que bulle d'Alka Seltzer
Elle visionne le zoo
Survolant chimpanzés
Gazelles lézards zébus
Buses et grizzli d'Asie

L'oiseau
Des îles est pris au zoom
Par l'autre zèbre,
Bonne zigue Zazie le fusillant d'un bisou
Lui fait voir son bazar
Son zip et son Zippo
Fendu de A jusqu'à Zo

« Exercice en forme de Z », Melody Nelson.

♠

Georges PEREC (1936-1982)

Hélène crèche chez Estelle, près de New Helmstedt Street, entre Regent's Street et le Belvédère. « Défense d'entrer », me jette le cerbère. Sept pence le dégèlent et j'entre, pépère.

Hélène est chez elle. Je prends le verre de schweppes qu'elle me tend et me trempe les lèvres. Je desserre mes vêtements et m'évente.

— Qel temps !

— Trente-sept degrés !

— C'est l'été.

Hélène me tend des kleenex. Je me sèche les tempes, lentement.

— Prends le temps ! Ne te presse !

Elle semble se délecter, je sens q'elle se refrène, q'elle espère entendre les événements récents ; en effet, prestement, elle me jette :

— Bérengère est chez l'Evêqe ?

— Yes.

— Excellent ! Les événements se pressent !

— Q'est-ce qe t'espères, Hélène ? Des nèfles !

— Ben merde, les perles et les ferrets de Bérengère me tentent !

Je tempère l'effervescence entêtée d'Hélène.

— C'est chercher l'échec ! L'évêché est cerné : cent tentes dressées près des entrées, cent trente Fédérés brevetés et experts le défendent, c'est dément !

— Peste de ces empêchements ! Je cherche qelqe brèche et je perce, le reste se perpètre d'emblée.

Les Revenentes, © Ed. Julliard, 1972.

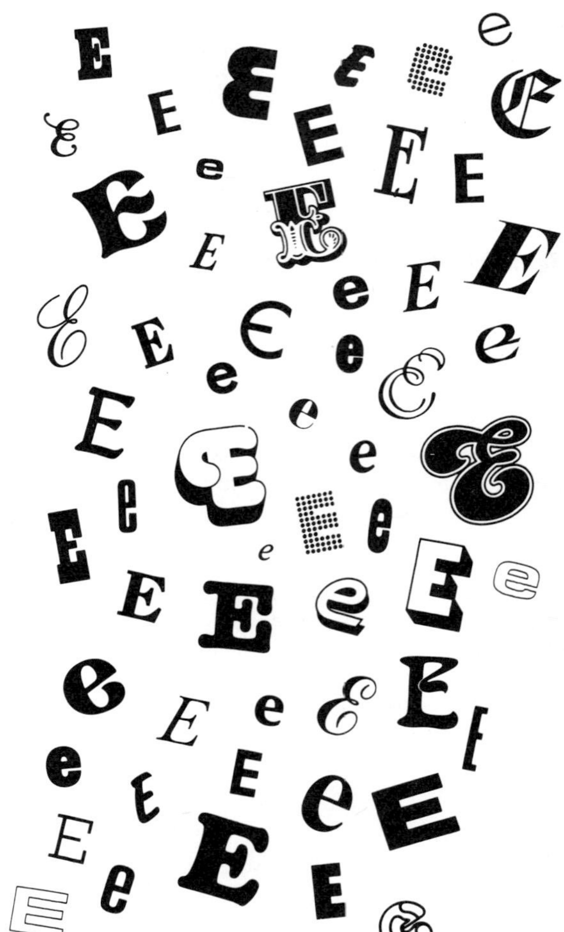

le sõ repete

Ecrire un texte qui fasse revenir, de façon insistante, un ou plusieurs des sons de la langue.

Les sons répétés

C'est là un aspect que la rhétorique classique prenait en charge, avec par exemple l'*allitération* ou l'*assonance* (que Pierre Fontanier, dans *Les Figures du discours,* rangeait dans les *figures d'élocution par consonance,* aux côtés de la paronomase, de l'antanaclase, de la dérivation et du polyplote !).

Mais cela n'allait jamais très loin. C'est pourquoi on pourrait imaginer des textes où le procédé connaîtrait une plus large extension (sur une page ou deux par exemple...).

L'étude minutieuse de certains poèmes a pu mettre en évidence des phénomènes de cet ordre. Qu'on songe aux analyses exigeantes d'un Nicolas Ruwet ou d'un Jakobson.

Nous citerons ici un texte de Francis Ponge, *L'Huître,* caractérisé par le retour fréquent du groupe TR.

Jean Ricardou a rappelé aussi que les écrivains du *Nouveau Roman* (Robbe-Grillet, Simon, Pinget, etc.) ne se font pas faute d'utiliser des répétitions, des *rimes intérieures.* Le phénomène de la rime n'est donc pas réservé à la poésie ; quand il concerne la prose, nous parlerons alors de *prose rimée.*

Nous avons voulu présenter un texte du peintre Bernard Réquichot pour son exemplaire étrangeté. Proche du délire verbal (de la *glossolalie**), cette page, marquée par le retour des lettres K, B et T, touche sans doute aux limites du procédé.

♠

Signalons enfin que des ouvrages bien différents — les livres dans lesquels les enfants apprennent à lire — présentent le plus souvent une suite de textes construits sur la répétition de lettres (de sons) appartenant à une progression.

Le résultat est souvent affligeant ou d'un humour involontaire. Voici par exemple un paragraphe extrait d'une leçon portant sur la lettre J :

« *Dans le pré, près de l'eau, Line joue au soleil.*
Elle a mis Janot dans sa jolie jupe. Elle le cajole.
Elle pose sa joue sur la douce fourrure.
Janot a une mine réjouie ! »

P. FONTANIER : *Les Figures du discours,* rééd. Flammarion, 1968.
N. RUWET : *Langage, musique, poésie,* Seuil, 1972.
R. JAKOBSON : *Essais de poétique,* Seuil, 1973.
J. RICARDOU : *Le Nouveau Roman,* Seuil, 1973.
A. ROSENSTIEHL : *L'Alphabet fou, ou le livre des syllabes sybillines,* Larousse, 1978.

Anonyme

Quant du gay bruyt d'Amours souvent vent vente,
Et l'amant, qui son cueur sçavant vend, vante
S'amour, lors font telz cas, venuz nudz, nue
Trouble, doncq en plaisir Vénus n'euz nue,
Car elle trop ceulx telz goustans temps tempte.
O folle amour, qui sans contemptz tendz tente
De travaulx plaine, où vont passans sans sente
Droicte, faulse es en tes adveuz veuz veue,
Quant d'obfusquer des folz resveux veulx veue ;
Dont fault que maulx, eulx trespassans, sans sente.

Poème en triples équivoques,
dans *L'Art et Science de rhétorique,* 1524-1525.
Cité par P. Zumthor, *Anthologie des grands rhétoriqueurs*

Stéphane MALLARMÉ (1842-1898)

Une dentelle s'abolit
Dans le doute du Jeu suprême
A n'entr'ouvrir comme un blasphème
Qu'absence éternelle de lit.

Cet unanime blanc conflit
D'une guirlande avec la même,
Enfui contre la vitre blême
Flotte plus qu'il n'ensevelit.

Mais, chez qui du rêve se dore
Tristement dort une mandore
Au creux néant musicien

Telle que vers quelque fenêtre
Selon nul ventre que le sien,
Filial on aurait pu naître

Poésies, 1898.

Francis PONGE (né en 1899)

L'huître, de la grosseur d'un galet moyen, est d'une apparence plus rugueuse, d'une couleur moins unie, brillamment blanchâtre. C'est un monde opiniâtrement clos. Pourtant on peut l'ouvrir : il faut alors la tenir au creux d'un torchon, se servir d'un couteau ébréché et peu franc, s'y reprendre à plusieurs fois. Les doigts curieux s'y coupent, s'y cassent les ongles : c'est un travail grossier. Les coups qu'on lui porte marquent son enveloppe de ronds blancs, d'une sorte de halos.

A l'intérieur l'on trouve tout un monde, à boire et à manger : sous un firmament (à proprement parler) de nacre, les cieux d'en-dessous s'affaissent sur les cieux d'en-dessous, pour ne plus former qu'une mare, un sachet visqueux et verdâtre, qui flue et reflue à l'odeur et à la vue, frangé d'une dentelle noirâtre sur les bords.

Parfois très rare une formule perle à leur gosier de nacre, d'où l'on trouve aussitôt à s'orner.

« L'Huître », dans *Le Parti-pris des choses,*

Bernard RÉQUICHOT (1929-1961)

Kutultubutte tiltakotte,
katiltubate tiltakutte, kahutte,
les batikules et batikol tigatte,
baltikol et tilkabutte bic
et bo du bultuku, kadébic
les batikosses batignolle
la butte des basbiches, bèche
la boulle et billabotte.
Le bichon du bourgounion
ébat les babiches et batikolle
ta bache, batikbaboche les
bourboulles, étukbutal
étikbatol, les boubèches,
étakbultuk bultik, butrik
le chiminion trac le
trourtafolle trikistourtrac truc
santrouftoufèle.
Kans tatoutembaille, bize
tékoutantransse. Transtabaille
et bouzbantize, taze ta bouille
ékoutantaille Tatille kabouze,
titaille kabaize, abaize,
boutaille kaboutantize abaze
toukeille tabaze toukoille,
tabaze tikoille touillekabaize,
katouille tabaze et
bouzbatoïlle, kakeille bataze
kakeille batoïlle, le coq, la baze
et la bouteille.

« Kulbutt'le coq », dans *l'Œuvre de Bernard Réquichot,* La Connaissance, 1973.

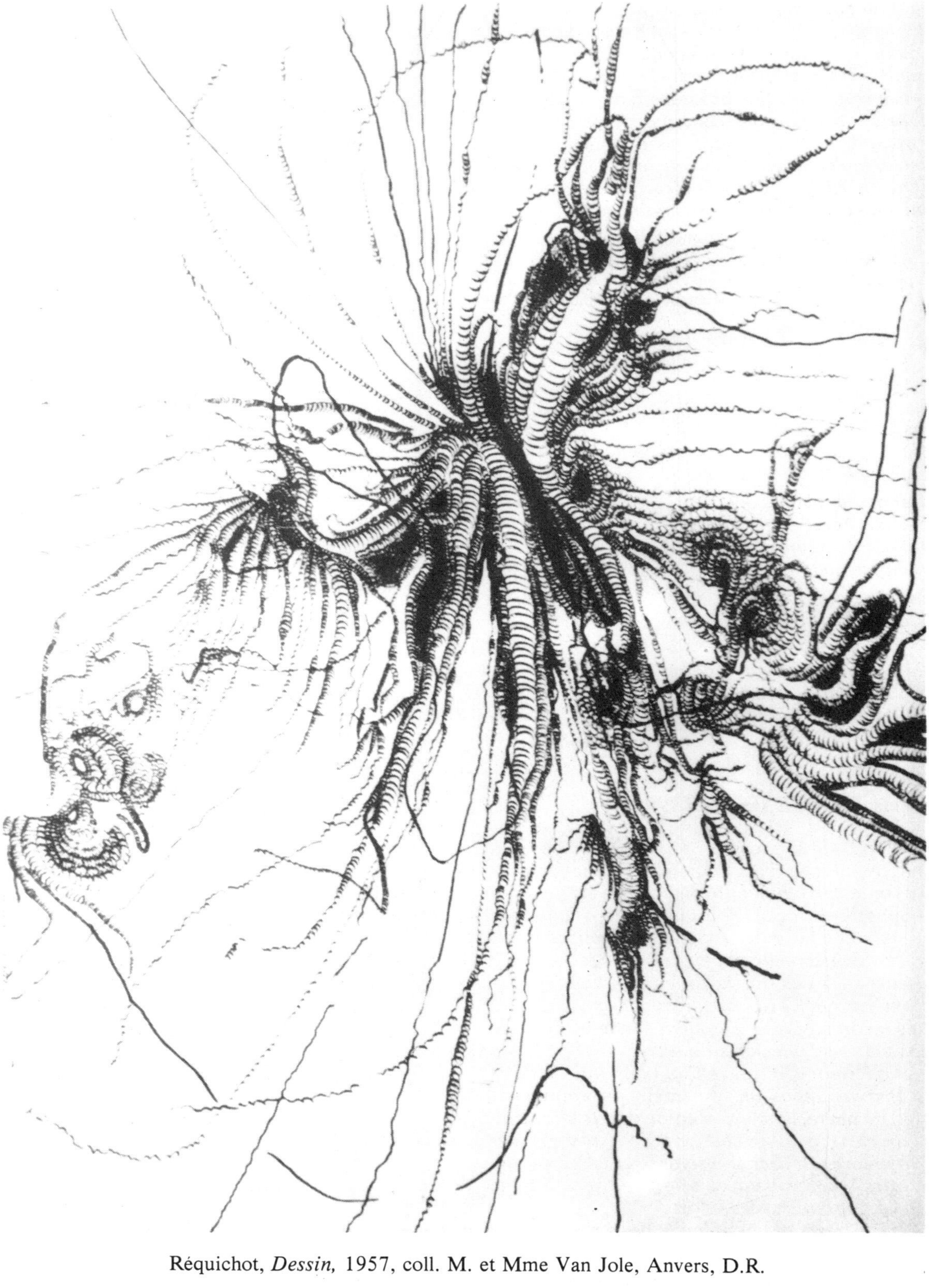

Réquichot, *Dessin,* 1957, coll. M. et Mme Van Jole, Anvers, D.R.

Boby LAPOINTE (1922-1972)

Oui, mon doux minet, la mini.
Oui, la mini est la manie
Est la manie de Mélanie
Mélanie l'amie d'Amélie...
Amélie dont les doux nénés
Doux nénés de nounou moulés
Dans de molles laines lamées
Et mêlées de lin milanais...
Amélie dont les nénés doux
Ont donné à l'ami Milou
(Milou le dadais de limoux)
L'idée d'amener des minous.
Des minous menus de Lima
Miaulant dans des dais de damas
Et dont les mines de lama
Donnaient mille idées à Léda...

Léda dont les dix dents de lait
Laminaient les mâles mollets
D'un malade mendiant malais
Dinant d'amibes amidonnées
Mais même amidonnée l'amibe
Même l'amibe malabile
Emmiellée dans la bile humide
L'amibe, ami, mine le bide...
Et le dit malade adulé
Dont Léda limait les mollets
Indûment le mal a donné

Dame Léda l'y a aidé !
Et Léda dont la libido
Demande dans le bas du dos
Mille lents mimis d'animaux
Aux doux minets donna les maux...

Et les minets de maux munis
Mendiant de midi à minuit
Du lait aux nénés d'Amélie
L'ont, les maudits, d'amibes enduit
Et la maladie l'a minée.
L'Amélie aux dodus nénés
Et mille maux démodelaient
Le doux minois de la mémé
Mélanie la mit au dodo
Malade, laide, humide au dos
Et lui donna dans deux doigts d'eau
De la boue des bains du Lido
Dis, là-dedans, où est la mini ?
Où est la mini de Mélanie ?...
— Malin la mini élimée
Mélanie l'a éliminée

Ah la la la la ! Quel méli mélo, dis !
Ah la la la la ! Quel méli mélo, dis !

« Méli-Mélodie », © Ed. Labrador,

Ce soir au bar
De la gare
Igor hagard est noir
Il n'arrêt' guèr' de boir'
Car sa Katia, sa jolie Katia vient de le quitter
Sa Katie l'a quitté
Il a fait chou blanc
Ce grand duc avec ses trucs, ses astuces, ses ruses
[de Russe blanc
« Ma tactique était toc » dit Igor qui s'endort,
[ivre mort au comptoir
Du bar.
Un Russe blanc qu'est noir
Quel bizarre hasard se marr'nt
Les fêtards paillards du bar.
Car encore Igor y dort
Mais près d'son oreille
Merveille un réveil vermeil
Lui prodigue des conseils
Pendant son sommeil :

Tic tac tic tac
Ta Katie t'a quitté
Tic tac tic tac
Ta Katie t'a quitté
Tic tac tic tac
T'es cocu, qu'attends-tu ?
Cuites-toi, t'es cocu
T'as quà, t'as qu'à t'cuiter
Et quitter ton quartier
Ta Katie t'a quitté
Ta tactique était toc
Ta tactique était toc
Ta Katie t'a quitté.
Otes ta toque et troques
Ton tricot tout crotté
Et ta croûte au couteau
Qu'on t'a tant attaqué
Contre un tacot coté
Quatre écus tout compté
Et quittes ton quartier
Ta Katie t'a quitté
Ta Katie t'a quitté
Tout à côté, des catins décaties taquinaient
[un coker coquin.
Et d'étiques coquettes, tout en tricotant,
[caquettaient et
Discutaient et critiquaient
Un comte toqué, qui comptait en tiquant,
[tout un tas de tickets
De quai
Quand tout à coup... Tic Tac tic... Brrrrrrr...

« Oh matin quel réveil
Mâtin quel réveille-matin »
S'écrie le Russe blanc de peur
« Pour une sonnerie
C'est une belle çonnerie !... »

« Ta Katie t'a quitté », © Ed. Musicales Intersong Tutti.

Serge GAINSBOURG (né en 1928)

Lorsqu'en un songe absurde
Marilou se résorbe
Que son coma l'absorbe
En pratiques obscures
Sa pupille est absente
Mais son iris absinthe
Sous ses gestes se teinte
D'extases sous-jacentes
A son regard le vice
Donne un côté salace
Un peu du bleu lavasse
De sa paire de Levis
Et tandis qu'elle exhale
Un soupir au menthol
Ma débile mentale
Perdue en son exil
Physique et cérébral
Joue avec le métal
De son zip et l'atoll
De corail apparaît
Elle s'y coca-colle
Un doigt qui en arrêt
Au bord de la corolle
Est pris près du calice
Du vertige d'Alice
De Lewis Caroll.
Lorsqu'en songes obscurs
Marilou se résorbe
Que son coma l'absorbe
En des rêves absurdes
Sa pupille s'absente
Et son iris absinthe
Subrepticement se teinte
De plaisirs en attente
Perdue dans son exil
Physique et cérébral
Un à un elle exhale
Des soupirs fébriles
Parfumés au menthol
Ma débile mentale
Fais tinter le métal
De son zip et narcisse
Elle pousse le vice
Dans la nuit bleu lavasse
De sa paire de Levis
Arrivée au pubis
De son sexe corail
Ecartant la corolle
Prise au bord du calice
De vertigo Alice
S'enfonce jusqu'à l'os
Au pays des malices
De Lewis Caroll.

« Variations sur Marilou », dans *L'Homme à la tête de chou*, © Melody Nelson publishing.

Alice Lidell, ph. Lewis Carroll, Parish Coll., Princeton University Library. D.R.

LE NOM CACHE

Ecrire un texte en dissimulant les morceaux d'un ou de plusieurs noms parmi les autres mots du texte.

Le nom caché

Par exemple, le nom d'un des auteurs de ce livre : DUCHESNE, se trouve ainsi dispersé dans la phrase suivante : la DUplicité est le CHemin dES âNEs.

Cette figure du nom caché peut servir d'emblème à « l'écoute » de la psychanalyse, cette dernière étant toujours à la recherche des signifiants majeurs (les « Noms-du-Père », selon Lacan) dissimulés dans le discours du patient.

Mais, aussi étrange que cela puisse paraître, cette pratique existe depuis longtemps dans la littérature. Et le « père » de la linguistique moderne, Ferdinand de Saussure, a consacré une grande partie de son travail à essayer de montrer que la rédaction de nombreux poèmes grecs et latins repose sur ce principe : un nom (le plus souvent celui du dédicataire) se trouve de cette façon disséminé, caché dans les vers du poème.

Pour désigner cette opération Saussure parle d'*anagramme,* ou encore de *paragramme* (terme qu'il invente) ; quant au nom à disperser, il l'appelle le *mot-thème.*

Dans une page de ses cahiers, il émet l'hypothèse selon laquelle ce procédé permettait véritablement au poète d'écrire :

« *Nous nous faisons une idée fausse de la difficulté de l'anagramme, idée qui aboutit à se figurer qu'il faut des contorsions de pensée pour y satisfaire. Quand un mot coïncide plus ou moins avec le mot-thème, il semble qu'il ait fallu des efforts pour arriver à le placer. Mais ces efforts n'existent pas si la méthode habituelle et fondamentale du poète consistait à décomposer préalablement le mot-thème, et à s'inspirer de ses syllabes pour les idées qu'il allait émettre ou les expressions qu'il allait choisir. C'est sur les morceaux de l'anagramme, pris comme cadre et comme base, qu'on commençait le travail de composition. Et qu'on ne se récrie pas, car plus d'un poète français a avoué lui-même que la rime non seulement ne le gênait pas, mais le guidait et l'inspirait, et il s'agit exactement du même fait à propos de l'anagramme. Je ne serais pas étonné qu'Ovide, et Virgile lui-même, aient préféré les passages où il y avait un beau nom à imiter, et une mesure serrée donnée ainsi au vers, aux passages quelconques où ils avaient la bride sur le cou, et où rien ne venait relever la forme qu'ils avaient choisie.* »

Mais F. de Saussure n'a jamais pu démontrer rigoureusement l'existence de ces *paragrammes,* ou plus exactement il n'a jamais pu faire la preuve qu'ils avaient été écrits *intentionnellement.*

Nous reproduisons plus loin deux pages manuscrites de Saussure qui nous montrent comment il partait à la recherche de ces « noms cachés » dans les vers latins.

Ce procédé peu connu nous invite à parler d'un artifice, très ancien également, mais autrement célèbre : l'*acrostiche,* qui constitue à nos yeux une sorte de *paragramme vertical.*

L'acrostiche est une pièce de vers, composée de telle façon qu'en lisant dans le sens vertical la première lettre de chaque vers on puisse reconstituer un nom (celui de l'auteur, du dédicataire, ou le thème du poème).

Les acrostiches, nous dit G. Peignot, « *remontent à la plus haute antiquité. On trouve dans la Bible quelques parties qui sont acrostiches, c'est-à-dire dont les versets commencent par les lettres de l'alphabet en hébreu. Tels sont le* Psaume 33, *le* Psaume 118, *la femme forte de Salomon, les lamentations de Jérémie.* »

Voici un exemple d'acrostiche que nous reprenons des *Amusements philologiques* de Peignot :

« *On pressait un jeune homme de nommer la personne qu'il aimait. Il s'en défendit et récita l'acrostiche suivant, où se trouve le nom de cette jeune personne :*

« *Je ne saurais nommer celle qui sait me plaire ;*
Un fat peut se vanter, un amant doit se taire.
La pudeur qu'alarmait l'impétueux désir,
Inventa sagement le voile du mystère,
Et l'amour étonné connut le vrai plaisir. »

Au XVe siècle, les poètes que l'on nomme les « rhétoriqueurs » ont largement pratiqué cette dispersion de noms ou de phrases même à l'intérieur de leurs textes. Nous donnons quelques exemples de ces étranges poèmes.

Enfin, cette technique se rencontre dans les jeux que présentent certains magazines (comme celui que nous reproduisons, extrait du *Point*).

En dehors de la littérature, il existe un domaine où ce procédé a été explicitement employé : celui de la *musique.*

Schumann a composé certains morceaux à partir des lettres d'un « mot-thème » (en Allemagne et dans les pays anglo-saxons les notes sont désignées par des lettres).

Ainsi ont été écrites les six *Fugues sur le nom de B.A.C.H.* (en 1845), ou encore les *Variations A.B.E.G.G.,* que Boucourechliev commente en ces termes :

« *La dédicace (des "Variations Abegg") cache une petite supercherie de vanité juvénile. L'œuvre était destinée à convaincre Zwickau du talent de l'enfant prodige ; à cette gloire Robert, qui fréquentait alors les salons de la grande-Duchesse Stéphanie, voulut ajouter celle du jeune homme "lancé", et il dédia à une imaginaire Comtesse Pauline von Abegg les Variations dont le nom est le thème (A : la, B : si bémol, E : mi, G : sol).* »

Bach lui-même a *signé* le dernier mouvement (inachevé) de son ultime œuvre — *L'Art de la fugue* — composé à partir des notes correspondant aux lettres de son nom.

F. de SAUSSURE : Cahiers d'anagrammes, publiés dans J. STAROBINSKI : *Les Mots sous les mots,* © Ed. Gallimard, 1971.
G. PEIGNOT : « Des Acrostiches », dans les *Amusements philologiques,* 1842.
A. BOUCOURECHLIEV : *Schumann* © Ed. du Seuil, 1974.

© Fayard/Dessain et Tolra.

♠

DESTREES (XV-XVIe s.)

D

Chy appert en quadruple nombre le nom de ladicte vierge, tant par teste, croisure que par fin :

Kalamité dont Dieu fit le ra **K**
Ab**A**ndonnant de toy la re**A**ul
Tu **T**ransplendis faic**T**z plus qu'or de du **T**
Hault en **H**onneur dè J**H**ésus exal
En toy vierge conti**E**nt toute beaul
Riens n'est en toy que puist estre amen **RI**
Juste l'Acteu**R** qui tel b**R**uit t'ordon
Noble, **IN**pareil que au vra**Y** tu as mé **NA**
A quoy appert que grant don te don

Vie de Sainte Marguerite
(1501-1504)

... Appert en ceste présente croix de hault en bas et ossy au travers le propre nom de la dessus dicte dame et princesse, pour laquelle ceste œuvre sy a esté encommenchie et parachevée, emsemble le nom de trèsmagnificque, trèsnoble et trèsellégant prince et seigneur, Monseigneur son bon mary.

Vierge éllégant, **P**rincesse supernelle,
A joinctes mains **H**umblement je te prie
Que à tous vivans
o to **Y** tu approprie,
Ossy à moy, en **LY**esse éternelle,
Splendiférant **B** **E**aulté sempiternelle,
MAnoir **R**é**GA**l, **R**ègne qui n**E** faul**T**dr**A**.
Et quant le poin **T** de la mort nous viendra,
Contre Sathan qui **V**ers nous tend sa voye,
Nostre esperit, **S**y que mieulx il s'avoye,
Te plaise ossy, **D**ame, prendre en ta cherge,
Tant que sans fin Jhés **U**crist tousjours voye,
Roy gloriëu **X**, radiant que ardant cherge...

DESTREES
S
T
R
E
E
S

... De rechief fait anoter qu'en ceste seconde croix contient le nom de la susdicte princesse et dame, mys par teste avec, en la première croisure le nom de trèsinvaincu César, tousjours auguste deffenseur de nostre foy saincte et catholicque, seul impérial monarche ès parties de la haulte et basse Germanie, son père, trèssacré roy, et finallement, au bout de la lingne furnissant et acomplissant ladicte croix, le nom de trèsillustre et nostre trèsredoubté prince et souverain seigneur naturel, Monseigneur l'archiduc, son frère, homme trèspascifique, transquille et de très grande probité.

Miroir de paix, noble et fructueux cham**P**,
Ayde **A** tez sers, que merc**H**y te requièrent,
Regard ma**XI**me, illustre que l**Y**s blanc,
Gettant par **MIL**le, à **L**'heure qu'ilz te quièrent.
Arreste toy, s**Y** que ta grâce acquièrent,
Réallement **P**ar vr**A**ys divins acordz
En priant Die**U**, dont sans fi**N** ilz enquièrent
Tran**S**mettre brief secours tant q**U**'ilz conquièrent
Avecquez toy repos d'âme et de corp**S**...

IMAGERIE D'ÉPINAL, N° 1306

Jean LEMAIRE (1473-1516)

Les syllabes et lettres en gras, forment à l'endroit ou à l'envers, les mots du Salve Regina.

Sal*ut à vous, dame de hault paraige,*
Ve*ers qui chascun, de très humble couraige,*
Re*ndre se doit pour bienheurté conquerre ;*
Gi*ron de paix, Reposoir de suffraige,*
Na*vire seur, sans peur et sans nauffraige,*
Mi*eulx estoffé que pour la toison querre ;*
Se*nte d'onneur, de clère relucence,*
Ri*che rubis bien garny d'innocence,*
Cor*de sonnant en harpe daviticque,*
Di*rigez cy vostre magnificence*
E*t recevez mon très humble canticque.*

Vi*rginal clos où Dieu print habitude,*
*Par***ta***nt du hault de sa béatitude,*
Meismes **du** *lieu très prochain de son père,*
Donnez moy **ce** *par vostre sainctitude,*
Qui mieulx duisez, **do***nt mon petit estude*
Vous puist bailler loz **et** *gloire prospère.*
Je ne quiers pas, par **espes***se d'envie,*
Ou par orgueil, qui corrompt **nos***tre vie,*
*Surpasser tous en science abs***tra***ctive,*
Mais seullement, comme Ysope o **Sal***vie,*
*Vous rende oudeur en ceste vie acti***ve.**

*O noble fleur que dieu tant fecun***da,**
*Que de son germe en yssit l'entel***et***te*
*Qui vostre clos virgin***al** *circunda,*

Entra, saillit, son siège **am***ple y fonda,*
Tout sans briser ny **sum***met ny feuillette.*
*Moult est henreu***x et** *de riche aventure*
*Qui, par ver***tu** *de sa propre nature,*
Peut **se l***ever en contemplation,*
Et **dif***fiant par aucune facture*
Mil*le dictiers de notable lecture,*
J*ouxte vos biens et collaudation.*

Mais **e***u regard aux grans fragilitez*
Ve*ntilant l'aer de nostre vie casse...*

« Oraison à la Vierge », 1498.

Cité par P. Zumthor, *Anthologie des grands rhétoriqueurs*

♠

Ferdinand de SAUSSURE

En. I, 403-404. Aphrodite. 2

403. Ambrosiaeqve comae divinum vertice odorem
404. Spiravere ; pedes vestis defluxit ad imos,
etc.

Le nom d'Aphrodite est évoqué par le son de ces vers presque aussi vivement que son image l'est par leur contenu ; – entre autres la gamme vocalique du 1er hémistiche est parlante. Virgile, de fait, ne pouvait rien tirer pour l'anagramme d'un maigre dissyllabe comme Vĕnus, et il devait tout naturellement chercher l'inspiration pour ses jeux phoniques dans le nom grec.

Le mot ‖AmbrosiaeqvE‖ forme mannequin. A moins qu'on ne préfère ‖AmbrosiaeqvE comaE‖, avec la rime intérieure qui est si recherchée dans les complexes imitatifs.

Pour ce qui concerne le détail des syllabes, j'admets (voir les anagrammes sur „Pasiphaé") que le φ grec est exprimé par f. – En même temps je note par avance que cet f est assez mal amené dans plusieurs des anagrammes de la série, entre autres dans le présent anagramme 403-404, où dēfluxit – quoique voulant simu=ler „dēfruxit" – aboutit en fait à donner le f monophoniquement <escorté sans doute de -IT- et de D-Ē, mais non placé dans un diphone>.

Ă- : Marqué comme initial par le mannequin.

-F(R)- : Après A-, il faudrait AF- ou -FR-. Nous ne trouvons que le Fl de dēfluxit dont je viens de parler, et dans lequel, au moins, les éléments -it et d-ē forment lien avec Afroditē.

-RŎ- : am-b-rŏ-siae. – Il est bon, surtout après la faiblesse du -fr-, que le -rŏ- soit greffé sur le groupe consonantique -brŏ-.

ŎD : ŏd-orem.

DĪ- : 1° dī-vinum ; 2° ăd īmos, excellent par l'a qui précède.

-IT : deflux-it

-E : Donné par la fin du mannequin, mais avec quantité inexacte. Les efforts pour que le ē se trouvât du moins exprimé quelque part se voient dans dēfluxit et dans spira vēre pĕdēs.

vertice qui ne concourt pas directement à l'anagramme, fait penser plus ou moins à „fordite". L'e, il est vrai, est en élision.

... Il n'y a que 2 u au total dans les deux vers, afin de rester le plus possible dans le vocalisme A O I E d'Aphrodite.

Cahiers d'anagrammes, dans *Recherches* no 2, CERFI, 1974.

« Il y a dans cette missive indignée neuf pièges : neuf noms de personnalités politiques y sont cachés, soit à l'intérieur d'un mot, soit dans une suite de mots. Ainsi, l'homme politique qui se dissimule dans une phrase telle que : "Nous en avons marre, cher monsieur", c'est Marchais. »

Monsieur le député,

Honte à vous ! Malgré vos assurances répétées, vos beaux serments écologiques, vous avez permis aux vandales de massacer le paysage. Un exemple : le chemin forestier qui serpentait dans la pinède est envahi par le béton. Bravo, monsieur ! Je cherche vainement les raisons de ces crimes contre la nature. Agir de la sorte, je vous le demande, est-ce franc, sincère, juste ? Non. On ne vous fera plus confiance. Vous avez pactisé avec les vampires, les cloportes, les termites et rendu ce pays inhabitable. Un élu qui ment ou qui dort n'a notre confiance qu'un temps, sachez-le.

A bon entendeur...

« Le Jeu du Nom caché ». © *Le Point* no 308. 14 août 1978.

(Solution en *Annexe*)

LE LOGORALLYE

Ecrire un texte en introduisant obligatoirement et dans un ordre déterminé les mots d'une liste établie à l'avance.

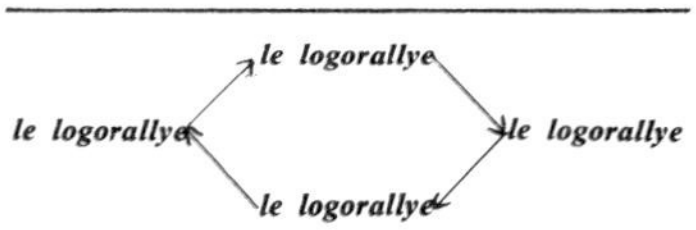

Cet exercice est appelé logorallye par Queneau dans ses *Exercices de style.*

Il n'a d'intérêt que si les mots désignent des réalités suffisamment éloignées les unes des autres, afin qu'on ne puisse pas les employer tous dans une phrase ou deux.

Variantes :

On pourra extraire la liste des mots d'une page déjà écrite par un auteur.

Proposons par exemple ce logorallye extrait d'un texte de Cioran : *Enfance - Fossoyeur - Football - Années - Intrigues - Profit.*

Ou celui-ci, provenant d'une maxime de Vauvenargues : *Faibles - Méchants - Bons.*

(Les textes originaux de Cioran et de Vauvenargues sont donnés en *Annexe* à la fin du volume).

Le logorallye à suspense :

Un comparse écrit les mots sur des petits papiers placés ensuite dans un chapeau. Il ne reste plus alors qu'à tirer au hasard un mot avant de commencer chaque phrase. Ce mot devra, on le rappelle, apparaître en toutes lettres ; le texte rédigé sera le plus cohérent possible.

Les éléments du logorallye peuvent enfin être empruntés à des textes bien particuliers : les lexiques, les dictionnaires.

Il s'agira alors d'écrire un récit qui intègre les mots tels qu'ils se présentent à l'intérieur de l'ouvrage.

Que donnerait par exemple un récit utilisant les mots de la première page du *Petit Larousse : Abaca - Abaissement - Abaisse - Abaisse-langue,* etc ?

Voilà, dira-t-on, qui n'est pas facile. C'est pourtant le procédé utilisé par Jules Flamart dans un vaste roman *(La Langue en action)* dont Rodolfo Wilcock nous a laissé une savante description.

♠

Raymond QUENEAU (1903-1976)

(Dot, baïonnette, ennemi, chapelle, atmosphère, Bastille, correspondance).

Un jour, je me trouvai sur la plate-forme d'un autobus qui devait sans doute faire partie de la dot de la fille de M. Mariage, qui présida aux destinées de la T.C.R.P. Il y avait là un jeune homme assez ridicule, non parce qu'il ne portait pas de baïonnette, mais parce qu'il avait l'air d'en porter une tout en n'en portant pas. Tout d'un coup ce jeune homme s'attaque à son ennemi : un monsieur placé derrière lui. Il l'accuse notamment de ne pas se comporter aussi poliment que dans une chapelle. Ayant ainsi tendu l'atmosphère, le foutriquet va s'asseoir.

Deux heures plus tard, je le rencontre à deux ou trois kilomètres de la Bastille avec un camarade qui lui conseillait de faire ajouter un bouton à son pardessus, avis qu'il aurait très bien pu lui donner par correspondance.

« Logo-rallye », dans les *Exercices de style*,
© Ed. Gallimard, 1947.

Il avait un nom anglais, il était argentin, il écrivait en italien...

J.-R. Wilcock, Jerry Bauer, © Ed. Gallimard.

J.-R. WILCOCK

En 1964, Flamart fit éditer son roman-dictionnaire dont le titre sagace était *La langue en action*. Son idée fut la suivante : étant donné que les vulgaires dictionnaires modernes, bien qu'amusants et licencieux par moments, sont presque tous inadaptés à une lecture suivie et systématique, et que cette dernière est la seule lecture qui puisse justifier l'intérêt durable d'une œuvre donnée, pourquoi ne pas composer, avec une flaubertienne patience, un nouveau type d'ouvrage en mesure d'unir l'utile à l'aventureux, en indiquant, comme tous les autres dictionnaires, la définition et l'usage de chaque vocable, mais en introduisant de brèves narrations afin d'illustrer chacun d'eux, et non plus de ces plaisantes observations ou divagations érudites qui égaient ou égayaient les vieilles encyclopédies, de sorte que, grâce à un enchaînement habile, le lecteur puisse accéder à un usage correct de tous les vocables qui composent la langue, tout en se divertissant grâce aux phases complexes d'une aventure plus que jamais captivante et mouvementée, une aventure d'espionnage pornographique.

Cette description ne suffit certes pas à donner une juste idée de ce travail probablement unique au monde et, cela peut paraître étrange, encore peu connu. Il s'avère donc nécessaire de citer un extrait, choisi au hasard dans les huit cent cinquante pages qui le composent, afin de mettre en évidence que ce dictionnaire est après tout un dictionnaire, et un dictionnaire de la langue française. Ouvrons-le à la page 283 :

Enfoncer : défoncer ; introduire. Arthur l'*enfonça*.

Enforcir : engaillardir. L'allocution télévisée du Président de la République l'aura *enforci*, commenta l'astucieux Ben Saïd.

Enfouir : enterrer ; pousser au fond. En ouvrant les yeux, Géraldine protesta, non sans ironie : Mais où l'as-tu *enfoui ?*

Enfourcher : enfiler. Tu devrais plutôt dire *enfourchi*, proposa entre deux babas le secrétaire du sous-préfet.

Enfourchure : fond de culotte. Alastair, prends-le par l'*enfourchure* et essaye de le tirer en arrière, supplia Fauban.

Enfourner : mettre dans le four ; engager. Ce n'est pas pour rien qu'on l'appelle l'*enfourneur*, ajouta d'un air expert la fausse nonne.

Enfreindre : transgresser ; violer. Vous aimez Benjamin Britten ? demanda Ben Saïd en *enfreignant* soudain le silence respectueux.

Enfroquer : encapuchonner ; faire moine. *Enfroquez-le !* hurla une voix glaciale derrière la porte.

Enfuir (s') : s'échapper ; disparaître. Géraldine desserra les genoux, le laissant *s'enfuir*.

Enfumer : emplir de fumée. En enfilant son slip sur la tête en guise de lunettes, Alastair les *enfuma* tous de son haleine toute particulière et se coucha près du secrétaire du sous-préfet.

Engadine : vallée de la Suisse. Il empestait l'*Engadine*.

Engagé : embrigadé. Pourquoi cette allure d'hebdomadaire *engagé ?* lui demanda avec sarcasme la nonette tout en se renversant dans le fauteuil sur le giron de Fauban afin d'appuyer son pied droit sur la sonnette.

Engageant : attirant. La porte s'ouvrit tout à coup et Géraldine vit entrer un saint-bernard pas très *engageant*.

Engagement : mise en gage ; promesse. L'infirmière qui suivait Ben Saïd se dirigea vers lui. J'ai tenu mon *engagement*, annonça-t-elle avec un sourire équivoque, et elle lui planta promptement l'aiguille d'une grosse seringue hypodermique derrière l'oreille gauche.

La Synagogue des iconoclastes, © Ed. Gallimard, 1977.

La Liponymie

Ecrire un texte en s'interdisant d'employer tel ou tel mot.
Par analogie avec le lipogramme, *cette activité pourrait s'appeler la* liponymie *(du grec* léipein, *laisser, manquer, et* onoma, *le mot).*

LA

La liponymie n'a sans doute d'intéret que si les mots interdits sont difficiles à éviter ; écrire un texte par exemple sans jamais employer les verbes *être* et *avoir.*

Georges Perec, dans un article du recueil *Oulipo,* évoque en quelques lignes cette activité (qu'il nomme « liponomie ») :

« *C'est une forme classique du purisme : Gomberville, Coeffeteau, Béroalde de Verville évitèrent comme la peste la conjonction "car" ; Henri de Chenevières écrivit des* Contes sans qui ni que. *La liponomie peut, évidemment, devenir contraignante : on sait que Conrad s'est astreint à écrire tout un roman d'amour sans une seule fois écrire le mot "love" ; une romancière anglaise contemporaine s'est, de même, interdit tout recours aux diverses formes et dérivés de "to be" : on voit que les mots proscrits sont des mots lourds de sens et que leur omission ne sera jamais que le prétexte de paraphrases et de métaphores obstinément orientées.* »

Somme toute le procédé a été rarement employé de manière explicite. Et pourtant il est proche d'attitudes de langages assez communes. Tout d'abord chez les écrivains : « *Il y a des mots dont la tête ne me revient pas, je les élimine...* » écrit Elsa Triolet dans *La Mise en mots.*

♠

G. PEREC : « Histoire du lipogramme », dans *Oulipo*, © Ed. Gallimard, 1973.

E. TRIOLET : *La Mise en mots*, Skira, 1969.

J. JOUBERT : *Pensées*, 1774-1824.

P. VALERY : *Cahiers, I*, Gallimard, 1973.

E. BARON, cité par R. BARTHES : *Critique et Vérité*, Seuil, 1966.

J. DHEILLY : *Dictionnaire biblique*, © Ed. Desclée de Brouwer, 1964.

Citons encore cette « pensée » de Joseph Joubert :

« *Chaque auteur a son dictionnaire et sa manière. Il s'affectionne à des mots d'un certain son, d'une certaine couleur, d'une certaine forme et à des tournures de style, à des coupes de phrases où l'on reconnait sa main, et dont il s'est fait une habitude. Il a en quelque sorte, sa grammaire particulière, sa prononciation, son genre, ses tics et ses manies.* »

Autrement dit, tout écrivain (en ce qu'il entretient une relation affective avec la langue) a des mots qu'il aime (le mot *rigodon* chez Céline par exemple) et des mots qu'il déteste, des mots qui *ne passent pas sa plume.*

D'où cette remarque de Valéry, dans ses *Cahiers :*

« *Mots supprimés, mots conservés, mots créés — tout ce que j'ai pensé se réduit à un dictionnaire composite.* »

Imaginons ce que serait une littérature (par exemple érotique) dans laquelle les préoccupations lexicales seraient tombées au second plan, ou encore une littérature essentiellement métaphorique ou fondée sur l'allusion...

Ce projet difficile serait diamétralement opposé à la littérature pornographique courante, littérature d'*entassement codifié :* on accumule dans une aire restreinte (alentour 200 pages) le plus grand nombre possible de mots comme prélevés dans une liste, toujours la même.

On retrouve ensuite les relations multiples qui lient les sociétés à l'utilisation qu'elles font du langage.

Ainsi les usagers d'une idéologie donnée emploient un vocabulaire précis, limité, ce qui veut dire qu'ils s'interdisent concurremment de recourir (sauf pour le dénigrer) au lexique du camp adverse. (Si je suis marxiste de stricte observance je n'emploierai pas pour mon propre compte le mot *humaniste,* etc.).

Il faudrait développer enfin la question des mots pornographiques, celle des jurons interdits, ou des rituels de politesse, et certaines des informations que nous livrent l'éthnologie et l'histoire des religions.

Ainsi, un géographe nous a appris que « *chez les Papous, le langage est très pauvre : chaque tribu a sa langue, et son vocabulaire s'appauvrit sans cesse parce qu'après chaque décès, on supprime quelques mots en signe de deuil* ».

D'autre part, dans notre civilisation même, la liponymie fonctionne d'une manière très pure dans l'antique *interdition biblique* de prononcer le Nom de Dieu.

Le théologien Jacques Dheilly nous explique la formation du nom *Jéhovah :*

« *C'est un barbarisme qui a sa source dans la défense faite jadis à tout juif de prononcer le mot sacré de* Yavhé. *A l'origine, la Bible ne comportait que des consonnes. Le tétragramme sacré était donc formé de Y (ou J) HVH. Quand le lecteur le rencontrait dans le texte, il devait lire* Adonaï *(= Seigneur). Quand les Massorètes vocalisèrent le texte sacré, ils mirent sous les consonnes de Yavhé les voyelles d'Adonaï, à titre de rappel. Selon leur vocalisation toutefois, ce ne fut pas un* a *mais un* e *bref qu'ils introduisirent sous la consonne. On eut donc* JéHoVaH. »

LES MOTS REPETES REPETES

S'obliger à écrire un texte en employant très fréquemment un ou plusieurs mots imposés ; ou encore en n'utilisant qu'une réserve de mots très limitée.

LES MOTS REPETES

Nous retrouvons ici des comportements de langage connus.

Il y a tout d'abord les discours *publicitaires* et *politiques* où sont répétés quelques mots jugés importants, voire indispensables, pour toucher le lecteur ou l'auditeur.

C'est le cas des mots *démocratie, avenir, liberté, social, progrès,* etc, dans le langage politique actuel.

En ce sens, chaque groupe social (chaque idéologie) possède son vocabulaire particulier, dont chaque terme fonctionne essentiellement comme un *insigne* pour se faire connaître. Tous ces vocabulaires particuliers constituent des ensembles fermés sur eux-mêmes et qui ne communiquent pratiquement pas entre eux.

Mais cela concerne aussi la littérature. Dans le théâtre classique, un bel exemple nous est donné avec Racine dont on a pu dire en effet que les pièces ne comportaient qu'un nombre très limité de mots. Julien Green :

« *Vu le père Cognet. Je lui demande à brûle-pourpoint* ***combien de mots employait Racine. Réponse immédiate : "Trois mille, dont mille deux cents habituels".*** »

J. GREEN : *Ce qui reste de jour. 1966-72. Journal, IX.* © Ed. du Seuil.
J. RICARDOU : *Le Nouveau Roman.* Seuil, 1973.
CH. F. LHOMOND : *De Viris illustribus urbis Romae,* 1779. © Ed. Bordas.

Nous reproduisons ici une page célèbre de *Phèdre* (extraite de la scène dite de "l'aveu") où l'on pourra observer le retour de quelques mots : *haine, yeux, cruel, aime,* etc.

Par ailleurs, ces "mots répétés" sont également présents dans la littérature contemporaine, et Jean Ricardou a montré comment les écrivains du *Nouveau Roman* pratiquent de telles répétitions.

Pour illustrer cette activité, nous citerons également une page tirée de la bande dessinée intitulée les *Schtroumpfs.* Cette série rapporte les aventures d'un peuple imaginaire (les schtroumpfs) dont le langage rudimentaire a très précisément la particularité de comporter très souvent le mot *Schtroumpf.*

Enfin il faut rappeler que cette préoccupation est celle d'ouvrages destinés à l'apprentissage des langues (maternelles ou étrangères).

De ce point de vue, les méthodes célèbres *(Assimil, Méthode 90)* n'ont, dans leur désir de placer le débutant face à une langue épurée, simplifiée, pas inventé grand-chose. Voici en effet ce qu'écrivait l'Abbé Lhomond dans sa préface au *De Viris illustribus urbis Romœ* (publié en 1779 et toujours réédité jusqu'à aujourd'hui...) :

« *Voici le plan que je me suis tracé. Il faut aux enfants des faits, et des faits qui les intéressent : l'histoire romaine est une source riche et féconde où l'on peut puiser à discrétion, Tite-Live, Valère Maxime, Florus, etc. fournissent abondamment à un compilateur et le fond des choses et la propriété des expressions. Il n'était pas difficile de se décider sur le choix des faits ; l'on sent aisément que je n'ai pas dû charger ce recueil de longues descriptions de batailles ; les principales circonstances suffisaient à mon but. Des traits de valeur, de clémence, de désintéressement, de grandeur d'âme, de bienfaisance, sont beaucoup plus propres à piquer la curiosité des enfants et à former leurs mœurs. C'est à ces derniers que j'ai donné la préférence. La grande difficulté était de mettre à leur portée le récit que l'on en trouve dans les auteurs. Pour y réussir, il faut bien connaître les enfants, et se conduire à leur égard comme une nourrice attentive à écarter de la route où elle les mène, tous les obstacles qui pourraient les arrêter.*

J'ai donc obligé de couper les phrases trop longues, de déranger un peu l'ordre des mots latins, quand il s'éloignait trop de la marche de notre langue, etc. »

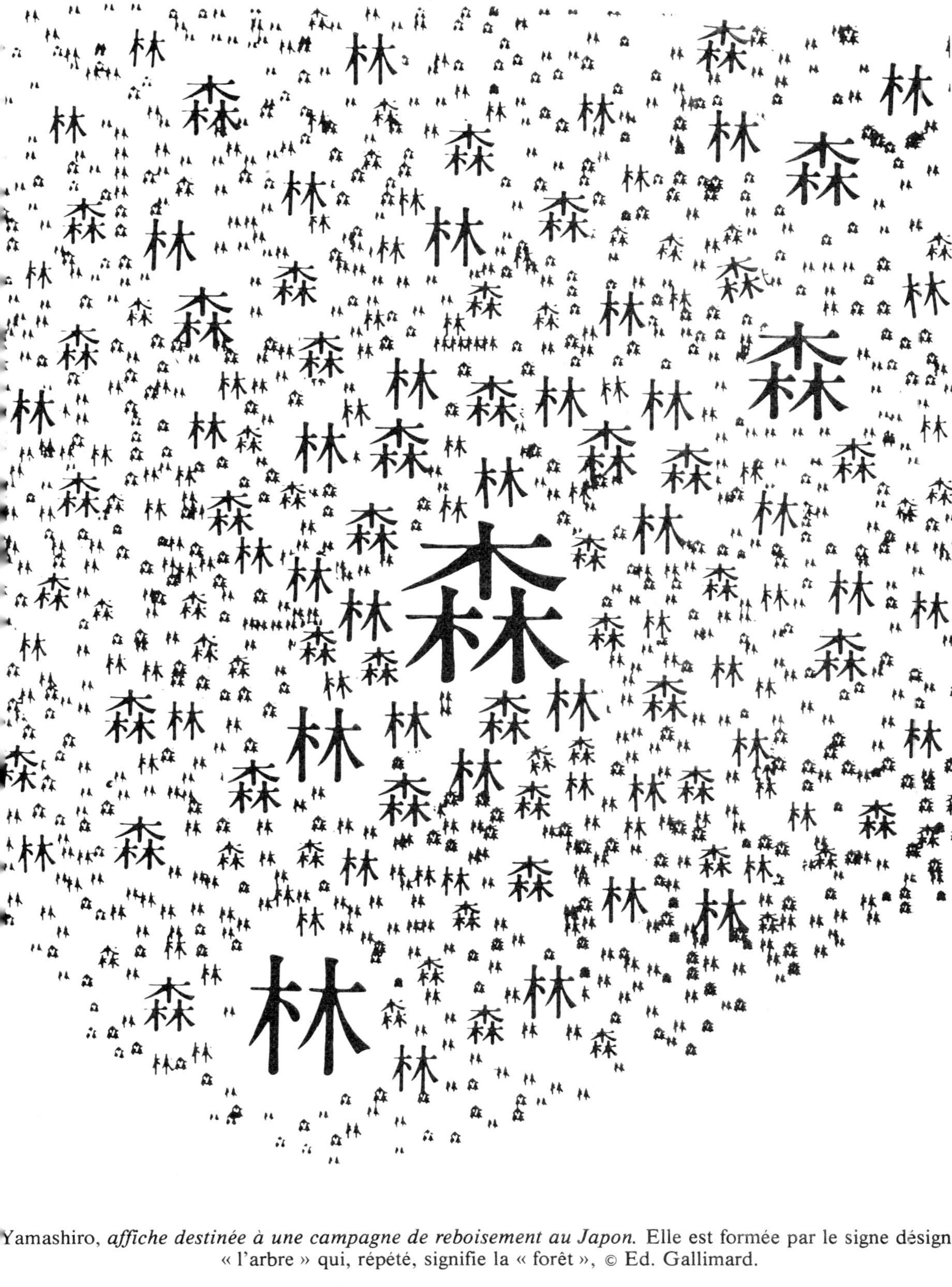

Yamashiro, *affiche destinée à une campagne de reboisement au Japon.* Elle est formée par le signe désignant « l'arbre » qui, répété, signifie la « forêt », © Ed. Gallimard.

♠

Jean RACINE (1639-1699)

Ah ! cruel, tu m'as trop entendue.
Je t'en ai dit assez pour te tirer d'erreur.
Hé bien ! connais donc Phèdre et toute sa fureur.
J'aime. Ne pense pas qu'au moment que je t'aime,
Innocente à mes yeux je m'approuve moi-même,
Ni que du fol amour qui trouble ma raison
Ma lâche complaisance ait nourri le poison.
Objet infortuné des vengeances célestes,
Je m'abhorre encor plus que tu ne me détestes.
Les dieux m'en sont témoins, ces dieux qui dans mon flanc
Ont allumé le feu fatal à tout mon sang,
Ces dieux qui se sont fait une gloire cruelle
De séduire le cœur d'une faible mortelle.
Toi-même en ton esprit rappelle le passé.
C'est peu de t'avoir fui, cruel, je t'ai chassé.
J'ai voulu te paraître odieuse, inhumaine.
Pour mieux te résister, j'ai recherché ta haine.
De quoi m'ont profité mes inutiles soins ?
Tu me haïssais plus, je ne t'aimais pas moins.
Tes malheurs te prêtaient encor de nouveaux charmes.
J'ai langui, j'ai séché, dans les feux, dans les larmes.
Il suffit de tes yeux pour t'en persuader,
Si tes yeux un moment pouvaient me regarder.
Que dis-je ? cet aveu que je te viens de faire,
Cet aveu si honteux, le crois-tu volontaire ?
Tremblante pour un fils que je n'osais trahir,
Je te venais prier de ne le point haïr.
Faibles projets d'un cœur trop plein de ce qu'il aime !
Hélas ! je ne t'ai pu parler que de toi-même.
Venge-toi, punis-moi d'un odieux amour.
Digne fils du héros qui t'a donné le jour,
Délivre l'univers d'un monstre qui t'irrite.
La veuve de Thésée ose aimer Hippolyte !
Crois-moi, ce monstre affreux ne doit point t'échapper.
Voilà mon cœur, C'est là que ta main doit frapper.
Impatient déjà d'expier son offense,
Au-devant de ton bras je le sens qui s'avance.
Frappe. Ou, si tu le crois indigne de tes coups,
Si ta haine m'envie un supplice si doux,
Ou si d'un sang trop vil ta main serait trempée,
Au défaut de ton bras prête-moi ton épée,
Donne.

Phèdre, 1677.

PEYO (né en 1928)

L'Œuf et les schtroumpfs,
Dargaud, 1978.

Le Cosmoschtroumpf/ © SEPP Bruxelles.

Paul Klee, *Souvenirs de voyage,* Paris, coll. B. Poissonnier. © ADAGP.

D'UNE PHRASE A L'AUTRE

Il s'agit-là tout simplement d'un logorallye *de phrases. Mais plutôt que d'aller d'un mot à un autre, on tentera d'aller d'une phrase imposée à une autre.*

D'une à l'autre

Les phrases pourront de la même façon être volées à des textes divers : romans, courts récits, pièces de théâtre, journaux, tracts, etc.

Ce procédé peut être rapproché de la façon dont La Fontaine écrit un « rondeau redoublé » à partir d'un quatrain dont il reutilise les vers à la fin de chaque nouvelle strophe.

Il évoque aussi les techniques de Raymond Roussel que nous décrivons dans la rubrique *Phrases-départs.*

Enfin, pour illustrer concrètement cette activité, nous proposons cet exercice :

Ecrire un texte en intégrant, dans l'ordre où elles sont présentées, les phrases suivantes :

— *Quand j'étais petite, je comptais mes doigts le soir avant de m'endormir dans mon petit lit de cuivre.*

— *C'était souvent des compresses qu'il fallait tenir enroulées autour.*

— « *Qu'as-tu là petite ?* »

— « *Tu n'est pas bête petite* », *dit mon oncle.*

(Le texte de Chaval dont nous avons tiré ces phrases est reproduit à la fin du livre, en *Annexe*).

♠

Jean de LA FONTAINE (1621-1695)

Qu'un vain scrupule à ma flamme s'oppose,
Je ne le puis souffrir aucunement,
Bien que chacun en murmure et nous glose ;
Et c'est assez pour perdre votre amant.

Si j'avois bruit de mauvais garnement,
Vous me pourriez bannir à juste cause ;
Ne l'ayant point, c'est sans nul fondement
Qu'un vain scrupule à ma flamme s'oppose.

Que vous m'aimiez, c'est pour moi lettre close ;
Voire on diroit que quelque changement
A m'alléguer ces raisons vous dispose :
Je ne le puis souffrir aucunement.

Bien moins pourrois vous cacher mon tourment,
N'ayant pas mis au contrat cette clause ;
Toujours ferai l'amour ouvertement,
Bien que chacun en murmure et nous glose.

Ainsi s'aimer est plus doux qu'eau de rose :
Souffrez-le donc, Philis ; car, autrement,
Loin de vos yeux je vais faire une pose ;
Et c'est assez pour perdre votre amant.

Pourriez-vous voir ce triste éloignement ?
De vos faveurs doublez plutôt la dose.
Amour ne veut tant de raisonnement :
Ce point d'honneur, ma foi, n'est autre chose.
Qu'un vain scrupule.

"Rondeau redoublé", dans *La Poésie Française,*
Claude Bonnefoy © Ed. du Seuil.

DISPOSITIONS

Assumer la présentation matérielle, la mise en pages d'un texte.

Dispo si tions la page le volume

Ce souci conduit à choisir le papier, le format des pages, les types de caractères, leur corps, leur graisse, voire leur couleur ; et puis l'on doit penser à la disposition des mots les uns par rapport aux autres, à la relation de l'écrit avec les espaces vides (les blancs).

La poésie est sans doute le genre littéraire où cette préoccupation est la plus apparente. Car, du sonnet classique au vers libre, le poème oblige l'écrivain à prendre en compte les problèmes de disposition formelle. La mise en pages particulière du poème *réactive le langage,* pour toucher plus vivement le lecteur et stimuler sa lecture.

Présentant son texte intitulé *Un Coup de dés jamais n'abolira le hasard,* Mallarmé exprimait très clairement son souci de la mise en pages (si singulière dans ce « poème ») :

« *Les "blancs" en effet assurent l'importance, frappent d'abord. (...) L'avantage, si j'ai droit à le dire, de cette distance copiée qui mentalement sépare des groupes de mots ou les mots entre eux, semble d'accélérer tantôt et de ralentir le mouvement, le scandant, l'intimant même selon une vision simultanée de la Page : celle-ci prise pour unité comme l'est autre part le Vers ou ligne parfaite. (...) Ajouter que de cet emploi à nu de la pensée avec retraits, prolongements, fuites, ou son dessin même, résulte pour qui veut lire à haute voix, une partition.* »

♠

S. MALLARMÉ : *Un Coup de dés...*, 1897.

M. TOURNIER : « Dix-huit questions à M. Tournier », dans le *Magazine littéraire*, nº 138, juin 1978.

F. RICHAUDEAU : *La Lisibilité*, Retz, 1976.

P. ETAIX : *Dactylographismes*, G. Salachas, 1982.

Et puis encore ceci, sur les différents caractères (typographiques) employés par Mallarmé pour ce même texte :

« *La différence des caractères d'imprimerie entre le motif prépondérant, un secondaire et d'adjacents, dicte son importance à l'émission orale et la portée moyenne, en haut, en bas de la page notera que monte ou descend l'intonation.* »

Les calligrammes, évoqués dans la rubrique suivante, représentent la limite de ce souci de mise en pages et de *visualisation* du texte.

Bien sûr, hors la poésie, tous les autres genres littéraires sont également concernés par ce problème. Ainsi, certains romanciers présentent des textes très *tassés* (Proust, avec *La Recherche du temps perdu*) ; d'autres au contraire des textes plus *aérés* (les livres de Jules Renard, presque toujours écrits par petits morceaux d'une page en moyenne).

Aujourd'hui, ce souci de disposition est le plus évident dans la publicité, les quotidiens et les magazines (quel que soit par ailleurs leur « contenu »).

Au-delà de la page, le livre (comme *volume)* propose des difficultés très semblables. Comment en effet agencer les différentes parties du livre, comment « monter » les différentes pièces de la « machine ». Quand on rédige une anthologie ? Quand on réunit des articles ou des nouvelles publiées auparavant de manière séparée ?

Lors d'un entretien avec le *Magazine littéraire,* Michel Tournier a par exemple expliqué qu'il avait classé les nouvelles réunies dans *Le Coq de bruyère* selon leur *taille,* en commençant par la plus courte pour finir par la plus longue. Il rappelait d'ailleurs que le *Coran* est basé sur le même principe.

Guillaume GUEROULT (XVIe siècle)

*Or venue est la saison
Que la belle Pléiade erre,
Qui nous fait rire la terre,
Iettant ses fruits à foison.
Sus fus qu'on délaisse
De sombre tristesse
Les ennuyeux laqs.
Et que rien on n'oye
Resonner que joye,
Ieux, ris, et foulas.
Laissons donques en ce jour
Et reputons comme vile
La tumultueuse vile,
Et son avare séjour.
Ores fait bon estre
En plaine champestre,
Allons donq pour voir
Les biens dont nature
Par songneuse cure
Nous veut tous pour voir.
A ce plaisir savourer
La terre aussi nous convie
D'une gracieuse envie
Qu'elle ha de nous bienheurer.
Elle ha pour parure
De fine verdure
Manteau façonné,
De maintes florettes
(Apats d'amourettes)
Richement orné.
De son plus aymable honneur
La forest ha revestue :
Brief à tout nostre bon-heur
Entièrement sesvertue.
Sur le champ fertile
Va la vague utile
Des barbus espics,
Donnant apparence*

Typographie de l'imprimeur lyonnais Jean de Tournes pour *L'Hymne du Temps perdu et de ses parties,* 1560.

♠

Charles NODIER (1781-1844)

Plagiaire ! moi, plagiaire ! — Quand je voudrois trouver moyen pour me soustraire à ce reproche de disposer les lettres dans un ordre si

N O U V E A U,

ou d'assujettir les lignes à des règles
de disposition si bizarres,
ou pour mieux dire
si follement
hétérocl-
ites !!!

Histoire du roi de Bohême et de ses sept châteaux, 1830.

Joëlle de la CASINIÈRE

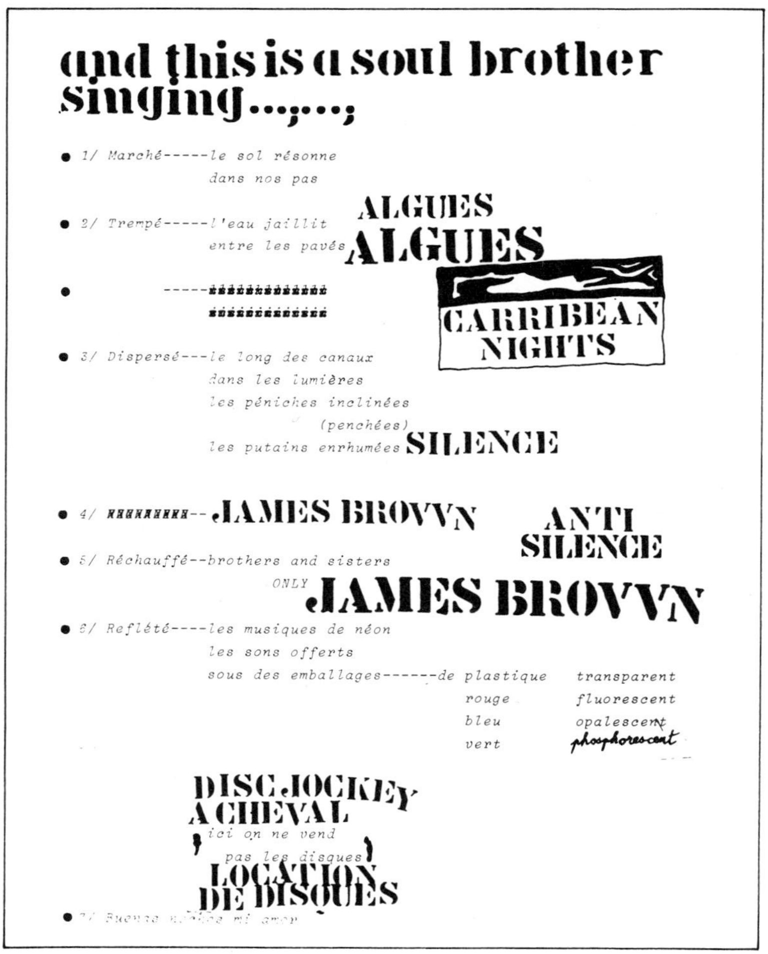

Absolument nécessaire

Stéphane MALLARMÉ (1842-1898)

C'ÉTAIT
issu stellaire

LE NOMBRE

EXISTÂT-IL
autrement qu'hallucination éparse d'agonie

COMMENÇÂT-IL ET CESSÂT-IL
sourdant que nié et clos quand apparu
enfin
par quelque profusion répandue en rareté
SE CHIFFRÂT-IL

évidence de la somme pour peu qu'une
ILLUMINÂT-IL

CE SERAIT
pire
non
davantage ni moins
indifféremment mais autant

LE HASARD

Choit
la plume
rythmique suspens du sinistre
s'ensevelir
aux écumes originelles
naguères d'où sursauta son délire jusqu'à une cime
flétrie
par la neutralité identique du gouffre

Un Coup de dés jamais n'abolira le hasard, 1897.

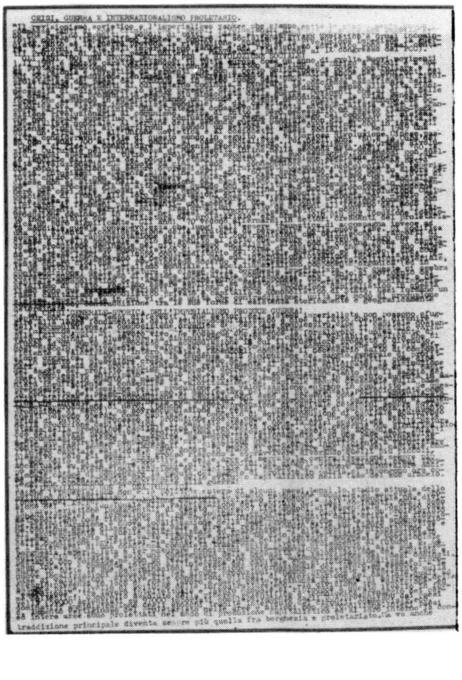
CRISI, GUERRA E INTERNAZIONALISMO PROLETARIO.

[illegible]

tradizione principale diventa sempre più quella fra borghesia e proletariato.

"Brigades Rouges", lettre envoyée au journal
Libération, 29 janvier 1982.

96

Barbelés de camp sur socle en plâtre : ready-made pour exposition engagée dans la mondanité

se payer à l'œil la tête du chef sur l'écran de T.V.

Impossibilité de
Propension à *confondre les v* $^{o}_{a}$ *leurs en place* **avec les exploiteurs cultivant**
interchangeables — inamovibles — imposant ***le respect*** **(les traditions)** ***de***
un haut niveau esthétique à l'horreur du scoop **la personne humaine-**
les convenances, quoi !
routinier, à l'information nulle bien présentée ; **tout en entretenant**
le quotidien *contenant en profondeur la propagande* *la confusion,* **les bons sentiments**
(pour le fond)
et quelques gracieu-
ses petites personne
(pour la forme

 ammouth écrase
(ta gueule ! la ferme !)

 émoignon

Notre Père qui êtes  - très regardant

Code X, 1974,
doc. B.N. coll. Tel Quel, Seuil. ©

Calligrammes

Le souci de mise en forme visuelle du texte sur la page
connaît un aspect particulier avec ce qu'on nomme les calligrammes.
Le calligramme est un texte (le plus souvent un poème)
dont les lettres et les mots forment
un dessin en relation directe avec le contenu du poème.

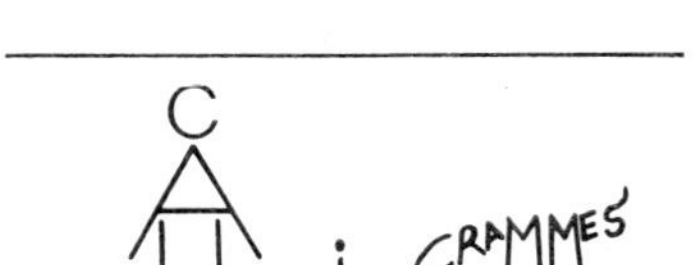

Les calligrammes figurent souvent des objets ou des animaux (bouteilles, œufs, oiseaux...), des petites scènes, ou même simplement des formes géométriques (losanges, triangles, etc).

Le mot *calligramme* a été employé pour la première fois par Apollinaire en 1918 ; il avait auparavant parlé d'« idéogrammes lyriques ».

Mais la chose, si l'on peut dire, existait bien avant lui, recevant alors le nom de *vers figurés* (ou « vers rhopaliques »). Le premier auteur connu de calligrammes serait un grec nommé Simmias de Rhodes (IIIe siècle av. J.-C.).

On aurait tort de voir dans le calligramme un simple amusement futile.

Reprenant une étude d'Alain-Marie Bassy sur Apollinaire, Jérôme Peignot expose très clairement l'importance du calligramme en montrant qu'il oblige le lecteur à *lire plus activement* le texte qu'il a sous les yeux :

« *Si l'on suit M. Bassy dans ses conclusions, ayant saisi l'usure du langage, Apollinaire n'aurait eu de cesse qu'il soit parvenu à élaborer un autre mode de transmission capable d'assurer une communication, non plus seulement au niveau du langage mais de l'être entier. Sa trouvaille de génie, celle que*

J. PEIGNOT : *Du Calligramme*, Ed. du Chêne, 1978.

MASSIN : *La Lettre et l'image*, Gallimard, 1973.

manifestent ses Calligrammes, *c'est l'action ou, plutôt, sa volonté de faire participer son lecteur à l'élaboration de son poème. Bassy dit cela d'une manière excellente qui précise qu'"Apollinaire ne cherche en aucune façon à décrire et à transmettre au lecteur un message poétique mais veut le conduire à* reconstituer l'acte poétique *lui-même". Les "Schématogrammes" sont une constante re-création : voilà bien la nouveauté apollinarienne. L'art du calligramme est une tentative — l'une des premières — pour exiger du lecteur une contribution active, un mimétisme qui n'est pas soumission, mais résolution dramatique de revivre et de recréer une expérience. Un poète cette fois prend conscience de la valeur créatrice et du rôle nécessaire de la lecture dans l'élaboration poétique.* »

Enfin, nous voudrions insister sur le fait que le calligramme fut, à une époque, le prétexte d'*échanges* et de *cadeaux*. Dans *La Lettre et l'image*, Massin écrit :

« *C'est en Allemagne surtout que le poème figuré connaît des adeptes ; non seulement il stimule l'habileté des typographes, mais il conquiert la faveur populaire et devient une pièce de circonstance qui s'échange à l'occasion de cérémonies diverses, mariages et enterrements, ou de la nouvelle année. On voit ainsi apparaître, à la fin du XVI*e *siècle, des cœurs (parfois percés d'une flèche), des arbres, des urnes, des étoiles, des croix, des roues en forme de soleil, etc.* »

C'est sans doute ainsi que le calligramme peut retrouver une certaine actualité sociale et littéraire. Nombreux sont ceux qui aujourd'hui — sans chercher à passer par les réseaux officiels de l'édition — écrivent des textes pour leur plaisir, et, peu soucieux d'avoir de très nombreux lecteurs, les donnent simplement à lire à quelques amis.

Il existe ainsi une véritable circulation, semi-clandestine et amicale, des textes, dont le calligramme pourrait être considéré comme l'emblème historique.

ANGOT DE L'EPERONNIERE (1581 ?-1640 ?)

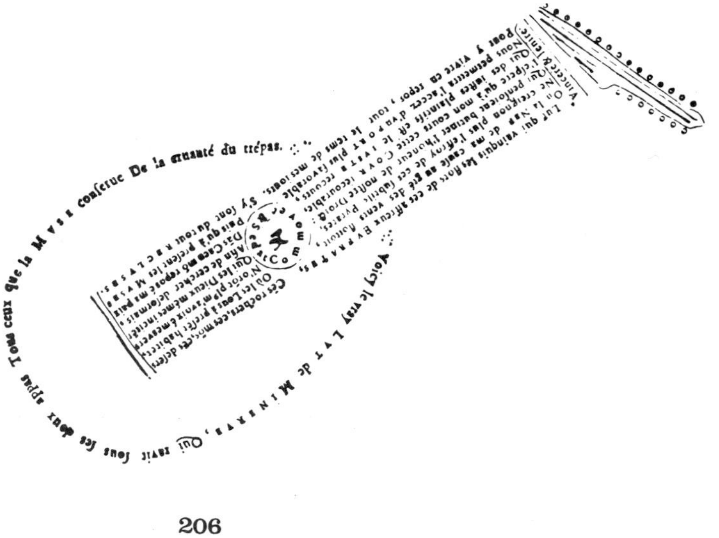

Luth.

Bismala en forme d'oiseau, dans *Du Calligramme,*
Peignot Ed. du Chêne. ©

♠

SIMMIAS DE RHODES (IVᵉ s. av. J.-C.)

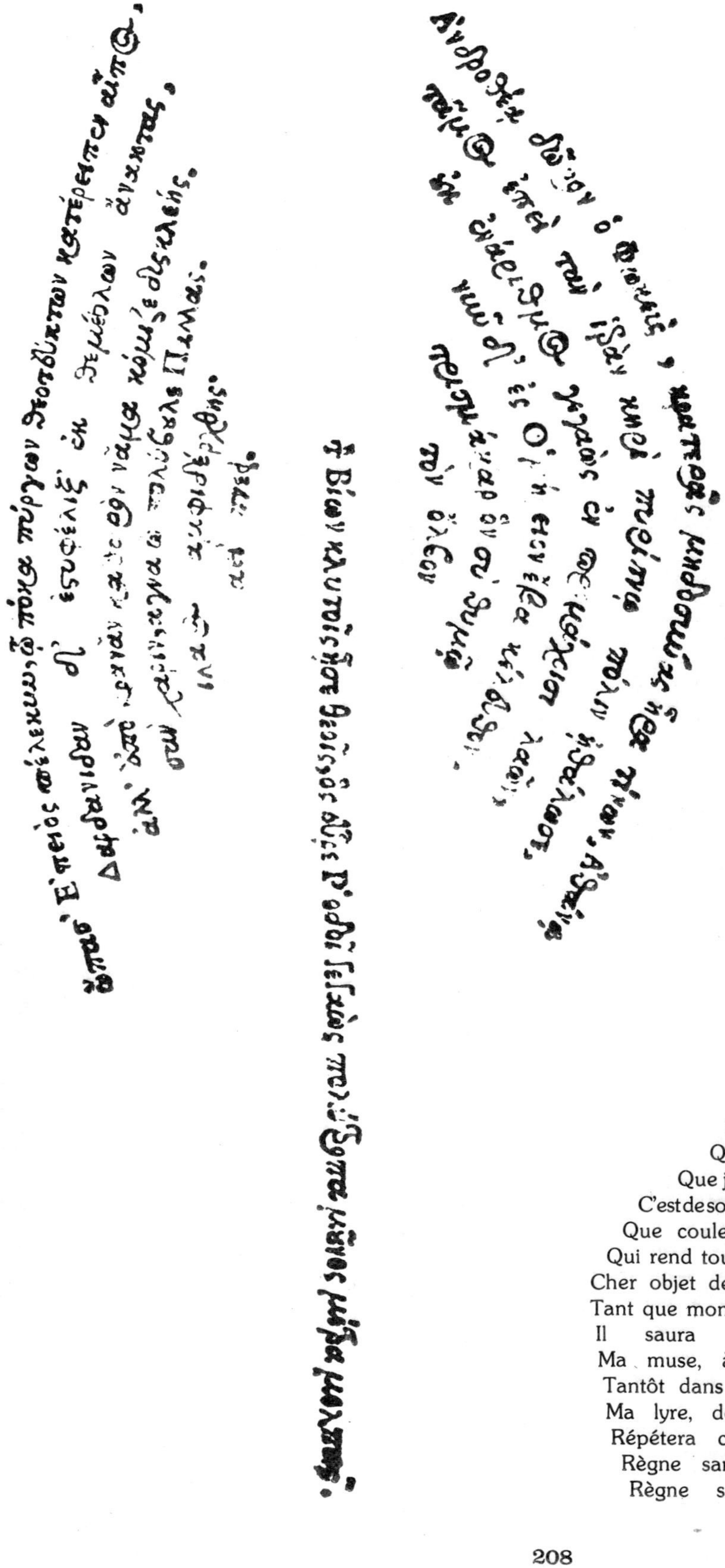

CHARLES-FRANÇOIS PANARD
(1674-1765)

Que mon
Flacon
Me semble bon !
Sans lui
L'ennui
Me nuit ;
Me suit,
Je sens
Mes sens
Mourans
Pesans.
Quand je le tiens
Dieux ! Que je suis bien !
Que son aspect est agréable !
Que je fais cas de ses divins présens !
C'est de son sein fécond, c'est de ses heureux flancs
Que coule ce nectar si doux, si délectable
Qui rend tous les esprits, tous les cœurs satisfaits.
Cher objet de mes vœux, tu fais toute ma gloire ;
Tant que mon cœur vivra, de tes charmants bienfaits
Il saura conserver la fidelle mémoire.
Ma muse, à te louer se consacre à jamais.
Tantôt dans un caveau, tantôt sous une treille,
Ma lyre, de ma voix accompagnant le son,
Répétera cent fois cette aimable chanson :
Règne sans fin, ma charmante bouteille ;
Règne sans cesse, mon cher flacon.

Guillaume APOLLINAIRE (1880-1918)

La colombe poignardée et le jet d'eau

Douces figures poignardées Chères lèvres fleuries
MIA MAREYE
YETTE LORIE
ANNIE et toi MARIE
où êtes-
vous ô
jeunes filles
MAIS
près d'un
jet d'eau qui
pleure et qui prie
cette colombe s'extasie

Tous les souvenirs de naguère
Ô mes amis partis en guerre
Jaillissent vers le firmament
Et vos regards en l'eau dormant
Meurent mélancoliquement
Où sont-ils Braque et Max Jacob
Derain aux yeux gris comme l'aube
Où sont Raynal Billy Dalize
Dont les noms se mélancolisent
Comme des pas dans une église
Où est Cremnitz qui s'engagea
Peut-être sont-ils morts déjà
De souvenirs mon âme est pleine
Le jet d'eau pleure sur ma peine

CEUX QUI SONT PARTIS A LA GUERRE AU NORD SE BATTENT MAINTENANT
Le soir tombe O sanglante mer
Jardins où saigne abondamment le laurier rose fleur guerrière

---

« La Colombe poignardée et le jet d'eau », dans *Calligrammes*, © Ed. Gallimard, 1918.

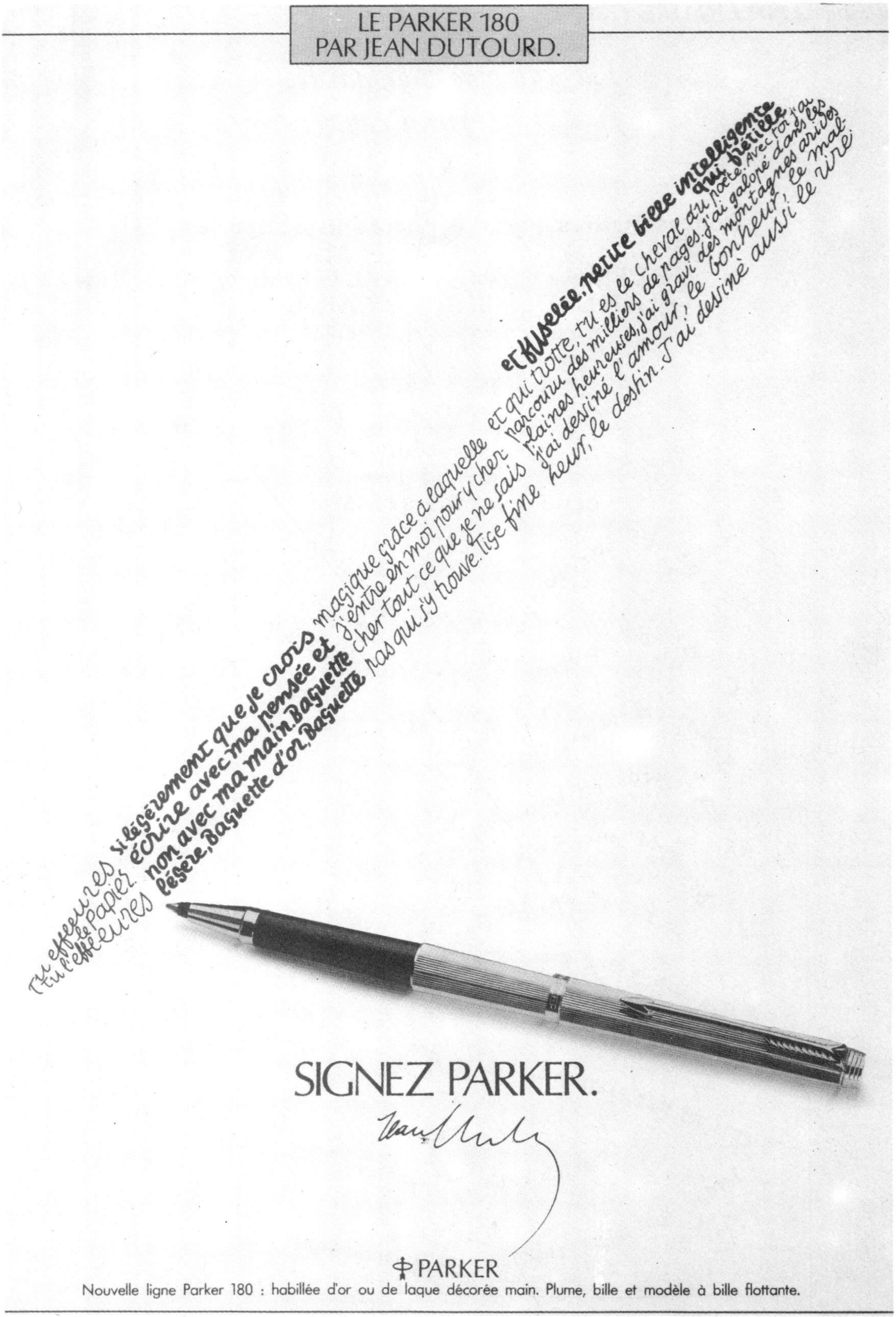
LE PARKER 180
PAR JEAN DUTOURD.
Tu effleures le papier. Tu l'effleures si légèrement que je crois écrire avec ma pensée et non avec ma main. Baguette légère, Baguette d'or, Baguette magique grâce à laquelle j'entre en moi pour y chercher tout ce que je ne sais pas qui s'y trouve. Tige fine et fuselée, petite bille intelligente qui frétille et qui trotte, tu es le cheval du poète. Avec toi j'ai parcouru des milliers de pages, j'ai galopé dans les plaines heureuses, j'ai gravi des montagnes arides. J'ai dessiné l'amour, le bonheur, le malheur, le destin. J'ai dessiné aussi le rire.
SIGNEZ PARKER.
PARKER
Nouvelle ligne Parker 180 : habillée d'or ou de laque décorée main. Plume, bille et modèle à bille flottante.

Rythme

Ecrire un texte à partir d'un rythme que l'on s'impose : 6-6-6-6, ou 4-3-4-3, etc.

RYTHME

La notion de rythme appliquée à la langue est particulièrement complexe, comme en témoigne cette remarque de Valéry : « *J'ai lu ou forgé vingt définitions du rythme, dont je n'accepte aucune.* »

C'est pourquoi le mot *rythme* désigne simplement ici une distribution régulière des accents, des pauses et des syllabes (que seule une lecture *à voix haute* peut restituer de façon satisfaisante).

Les exemples ne manquent pas dans la poésie classique ; ainsi dans ce vers de Ronsard :

« ***Je veux*** lire ***en trois*** jours ***l'Ili***ade ***d'Ho***mère » ; les quatre syllabes accentuées (lire, jours, etc.) produisent un *patron rythmique* de 3-3-3-3.

Nous renvoyons pour la poésie (où l'empreinte du rythme est la plus évidente) aux très nombreux traités concernant la métrique* et la *prosodie**.

Mais cette notion peut tout aussi bien s'appliquer à d'autres types de discours* : le slogan publicitaire ou politique, comme l'a montré Louis-Jean Calvet.

Le recours systématique au rythme dans l'écriture est une manière de lier le discours au corps (selon Aristote, le battement du cœur serait la source même du rythme poétique), ou, comme le suggère Philippe Sollers à propos de deux de ses livres, un moyen de faire *chanter et respirer* la langue.

L.-J. CALVET : *La Production révolutionnaire,* Payot, 1976.

A. TOMATIS : *La Dyslexie* (cours, 1966-1967), Centre du langage, Paris, (s.d.).

J. GRENIER : « Nietzsche », dans le *Dictionnaire des auteurs,* © Ed. R. Laffont, 1980.

L.-F. CÉLINE : Entretien, dans *Les Ecrivains en personne,* © Christian Bourgeois Editeur, 1973.

J.-Ma. CORREDOR : *Conversations avec Pablo Casals,* © Albin-Michel, 1955.

Aussi bien, contrairement à d'autres formes d'écrits, la prose littéraire ne se trouve-t-elle pas coupée de la langue orale. On dit que Dante, pour écrire *Le Convivio* a longtemps hésité entre le toscan et le latin ; il y avait là bien sûr d'autres enjeux (sociaux et culturels). Mais le choix d'une langue par un écrivain qui en connaît plusieurs (comme Nabokov ou Borges) n'est pas indifférent si l'on s'intéresse à ces problèmes de rythme ; notamment le choix entre une langue à accent tonique* (l'anglais, l'italien, l'allemand, etc.) et une langue à accent de groupe* comme le français.

Toutes ces remarques peuvent paraître singulières : l'écrit n'est-il pas fait de nos jours pour être lu avec les yeux ? On dit même que seuls les « mauvais lecteurs » vocalisent* le texte qu'ils lisent.

Nous croyons pourtant que dans l'écrit, l'oral de la langue transparaît toujours (comme en filigrane). Et un médecin comme Alfred Tomatis, rappelant que dans l'Antiquité (et au moins jusqu'à Saint Augustin), la lecture se faisait à voix haute, a voulu montrer que les enfants dyslexiques sont justiciables d'une rééducation auditive.

Pour en revenir à la littérature, Philippe Sollers (déjà évoqué) s'est plu à lire à voix haute, au Centre Georges Pompidou, de longs passages de son texte *Paradis* (qui n'est d'ailleurs pas ponctué). Et il en a même proposé un enregistrement (partiel) sur mini-cassette.

On sait aussi comment Flaubert essayait ses phrases dans son « gueuloir », et qu'avant de les trouver, parfois, il s'imposait un canevas rythmique afin d'obtenir la distribution syllabique qu'il souhaitait.

Mais l'on sait moins que l'écriture philosophique se trouve aussi concernée, comme le rappelle une notice de Jean Grenier sur Nietzsche (rédigée pour le *Dictionnaire des Auteurs*) :

« *Pendant cinq étés de suite, il logea à Sils-Maria dans une chambre solitaire qui donnait sur une pinède et qu'il payait un franc par jour.* Il y travaillait chaque matin en déclamant ses phrases et en martelant la cloison à coups de poing pour souligner leur rythme. *Il se rendait ensuite à l'auberge voisine où il déjeunait en compagnie de dames qui revenaient chaque année et qui lui rendaient le service de remplir son assiette, car il y voyait à peine.* »

C'est donc par le rythme que la prose littéraire retrouve la *musique.*

Céline interviewé par Madeleine Chapsal :

« — *Comment le voyez-vous, ce que vous avez inventé ?*

« — *Une certaine musique, une certaine petite musique introduite dans le style et puis c'est tout.* »

En ce sens on pourrait dire que l'écrivain, c'est celui qui, dans l'écrit, entend assumer la musique de la langue...

La lecture que l'on fait d'un texte s'en ressentira nécessairement. On parle un peu vite çà et là des mérites de la lecture rapide. Pourtant nous soutenons que cette dernière ne peut servir qu'à des **« repérages » (comme on le dit pour le cinéma) et qu'elle manque les textes très travaillés.**

André Gide : « *Je lis comme je voudrais qu'on me lise, c'est-à-dire : très lentement.* »

Car la perception de la littérarité* d'un texte, la lecture « verticale » (celle qui veut être sensible, simultanément, aux différents « étages » du texte : mise en pages, distributions des sons, orthographe, syntaxe, organisation du sens, connotations*, allusions, non-dit, etc.) s'accommode mieux de la lenteur.

De la même façon, l'apprentissage de la langue écrite au moyen de la lecture exige une sorte de « mastication » des phrases. Nietzsche, lui, souhaitait que l'on *rumine* ses textes !

Ce problème du *tempo* se retrouve dans l'interprétation musicale : pensons à la rapidité du jeu de Glenn Gould (au piano) dans certains mouvements d'œuvres de Bach *(Variations Goldberg, Suites françaises,* etc.) — cette rapidité n'empêchant d'ailleurs aucunement la *clarté* de notre écoute.

Rappelons aussi cette étonnante déclaration de Pablo Casals : « *En général, l'audition d'une œuvre enregistrée me plaît davantage si l'on fait tourner les disques plus vite. En ce qui concerne mes enregistrements des* Suites *de Bach, j'éprouve le besoin de les entendre un ton et même un ton et demi plus haut. Les changements de tonalité ne me gênent absolument pas.* » Il faut bien sûr faire la différence entre la vitesse telle qu'elle concerne le *tempo* et celle qui, par le biais de moyens de reproductions techniques — disques ou bandes magnétiques —, modifie la *tonalité* de l'œuvre écoutée.

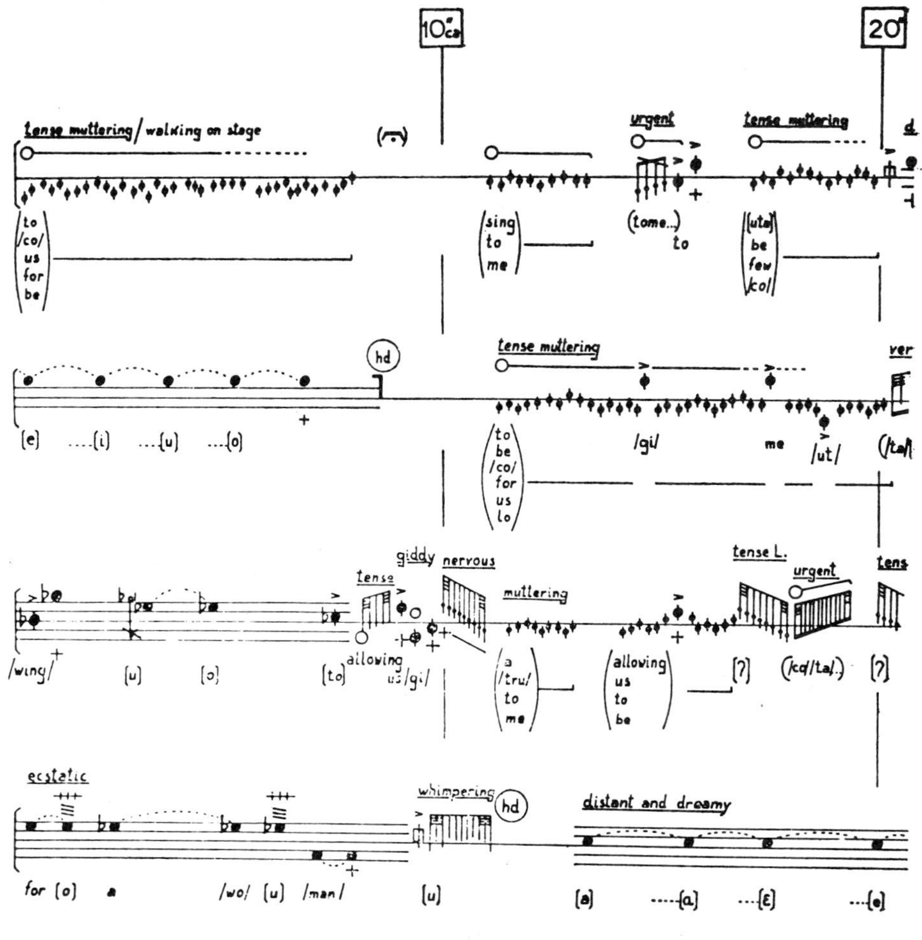

Luciano Berio, extrait de *Sequenza III,* © Universal.

♠

Philippe SOLLERS (né en 1936)

Je me suis rendu compte qu'il fallait que je travaille encore plus profondément le français si je voulais arriver à un véritable geste libératoire. *Nombres* est déjà assez travaillé au niveau du rythme, du battement de l'écriture, mais *Lois* représente un saut qualitatif. Paradoxalement dans *Nombres,* il y a beaucoup plus de références à la Chine, dans *Lois* il n'y en a presque plus et en revanche le français me semble beaucoup plus travaillé en profondeur.

La langue est beaucoup plus popularisée, le lexique est transformé, notamment par l'emploi de mots récents, actifs dans le mouvement révolutionnaire. Je crois que *Lois* est inséparable de l'ébranlement de Mai 68, qui m'a forcé à écouter autrement le français, à tenir compte de caractères de la langue que je n'avais pas bien vus avant. Dans la forme même de l'écriture de *Lois* : je me suis aperçu brusquement, en écrivant le livre, que j'étais branché sur un rythme insistant, le décasyllabe ; cela s'est produit en dehors de toute décision volontaire. Comme si la langue avait son inconscient, que le conscient de celui qui la représente ne connaît pas forcément. Ce qui est une banalité, mais qu'il faut avoir expérimentée soi-même pour comprendre le surgissement, l'éclatement que cela produit au niveau même de la connaissance historique à travers une subversion du sujet.

Ce rythme décasyllabique de *Lois* est curieux. Je me suis rendu compte que c'était le rythme des anciennes chansons de geste : le décasyllabe est même l'un des critères de l'ancienneté d'une chanson de geste. Tout se passe comme si après *Nombres*, et en tenant compte de cette explosion vite expérimentée, mais qui se poursuit souterrainement, de Mai 68 (et qui apparaît aussi dans les productions dites théoriques ou littéraires car je crois que tout cela ne fait que commencer), tout se passe comme si j'avais été obligé de faire subir une cure assez radicale au français. Et, *par conséquent,* à moi-même.

Entretien, dans *Le Magazine littéraire,* juin 1972.

Paul Klee, *Chameau dans un paysage rythmé d'arbres,* 1920, Kunstsammlung Nordrheim-Westfalen, Düsseldorf, © 1983, Cosmospress, Genève et ADAGP Paris.

♠

Roland BARTHES (1915-1980)

Rythme, geste, voix. *Graphie,* D.R.

« Le plus étrange, c'est que je retrouve exactement dans les dessins de Roland, sa voix. Le timbre, l'accent, la couleur, le spectre aéré, heureux, tranquille. J'allais dire : le cerveau de la voix, celui qui, peut-être, ne meurt pas plus que la vibration du graphisme ou du style. »

P. Sollers, extrait du texte pour le prospectus de l'exposition : « Roland Barthes : soixante dessins inédits », Librairie des Arts, Nancy, 6 déc. 1980 - 17 janv. 1981.

Philippe SOLLERS (né en 1936)

Inconscient, inconscient, quant tu nous tiens ! Belle époque à mémé croulante tenant sa barbe à la main. Croupine ! Tantine ! Tartine ! Et tontons pépins ! Cependant virage. Depuis la sortie et l'entrée-sortie en plein vrac fourbis de nos volcaniques dans le flot de lave embraisé bouilli. Avec toi dans respiration désordre n'acceptant pas et ne pliant pas. Avec toi sous répression savoir acquis sous la merde clair nettoyé savoir du prolétariat. Et de rire dans son bol de riz. Riz bleu du cerveau remis. Ce que nous édifions est détruit mais qu'importe. Nébules tenaces ! Dix mille fleuves, mille sommets : question d'habitude. Gorges, lacets : marais à sauter. Rochers, pics : étrons sous les pieds. Falaises frappées. Chaînes du fer pont glacées. Neige courantes colonnes. Quand l'armée rouge est passée, sourire sur tous les visages. Attaques brèves groupées. Drapeau déroulé. Je me fouette un peu. Je tourne la tête à trois centimètres de l'air. Mon avion n'est pas secoué. L'œil suit l'oie sauvage. Que faire ? Je n'ai pas l'intention de vous cacher mes difficultés. Qui pourtant s'éclairent. Dans la marge. Et sans abandon. Sinon, l'idéalisme revient comme chez lui, les mains dans les poches, refait le ménage parmi vos pulsions. Ennui contre-révolutionnaire crise de nerfs cauchemars suicides dépressions idem. Un temps pour l'hystère, un temps pour l'obsesse. Et durée dévoile indurée revoile. Un patent grossesse un latent grognesse. Et barre-moi ça ! Et dis-toi bien que tu est sodogommorrhé dans la logorrhée de leur endiarrhée ! Racine bubon clou furoncle, le poil plante sous le baptistère. Bombe moule de l'argile en pot, tombeau gong ! Dans l'urne ! A voté ! Pas une cervelle ne saurait maîtriser ce bain. C'est pourquoi on les voit en général le crâne penché, alourdis, débiles, près de leurs caveaux à dessins.

Lois, © Ed. du Seuil, 1972.

Soyez **brefs**

Ecrire des textes très courts.

Soyez brefs

Ce souci d'économie dans l'utilisation du langage a souvent été bien considéré. Les Pères de l'Eglise allaient jusqu'à préconiser le silence absolu : « *On disait d'abba Agathon qu'il vécut trois ans avec un caillou dans la bouche, jusqu'à ce qu'il observe le silence* ».

Quant à Pythagore, quelques siècles auparavant, il invitait fermement ses disciples à la *retenue,* c'est-à-dire à ne pas écrire trop.

L'époque classique a également aimé le raccourci et ses figures (par exemple l'*ellipse*) ; la concision (langage à productivité élevée : beaucoup d'idées en peu de mots !) y est souvent désirée.

Certains genres traditionnels intègrent la brièveté : la sentence, la maxime, le proverbe sont en général très courts. Mais ce sont des genres sérieux, moralisateurs.

D'autres pratiques de langage peuvent être évoquées : le journalisme (voir les billets d'humeur publiés en première page du *Monde,* « Au jour le jour »), la prose littéraire (les « Contes glacés » de Sternberg) et la poésie : petits poèmes de Claudel, Mallarmé, Guillevic, et vers uniques parfois (le poète Georges Schéhadé en a composé une anthologie). Les exemples de poèmes courts sont légion, mais la place d'honneur doit être laissée au *haïku* japonais. C'est un genre né au Xe siècle dont les poèmes sont composés de trois vers (de 5,7 et 5 syllabes). Le mot *haïkaï,* utilisé parfois à la

♠

Fourmis sans ombre, haïkus trad. et prés. par M. Coyaud, Phoebus, 1978.

Haïku, trad. par R. Munier, © Librairie Fayard, 1978.

J. GRENIER : *L'Esprit du Tao,* Flammarion, 1957.

place de haïku, désigne en fait un genre plus large (celui des « poèmes libres » s'opposant à la poésie officielle). Sans nous attarder sur ces poèmes admirables, arrêtons-nous sur les aspects suivants : — d'une part, il y a dans le haïku une « fraîcheur » que ne détruit pas la traduction (aussi éloignée soit-elle sans doute du rythme et de la musicalité de l'original) ; — ensuite, ce qui peut nous toucher dans ces poèmes, c'est qu'ils proposent une relation au monde toute empreinte de sympathie et de délicatesse, contrairement à tant de discours occidentaux sans cesse en position d'interprétation et de domination à l'égard de la réalité ; cette douce vision du monde, le haïku ne l'exprime pas dans un discours abrupt, mais au contraire léger, et bien souvent en opérant une discrète *torsion* sur la syntaxe ; ainsi ce haïku de Bashô (XVIIIe siècle) : « L'éclair / Déchirant la nuit / Le cri du héron » ; — enfin, notons que le haïku reste aujourd'hui couramment pratiqué au Japon, par des amateurs, et que tous les journaux en publient.

Les musiciens connaissent aussi l'attrait des formes brèves. En particulier Anton Webern, ou l'un de ses admirateurs aujourd'hui, Franck Zappa : « Igor's Boogie, Phase One » : 0'40", « Phase Two » 0'35", dans l'album *Burnt Weeny Sandwich* (1970), ou encore « We've Got to get into Something Real » : 0'32", dans *Sheik Yerbouti* (1979).

Avec la peinture, la brièveté est une notion plus *incertaine :* De quoi s'agit-il alors ? De petitesse ? L'équivalence se trouve plutôt ailleurs ; dans la recherche de la simplicité (une certaine « maigreur » du produit) : toiles bleues d'Yves Klein, œuvres d'Ad Reinhardt qui, pendant cinq ans, au début des années soixante, ne peignit que des tableaux noirs de cinq pieds sur cinq, ou encore dans la brièveté de l'exécution (Hartung, Mathieu, Twombly). Sans oublier que cette rapidité peut être le résultat d'une longue préparation, comme l'indique une anecdote chinoise à propos du sage Tchouang-Tzeu : « *Le roi lui ayant demandé de peindre un crabe, il exigea dès l'abord une villa avec douze serviteurs et un délai de cinq ans. Puis ce délai dut être prolongé d'autant. Mais au bout de ces dix ans il dessina un crabe d'une manière immédiate et parfaite.* »

BASHÔ (1644-1694)

Sur une branche nue
Un corbeau s'est posé
Soir d'automne

Réveille réveille-toi
Je te prends pour ami
Papillon

Cabane de pêcheur
Parmi les crevettes
Un grillon

Chasse aux lucioles
Le batelier est ivre
Quelle catastrophe

Buvons toute la nuit
Pour faire un pot de fleurs
Avec le tonneau

Soupe de riz
J'entends jouer le luth
Sur le toit les grêlons

Ce mur quelle fraîcheur
Contre les plantes de mes pieds
Pendant la sieste

Traduit du japonais par
Koumiko MURAOKA
et Fouad EL-ETR,
La délirante, 1979

Buson, *Portrait imaginaire de Bashô,* © B.N.-D.R. La Délirante.

♠

S, S et A - 1982, *dessin d'enfant (détail)*, Coll. A. Duchesne.

Stéphane MALLARMÉ (1842-1898)

En rendant un mouchoir prêté

Belle, ne laissez jamais choir
de larmes sur ce fin mouchoir.

En renvoyant un filet à poisson

Je vous rends, Claire de Paris,
le filet, mais j'y reste pris.

Sur un galet d'Honfleur

Le seul rêve qui dans vos yeux purs navigua
Ne naufrage jamais Mademoiselle Helga.

A une petite chienne

Quand je passe qui rit à
Mes caresses, toi, Rita.

Eventail à Melle G.M.

Jadis frôlant avec émoi
Ton dos de licorne ou de fée
Aile ancienne, donne-moi
L'horizon dans une bouffée.

« Vers de circonstance », posth., 1920.

Angélus SILESIUS (1624-1677)

Si tu veux dire l'être de l'éternité,
Il te faut d'abord rompre avec toute parole.

●

Rien n'est imparfait : le caillou vaut le rubis,
Et la grenouille est belle autant qu'un Séraphin.

●

Il faut avoir connu le gouffre de l'enfer.
Si tu n'y vas vivant, tu y entreras mort.

●

J'aime une seule chose et ne sais ce qu'elle est,
Et pour ce que je ne la sais, je l'ai élue.

●

Homme, si le paradis n'est pas d'abord en toi,
Crois bien que jamais tu n'y entreras.

●

L'Amour est difficile, car aimer ne suffit.
Il nous faut, comme Dieu, nous-mêmes être l'amour.

●

Ami, j'arrête là. Si tu veux lire encore,
Va, toi-même deviens l'écriture et l'essence.

L'Errant chérubinique, 1657.

Jacques* STERNBERG *(né en 1923)

LA CONFUSION

En réalité, Marie — que l'on appela la Vierge — accoucha de deux garçons en même temps, des jumeaux.

L'un d'eux devint un joyeux traîne-sentiers, grand amateur de maux et de mots qui se tailla même, au hasard de ses pérégrinations, une vague réputation de prêcheur. Mais on l'oublia très vite.

L'autre tourna beaucoup plus mal. Et termina à l'âge de 33 ans, sur une croix, entre deux autres larrons.

Mais curieusement on le confondit avec son frère et la gloire fit le reste.

L'AFFAIRE

A côté de l'usine qui fabriquait en série des allumettes, cet homme d'affaires avait créé une entreprise où l'on enflammait les allumettes pour vérifier si elles étaient utilisables.

LA TIMIDITÉ

Il avait un tel souci de ne pas causer de dérangement qu'il referma la fenêtre derrière lui, après s'être jeté dans le vide, du haut du sixième étage.

L'ÉVADÉ

Il y avait plus de dix jours que le directeur de la prison, ivre de liberté, tenait tête aux trois mille détenus qui voulaient absolument l'empêcher de s'évader.

LES AIGUILLES

Voulant régler les aiguilles d'une horloge de cathédrale, il fit un faux pas et, de l'espace, il tomba dans le temps.

LE BRICOLEUR

Il avait une telle passion du bricolage qu'il avait équipé son vélomoteur d'un dispositif, assez compliqué d'ailleurs, qui lui crevait automatiquement un pneu tous les deux kilomètres.

L'AUTRE

Quand l'astronaute d'un autre monde vit, au fond des galaxies, à proximité de la planète Terre les panneaux « ATTENTION ! PLANÈTE HABITÉE ! » il dévia prudemment de sa course et s'enfonça dans les ténèbres du vide.

L'ÉCRITEAU

C'est avec quelque étonnement qu'on remarquait accroché à la porte de ce caveau funéraire l'écriteau : JE REVIENS DANS UN INSTANT.

LE BOUCHER

Et pour madame, ce sera ? s'affaira le bœuf écorché, armé d'un couteau.

La cliente le dévisagea, lui sourit, puis répondit :

— Un gigot d'homme, peut-être bien, pour changer...

Contes glacés, Marabout, 1974.

POLYGLOSSIE

Ecrire un texte en utilisant plusieurs langues.

POLYGLOSSIE

Des écrivains comme Jorge-Luis Borges connaissent plusieurs langues : l'espagnol, l'anglais, l'allemand, le français, l'italien, etc. Le poète Armand Robin en maniait une trentaine...

Ce qui n'empêche pas d'avoir des préférences : Julio Cortazar qui habitait la France depuis longtemps continua d'écrire en espagnol et Milan Kundera, exilé en France depuis quelques années, rédige également ses livres dans sa langue maternelle. Ce qui laisserait entendre, comme le disait Rivarol, que « *la patrie de l'écrivain, c'est la langue dans laquelle il écrit* ».

Certains pourtant se sont « reconvertis ». Joseph Conrad et Jerzy Kosinski ont abandonné le polonais pour écrire en anglais. Tout comme Vladimir Nabokov, qui avait écrit ses premiers romans en russe.

A Bernard Pivot, qui lui demandait s'il préférait le russe, l'anglais ou le français, Nabokov donna cette réponse (à l'émission *Apostrophes,* le 30 mai 1975).

« *La langue de mes aïeux est encore celle où je me sens parfaitement chez moi, mais je ne regretterai jamais ma métamorphose américaine. Le français ou plutôt mon français ne se plie pas si bien aux supplices de mon imagination ; sa syntaxe me*

V. NABOKOV : « Entretien », dans *Lire*, mars 1978.

défend certaines libertés que je prends tout naturellement avec les deux autres langues. Il va de soi que j'adore le russe, mais l'anglais le surpasse comme instrument de travail, il le surpasse en richesse de nuances, en prose délirante, en précision poétique. Vous m'obligez à faire des aveux bien privés... »

D'une façon plus singulière il arrive parfois que des auteurs fassent appel dans un même texte à des langues différentes.

C'est le cas d'Ezra Pound avec les *Cantos Pisans* où l'on retrouve de l'anglais, du grec, du chinois, etc.

Ces textes en plusieurs langues sont malaisés à traduire. En effet, que modifier par exemple dans tel texte de Cummings — mêlant du français à l'anglais —, quand on veut le traduire en français ? Il est ainsi difficile de comprendre l'usage des italiques faits pour rendre certains passages écrits originellement en français.

Pour éviter ces problèmes, il ne reste plus alors, comme l'a fait Valéry Larbaud, qu'à proposer sa propre traduction.

« *Je conçois très bien une autre vie : une vie dans laquelle je ne serais pas un romancier, locataire heureux d'une tour de Babel en ivoire.* »

(Vladimir Nabokov)

Valéry LARBAUD (1881-1957)

Un ano màs und iam eccoti mit uns again
Pauvre et petit on the graves dos mossos amados
édredon
Epure pionsly tapàudolos in their sleep
Dal pallio glorios das virgens und infants.
With the mind's eye tì sequo sobre l'europa estasa,
On the vas Northern pianure dormida, nitida nix,
Oder on lone Karpathian slopes donde, zapada,
Nigorum brazilor albo disposa velo bist du.
Doch in loco nullo more te colunt els meus
pensaments
Quam in Esquilino Monte, ove della nostra Roma
Corona de platàs ores,
Dum alta iaces on the fields so duss kein Wege seve,
Yel alma, d'ici détachée, su camin finds no ceo.

Encore une année et te revoici déjà parmi nous,
Pauvre et petit, sur les tombes de nos aimés,
édredon.
Et pourtant les recouvrant pieusement dans leur
sommeil.
Du pallium glorieux des vierges et des enfants.
Des yeux de la pensée je te suis sur l'Europe
étendue,
Ou sur les pentes solitaires des Carpathes, où tu es,
neige,
Des noirs sapins blancs voile de mariée.
Mais en aucun lieu mes pensers ne te vénèrent plus
Que sur le Mont Esquilin où tu es, de notre Rome
Couronne d'argent,
Tandis que tu recouvres profondément les champs,
cachant les routes,
Et que l'âme, d'ici détachée, trouve son chemin dans
les cieux.

« La Neige », et sa réduction au français par l'auteur, dans *Les Poésies de A.O. Barnarbooth* © Ed. Gallimard, 1913.

Breughel l'Ancien, *La Tour de Babel,* 1563, Rotterdam © Boymans Van-Beuningen Museum.

♠

Edward Estlin CUMMINGS (1894-1962)

little ladies more
than dead exactly dance
in my head, precisely
dance where danced la guerre.

Mimi à
la voix fragile
qui chatouille des
Italiens

the putain with the ivory throat
Marie Louise Lallemand
n'est-ce pas que je suis belle
chéri ? les anglais m'aiment
tous, les américains
aussi....."bon dos, bon cul de Paris" (Marie
Vierge
Priez
Pour
Nous)
with the
long lips of
Lucienne which dangle
the old men and hot
men se promènent
doucement le soir (ladies

accurately dead les anglais
sont gentils et les américains
aussi, ils payent bien les américains dance
exactly in my brain voulez-
vous coucher avec
moi ? Non ? pourquoi ?)

---

des petites femmes plus
que mortes dansent exactement
dans ma tête, dansent
précisément où dansa la guerre.

Mimi à
la voix fragile
qui chatouille des
Italiens

la putain à la gorge d'ivoire
Marie-Louise Lallemand
n'est-ce pas que je suis belle
chéri ? les Anglais m'aiment
tous, les Américains
aussi..... "bon dos, bon cul de Paris" (Marie
Vierge
Priez
Pour
Nous)
avec les
longues lèvres de
Lucienne qui pendillent
les hommes vieux et les hommes
ardents se promènent
doucement le soir (femmes

authentiquement mortes *les Anglais*
sont gentils et les Américains
aussi, ils payent bien les Américains dansent
exactement dans mon cerveau *tu veux*
pas coucher avec
moi ? Non ? pourquoi ?)

58 + 59 poèmes, © Christian Bourgois Editeur, 1979.

Ezra POUND (1885-1972)

Les Cantos Pisans

le studio sur Regent's canal
Theodora endormie sur le sofa, « la note du
tailleur » du jeune Daïmio
ou la photo de Grishkin retrouvée des années plus tard
avec l'impression que M. Eliot a dû manquer
quelque chose, après tout, en faisant son portrait
periplum
(la danse est un medium)
« Vers sa montagne natale »
ψυχάριον ἀι βάσταξον νεκρὸν

une petite flamme pour un peu de temps
conservée dans le Ballet impérial, jamais dansé dans un théâtre
comme du temps de Justinien
le Père José avait compris quelque chose
avant que la voiture Deluxe lui ait fait passer le précipice
sumne fugol othbaer
appris ce que la Messe voulait dire,
comment on devait/la dire

le dancing à Corpus les jouets dans
l'office à Auxerre

sommet, bouet, et le reste.

[Jè l'ai entendu dans les chiottes l'endroit

rêvé pour apprendre que la guerre est finie]

la coquille du ciel refermée sur sa perle

καλλιπλόκαμα Ida.

非
其
鬼
而

Cantos pisans, B.N. © L'Herne, 1948.

TEXTES combinatoires

Ecrire un texte qui propose plusieurs parcours entre lesquels le lecteur peut choisir.

textes combinatoires

Les exemples les plus notoires de cette activité ont été proposés par Raymond Queneau avec *Un Conte à votre façon* (présenté plus loin) et *Cent mille milliards de poèmes.* Ce dernier recueil est composé de 10 sonnets dont chacun des 14 vers est combinable avec tous ceux des autres poèmes ; d'où les cent mille milliards de combinaisons possibles.

Mais bien auparavant, dans notre littérature, certains poètes ont créé des textes à lectures multiples (mais moins complexes que ceux de Queneau).

Evoquons, encore écrits sur ce principe, deux ouvrages : *Composition n° 1* de Marc Saporta, dont les pages, peuvent être mélangées entre elles à la façon des cartes, ainsi que *Marelle* de Julio Cortazar où il est proposé au lecteur deux parcours de lecture.

Enfin, il existe aujourd'hui un outil qui peut aider à la pratique de la littérature combinatoire : c'est *l'ordinateur.* Essentiellement en ce qu'il permet d'explorer plus efficacement un champ de possibilités : par exemple de systématiser l'utilisation du *hasard* (inaugurée par les surréalistes).

Mais cet usage possible de l'ordinateur connaît ses limites ; il ne peut en effet écrire *à notre place*. Car l'écriture n'est pas une activité purement mécanique : elle met en jeu *l'inconscient* du sujet (ses rêves, ses désirs, ses censures, etc.). Or, jusqu'à présent, l'ordinateur n'a pas prouvé qu'il avait un *inconscient !*

« Oulipo et Informatique », dans *Oulipo,* Idées-Gallimard, 1973.

Pierre FABRI (1490-1539)

Rimeurs	*nouveaux*	*parfaictz*	*ingénieux*
Plaisans	*en dictz*	*en fais*	*victorieux*
Facteurs	*royaulx*	*des cours*	*bien practiquans*
Bruyans	*exquis*	*extrais*	*par faire mieulx*
Puissans	*gentilz*	*reffais*	*débatz et jeux*
Sçavans	*assez*	*de tours*	*poétiquans*
Apris	*subtilz*	*du cours*	*rhétoriquans*
Venez	*rymez*	*tousjours*	*gardez bien l'art*
Le pris	*quérez*	*d'amours*	*pour vostre part*
Tenez	*la fleur*	*des motz*	*prenez le don*
Le pris	*prisez*	*secours*	*gent et gaillart*
Prenez	*honneur*	*cest los*	*pour bon guerdon*

Poème composé en rimes rétrogrades*.

Cité par P. Zumthor, ***Anthologie des grands rhétoriqueurs,***
© Christian Bourgois Editeur, 1978

Etienne DURAND (1568-1618)

O Amour,	*o penser,*	*ô désirs pleins de flame,*
Une Dame	*un object*	*un brasier que je sens*
Me blesse	*me nourrit*	*conduit mes jeunes ans*
A la mort,	*aux douleurs*	*au profond d'une lame :*
O Amour,	*O penser,*	*courez tost à Ma dame,*
Addressez	*racontez*	*monstrez comme présens*
A son cœur	*à son âme*	*à ses yeux tout puissans*
Mes passions,	*mes maux,*	*les douleurs de mon âme :*
Poussez	*Faites vous voir*	*forcez sa résistance*
Sa beauté	*sa rigueur*	*et sa fière constance*
A pleindre	*à souspirer*	*à recognoistre mieux*
Les douleurs	*les ennuis*	*les extrêmes supplices,*
Que j'ay	*que je nourris*	*que je tiens pour délices,*
En aimant,	*en pensant,*	*en désirant ses yeux.*

Dans Claude Bonnefoy, *La Poésie française,*
© Ed. du Seuil, 1975.

Métamorphoses : fac-similé d'un ancien jeu de cartes pour enfants. D.R.

Raymond QUENEAU (1903-1976)

1

– Désirez-vous connaître l'histoire des trois alertes petits pois ?
Si oui, passez à 4
si non, passez à 2.

2

– Préférez-vous celle des trois minces grands échalas ?
Si oui, passez à 16
si non, passez à 3.

3

– Préférez-vous celle des trois moyens médiocres arbustes ?
Si oui, passez à 17
si non, passez à 21.

4

– Il y avait une fois trois petits pois vêtus de vert qui dormaient gentiment dans leur cosse. Leur visage bien rond respirait par les trous de leurs narines et l'on entendait leur ronflement doux et harmonieux.
Si vous préférez une autre description, passez à 9
si celle-ci vous convient, passez à 5.

5

– Ils ne rêvaient pas. Ces petits êtres en effet ne rêvent jamais.
Si vous préférez qu'ils rêvent, passez à 6
sinon, passez à 7.

6

– Ils rêvaient. Ces petits êtres en effet rêvent toujours et leurs nuits sécrètent des songes charmants.
Si vous désirez connaître ces songes, passez à 11
si vous n'y tenez pas, vous passez à 7.

7

– Leurs pieds mignons trempaient dans de chaudes chaussettes et ils portaient au lit des gants de velours noir.
Si vous préférez des gants d'une autre couleur, passez à 8
si cette couleur vous convient, passez à 10.

8

– Ils portaient au lit des gants de velours bleu.
Si vous préférez des gants d'une autre couleur, passez à 7
si cette couleur vous convient, passez à 10.

9

– Il y avait une fois trois petits pois qui roulaient leur bosse sur les grands chemins. Le soir venu, fatigués et las, ils s'endormirent très rapidement.
Si vous désirez connaître la suite, passez à 5
si non, passez à 21.

10

– Tous les trois faisaient le même rêve, ils s'aimaient en effet tendrement et, en bons fiers trumeaux, songeaient toujours semblablement.
Si vous désirez connaître leur rêve, passez à 11
si non, passez à 12.

11

– Ils rêvaient qu'ils aillaient chercher leur soupe à la cantine populaire et qu'en ouvrant leur gamelle ils découvraient que c'était de la soupe d'ers. D'horreur, ils s'éveillent.
Si vous voulez savoir pourquoi ils s'éveillent d'horreur, consulter le Larousse au mot « ers » et n'en parlons plus.
si vous jugez inutile d'approfondir la question, passez à 12.

12

– Opopoï ! s'écrient-ils en ouvrant les yeux. Opopoï ! quel songe avons-nous enfanté là ! Mauvais présage, dit le premier. Oui-da, dit le second, c'est bien vrai, me voilà triste. Ne vous troublez pas ainsi, dit le troisième qui était le plus futé, il ne s'agit pas de s'émouvoir, mais de comprendre, bref, je m'en vais vous analyser ça.
Si vous désirez connaître tout de suite l'interprétation de ce songe, passez à 15
si vous souhaitez au contraire connaître les réactions des deux autres, passez à 13.

13

– Tu nous la bailles belle, dit le premier. Depuis quand sais-tu analyser les songes ? Oui, depuis quand, ajouta le second.
Si vous désirez aussi savoir depuis quand, passez à 14
si non, passez à 14 tout de même, car vous ne le saurez pas plus.

14

– Depuis quand ? s'écria le troisième. Est-ce que je sais moi ! Le fait est que je pratique la chose. Vous allez voir !
Si vous voulez aussi voir, passez à 15
si non, passez également à 15, car vous ne verrez rien.

15

– Eh bien ! voyons, dirent ses frères. Votre ironie ne me plaît pas, répliqua l'autre, et vous ne saurez rien. D'ailleurs, au cours de cette conversation d'un ton assez vif, votre sentiment d'horreur ne s'est-il pas estompé ? effacé même ? Alors à quoi bon remuer le bourbier de votre inconscient de papilionacées ? Allons plutôt nous laver à la fontaine et saluer ce gai matin dans l'hygiène et la sainte euphorie ! Aussitôt dit, aussitôt fait : les voilà qui se glissent hors de leur cosse, se laissent doucement rouler sur le sol et puis au petit trot gagnent joyeusement le théâtre de leurs ablutions.
Si vous désirez savoir ce qui se passe sur le théâtre de leurs ablutions, passez à 16
si vous ne le désirez pas, vous passez à 21.

16

– Trois grands échalas les regardaient faire.
Si les trois grands échalas vous déplaisent, passez à 21
s'ils vous conviennent, passez à 18.

17

– Trois médiocres arbustes les regardaient faire.
Si les trois moyens médiocres arbustes vous déplaisent, passez à 21
s'ils vous conviennent, passez à 18.

18

– Se voyant ainsi zyeutés, les trois alertes petits pois qui étaient fort pudiques s'ensauvèrent.
Si vous désirez savoir ce qu'ils firent ensuite, passez à 19
si vous ne le désirez pas, vous passez à 21.

19

– Ils coururent bien fort pour regagner leur cosse et, refermant celle-ci derrière eux, s'y endormirent de nouveau.
Si vous désirez connaître la suite, passez à 20
si vous ne le désirez pas, vous passez à 21.

20.

– Il n'y a pas de suite le conte est terminé.

21

– Dans ce cas, le conte est également terminé.

Un conte à votre façon, © Éd. Gallimard, 1967.

♠

Marc SAPORTA (né en 1923)

Le lecteur est prié de battre ces pages comme un jeu de cartes. De couper, s'il le désire, de la main gauche, comme chez une cartomancienne. L'ordre dans lequel les feuillets sortiront du jeu orientera le destin de X.

Car le temps et l'ordre des événements règlent la vie plus que la nature de ces événements. Certes, il est un cadre qu'impose l'Histoire : la présence d'un homme dans le maquis, son passage dans les troupes d'occupation en Allemagne appartiennent à une époque déterminée. De même, les faits qui ont marqué son enfance ne peuvent se présenter comme ceux qu'il a vécus à l'âge adulte.

Mais il n'est pas indifférent de savoir s'il a rencontré sa maîtresse, Dagmar, avant ou après son mariage ; s'il a abusé de la petite Helga au temps de son adolescence ou de sa maturité ; si le vol, dont il s'est rendu coupable, a eu lieu sous le couvert de la Résistance ou dans des temps moins troublés ; si l'accident dont il a été victime est sans rapport avec le vol — ou le viol — ou s'il est survenu pendant la fuite.

De l'enchaînement des circonstances, dépend que l'histoire finisse bien ou mal. Une vie se compose d'éléments multiples. Mais le nombre des compositions possibles est infini.

« Présentation » de *Composition N° 1,* © Ed. du Seuil, 19●

LE TEXTE LIBÉRÉ

Ecrire ce qu'on veut de la façon qu'on veut.

LE TEXTE LIBERE

Ainsi défini, le « texte libéré » repose sur l'absence de toute règle aussi bien pour ce qui concerne la forme que le contenu.

Il trouvera donc sa place dans notre« catalogue » comme une sorte de case *vide,* représentant le degré zéro de toute contrainte.

Nul doute cependant que cette possibilité de *tout écrire* n'est que virtuelle. Elle renvoie à ces moments troubles qui précèdent l'écriture, au « vertige » de la *page blanche* qui préoccupe tant d'écrivains (voir ainsi les nombreuses remarques de Flaubert sur ce sujet dans sa *Correspondance*).

Cette activité se trouve bien sûr proche de cette autre qui s'est propagée dans les écoles sous l'appellation de *texte libre.*

Le texte libre autorise bien sûr les réussites mais on risque parfois de lire ceci :

Le dimanche soir.

« *Dimanche nous sommes allés chez mon oncle et ma tante. Je me suis bien amusé avec mes cousins. Nous avons dansé toute la nuit et j'ai joué au petit mille bornes ; il était cinq heures quand nous sommes partis, mon oncle dit vous allez boire un porto et nous avons pris le chemin du retour. Nous avons bien dormi.* »

♡

M. FOUCAULT : *La Volonté de savoir* Gallimard. 1976.

E. BING : *Et je nageai jusqu'à la page,* Des Femmes. 1976.

P. CLANCHE : *Le Texte libre, écriture des enfants,* Maspero. 1976.

"Texte libre et expression libre", dossier publié dans *Les Dossiers pédagogiques de l'Educateur,* n° 94/95. 1974.

Ces stéréotypes d'écriture scolaire peuvent se comprendre de diverses façons. Ils sont tout d'abord l'indice qu'on est pris dans les *glaces* du discours des autres, ce qu'on nomme aussi l'*idéologie.* D'autre part, ils représentent un *colmatage,* c'est-à-dire une façon avantageuse de ne rien dire en disant quelque chose (« Je débite des banalités, pour avoir la paix... »).

Car, d'un genre à l'autre, de la rédaction au texte libre, une même injonction demeure, qu'elle soit présente dans l'énoncé ou dans l'attente du maître : *Racontez-vous, et ce-faisant, soyez sincère !...*

Dans le premier volume de son *Histoire de la sexualité,* Michel Foucault a insisté sur cette exigence de *sincérité* qui traverse la conscience occidentale depuis des siècles :

« *Il faut se faire une représentation bien inversée du pouvoir pour croire que nous parlent de liberté toutes ces voix qui, depuis tant de temps, dans notre civilisation, ressassent la formidable injonction d'avoir à dire ce qu'on est, ce qu'on a fait, ce dont on se souvient et ce qu'on a oublié, ce qu'on cache et ce qui se cache, ce à quoi on ne pense pas et ce qu'on pense ne pas penser.* »

Rédaction (extraite d'un manuel destiné aux classes de 6e)

« *Il vous est probablement arrivé d'avoir peur ? Evoquez ce souvenir, avec toute la sincérité possible.* »

(Ce qui n'empêche pas, à la suite, de préciser par un plan ce qu'il *faudra dire.)*

« *Indications : Les circonstances. Dès l'exposition, indiquez le lieu : chez vous, dans la campagne, dans la rue... Indiquez le temps, le moment de la journée.*

« *Le récit : racontez les événements tels qu'ils se sont passés. Et surtout marquez la progression de votre peur : d'abord inquiétude puis légère angoisse, puis la peur. Veillez à ne pas exagérer (sincérité avant tout). Servez-vous des mots qui traduisent bien vos sentiments, vos impressions...*

« *Verbes : effrayer - épouvanter - frémir - frissonner - palpiter - craindre - trembler - transpirer.*

« *Noms : peur - effroi - horreur - violente émotion.*

« *Adverbes : tout à coup ou soudain.* »

C'est dans tous les cas bien peu tenir compte de ce que nous a au moins appris la psychanalyse, à savoir que le vrai régime de l'expression c'est *l'indirect ;* en d'autres mots, que la vérité d'une *autobiographie* ne peut loger que dans les à-côtés du texte, dans les détails ou « entre les lignes ».

La page qui suit peut en témoigner. Il faudra pourtant se garder de l'interpréter, meilleure façon de se débarrasser d'un texte en voulant en arrêter définitivement le sens.

Annic F.
5e

La Ferme

« Plus tard quand je serai mariée et que j'aurai un enfant, j'aimerais vivre dans une ferme avec de grandes pièces et des chevaux dans un pré, un chien sérieux allongeant le museau, de l'herbe haute et un ruisseau passant derrière la ferme.

Les premiers jours j'astiquerai tout ce qui passera à la portée de ma main. Je chasserai chaque jour la poussière, la cruelle poussière. Je quitterai rarement la maison, sauf pour aller au travail. L'après-midi je savonnerai le linge dans un coin du hangar.

Les draps, les torchons et les chemises tremperont dans l'eau chaude dans un cuvier et l'odeur de la lessive se répandra dans la cour. Je profiterai d'une belle

Devoir de Annie F. (5e).

La Ferme.

« Plus tard quand je serai mariée et que j'aurai un enfant, j'aimerais vivre dans une ferme avec de grandes pièces et des chevaux dans un pré, un chien sérieux allongeant le museau, de l'herbe haute et un ruisseau passant derrière la ferme.

« Les premiers jours j'astiquerai tout ce qui passera à la portée de ma main. Je chasserai chaque jour la poussière, la cruelle poussière. Je quitterai rarement la maison, sauf pour aller au travail. L'après-midi je savonnerai le linge dans un coin du hangar.

« Les draps, les torchons et les chemises tremperont dans l'eau chaude dans un cuvier et l'odeur de la lessive se répandra dans la cour. Je profiterai d'une belle journée, j'irai rentrer les chevaux dans l'étable et j'irai mettre le couvert avec une grande et longue table avec deux bougeoirs à chaque extrémité.

« Le soir, je regarderai la télévision et mon mari lira son journal en fumant sa cigarette dans un fauteuil de cuir; notre enfant étudiera sa leçon. Je fermerai la TV et on ira se coucher dans une chambre froide et immense. »

F. Valloton, ill. pour J. Renard, *Poil de carotte,* B.N., © SPADEM.

Célestin FREINET (1896-1966)

Un texte libre doit être vraiment libre. C'est dire qu'on l'écrit lorsqu'on a quelque chose à dire, lorsqu'on éprouve le besoin d'exprimer, par la plume ou le dessin, ce qui bouillonne en nous.

L'enfant écrira son texte spontané sur un coin de la table le soir ; sur ses genoux, en écoutant parler la grand-mère qui ressuscite pour lui les histoires étonnantes du temps passé, sur le cartable, avant d'entrer en classe et aussi, naturellement, pendant les heures de travail libre que nous réservons dans notre emploi du temps.

Le Texte libre, © Ecole Moderne Française, 1967.

La Rédaction

> « *L'exercice de rédaction est stupide. Apprenez-leur à écrire une phrase ou deux !* »
>
> *J. Renard,* Journal.

Produire un récit en partant d'un sujet imposé.

LA REDACTION

Parler de la rédaction, c'est d'emblée rejoindre l'école et ses souvenirs. Quelques greniers oubliés contiennent peut-être des pages de ce genre :

Samedi 3 mai 1952

Français

Le Printemps

« *C'est le printemps : le soleil, les oiseaux pépient. Quel plaisir de cueillir pour maman un bouquet de fleurs des champs !*

« *Racontez ce que vous avez vu, ressenti. Concluez.* »

Développement.

« *Aujourd'hui le printemps est revenu, alors je vais chercher un bouquet de fleurs pour maman. Le soleil brille et lance ses rayons chauds sur la terre. Dans les arbres recouverts de leurs grands chapeaux de feuilles, les oiseaux pépient et chantent. Les bourgeons duveteux s'épanouissent et les petites violettes odorantes et timides se cachent sous la verdure, et on comparerait la nature à*

♡

G. et S. VILLARD : *Rédaction : cahiers de travaux pratiques,* Masson, 1973.

P. CASTEX & P. SURER : *Manuel des études littéraires françaises, XIX*e *siècle,* © Hachette Editeur, 1962.

F. MARCHAND : *Le Français tel qu'on l'enseigne,* Larousse, 1971.

un rêve. Et tout en regardant cela je cueille des fleurs : violettes, primevères et naturellement le muguet qui a mis sa cocarde blanche. Puis j'effeuille les marguerites en disant : je t'aime un peu, beaucoup, passionnément, pas du tout, et j'éprouve un grand soulagement de l'hiver. Puis je m'en vais en criant : "vive le printemps ! »

Seule remarque de l'instituteur à la fin du devoir :

« *Et le bouquet ? que devient-il ?* »

Bien sûr cette activité comprend aussi des règles plus formelles que certains ont mises en évidence pour les critiquer. Rappelons par exemple les contraintes d'exposition : nécessité de rédiger une introduction, un développement, une conclusion. Nous les retrouvons ici (« Racontez(...) concluez »), car il ne s'agit pas seulement de proposer un sujet (un contenu), il faut encore l'organiser selon un certain « plan » : le *quoi dire* imposé à l'élève est renforcé par un *comment le dire.*

Mais la plupart du temps, ces contraintes pourtant répandues et tenaces (spécifiant par ailleurs des goûts stylistiques bien particuliers : haine des répétitions et des phrases longues, prédilection pour le vocabulaire « pittoresque » et les tournures exclamatives, etc.) faisaient partie de l'*implicite ;* ce qui veut dire qu'elles régissaient éventuellement la correction du devoir, mais n'étaient pas présentes en toutes lettres dans l'énoncé introducteur.

Quelques sujets prélevés dans un cahier d'élève (1952) :

— « *Voici la fermière qui arrive et appelle : "Petits, petits". Elle distribue le grain. Quelle mêlée ! Décrivez cette scène amusante.* »

— « *J'attends un parent sur le quai de la gare. Un point noir à l'horizon. Le train arrive. Que de bruits ! Décrivez cette scène.* »

— « *Brr ! Quel froid ! Je m'emmitouffle et je sors. Je dis ce que je vois, ce que je ressens. Je rentre dans la maison tiède. Quel bien-être ! Je note mes impressions.* »

A lire tous ces sujets, une question surgit immédiatement : *de quoi peut-on parler ?* et son corollaire : *de quoi ne faut-il pas parler ?*

Un livre mériterait d'être écrit qui tenterait de cerner avec précision les contours du « dicible » de l'école, de ce qui peut ou non se loger dans le discours qu'elle autorise.

De 1952 à aujourd'hui, peu de choses, semble-t-il, ont changé, et les manuels continuent inlassablement d'égrener les mêmes propositions :

— « *Racontez une promenade dans un parc touché par l'automne.* »

— « *A la recherche des châtaignes, ou des noisettes, ou des marrons, ou des champignons.* »

— « *Racontez l'histoire d'un jouet qui vous est demeuré cher, en dépit — ou à cause — des mauvais traitements qu'il a subis.* »

— « *Dans un vieux meuble, ou au grenier, vous retrouvez un objet familier. Racontez.* »

FANTAISIES :

Une savante juxtaposition de devoirs exécutés à partir de quelques sujets, pourrait-elle former le diagramme d'un énorme roman, sorte de monstre reconstruit ?

Ou l'inverse : imaginer une idéologie, vaste roman jamais vraiment écrit mais éclaté aux quatre coins du pays, en des morceaux de textes proposés aux enfants pour les faire écrire...

Parcourir ces sujets, ces petits textes, c'est aller de surprise en surprise. On s'étonnera souvent de leur difficulté, voire de leur étrangeté. Tel sujet donne aujourd'hui dans l'inactuel, et tel autre rejoint une sophistication bien peu consciente d'elle-même.

Quelques sujets tirés du *Castex et Surer* (XIXe siècle) :

— « *Chateaubriand écrit, vers la fin de sa vie, à la municipalité de sa ville natale pour qu'elle lui accorde comme lieu de sépulture "six pieds de terre bénie sur le rocher du Grand-Bé".* »

— « *Lamartine écrit à Victor Hugo, peu de temps après la mort de Léopoldine. Il prend d'autant plus part à sa détresse que lui-même ne s'est jamais consolé de la perte de sa petite Julia.* »

— « *Une réunion au Cénacle, rue Notre-Dame des Champs, en 1829.* »

Et, du manuel à la fiction il y a peu, comme le montre plus loin un passage de Proust.

♡

Marcel Proust dans la classe de M. Darlu, B.N., D.R.

Marcel PROUST (1872-1922)

« Mais au lieu d'écrire des bêtises, cria-t-elle en se tournant d'un air impétueux et grave vers Andrée et Rosemonde, il faut que je vous montre la lettre que Gisèle m'a écrite ce matin. Je suis folle, je l'ai dans ma poche, et dire que cela peut nous être si utile ! » Gisèle avait cru devoir adresser à son amie, afin qu'elle la communiquât aux autres, la composition qu'elle avait faite pour son certificat d'études. Les craintes d'Albertine sur la difficulté des sujets proposés avaient encore été dépassées par les deux entre lesquelles Gisèle avait eu à opter. L'un était : « Sophocle écrit des Enfers à Racine pour le consoler de l'insuccès d'*Athalie* » ; l'autre : « Vous supposerez qu'après la première représentation d'*Esther,* Mme de Sévigné écrit à Mme de La Fayette pour lui dire combien elle a regretté son absence. » Or Gisèle, par un excès de zèle qui avait dû toucher les examinateurs, avait choisi le premier, le plus difficile, de ces deux sujets, et l'avait traité si remarquablement qu'elle avait eu quatorze et avait été félicitée par le jury. Elle aurait obtenu la mention "très bien" si elle n'avait « séché » dans son examen d'espagnol. La composition dont Gisèle avait envoyé la copie à Albertine nous fut immédiatement lue par celle-ci, car, devant elle-même passer le même examen, elle désirait beaucoup avoir l'avis d'Andrée, beaucoup plus forte qu'elles toutes et qui pouvait lui donner de bons tuyaux. « Elle en a eu une veine, dit Albertine. C'est justement un sujet que lui avait fait piocher ici sa maîtresse de français. » La lettre de Sophocle à Racine, rédigée par Gisèle, commençait ainsi : « Mon « cher ami, excusez-moi de vous écrire sans avoir « l'honneur d'être personnellement connu de vous, « mais votre nouvelle tragédie d'*Athalie* ne montre- « t-elle pas que vous avez parfaitement étudié mes « modestes ouvrages ? Vous n'avez pas mis de vers

« que dans la bouche des protagonistes, ou person-
« nages principaux du drame, mais vous en avez
« écrit, et de charmants, permettez-moi de vous le
« dire sans cajolerie, pour les chœurs qui ne faisaient
« pas trop mal, à ce qu'on dit, dans la tragédie
« grecque, mais qui sont en France une véritable
« nouveauté. De plus, votre talent, si délié, si fignolé,
« si charmeur, si fin, si délicat, a atteint à une énergie
« dont je vous félicite. Athalie, Joad, voilà des per-
« sonnages que votre rival, Corneille, n'eût pas su
« mieux charpenter. Les caractères sont virils, l'intri-
« gue est simple et forte. Voilà une tragédie dont
« l'amour n'est pas le ressort et je vous en fais mes
« compliments les plus sincères. Les préceptes les
« plus fameux ne sont pas toujours les plus vrais. Je
« vous citerai comme exemple :

De cette passion la sensible peinture
Est pour aller au cœur la route la plus sûre.

« Vous avez montré que le sentiment religieux
« dont débordent vos chœurs n'est pas moins capa-
« ble d'attendrir. Le grand public a pu être dérouté,
« mais les vrais connaisseurs vous rendent justice.
« J'ai tenu à vous envoyer toutes mes congratula-
« tions auxquelles je joins, mon cher confrère,
« l'expression de mes sentiments les plus distingués. »

Les yeux d'Albertine n'avaient cessé d'étinceler pendant qu'elle faisait cette lecture : « C'est à croire qu'elle a copié cela, s'écria-t-elle quand elle eut fini. Jamais je n'aurais cru Gisèle capable de pondre un devoir pareil. Et ces vers qu'elle cite ! Où a-t-elle pu aller chiper ça ? »

A la Recherche du temps perdu, A l'ombre des jeunes filles en fleurs © Ed. Gallimard, 1913-1927.

LA DISSERTATION

Dans le second cycle de notre enseignement, la rédaction laisse la place à un autre exercice connu : la *dissertation,* que l'on peut envisager comme un récit : l'aventure, passionnante parfois, fastidieuse bien souvent, de quelques idées.

Se retrouvent alors des préoccupations (« Que vais-je pouvoir dire ? ») que l'ancienne rhétorique* avait intégrées dans l'une de ses parties constitutives : *l'inventio* (autrement dit : la recherche des *idées*).

Le grand mérite de cette méthode était non seulement son utilité mais aussi le fait qu'elle écartait toute *hypocrisie.* Alors qu'aujourd'hui, les élèves doivent, dans une dissertation, montrer qu'ils savent réfléchir (et écrire), on ne leur donne pas vraiment les moyens de le faire (sinon quelques vagues conseils concernant le plan).

Au XVIIe siècle, l'abbé Lamy a proposé une grille des "lieux communs" (ce qu'on appelle une *topique*) mobilisable en toutes circonstances.

♡

Bernard LAMY (1640-1715)

On ne se remplit l'esprit de véritez certaines fur les matières qu'on est obligé de traiter, que par de sérieuses méditations, & par de longues études dont peu de gens sont capables. La science est un fruit environné d'épines qui éloigne de lui presque tous les hommes : ainsi s'il n'étoit permis de parler que de ce que l'on sçait, la pluspart de ceux même qui font métier de haranguer, seroient obligez de se taire. Pour remédier à une nécessité qui leur seroit si fâcheuse, ces Déclamateurs ont cherché des moyens courts & faciles pour trouver de la matière de discourir sur les sujets même qui leur sont entièrement inconnus. Ils distribuënt ces moyens en certaines classes qu'ils appellent lieux communs ; parce qu'ils sont exposez au public, & que chacun y peut prendre librement des preuves pour prouver avec abondance tout ce qui lui sera contesté, quoiqu'il ignore d'ailleurs la matière sur laquelle il dispute. Les Logiciens parlent de ces lieux communs dans la partie de la Logique qu'ils appellent la Topique. *J'expliquerai en peu de paroles l'artifice de ces lieux : Ensuite nous verrons quel jugement on en doit faire.*

Les lieux communs ne contiennent proprement que des Avis généraux qui font ressouvenir ceux qui les consultent, de toutes les faces, par lesquelles on peut considérer un sujet : ce qui peut être utile, parce qu'envisageant une matière de tous côtez, on trouve sans doute avec plus de facilité ce que l'on peut dire de cette matière. On peut regarder une chose par cent endroits différens : cependant il a plût aux Auteurs de la Topique de n'établir que seize lieux communs.

Le premier de ces lieux est le Genre ; c'est-à-*dire qu'il faut considérer dans un sujet ce qu'il a de commun avec tous les autres sujets semblables. Si on parle de faire la guerre contre le Turc ; on pourra considérer la guerre en général, & tirer des preuves de cette généralité.*

Le second lieu est appelé Différence, *il faut examiner ce qu'une question a de particulier.*

Le troisième est la Définition *; c'est-à-dire qu'il faut considérer toute la nature du sujet. Le discours qui exprime la nature d'une chose, est la définition de cette chose.*

Le quatrième lieu est le Dénombrement des parties, *que le sujet que l'on traite contient.*

Le cinquième, l'Etymologie *du nom du sujet.*

Le sixième, les Conjuguez, *qui sont les noms qui ont liaison avec le nom du sujet, comme ce nom* amour, *a liaison avec tous ces autres noms,* aimer, aimant, amitié, aimable, ami, *etc.*

On peut considérer que les choses que l'on traite, ont quelque ressemblance ou dissemblance : *Ces deux considérations sont le septième & le huitième lieu.*

On peut faire quelque comparaison, & dans cette comparaison remarquer toutes les choses ausquelles le sujet dont on parle est opposé : Cette comparaison, et cette opposition *font le neuvième et le dixième lieu.*

L'onzième lieu est la Répugnance ; *c'est-à-dire qu'en examinant une chose, il faut prendre garde à celles qui lui répugnent pour découvrir les preuves que cette vue peut fournir.*

Il est très important de considérer toutes les circonstances de la matière proposée. Or ces circonstances ont ou précédé, ou accompagné, ou suivi la chose dont il est question : ainsi ces circonstances sont distribuées en trois lieux, qui sont le douzième, le treizième, le quatorzième lieu. On comprend ordinairement toutes les circonstances qui peuvent accompagner une action dans ces Vers :

Quis, quid, ubi, quibus auxiliis, cur, quomodo, quando.

C'est-à-dire qu'il faut examiner quel est l'auteur de l'action : quelle est cette action ; où elle s'est faite, par quels moyens, pourquoi, comment, quand.

Le quinzième lieu est l'Effet: *le seizième* la Cause : *c'est-à-dire qu'il faut avoir égard aux effets dont la chose que vous traitez peut être la cause, et aux choses dont elle-même est l'effet.*

Ces lieux communs fournissent sans doute une ample matière de discourir. Ces considérations différentes font que l'on aperçoit plusieurs preuves : & cette méthode peut sans doute rendre féconds les esprits les plus stériles. Je n'examine pas à présent si cette fécondité est loüable ou inutile. Selon cette méthode, si on parle contre un parricide, on s'étend sur le parricide en général, & on rapporte ce qui est commun à l'accusé, & à tous les autres parricides ; & après on descend aux circonstances du parricide : on en représente la noirceur d'une manière étenduë par des définitions, par des descriptions, par des dénombrements. Quelquefois l'Etymologie du nom de la chose fur laquelle on parle & les autres noms qui ont liaison avec celui-là, donnent sujet de parler, & font trouver des bonnes preuves. On peut discourir longtemps de l'obligation que les Chrétiens ont de bien vivre, en les faisant ressouvenir du nom qu'ils portent.

Les grands discours sont grossis par les similitudes, les dissimilitudes, les comparaisons, qui servent à éclaircir une difficulté, & mettre une vérité obscure dans un grand jour. En un mot, quand on veut circonstancier une action, rapporter ce qui est devant & après, les circonstances qui l'ont accompagné, ce qui l'a causée, ce qu'elle a produit : on lasseroit plutôt ses Auditeurs, que l'on ne manqueroit de matière.

L'Art de parler, avec un discours dans lequel on donne une idée de l'art de persuader, Paris, 1679.

Des sujets qu'on INVENTE soi-même

Mécontents des sujets que nous proposent les livres scolaires, nous décidons d'en fabriquer nous-mêmes...

Une expérience de ce type nous a été rapportée par une enseignante de français qui, lasse des manuels, proposa un jour à ses élèves de 5e de confectionner par eux-mêmes des sujets de rédaction à partir desquels ils aimeraient écrire. Cette initiative devant permettre de constituer une immense réserve (un « trésor ») dans laquelle ils pourraient puiser tout à loisir pendant l'année.

Au bout d'un quart d'heure, plusieurs dizaines de sujets se trouvaient réunis, assez différents des énoncés habituels tant au niveau des thèmes que de la formulation.

En voici quelques-uns :

Une forêt en feu en Afrique

Un cambriolage raté.

Un paquebot fait naufrage près d'une île bizarre.

Un tombeau ouvert dans la nuit.

Des enfants vont garder les moutons de deux personnes âgées.

Imaginez que votre chien ait la chance de parler le même langage que vous.

Marcher sur Mars.

La Planète B attaque.

A la poursuite des hommes sans visage.

La pluie rouge.

La Tour Eiffel tombe.

Un caillou magique qui se transforme, disparaît, réapparaît.

La baleine mangeuse de navires ne se nourrit pas de crevettes mais d'acier.

Mais à tout moment peut surgir le paradoxe intenable :

Pourquoi les hommes préhistoriques étaient-ils plus intelligents que nous ?

Ou l'étrangeté absolue ; un élève a en effet proposé comme sujet cette simple phrase :

Donne-moi ton épée, Charlemagne !

Notons ici l'aspect « ramassé » de l'énoncé, sa brièveté, dont le manque de temps n'est pas vraiment responsable.

Ce qui se découvre dans ces « formules », c'est la marque vive et légère d'un désir d'écriture, un stimulus, un éclair, un pan de réalité entrevu.

Et la *formule,* qui fait s'évanouir la syntaxe (donc le temps et la « raison » de la phrase), en ajointant simplement quelques noms et adjectifs, nous semble être ce qui correspond le mieux à l'écriture du *fantasme.*

Mais ce dernier peut être à l'origine de tout autres travaux. Ainsi Roland Barthes a revendiqué la possibilité de *fonder* un travail de recherche à partir d'un fantasme.

Roland BARTHES (1915-1980)

Je crois sincèrement qu'à l'origine d'un enseignement comme celui-ci, il faut accepter de toujours placer un fantasme, qui peut varier d'année en année. Ceci, je le sens, peut paraître provoquant : comment oser parler, dans le cadre d'une institution, si libre soit-elle, d'un enseignement fantasmatique ? Cependant, si l'on considère un instant la plus sûre des sciences humaines, à savoir l'Histoire, comment ne pas reconnaître qu'elle a un rapport continu avec le fantasme ? C'est ce que Michelet avait compris : l'Histoire, c'est en fin de compte l'histoire du lieu fantasmatique par excellence, à savoir le corps humain ; c'est en partant de ce fantasme, lié chez lui à la résurrection lyrique des corps passés, que Michelet a pu faire de l'Histoire une immense anthropologie. La science peut donc naître du fantasme. C'est à un fantasme, dit ou non dit, que le professeur doit annuellement revenir, au moment de décider du sens de son voyage ; de la sorte il dévie de la place où on l'attend, qui est la place du Père, toujours mort, comme on le sait ; car seul le fils a des fantasmes, seul le fils est vivant.

La leçon (leçon inaugurale au Collège de France), © Ed. du Seuil, 1978.

R. Barthes à l'Ecole Pratique des Hautes Etudes, ph. Michèle Bancilhon. © Le Nouvel-Observateur.

????ypothèses

Lorsqu'on veut se tourner vers des thèmes plus insolites, on utilisera les ouvrages qui étudient la créativité, comprise comme l'ensemble des processus qui gouvernent tout acte d'invention.

HYPOTHESES

En effet ces livres comportent souvent de nombreux exercices ; ils constituent par ce fait même une mine non négligeable de sujets pour qui songe à écrire.

En voici quelques exemples (empruntés à Michel Fustier), classés selon trois rubriques : les *suppressions,* les *modifications* et les *scénarios futuristes :*

Suppressions :

Supposez que personne n'ait inventé les souliers ; comment serait le monde ?

Supprimez les chaises et l'envie de s'asseoir ; quelles en seraient les conséquences ?

On interdit toute nouvelle invention.

Les USA sont rayés du monde.

Modifications : que se passerait-il si :

On multipliait par 10 le prix des lessives ?

On faisait payer l'eau au prix de l'alcool ?

On assurait la gratuité des produits alimentaires ?

Scénarios futuristes : qu'arriverait-il si :

On parvenait à dispenser l'homme de dormir ?

Tous les gens devenaient sourds ?

On découvrait que les matières plastiques sont nuisibles à la santé ?

On doublait la durée de la vie humaine ?

♡

M. Fustier : *Pratique de la créativité,* E.S.F., 1978.

Nous sommes là, en fait, très près des romans de science-fiction qui, en mêlant étroitement l'imaginaire et le rationnel, ne sont souvent que le développement logique d'une hypothèse plus ou moins « fantaisiste ».

En guise d'illustration, rappelons simplement quelques « thèmes » :

Il cesse de pleuvoir, l'eau devient rare ; comme dans le livre de Ballard, *Sécheresse* (Livre de Poche) ;

L'automobile envahit tout ; voir Jean Yanne, *L'Apocalypse est pour demain* (Livre de poche) ;

Les chiens, devenus plus intelligents que les hommes, supplantent ces derniers ; dans le roman de Clifford Simack, *Demain les chiens* (J'ai lu).

Nous présentons enfin un texte très étrange de Brillat-Savarin, dans lequel il se demande — mais sans développer son hypothèse — ce qui se passerait si la température de la Terre venait soudain à augmenter...

BRILLAT-SAVARIN (1755-1826)

Des monuments irrécusables nous apprennent que notre globe a déjà éprouvé plusieurs changements absolus, qui ont été autant de fins du monde ; et je ne sais quel instinct nous avertit que d'autres révolutions doivent se succéder encore.

Supposons, par exemple, qu'un de ces astres errants, dont personne ne connaît la route ni la mission, et dont l'apparition a toujours été accompagnée d'une terreur traditionnelle ; supposons, dis-je, qu'une comète passe assez près du soleil pour se charger d'un calorique surabondant, et nous approche assez pour causer sur la terre six mois d'un état général de 60 degrés de Réaumur (une fois plus chaud que celui de la comète de 1811).

A la fin de cette saison funérale, tout ce qui vit ou végète aura péri, tous les bruits auront cessé ; la terre roulera silencieuse jusqu'à ce que d'autres circonstances aient développé d'autres germes ; et cependant la cause de ce désastre sera restée perdue dans les vastes champs de l'air et ne nous aura pas seulement approchés de plusieurs millions de lieues.

Cet événement, tout aussi possible qu'un autre, m'a toujours paru un beau sujet de rêverie, et je n'ai pas hésité un moment à m'y arrêter.

Il est curieux de suivre, par l'esprit, cette chaleur ascensionnelle, d'en prévoir les effets, le développement, l'action, et de se demander :

Quid pendant le premier jour, pendant le second, et ainsi de suite jusqu'au dernier ?

Quid sur l'air, la terre et l'eau, la formation, le mélange et la détonation des gaz ?

Quid sur les hommes, regardés dans le rapport de l'âge, du sexe, de la force, de la faiblesse ?

Quid sur la subordination aux lois, la soumission à l'autorité, le respect des personnes et des propriétés ?

Quid sur les moyens à chercher ou les tentatives à faire pour se dérober au danger ?

Quid sur les liens d'amour, d'amitié, de parenté, sur l'égoïsme, le dévouement ?

Quid sur les sentiments religieux, la foi, la résignation, l'espérance, etc., etc. ?

L'histoire pourra fournir quelques données sur les influences morales ; car déjà plusieurs fois la fin du monde a été prédite, et même indiquée à un jour déterminé.

J'ai véritablement quelque regret de ne pas apprendre à mes lecteurs comment j'ai réglé tout cela dans ma sagesse : mais je ne veux pas les priver du plaisir de s'en occuper eux-mêmes. Cela peut abréger quelques insomnies pendant la nuit, et préparer quelques siestas pendant le jour.

Physiologie du goût, 1825,
Ed. Julliard.

TEXTES EXTRAVAGANTS

Ecrire des textes « insensés » ; imaginer des situations, des événements, des objets, des personnages qui ne respectent pas les règles de la logique et du « bon sens » commun.

TEXTES EXTRAVAGANTS

Les textes du Moyen-Age que l'on appelle *fatrasies** comptent sans doute parmi les premiers exemples littéraires de textes extravagants.

Quant aux humoristes contemporains, ils ont souvent brillé dans la création de textes absurdes. Jean Tardieu nous donne dans *Le Professeur Froeppel* de singuliers sujets de réflexion que l'on pourrait (par dérision) proposer à l'école comme sujets de rédaction.

Pierre Dac, lui, a composé dans son journal *L'Os à moëlle* des recettes de cuisine tout à fait surprenantes.

D'ailleurs ces textes ne sont qualifiés d'absurdes qu'en fonction de certaines *conventions,* précisément celles qui, dans notre société, règlent le partage entre la « raison » et la « folie », entre le « sérieux » et le « frivole ».

Inversement, le caractère *sérieux* de certains sujets de devoirs scolaires par exemple, est purement *arbitraire.* Ainsi, fut donné il y a quelques années au baccalauréat, le sujet suivant : *Faut-il encore respecter les vieillards ?* Voilà bien un énoncé typiquement ridicule, un chef-d'œuvre d'humour involontaire. Car, telle qu'elle est formulée, que peut-on répondre d'autre que *oui* à cette question ?

Enfin, nous nous arrêterons sur des textes qui ne sont absurdes qu'en apparence. Il s'agit de ces petits problèmes qui font les délices des amateurs de raisonnements. Ces énigmes ont un aspect quelque peu retors, mais leur solution est absolument *logique.* Nous en proposons plus loin un exemple intitulé : *Glaces à la vanille.*

♡

Philippe de BEAUMANOIR (1250-1296)

Je vis toute la mer
S'assembler sur terre
Pour faire un tournoi
Et des pois à piler
Sur un chat montés
Firent notre roi.
Là-dessus vint je ne sais quoi
Qui prit Calais et Saint-Omer
Et les mit à la broche,
Les faisant reculer
Sur le mont Saint-Éloi.

Un grand hareng-saur
Avait assiégé Gisors
De part et d'autre
Et deux hommes morts
Vinrent avec de grands efforts
Portant une porte.
Sans une vieille bossue
Qui alla criant : "A ! hors
Le cri d'une caille morte
Les aurait pris avec de grands efforts
Sous un chapeau de feutre.

Le gras d'un poulet
Mangea au brouet
Pont et Verberie.
Le bec d'un petit coq
Emportait sans procès
Toute la Normandie
Et une pomme pourrie
Qui a frappé d'un maillet
Paris Rome et la Syrie
En a fait une gibelotte :
Personne n'en mange sans rire.

« Fatrasie »

Jean BODEL d'ARRAS (XIIIe s.)

Le son d'un cornet
Mangeait au vinaigre
Le cœur d'un tonnerre
Quand un béquet mort
Prit au trébuchet
Le cours d'une étoile
En l'air il y eut un grain de seigle
Quand l'aboiement d'un brochet
Et le tronçon d'une toile
Ont trouvé foutu un pet
Ils lui ont coupé l'oreille.

Un ours emplumé
Fit semer un blé
De Douvres à Oissent.
Un oignon pelé
S'était apprêté

A chanter devant.
Quand sur un éléphant rouge
Vint un limaçon armé
Qui leur criait :
Fils de putains, arrivez !
Je versifie en dormant.

« Fatrasie »

Jean TARDIEU (né en 1903)

Quel est le plus long chemin d'un point à un autre ?

Le comptable d'un magasin, en faisant sa caisse le soir, trouve six mille francs de plus que ce qui a été porté pendant la journée au chapitre des recettes.
Que fera-t-il de cet argent ?

Une bille remonte un plan incliné. Faites une enquête.

Si, dans la rue, un réverbère s'approche de vous et vous demande du feu, comment vous y prenez-vous pour ne pas paraître décontenancé ?

Sachant que vous êtes immortel, comment organiserez-vous vos journées ?

Peter BENCHLEY (1889-1945)

Dans un livre récent intitulé La vie psychique des insectes, *le professeur Bouvier recommande de ne pas taxer ces petits êtres ailés d'intelligence lorsqu'ils se comportent d'une façon qui semble en dénoter, car il ne s'agit probablement que de réflexes. J'aimerais toutefois soumettre au Professeur un cas probant de la faculté de raisonner chez un insecte dont le comportement ne saurait être analysé autrement de la façon satisfaisante.*

Au cours de l'été 1889, alors que j'élaborais mon traité Du rire chez les larves, *nous avons élevé une guêpe femelle dans notre maison de campagne des Adirondacks. C'était du reste plus notre enfant que notre guêpe, à ceci près qu'elle avait plus l'aspect d'une guêpe que d'un enfant, détail qui nous permettait, entre autres, de faire la distinction.*

Lorsque nous l'avions recueillie, c'était encore une jeune guêpe (treize ou quatorze ans), et pendant quelque temps nous n'arrivâmes pas à la faire boire ni manger, tellement elle était timide. Comme c'était une femelle, nous voulions l'appeler « Miriam », mais le surnom que lui avaient donné les enfants, « Bouboule », lui resta. Donc Bouboule ce fût.

Un soir où j'étais resté travailler très tard dans mon laboratoire, à manipuler une bouteille de gin et autres produits chimiques, je trébuchai en sortant sur un neuf de carreau qu'on avait laissé traîner par terre, et je fis tomber le fichier où étaient classés les noms et adresses de toutes les larves d'Amérique du Nord valant la peine d'être connues. Les fiches s'éparpillèrent dans tous les coins de la pièce.

J'étais trop fatigué pour me mettre à les ramasser et je partis me coucher en sanglotant, absolument fou de rage. Toutefois en m'en allant, je remarquai la guêpe qui décrivait des cercles au-dessus des fiches éparses. « Bouboule va peut-être les ramasser », me dis-je en riant à moitié, sans penser un instant que la chose pouvait se produire.

Lorsque je descendis le lendemain, je trouvai Bouloule visiblement épuisée, encore endormie dans sa boîte. Les fiches éparses gisaient sur le plancher, dans l'état exact où je les avais laissées la veille au soir. Ce qui n'avait du reste rien d'étonnant. Le fidèle petit insecte les avait survolées en bourdonnant toute la nuit, se demandant s'il allait les ramasser et les remettre dans le fichier, ou, au contraire, me laisser ce soin, car il risquait d'augmenter le désordre en les rangeant, étant donné que son ignorance en matière de larves — celles des guêpes exceptées — était à peu près totale. L'entreprise dépassait tout simplement sa compétence, et, découragé, il rentra dans sa boîte et pleura jusqu'à ce qu'il s'endormît.

Si cet exemple n'infirme pas la déclaration du professeur Bouvier qui prétend que les insectes sont incapables de raisonner, je rends mon tablier.

« Est-ce que les insectes pensent ? » dans *Le Supplice des week-end,* © Christian Bourgeois Editeur, 1963.

Reportez-vous par la pensée dans les temps antiques : la municipalité d'Athènes pose la première pierre des ruines du Parthénon. Décrivez la cérémonie.

Un jeune homme a volé une bague de prix pour l'offrir à sa fiancée.
Or, cette bague ne plaît pas à la jeune fille.
Que doit faire le jeune homme ?

Comment vous représentez-vous une absence de poisson. Faites un dessin.

« Petits problèmes et travaux pratiques », dans *Le Professeur Froeppel* © Ed. Gallimard, 1978.

♡

Gaston de PAWLOWSKI (1874-1933)

On est fort ému, sur nos côtes normandes, par les premiers essais qui viennent d'être faits d'une *moule perlière*. Il suffit, paraît-il, de placer une fausse perle à l'intérieur d'une moule pour que celle-ci, tout aussitôt surexcitée, sécrète en quelques semaines une petite perle fort jolie et qui rappelle, à peu de chose près, la perle de l'huître. Ce serait là une véritable fortune pour nos pêcheurs normands.

A propos de ces *moules perlières,* rappelons une anecdote amusante. Lorsque le fait fut communiqué à l'Académie des Sciences, une petite revue provinciale qui s'intitule modestement *Le Relèvement de l'Elevage* avait repris cette information d'une façon véritablement imprévue. Par suite, sans doute, d'une faute de transcription, le rédacteur agricole de cette revue avait compris qu'il s'agissait de *poules merlières,* et vous voyez d'ici les développements imaginés par ce folliculaire départemental ! D'après lui la poule merlière, issue d'un judicieux croisement, sifflait comme le merle pour appeler ses petits, ce qui est plus gracieux que le caquètement habituel. Détail plus intéressant encore, elle pouvait siffler le chien de la ferme lorsqu'un renard s'apprêtait à dévaster le poulailler. Mais laissons là ces folies et parlons de choses sérieuses.

Toujours à propos des moules perlières, il paraît que, pour obtenir de bons résultats, la fausse perle provocatrice n'est pas indispensable. Il suffit d'exciter la moule en perçant un tout petit trou dans sa coquille, et ces piqûres peuvent se faire très rapidement à la machine. Les moules piquées à la machine sécrètent tout aussitôt de la nacre autour du trou et produisent ainsi de jolies perles. Signalons toutefois que ces éleveurs cupides, ayant par trop multiplié les trous, les moules se sont contentées de produire de simples boutons de gilet de flanelle, ce qui est, on l'avouera, une leçon et un exemple.

Il convient de signaler, dans le même ordre d'idées, deux inventions nouvelles issues de la *moule perlière,* plus réelles celles-là que la *poule merlière* et qui sont appelées je crois à faire quelque bruit.

Il s'agit tout d'abord de la *poule perlière,* utilisée dès maintenant par les pêcheurs normands pour récolter les perles artificielles que l'on développe dans la coquille des moules. En quelques heures, ces intelligents gallinacés, perchés sur les rochers, se saisissent des perles qu'ils aperçoivent dans les moules entrouvertes et qu'ils prennent naïvement pour de petit grains de mil. On peut ainsi, grâce à ces intelligentes bestioles, recueillir en une matinée des milliers de perles dont la main de l'homme chercherait vainement à s'emparer au cours des chasses fatigantes et fastidieuses. D'un simple mouvement du bec, la poule pique la perle, l'avale, et il suffit ensuite de laver les sous-produits du poulailler pour que les braves pêcheurs normands recueillent le fruit de leurs peines.

A côté de ces *poules perlières* véritablement si remarquables, il faut également signaler les utiles services que rendent à la navigation les nouvelles *moules merlières* placées sur de dangereux récifs. Les marins ont déjà baptisé de ce nom les moules qui, percées de petits trous pour la culture des perles, rendent un son étrange, analogue au sifflement du merle. La moule percée de trous ressemble beaucoup à ce bizarre petit instrument de musique que l'on appelle ocarina.

Lorsque le vent souffle, lorsque la tempête fait rage, les moules percées de trous font entendre un sifflement sauvage qui avertit les navigateurs et écarte leurs nefs des dangereux rochers où elles allaient se briser. C'est ainsi que l'industrie nouvelle de la *moule perlière* rend de signalés services à l'humanité et l'on peut prévoir que dans un avenir prochain les *moules merlières* remplaceront avantageusement les phares et les sirènes actuellement en usage.

Les chasseurs s'intéressent un peu partout à un nouvel appât qu'annoncent certains catalogues d'armuriers sous ce nom : *perles pour lièvres.*

Il s'agit d'une petite perle "en imitation" que l'on place dans les clairières et qui évoque par la forme, sinon par la couleur, l'aspect des sous-produits du lapin. Le lièvre, étonné par ces petites boules nacrées qu'il ne connaît pas, s'arrête, regarde, flaire, et rien n'est plus facile que de le tirer à ce moment-là. Notons à ce propos qu'il faut bien se garder de confondre la *perle pour lièvres* avec la *moule perlière,* qui produit les *perles moulières,* et avec les *poules merlières* dont nous avons parlé plus haut. Il ne faut pas non plus confondre avec les *moules merlières* imitant l'ocarina, et les *poules perlières,* qui évoquent douloureusement le souvenir de la charmante fable « Le Coq et la Perle », et servent, on le sait, de *poules moulières.* à rechercher les perles artificielles que l'on cultive dans les moules. Ajoutons enfin que la même distinction s'impose avec les nouveaux *merles pour lierres,* utilisés par les agriculteurs pour détruire les lierres qui étouffent les arbrisseaux et que l'on fait passer d'un arbre à l'autre, lorsque leur travail est terminé, en leur lançant des projectiles inoffensifs d'un modèle spécial, que l'on appelle les *pierres molles pour merles.* Evidemment, à la réflexion, aucune confusion n'est possible, mais un simple « lapsus calami » dans les commandes pourrait entraîner de regrettables erreurs.

Inventions nouvelles et dernières nouveautés, 1916.

J. Bosch,
Le Jardin des délices : l'Enfer, vers 1485, Madrid, Musée du Prado, photo Anderson © Roger Viollet.

♡

Pierre DAC

LA SOUPE AUX POISSONS ROUGES

Pour faire la soupe aux poissons rouges, il est indispensable d'avoir un bocal dans lequel s'ébattent des poissons rouges dont le nombre doit être proportionnel à la quantité de soupe que l'on désire.

Ne pas toucher aux poissons. Faire, à part, une soupe quelconque, légère autant que possible, aux poireaux et aux pommes de terre cuites ; laissez mitonner pendant une bonne heure au feu continu et alternatif, suivant la nature du gaz ou du charbon de bois que vous utilisez. Laissez tiédir et versez, louche par louche, la soupe ainsi obtenue par les poissons rouges qui, n'en doutez pas, l'apprécieront à sa juste valeur.

L'Os à moelle,

LES CERISES A L'EAU DE VIE

Voici l'époque où les cerises vont se trouver en abondance sur nos marchés ; profitons de leur prix abordable pour préparer de délicieuses cerises à l'eau-de-vie. Pour cette préparation, employez de préférence la cerise anglaise, la Montmorency, la griotte d'Étampes ou la tardive de Saint-Quentin. Enlevez les queues, dénoyautez. Prendre un litre de bonne eau-de-vie à 45° et procédez de la façon suivante : absorber une dizaine de cerises d'un seul coup, boire immédiatement la valeur d'un verre à bordeaux d'eau-de-vie et continuer ainsi jusqu'à épuisement des cerises et de l'eau-de-vie. Cette méthode, qui laisse à la cerise toute sa saveur, évite l'emploi toujours fastidieux des pèse-sirop et des bocaux de verre.

L'Os à moelle,

GLACES A LA VANILLE

Monsieur A rencontre dans la rue un ami, Monsieur B, qu'il n'a pas vu depuis des années.
— Au fait, dit A, et vos trois enfants ? Quel âge ont-ils maintenant ? B sourit et répond :
— Eh bien, sachez que le produit de leurs âges est égal à 36.
— Ça ne me suffit pas, dit A.
— Bon, j'ajouterai que la somme de leurs âges est égale au numéro de cette maison, là en face.
— Mais ça ne me suffit toujours pas, dit A.
— Bien, alors disons que l'aîné aime les glaces à la vanille.

Quel est donc l'âge des trois enfants ?

(La réponse et l'explication se trouvent en *Annexe.*)

inventaires inventaires inventaires inventaires inventaires inventaires *futiles*

Etablir des espèces d'inventaires individuels à partir de choses inhabituelles, apparemment futiles ; rencontrer des situations de langage inédites, appréhender des contenus nouveaux, dire le laissé-pour-compte de nos langages : l'accessoire, l'insignifiant, le frivole...

Inventaires futiles

On passe le plus clair de son temps à parler des mêmes choses. C'est que nos phrases ne vont pas n'importe où : sans cesse elles retrouvent les mêmes lieux de parole (les lieux communs).

Et notre vie aussi, quand nous la racontons, rejoint toujours les mêmes mots. Les relations sociales bien sûr nous y obligent, tant sont forts les interdits qui pèsent sur le langage.

De son côté la psychanalyse a insisté sur ce langage « impossible » dont nous sommes faits, pour inviter le sujet à retrouver dans la « cure » le fil d'un discours perdu.

Sans chercher aussi loin, on pourrait tenter d'établir une nouvelle « carte d'identité », en suivant par exemple cette proposition de Paul Valéry :

« *Il serait peut-être intéressant de dresser la table des goûts et dégoûts de quelqu'un — comme celle de ces albums de jeune fille : quelle est votre fleur préférée ? Je m'amuserais à faire ma table. Je ne puis souffrir — en idée — les rognons, les tripes, etc.*

« *Ici, distinguer les phobies* a priori, *des dégoûts éprouvés — (huile de foie de morue) — ail, etc.*

« *Je n'aime guère le violet, ni le vert, ni le brun-bistre. Les gens "sérieux".* »

P. VALÉRY : *Cahiers, I*, Gallimard, 1973.

Roland Barthes a lui aussi, dans l'un de ses ouvrages, dressé une liste de ses goûts et de ses dégoûts.

Quant à Georges Pérec il propose dans *Je me souviens,* une série de 480 petits souvenirs, invitant le lecteur à continuer personnellement cet inventaire.

Enfin, pour notre plus grand plaisir, le hasard nous a permis de découvrir un livre japonais très étonnant : les *Notes de chevet* de Sei Shônagon, écrites au XIe siècle par une dame d'honneur de la Princesse Sadako. Cet ouvrage qui appartient au genre « soshi » (c'est-à-dire des écrits intimes) ne comporte en effet, en dehors de quelques récits et historiettes, que des *listes,* des *inventaires.*

Chacun pourra ainsi rédiger la liste de ses faiblesses, de ses crédulités, de ce qui le met en colère, des objets qu'il met dans ses poches, des mots qu'il se refuse à employer, ou encore recenser les lieux qu'il aime ou qu'il n'aime pas, comme le fait Michel Butor dans le beau numéro de l'*Arc* qui lui a été consacré.

Yachô, *Chauve-souris en vol, fin du XVIIIe siècle, Ashmolean Museum, Oxford, D.R.*

Sei SHONAGON (XIe s.)

CHOSES ELEGANTES

Sur un gilet violet clair, une veste blanche.
Les petits des canards
Dans un bol de métal neuf, on a mis du sirop de liane, avec de la glace pilée.
Un rosaire en cristal de roche.
De la neige tombée sur les fleurs des glycines et des pruniers.
Un très joli bébé qui mange des fraises.

CHOSES QUI ONT UN ASPECT SALE

L'envers d'une broderie.
L'intérieur de l'oreille d'un chat.
Une foule de rats, dont le poil n'est pas encore poussé, qui sortent du nid, tout grouillants.
Les points des coutures, à l'envers d'un vêtement de fourrure qu'on n'a pas encore doublé.
Quand il fait sombre dans un endroit qui ne semble pas particulièrement propre.
Une femme qui n'est pas très jolie, et qui a une foule d'enfants, dont elle prend soin.
Lorsqu'une femme qu'il n'aime pas très profondément tombe malade et languit longtemps, un homme, en son cœur, doit s'en sentir dégoûté.

CHOSES QUI SONT A PROPOS DANS UNE MAISON

La cuisine.
La salle où se tiennent les gens qui forment la suite du maître.
Un balai neuf.
De petites tables carrées.
De jeunes servantes, des serviteurs.
Un paravent d'une seule feuille.
Un écran de trois pieds.
Un sac à provisions bien décoré,
Un parapluie.
Un tableau noir où l'on note ce que l'on a peur d'oublier.
De petites armoires à étages.
Les vases pour verser le vin de riz et pour le faire chauffer.
Une table de hauteur moyenne.
Un coussin rond, garni de paille.
Un corridor coudé à angle droit.
Un brasier rond, orné d'un dessin.

CHOSES DESOLANTES

Un chien qui aboie pendant le jour.
Une nasse à poissons au printemps.
Un vêtement couleur de prunier rouge, au troisième ou au quatrième mois.
Une chambre d'accouchement où le bébé est mort.
Un brasier sans feu.
Un conducteur qui déteste son bœuf.
Un savant docteur à qui naissent continuellement des filles.
Une maison où l'on n'offre pas de festin à celui qui a fait un long détour pour éviter de marcher dans une direction néfaste. Au changement de saison, c'est encore plus désolant !

CHOSES QUI FONT BATTRE LE CŒUR

Des moineaux qui nourrissent leurs petits.
Passer devant un endroit où l'on fait jouer de petits enfants.
Se coucher seule dans une chambre délicieusement parfumée d'encens.
S'apercevoir que son miroir de Chine est un peu terni.
Un bel homme, arrêtant sa voiture, dit quelques mots pour annoncer sa visite.
Se laver les cheveux, faire sa toilette, et mettre des habits tout embaumés de parfum. Même quand personne ne vous voit, on se sent heureuse, au fond du cœur.
Une nuit où l'on attend quelqu'un. Tout à coup, on est surpris par le bruit de l'averse que le vent jette contre la maison.

CHOSES QUI NE FONT QUE PASSER

Un bateau dont la voile est hissée.
L'âge des gens.
Le printemps, l'été, l'automne et l'hiver.

CHOSES QUI DOIVENT ETRE COURTES

Le fil pour coudre quelque chose dont on a besoin tout de suite.
Un piédestal de lampe.
Les cheveux d'une femme de basse condition. Il est bon qu'ils soient gracieusement coupés court.
Ce que dit une jeune fille.

Notes de chevet, © Ed. Gallimard, 1966.

♡

François VILLON (1431-1463)

Je congnois bien mouches en let,
Je congnois a la robe l'homme.
Je congnois le beau temps du let.
Je congnois au pommier la pomme,
Je congnois l'arbre a veoir la gomme,
Je congnois quant tout est de mesmes.
Je congnois qui besongne ou chomme,
Je congnois tout, fors que moy mesmes.
Je congnois pourpoint au colet.
Je congnois le moyne a la gonne.
Je congnois le maîstre au varlet.
Je congnois au voille la nonne.
Je congnois quant pipeur jargonne,
Je congnois fols nourris de cresmes,
Je congnois le vin a la tonne,
Je congnois tout, fors que moy mesmes.
Je congnois cheval et mulet,
Je congnois leur charge et leur somme,
Je congnois Bietris et Belet,
Je congnois get qui nombre et somme.
Je congnois vision et somme,
Je congnois la faulte des Boesmes,
Je congnois le povoir de Romme,
Je congnois tout, fors que moy mesmes.
Prince, je congnois tout en somme,
Je congnois coulourez et blesmes,
Je congnois Mort qui tout consomme,
Je congnois tout, fors que moy mesmes.

« Ballade des menus propos »
dans *la Poésie française,*
Claude Bonnefoy © Ed. du Seuil.

Georges PEREC (1936-1982)

Je me souviens que Michel Legrand fit ses débuts sous le nom de « Big Mike ».

Je me souviens qu'un coureur de 400 mètres fut surpris en train de voler dans les vestiaires d'un stade (et que, pour éviter la prison, il fut obligé de s'engager en Indochine).

Je me souviens du jour où le Japon capitula.

Je me souviens d'un morceau d'Earl Bostic qui s'appelait *Flamingo.*

Je me souviens que je me demandais si l'acteur américain William Bendix était le fils des machines à laver.

Je me souviens de l'*Adagio* d'Albinoni.

Je me souviens de l'émission de Jean Lec : *Le Grenier de Montmartre.*

Je me souviens du contentement que j'éprouvais quand, ayant à faire une version latine, je rencontrais dans le Gaffiot une phrase toute traduite.

Je me souviens de l'époque où la mode était aux chemises noires.

Je me souviens des postes à galène.

Je me souviens que j'avais commencé une collection de boîtes d'allumettes et de paquets de cigarettes.

Je me souviens que c'est grâce à Edith Piaf que les Compagnons de la Chanson, Eddie Constantine et Yves Montand débutèrent.

Je me souviens de l'époque où Sacha Distel était guitariste de jazz.

Je me souviens des autobus à plate-forme : quand on voulait descendre au prochain arrêt, il fallait appuyer sur une sonnette, mais ni trop près de l'arrêt précédent, ni trop près de l'arrêt en question.

Je me souviens que j'étais très triste que l'actrice Maggie McNamara n'ait joué que dans *the Moon is blue.* Plus tard, j'ai appris qu'elle était la fille du ministre de la guerre.

Je me souviens que Voltaire est l'anagramme de Arouet L(e) J(eune) en écrivant V au lieu de U et I au lieu de J.

Je me souviens, collection P.O.L.
1978, © Hachette, Editeur.

Roland BARTHES (1915-1980)

J'AIME :
la salade, la cannelle, le fromage,
les piments, la pâte d'amandes,
l'odeur du foin coupé (j'aimerais qu'un "nez" fabriquât un tel parfum),
les roses, les pivoines, la lavande, le champagne,
des positions légères en politique,
Glenn Gould, la bière excessivement glacée,
les oreillers plats, le pain grillé, les cigares de Havane, Haendel,
les promenades mesurées, les poires, les pêches blanches ou de vigne, les cerises, les couleurs,
les montres, les stylos, les plumes à écrire,
les entremets, le sel cru, les romans réalistes, le piano, le café,
Pollock, Twombly,
toute la musique romantique,
Sartre, Brecht, Verne, Fourier, Eisenstein, les trains,
le médoc, le bouzy,
avoir la monnaie,
Bouvard et Pécuchet,
marcher en sandales le soir sur de petites routes du Sud-Ouest,
le coude de l'Adour vu de la maison du docteur L...,
les Marx Brothers,
le serrano à sept heures du matin en sortant de Salamanque,
etc.

JE N'AIME PAS :
les loulous blancs, les femmes en pantalon,
les géraniums, les fraises, le clavecin,
Miró,
les tautologies, les dessins animés, Arthur Rubinstein,
les villas,
les après-midi, Satie, Bartok, Vivaldi,
téléphoner,
les chœurs d'enfants, les concertos de Chopin, les bransles de Bourgogne,
les danceries de la Renaissance, l'orgue,
M.-A. Charpentier,
ses trompettes et ses timbales,
le politico-sexuel, les scènes, les initiatives,
la fidélité, la spontanéité, les soirées avec des gens que je ne connais pas,
etc.

Roland Barthes par lui-même, Seuil, 1975.

♡

Robert PINGET (né en 1919)

J'aime ce qui est beau. L'art, l'amitié... Et l'amour bien sûr mais je déplore qu'on l'identifie la plupart du temps avec la sensualité.

J'aime la discrétion. Les gens qui se déboutonnent trop facilement me déplaisent, ainsi que ceux qui sont trop sûrs d'eux-mêmes.

J'aime les êtres hypersensibles. Ils ne sont pas toujours malléables mais qu'importe, ils nous apprennent la délicatesse.

J'aime le travail, qui nous sauve de nos mesquineries.

Je voudrais aimer plus profondément la misère.

J'aime le céleri en rémoulade mais je le déteste cuit dans la soupe.

« J'aime... », texte inédit écrit pour ce livre (1982).

Choisir un thème, si possible original,
puis l'exploiter en utilisant la forme du dictionnaire.

DICTIONNAIRES

R. BARTHES : *Fragments d'un discours amoureux,* Seuil, 1977.

A. SAVINIO : *Encyclopédie nouvelle,* Gallimard, 1980.

VOLTAIRE : *Dictionnaire philosophique,* 1764.

Les écrivains aiment à s'entourer de dictionnaires, comme l'attestent ces témoignages recueillis par les *Nouvelles littéraires :*

— Georges Pérec : « *Oui, les dictionnaires tiennent une grande place dans ma vie et dans mon travail d'écrivain. J'en possède d'ailleurs une soixantaine et le tiers de mon temps d'écriture est consacré à les feuilleter.* »

— François Nourissier : « *J'ai une collection de dictionnaires et d'encyclopédies ; j'en suis fanatique, je les consulte plusieurs fois par jour pour vérifier les mots, explorer leurs alentours, trouver un synonyme, quitte à provoquer de véritables détournements de la phrase initiale.* »

Quant à Michel Butor, il va jusqu'à noter : « *Les dictionnaires sont des œuvres littéraires à part entière. Certains sont des chefs-d'œuvre de la littérature française. Ainsi le* Littré *est aussi important que la* Recherche du temps perdu *ou les livres de Montaigne.* »

Embrassant la langue toute entière ou seulement des jargons, livres sérieux ou de fantaisie, les dictionnaires sont de plus en plus nombreux.

Mais il existe aussi des entreprises plus *subjectives,* où le regard incisif de l'écrivain, son humeur pas toujours bienveillante, percent à chaque instant.

En 1982, Roland Jaccard a publié chez Hachette, un *Dictionnaire du parfait cynique,* montage de citations d'ailleurs fort bien choisies.

Gustave FLAUBERT (1821-1880)

ACADÉMIE FRANÇAISE. La dénigrer, mais tâcher d'en faire parti si on peut.

ACCIDENT. Toujours déplorable ou fâcheux comme si on devai jamais trouver un malheur une chose réjouisante...

ACCOUCHEMENT. Mot à éviter ; le remplacer par événement "Pour quelle époque attendez-vous l'événement ?"

ACHILLE. Ajouter "aux pieds légers" ; cela donne à croire qu'on a l Homère.

ACTRICES. La perte des fils de famille. Sont d'une lubricit effrayante, se livrent à des orgies, avalent des millions, finissent l'hôpital. Pardon ! il y en a qui sont bonnes mères de famille !

ADIEUX. Mettre des larmes dans sa voix en parlant des adieux d Fontainebleau.

Dictionnaire des idées reçues, posth., 1923

ÉLÉPHANTS. Se distinguent par leur mémoire, et adorent le soleil.

Jean GRENIER (1898-1971)

pléonasmes

Un administrateur hypocrite. — Une femme insatisfaite. — Un garagiste malhonnête. — Un mari égoïste. — Un stupide accident...

plume

Un riche éditeur à un de ses auteurs qui se plaignait de manquer d'argent :

« Je vous ai toujours dit qu'on ne pouvait pas vivre de sa plume ! »

poids

En Egypte on pèse le condamné à mort à son entrée en prison, puis à la sortie.

La différence de poids, toujours favorable, est publiée dans les journaux le jour de l'exécution.

pois

La princesse est reconnue pour telle, dans un conte de Perrault, à ce qu'elle ne peut dormir dans un lit où un pois s'était glissé dans le matelas.

politesse

Raffinée, elle est toujours voisine du dédain :

« Je cherche trop à savoir ce que mon interlocuteur a envie qu'on lui dise : mon attention, quand je suis avec quelqu'un est de deviner ses idées, et, par excès de déférence, de les lui servir anticipées. » (Renan).

C'est un autre cas au Japon :

Un éditeur de Tokyo renvoyant son manuscrit à un auteur, lui écrit à ce propos :

« Si nous l'éditions, S.M. l'Empereur nous l'imposerait pour modèle et ne nous permettrait plus de publier une œuvre inférieure à la vôtre ; ce qui nous mettrait dans l'impossibilité de poursuivre notre activité pour dix mille ans au moins. »

Lexique, posth., © Éd. Fata Morgana, 1981.

Chaval, ill. pour Flaubert, *Dictionnaire des idées reçues,* Club Français du Livre, 1958, B.N., D.R.

Jacques **STERNBERG** *(né en 1923)*

amour

J'ai lu dans un vieux traité de sexologie qu'en 1830 une femme mariée était tombée si follement amoureuse d'un charretier qu'elle perdait connaissance chaque fois qu'elle entendait passer une charrette dans la rue. Je me demande quand même ce qui serait arrivé si elle avait dû tomber amoureuse d'un automobiliste en 1970. S'évanouir dix fois par seconde, ce n'est quand même pas possible. Ça doit être mauvais pour la santé.

bible

J'aime assez imaginer que la Bible a été entièrement rédigée par une sorte d'Alexandre Dumas ou d'Eugène Sue de l'époque. Qu'elle n'est jamais qu'un feuilleton strictement populaire, rédigé pour faire du fric et pour distraire un très vaste public, un feuilleton passablement aberrant dont l'auteur inventait les péripéties entre deux litres de vin, en se tordant de rire à chaque nouvel épisode.

cartésien

Il paraît de plus en plus évident que, dans l'état actuel de la France, un cartésien n'est sans doute qu'un lecteur de Guy des Cars.

égout

Dans l'ensemble, le goût des gens me fait irrésistiblement penser au tout-à-l'égoût.

entreprise

Quand on parle d'entreprise, on imagine toujours de grandes réalisations, prestigieuses, rentables, sinon galactiques. Mais on ne parle jamais des petites entreprises de tous les jours qui seraient irrémédiablement vouées à l'échec. Ce qu'on peut appeler les entreprises impossibles :
Ecrire une lettre une heure après sa mort.
Se prendre pour un autre et se provoquer en duel.
Planter un clou dans un verre d'eau.
Faire bouillir une goutte d'eau durant dix minutes.
Faire entrer une mouche dans une bulle de savon.
Et ainsi de suite. Cela peut durer longtemps.

Dictionnaire du mépris, © Ed. Calmann-Lévy, 1973.

~~Faux~~ Proverbes

Inventer des proverbes ; en justifier éventuellement l'origine ou la portée par une petite explication.

Faux Proverbes

Jean Tardieu nous donne à lire de tels faux proverbes dans le chapitre « Folklore » du *Professeur Froeppel.*

Nous mentionnerons aussi un surprenant dialogue épistolaire paru dans un ouvrage collectif consacré à l'écrivain Maurice Roche.

Une autre possibilité consiste à transformer des proverbes traditionnels au moyen du *calembour,* ou de ce qu'on nomme encore *l'à-peu-près*. En voici quelques-uns fabriqués par Balzac :

« *Il ne faut pas courir deux lèvres à la fois. L'Abbé ne fait pas le moine. Qui trop embrasse a mal aux reins.* »

Nous complèterons cette description par le procédé que Michel Laclos nomme les *proverbes ressoudés :* « *Il s'agit,* dit-il, *de casser les vieux proverbes, adages et dictons éculés puis de les recoller en suivant son humour ou son inspiration.* »

Michel Laclos a lui-même fabriqué de tels proverbes :

« *A bon chat, fils prodigue* » ; « *Qui vole un bœuf rira le dernier* » ; le premier est formé avec « A bon chat bon rat » et « A père avare fils prodigue », et le second avec « Qui vole un œuf vole un bœuf » et « Rira bien qui rira le dernier ».

Evoquons enfin quelques livres qui contiennent des proverbes « Imaginaires » :

— *Les Pensées,* de Pierre Dac (éd. Saint-Germain des Prés) ;

— *Les Fleurs bleues,* de Queneau (pp. 125 à 129 de l'éd. Folio, Gallimard, 1978) ;

— Les « proverbes retournés » de Rabelais, dans *Gargantua* (éd. La Pléiade, pp. 37-38, Gallimard, 1970) ;

— Les savantes et savoureuses analyses de Boris Vian, à partir de « A bon chat bon rat », dans les *Cantilènes en gelée.*

— P. Eluard et B. Peret : *153 proverbes mis au goût du jour.*

M. LACLOS : *Jeux de lettres, jeux d'esprit,* J.C. Simoën, 1977.

♡

CHAVAL (1915-1968)

Le borgne qui achète un appareil stéréoscopique se double souvent d'un imbécile.

Paris n'a pas été bâti en un jour et n'est même pas encore terminé.

Le médecin à qui vous tirez la langue vous le fera payer cher, mon petit.

Cachez-moi ce sein nu que je ne saurais voir, monsieur l'agent.

Je plains les lapins cardiaques.

Une femme sans cheveux est un facteur sans képi.

L'abus des boissons alcoolisées fait vivre bien des familles sobres.

Les ignorants lisent les journaux.

Mieux vaut pleurer que rire à contre-temps.

Qui vole à pied froisse ses ailes.

La douleur est la conseillère du petit Nicolas Beaujon.

Quand le piano tombe le déménageur s'épouvante.

Mon verre n'est pas grand mais j'en ai un autre.

Quand le pain est mouillé il faut le boire.

La tigresse est la mère de tous les tigres.

L'argent ne fait pas la probité.

Qui vole un bœuf est vachement musclé.

Les Gros chiens

Chaval, *L'Homme,* Albin-Michel, 1979.

Jean TARDIEU (né en 1903)

Trouvez des proverbes et locutions imaginaires. Donnez-en la définition.

Exemples :

LE PÉLICAN N'EST PAS MORT. — Allusion à un passage d'un poème célèbre où il est question d'un volatile qui débite ses entrailles à coups de bec pour nourrir sa progéniture affamée. Se dit de toute personne qui se vante avec excès de son propre dévouement : dévouement des parents à leurs enfants, des chefs d'Etat à leurs pays, des femmes à leur mari, etc.

CHERCHER DES GRENOUILLES DANS LE BENITIER. — Argot ecclésiastique? Expression flétrissant les esprits matérialistes qui cherchent partout des explications terre à terre et attribuent des mobiles bas ou intéressés aux inspirations idéalistes les plus nobles et les plus sacrées.

SIFFLER LA LOCOMOTIVE. — C'est-à-dire la siffler comme on « siffle » un chien pour le faire venir. Désigne tout ce qui se fait ou se dit exactement à l'opposé de ce qui devrait être. (En effet, c'est la locomotive qui, au contraire, siffle pour nous appeler).

COUPER LES DOIGTS DE LA MITAINE. — Prétendre avoir agi utilement alors que l'on a feint d'agir, en ne faisant rien du tout.

GÉMIR DANS LE TUYAU. — Sous-entendu : le tuyau de la conduite de gaz. Mot à mot : se suicider par asphyxie tout en se plaignant soi-même, comme si une contrainte extérieure vous avait poussé à cette extrémité. C'est-à-dire prendre une décision désespérée, en la regrettant au même moment ou encore se poser en victime alors que l'on ne devrait s'en prendre qu'à soi-même.

ON NE MESURE PAS LES VERS DE TERRE (à cause de leur élasticité). — Désigne tout ce qui, dans la nature ou dans les faits, échappe aux computs de la raison.

GRIMPE A L'ARBRE APRES LE BUCHERON. — C'est-à-dire une fois que l'arbre a été abattu. N'entreprends pas au-delà de tes forces.

PAS UN MOT AU BARBU ! — Désigne ironiquement l'illusion du pécheur ou du criminel qui croit que Dieu-le-Père ne le voit pas.

GROGNER SA SOUPE. — Contraction pour : manger sa soupe en grognant comme le chien qui craint qu'un autre animal ne partage avec lui sa pâtée. C'est-à-dire profiter égoïstement et sordidement d'un avantage personnel, tout en donnant à croire qu'on n'en est pas satisfait.

S'ARMER DE PLUMETS. — Croire naïvement que l'on se défendra des entreprises de ses ennemis par une simple parade.

– Oui, je crois que c'est le petit Larousse.

Le Professeur Froeppel,

♡

Maurice ROCHE (né en 1925) et Philippe SOLLERS (né en 1936)

Cher Maurice Roche,
« Quand on joue sur les deux tableaux, on perd sur un des tableaux. »

(Proverbe sumérien)

A vous

Philippe Sollers

Cher Philippe Sollers,
« Dans le g'and panier de c'abes, les c'abes du dessous mangent souvent les c'abes du dessus. »

(Proverbe dogon)

Votre

Maurice Roche

Cher Maurice,
« On voit la névrose dans l'œil du voisin, mais pas la nécrose dans le sien. »

(Proverbe viennois, 1920)
Philippe Sollers

Cher Philippe,
« Même le plus gros serpent n'a pas de pattes. »

(Proverbe Tchouvache,
trad. Léon Robel)
Maurice Roche

Cher Roche
« Si la pierre tombe sur l'œuf,
malheur à l'oeuf.
Si l'œuf tombe sur la pierre,
malheur à l'œuf. »

(Proverbe bulgare)
Philippe Sollers

Cher Sollers,
« Quand on pédale dans le yaourt, on fait son beurre. »

(Autre proverbe bulgare)
Maurice Roche

A Maurice Roche :
« Rien ne sert de mourir, il faut pourrir à temps. »

(Proverbe égyptien,
VIIIe dynastie)
Philippe Sollers

Chers Sollers,
« A trop vouloir terroriser, finir par se faire peur. »

(Proverbe aztèque)
Maurice Roche

Cher ami,
« On a beau dormir dans le même lit, on fait des rêves différents. »

(Proverbe chinois,
époque T'ang. VIIIe siècle)
Philippe Sollers

Cher Philippe,
« Par matin calme, tiens ton bijou droit ! »

(Proverbe kamikaze)
Maurice Roche

« Correspondance complète », dans *Maurice Roche par les autres,* L'Athanor, 1978.

PARALLELES

Présenter une réalité (objet, personnage, etc.)
en utilisant un vocabulaire habituellement destiné
à tout autre chose.

parallèles, parallèles, parallèles, parallèles, parallèles, parallèles
parallèles, parallèles, parallèles, parallèles, parallèles, parallèles

L'emblème de cette activité, c'est la *métaphore,* mais une métaphore prolongée, étendue, c'est-à-dire ce que la rhétorique appelait une *métaphore filée.**

Dans *A Rebours,* Huysmans présente ainsi deux locomotives :

« *L'une, la Crampton, une adorable blonde, à la voix aiguë, à la grande taille frêle, emprisonnée dans un étincelant corset de cuivre, au souple et nerveux allongement de chatte, une blonde pimpante et dorée, dont l'extraordinaire grâce épouvante lorsque, raidissant ses muscles d'acier, actibranle l'immense rosace de sa fine roue et s'élance toute vivante, en tête des rapides et des marées !*

« *L'autre, l'Engerth, une monumentale et sombre brune aux cris sourds et rauques, aux rains trapus, étranglés dans une cuirasse en fonte, une monstrueuse bête, à la crinière échevelée de fumée noire, aux six roues basses et accouplées : quelle écrasante puissance lorsque, faisant trembler la terre, elle remorque pesamment, lentement, la lourde queue de ses marchandises !* »

♡

E. PEYNAUD : *Le Goût du vin*, Dunod, 1980.

Un autre amateur du procédé, Marcel Proust, n'hésite pas, dans *La Recherche,* à assimiler une loge d'opéra (que l'on appelle d'ailleurs une « baignoire ») à un *aquarium*. Jusqu'où est-il permis d'aller ?

Les rhétoriciens classiques prescrivaient de ne pas « *tirer trop loin la métaphore, de ne pas la faire porter sur une ressemblance trop éloignée* ».

Inversement, André Breton recommande, dans *Les Vases communiquants,* de « *comparer deux objets aussi éloignés que possible l'un de l'autre* ».

Chez Proust encore, un clocher deviendra, selon les circonstances, un épi mûr, une meule, un poisson doré ou, comme ici, une brioche et un coussin :

« *Quand après la messe, on entrait dire à Théodore d'apporter une brioche plus grosse que d'habitude... on avait devant soi le clocher qui, doré et cuit lui-même comme une plus grande brioche bénie, avec des écailles et des égouttements gommeux de soleil, piquait sa pointe aiguë dans le ciel bleu. Et le soir quand je rentrais de promenade et pensais au moment où il faudrait tout à l'heure dire bonsoir à ma mère et ne plus la voir, il était au contraire si doux, dans la journée finissante, qu'il avait l'air d'être posé et enfoncé comme un coussin de velours brun sur le ciel pâli qui avait cédé sous sa pression, s'était creusé légèrement pour lui faire sa place et refluait sur ses bords.* »

De façon inattendue Huysmans établit un parallèle entre l'histoire des parfums et celle de la langue.

Franchissant une autre étape, l'un des auteurs de ce livre a imaginé quelques instants les écrivains transformés en viticulteurs.

Ce thème du vin permet au reste d'évoquer un véritable problème de langage situé cette fois du côté de la *catachrèse**.

En effet, la science a longtemps voulu éviter la métaphore. Mais ainsi que le montre l'*œnologie* (discipline récente), cette attitude n'est pas toujours possible ; car lorsque l'objet est nouveau il n'existe pas de termes propres (premiers). D'où l'emploi par les œnologues d'un vocabulaire très imagé pour rendre compte des divers caractères du vin ; on pourra dire ainsi d'un vin qu'il est : agressif, austère, brillant, charnu, desséché, délayé, élégant, étoffé, franc, féminin, généreux, honnête, etc. Emile Peynaud en inventorie plus de 150. Observons pour finir que certains d'entre eux peuvent servir aussi à l'analyse d'un style littéraire : l'authenticité, la clarté, le « délayé », l'harmonie, la nervosité, la vivacité, etc. Et l'on comprend pourquoi Sainte-Beuve s'autorisait à parler en ces termes d'un dramaturge aujourd'hui délaissé : « *Le style de Régnard a du corps et du bouquet.* »

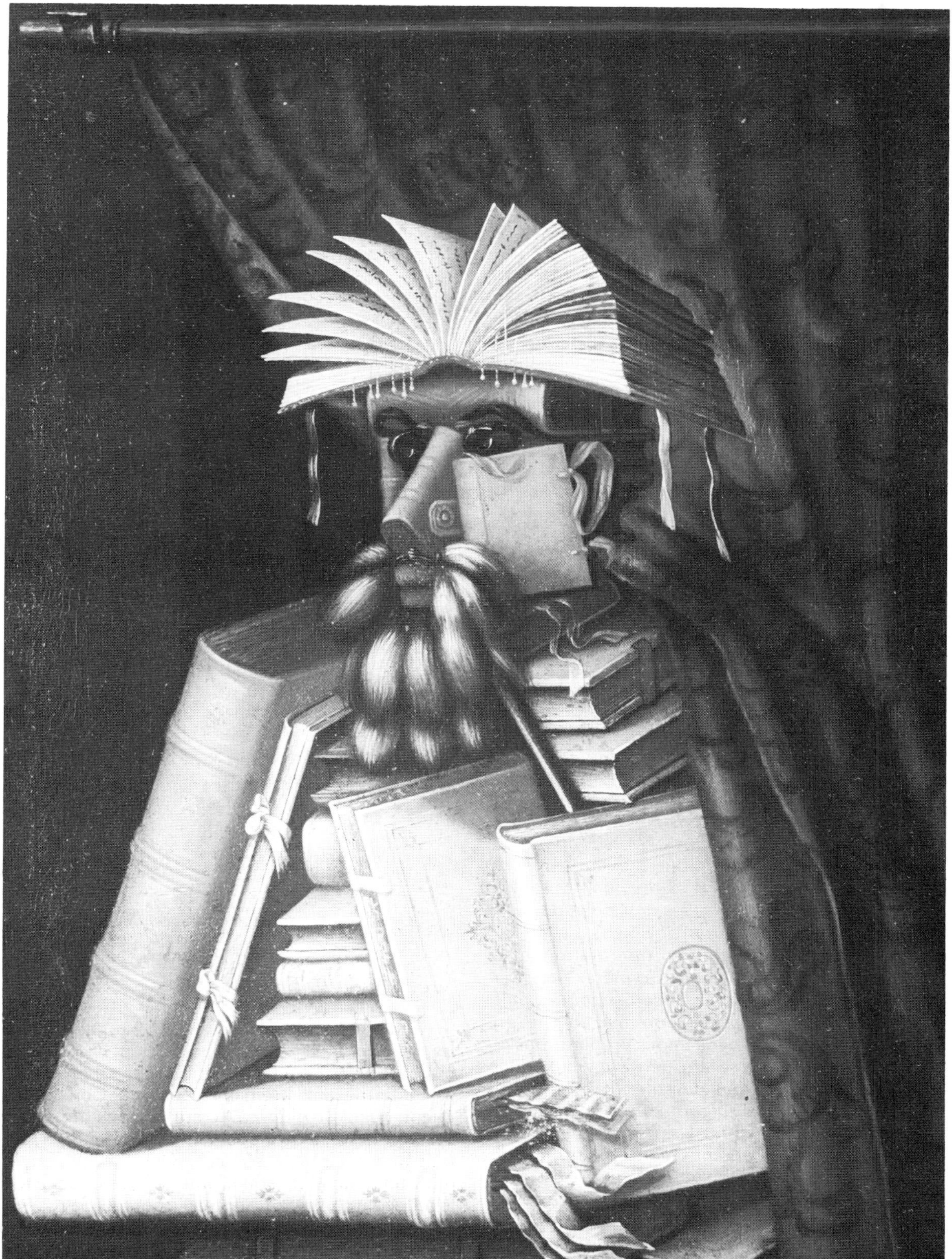

Arcimboldo, Le Bibliothécaire, © Balsa, Skoklosters Slott.

♡

Joris-Karl HUYSMANS (1848-1907)

Peu à peu, les arcanes de cet art, le plus négligé de tous, s'étaient ouverts devant des Esseintes qui déchiffrait maintenant cette langue, variée, aussi insinuante que celle de la littérature, ce style d'une concision inouïe, sous son apparence flottante et vague.

Pour cela, il lui avait d'abord fallu travailler la grammaire, comprendre la syntaxe des odeurs, se bien pénétrer des règles qui les régissent, et, une fois familiarisé avec ce dialecte, comparer les œuvres des maîtres, des Atkinson et des Lubin, des Chardin et des Violet, des Legrand et des Piesse, désassembler la construction de leurs phrases, peser la proportion de leurs mots et l'arrangement de leurs périodes.

Puis, dans cet idiome des fluides, l'expérience devait appuyer les théories trop souvent incomplètes et banales.

La parfumerie classique était, en effet, peu diversifiée, presque incolore, uniformément coulée dans une matrice fondue par d'anciens chimistes ; elle radotait, confinée en ses vieux alambics, lorsque la période romantique était éclose et l'avait, elle aussi, modifiée, rendue plus jeune, plus malléable et plus souple.

Son histoire suivait, pas à pas, celle de notre langue. Le style parfumé Louis XIII, composé des éléments chers à cette époque, de la poudre d'iris, du musc, de la civette, de l'eau de myrte déjà désignée sous le nom d'eau des anges, était à peine suffisant pour exprimer les grâces cavalières, les teintes un peu crues du temps, que nous ont conservées certains des sonnets de Saint-Amand. Plus tard, avec la myrrhe, l'oliban, les senteurs mystiques, puissantes et austères, l'allure pompeuse du grand siècle, les artifices redondants de l'art oratoire, le style large, soutenu, nombreux, de Bossuet et des maîtres de la chaire, furent presque possibles ; plus tard encore, les grâces fatiguées et savantes de la société française sous Louis XV, trouvèrent plus facilement leur interprète dans la frangipane et la maréchale qui donnèrent en quelque sorte la synthèse même de cette époque ; puis, après l'ennui et l'incuriosité du premier empire, qui abusa des eaux de Cologne et des préparations au romarin, la parfumerie se jeta, derrière Victor Hugo et Gautier, vers les pays du soleil ; elle créa des orientales, des selams fulgurants d'épices, découvrit des intonations nouvelles, des antithèses jusqu'alors inosées, tria et reprit d'anciennes nuances qu'elle compliqua, qu'elle subtilisa, qu'elle assortit ; elle rejeta résolument enfin, cette volontaire décrépitude à laquelle l'avaient réduite les Malesherbe, les Boileau, les Andrieux, les Baour-Lormian, les bas distillateurs de ses poèmes.

A rebours, Ed. Grasset, 1887.

Thierry LEGUAY (né en 1954)

LE "MONTAIGNE CHATEAU-EYQUEM",
Premier Grand Cru

Ah ! quel plaisir toujours c'est d'ouvrir un "Montaigne", une des gloires du vignoble bordelais. Quel arôme et quel caractère ! Certains lui reprochent parfois de manquer un peu de charpente... Mais que nenni ! Son moelleux n'est en rien de la mollesse. Il sait être aimable, et enjoué même sous ses allures de prime abord sévères. C'est le vin de l'amitié par excellence, la bouteille qu'il faut ouvrir pour quelques très intimes amis.

LE "CHATEAU-LACOSTE",
D.A.F. de Sade

C'est un vin souvent plus connu de réputation (par ouï-dire) que vraiment goûté. Et combien de sottes appréciations a-t-on pu lire sous la plume d'individus qui n'en ont certainement jamais bu un seul verre. Sa robe sombre — presque noire — rebute peut-être certains (d'aucuns l'appellent d'ailleurs le « vin noir »). Mais pour ses amateurs, c'est le vin du « Divin Marquis ». Et dès les premières gorgées, quel tempérament, quelle chaleur, quelle puissance ! C'est un feu sur la langue, qui se diffuse ensuite par tout le corps. Ceci ne l'empêche d'ailleurs pas de posséder une élégance où se reconnaît la noblesse des vieux terroirs français.

LE "CHATEAU-KAFKA"
Grand Cru.

Peu nombreux sont ceux qui lui auraient prédit un tel avenir. Il a merveilleusement vieilli. D'un bouquet très discret, il semble également rester assez fermé aux premières gorgées. Certains diraient qu'il est d'un caractère un peu renfermé, secret. Mais dès qu'il s'est laissé approcher, quelle puissance et quelle solidité ! On le sent patient, diffusant lentement son arôme dans la bouche. On le redécouvre à chaque nouvelle gorgée. Sa robe un peu terne déplaira sans doute à ceux qui aiment avant tout les vins colorés (à boire jeunes). C'est un excellent vin de cave, et je conseille vivement aux amateurs d'en conserver quelques bouteilles. Les années ne lui seront que bénéfiques.

Jean Ribault,
Le Bar-bibliothèque,
Cénomane n° 5,
D. R.

LE "CLOS DES VERGERS"
F. Ponge, propriétaire
à Bar-sur-le-Loup

Un vin qui travaille très bien et que les années enrichissent peu à peu. Sa charpente admirable en fait un excellent vin de garde. Mais il est très plaisant dès sa prime jeunesse. Sa robe assez claire et son étoffe soyeuse et légère pourraient laisser croire à un banal petit vin de pays. Ses qualités vont bien au-delà, et rarement un vin ne m'a semblé aussi fruité (c'est presque un goût d'abricot qu'il laisse au fond de la gorge). Je signale enfin qu'il fait merveille sur les huîtres et les crustacés, les crevettes en particulier.

LE "HEGEL CHATEAU SAINT-ESPRIT"

Quelle déception ! Charpenté, trop charpenté, sa puissance et son sérieux le rendent bien indigeste. Il m'a même semblé parfois trouble dans mon verre. Peu d'arôme, aucun moelleux, aucune souplesse... Quel snobisme déplacé a fait qu'il a connu un tel succès, au point que certains propriétaires ont cru bon de le copier, ou tout au moins de s'en inspirer, et malheureusement dans ses défauts les plus évidents (ainsi le par ailleurs très original « Côtes de Lacan » 1966)...

LE "TOURAINE APPELLATION CONTROLEE"
Rabelais Clos-Thélème

Son succès, jamais démenti, est amplement justifié. Fruité à souhait, il éclate sur la langue. Aimable et corsé, il peut apparaître un peu grossier aux yeux de certains. Typique vin de pays, il sent bon son terroir tourangeau. C'est un vin qui fera merveille lors de joyeuses assemblées (il délie les langues) ; on ne craindra pas qui plus est d'en boire « un verre de trop », car il ne rend jamais malade.

LA "CUVEE PRESIDENTIELLE 1978"
J.M. Benoist

Ah là là ! quelle piquette ! Et quelle appellation pompeuse pour un si mauvais breuvage. On se souvient peut-être comment J.M. Benoist avait voulu lancer ce vin sur le marché, à grands renforts de publicité, pour concurrencer, disait-il, le « Georges Marchais » 13° (bon petit vin de table, au demeurant, plein d'arôme, même si trop lourd et rugueux parfois...). Mais la « Cuvée Présidentielle » J.M. Benoist ! Une robe bien trop claire (de nombreux coupages sans doute), et bien que totalement plat sur la langue il charge rapidement l'estomac. Inutile d'ajouter que je le déconseille vivement.

« Dégustations littéraires », dans *Cénomane,* n° 5, 1982.

♡

G. Lascault, © Hélène Eristov.

Gilbert LASCAULT (né en 1934)

« La voix de Gilbert Lascault est un grondement, un gros murmure, souvent mêlé d'un frémissement de dents qu'il fait surtout entendre lorsqu'on l'irrite (...). Quoiqu'il paraisse doux (...) et même obéissant lorsqu'il est apprivoisé, il faut toujours s'en défier, et le traiter avec circonspection, surtout ne le pas frapper au bout du nez (1). »

« (...) Il a de plus le toucher délicat ; son poil est doux comme la soie ; il a l'ouïe très fine et de petites mains à cinq doigts, bien différentes de l'extrémité des pieds des autres animaux, et presque semblables aux mains de l'homme, (...), un embonpoint constant, un attachement vif à celle qu'il aime, de la crainte ou du dégoût pour toute autre société, les douces habitudes du repos et de la solitude, l'art de se mettre en sûreté (2). »

« Piquez du filet de Lascault paré avec du lard gras et des languettes de truffes. Ficelez-le, puis faites-le rôtir à la broche de manière à conserver l'intérieur rosé. Dressez-le sur un plat avec de petites escalopes de foie gras, (...) des rognons de coq sautés au beurre et des pommes de terre Champs-Elysées truffées (3). »

(1) Détournement d'un texte de Buffon (1707-1788) concernant l'ours.
(2) Détournement d'un autre texte de Buffon concernant la taupe.
(3) Détournement d'une recette de cuisine d'Ali Bab, *Gastronomie pratique,* Paris, Flammarion, 1928.

(Autoportrait rédigé pour ce livre. 1983).

paradoxes

Décrire une réalité (ou élaborer un récit) en prenant le contrepied de ce qui est fait habituellement.

Deux possibilités se présentent :

La première consiste à recourir à la *négation.* Cette voie inattendue a d'ailleurs été longuement explorée par un courant important de la théologie chrétienne que l'on appelle *l'apophatisme* (du grec *apophasis* : la négation), ou, plus improprement, la *théologie négative.*

Cette méthode de pensée issue du néo-platonisme s'est développée surtout à partir du IVe siècle avec Grégoire de Nysse.

Il s'agit là véritablement d'une méthode de connaissance, qui se propose de concevoir Dieu en lui appliquant des propositions qui nient tout prédicat concevable. En d'autres termes, il faut dire de Dieu ce qu'il n'est pas et non ce qu'il est. On ne saurait être plus modeste...

Cette vision restera vive chez les mystiques (Ruysbroeck, Jean de la Croix, Angelus Silesius...). On dit même qu'il en reste des traces chez Wittgenstein (l'auteur du *Tractacus*) et Karl Jaspers.

Plus modestement, l'écrivain William Styron (dans l'hebdomadaire *Elle,* le 18 octobre 1982) évoque un jeu inventé par l'un de ses amis, l'humoriste Art Buchwald, appelé « Je n'ai jamais... »

Il s'agit en fait de dresser la liste de ce qu'on n'a jamais fait, alors qu'on a l'impression que tous ceux qui sont autour de soi l'ont fait. Ce qui revient à établir la carte de ses marginalités.

Communications, n° 11, « Le Vraisemblable », Seuil, 1968.

Citons encore une chanson de Marie-Paule Belle (écrite par Françoise Mallet-Joris) qui utilise également la négation.

L'autre choix que l'on peut faire, c'est d'*inverser* la réalité (de la retourner comme un gant) : cette image d'un monde à l'envers n'est pas vraiment rare, puisqu'elle s'est trouvée codifiée par la rhétorique sous le nom d'*adunata* ou *impossibilia* (aujourd'hui nous appellerions cela des *combles*). Le Moyen-Age puis la poésie baroque (toujours séduite par les figures de la symétrie) ont souvent affiché cette vision des choses. Ce qui ressort en finale, c'est que le *vraisemblable* (ou l'invraisemblable) repose sur un certain nombre de *conventions,* c'est-à-dire de règles.

Un texte de Jacques Sternberg, que le lecteur pourra prolonger tout à loisir, permet d'achever cette méditation sur *l'improbable.*

Françoise MALLET-JORIS

"Je ne suis pas parisienne
Ça me gêne (bis)
Je ne suis pas dans le vent
C'est navrant (bis)
Aucune bizarrerie
Ça m'ennuie (bis)
Pas la moindre affectation
Je ne suis pas dans le ton
Je ne suis pas végétarienne
Ça me gêne (bis)
Je ne suis pas karatéka
Ça me met dans l'embarras
Je ne suis pas cinéphile
C'est débile (bis)
Je ne suis pas MLF
Je sais qu'on m'en fait grief
M'en fait grief
Je ne suis pas nymphomane
On me blâme (bis)
Je ne suis pas travesti
Ça me nuit (bis)
Je ne suis pas masochiste
Ça existe (bis)
Pour réussir mon destin
Je vais voir le médecin
Je ne suis pas schizophrène
Ça me gêne (bis)
Je ne suis pas hystérique
Ça s'complique (bis)
...

« La Parisienne », chantée par M.-P. Belle, Allo Music.

Jacques STERNBERG (né en 1923)

Voir

Il y a beaucoup de scènes improbables que l'on ne verra jamais dans la réalité, mais on peut toujours rêver et se dire qu'on aimerait bien les voir un jour :

— Voir la traditionnelle bouteille de champagne fissurer de bas en haut la coque du cuirassé fraîchement baptisé.

— Voir un joueur de football ne jamais se souvenir pour quelle équipe il joue.

— Voir trente millions de Français enragés du tiercé cloués au lit par une fièvre de cheval.

— Voir un croyant partir pour Lourdes en bonne santé et en revenir paralysé.

— Voir un héros de western, tueur d'Indiens, bouffeur de dangers, crever bêtement d'une mauvaise grippe après une poursuite infernale.

— Voir un héros de guerre transpercé en plein cœur par l'épingle d'une Légion d'honneur.

— Voir un P.D.G. se faire licencier pour incapacité et le voir relégué à une place d'emballeur.

Autant dire qu'on ne voit jamais rien. On se fait avoir. Ce n'est pas tout à fait la même chose.

« Voir », dans *Dictionnaire du mépris* © Ed. Calmann-Lévy, 1973.

Le Monde à l'envers, gravure, Le Mans, XVIIIe s. © Cauboue.

L'Homme aérostatique, 1783, B.N.

Les quatre fragments qui suivent évoquent quelques thèmes souvent présents dans la littérature, pour des raisons presque évidentes.

D'abord parce qu'ils concernent l'imaginaire, entendu ici dans son sens le plus commun : ces vies, pays, animaux, etc. n'existent pas. L'auteur a dès lors la possibilité d'écrire ce qu'il veut — éventuellement n'importe quoi — contrairement au biographe, au géographe, à l'ethnologue ou au naturaliste.

L'autre raison nous semble toucher l'écriture elle-même. Ces sujets, en effet, autorisent la liste, la collection, le fragment.

Celui qui écrit aura la satisfaction de voir gonfler son petit avoir (son « trésor »). L'écriture rejoint un régime bien particulier : celui de l'épargne. Nous pourrions alors parler d'une écriture tire-lire.

Dans le même temps est acquise la liberté de s'arrêter quand on veut : on évitera ainsi les angoisses liées aux grandes constructions qui peuvent toujours s'écrouler ou rester incomplètes.

Inachevable, le texte pourra cependant ne jamais être tenu pour inachevé.

L'Homme aérostatique, 1783, B.N.

IMAGINAIRES

Rédiger la biographie d'un personnage imaginaire,
ou proposer simplement quelques moments de sa vie :
la naissance, l'enfance, les études, les amis,
les métiers, la vie sentimentale et amoureuse,
les voyages, les maladies, la mort...

Vies imaginaires

Une variante de cette activité consisterait à écrire un épisode fictif (apocryphe) de la vie d'un personnage réel (existant ou ayant existé).

Ecrire de telles vies imaginaires, c'est inventer, avec plaisir, les personnages d'un roman, mais sans avoir à en respecter les *contraintes,* c'est-à-dire les servitudes liées au fait de construire une histoire qui puisse « tenir debout ».

Dans un livre intitulé *Enfances choisies,* l'écrivain Gilbert Lascault *invente* des anecdotes concernant l'enfance de quelques personnages célèbres (hommes politiques, artistes, savants, ect.).

Nous en avons choisi deux ; la première met en scène l'exploration David Livingstone, et la seconde le musicien Frédéric Chopin.

Nous renvoyons également le lecteur curieux de ce genre de textes à un livre de Stephen Millhauser (qui obtint d'ailleurs le prix Médicis étranger). Il s'agit de la très amusante biographie imaginaire d'un "enfant-prodige" de la littérature...

♡

J.-M. VOLMERT : *Les Vies incertaines,* Aux Amis du livre, 1967.

A. LANIEL : *Des livres d'imagination aux livres imaginaires,* vol. 1 : "romans imaginaires", Toulouse, 1928.

S. MILLHAUSER : *La Vie trop brève d'Edwin Mulhouse, écrivain américain (1943-1954), racontée par Jeffrey-Cartwright,* Albin-Michel, 1976.

D. FERNANDEZ : *La Main de l'Ange* Grasset, 1982. (Une biographie imaginaire du cinéaste P. Paolo Pasolini).

W. ALLEN : *Zélig (film),* 1983.

AUTEURS IMAGINAIRES

Parmi les personnages inventés par les écrivains, il est une catégorie particulière : celle des *auteurs imaginaires,* dont on nous présente la vie et parfois quelques extraits de leur œuvre fictive.

Déjà cités dans ce volume, rappelons Pierre Ménard et César Paladion, inventés par Borgès, et Jules Flamart par Wilcock.

En voici quelques autres, qui viennent habiter l'univers des livres d'une présence discrète certes, mais vive.

V. Nabokov, dans *La Vraie vie de Sebastian Knight,* imagine un homme qui cherche à reconstituer la biographie de son frère, un écrivain (S. Knight), qu'il n'a pas vraiment connu. Dans un autre roman de Nabokov, *Feu pâle,* un universitaire, Charles Kinbote, présente le commentaire détaillé du poème d'un ami, John Shade.

En 1978, Claude Bonnefoy, pour fêter le 100e numéro de la collection « Ecrivains de toujours » (au Seuil), inventait un certain Marc Ronceraille à propos duquel il publiait des commentaires écrits par des critiques eux-mêmes fictifs !

Dans *La Bibliothèque d'un amateur,* Jean-Benoît Puech a rassemblé des comptes rendus de soi-disants romans écrits par Jacques Berges, Olivier Lumeau, Manuel Sauterre, etc., tous des auteurs imaginaires bien sûr.

C'est aussi Philip Roth qui, dans *Ma Vie d'homme,* raconte les mésaventures, affectives surtout, d'un écrivain nommé Tarnopol.

Le lecteur curieux de plus amples détails sur ces jeux de la fiction dans la fiction pourra lire le magistral ouvrage de Jean-Michel Volmert, *Les Vies incertaines.* J.-M. Volmert écrit, à propos d'Armand Laniel (qui avait lui-même consacré un essai aux romans imaginaires) : « *L'écrivain n'invente-t-il pas d'autres écrivains parce qu'il n'est pas vraiment certain de sa propre existence ? Il se devine devenir lui-même un "être de papier", selon le mot de P. Valéry, et s'en défend alors, paradoxalement, en imaginant un* alter ego, *miroir de ses peurs, de ses doutes et de ses rêves.* »

Marcel SCHWOB (1867-1905)

Il naquit en des jours où des baladins vêtus de robes vertes faisaient passer de jeunes porcs dressés à travers des cercles de feu, où des portiers barbus, à tunique cerise, écossaient des pois dans un plat d'argent, devant les mosaïques galantes à l'entrée des villas, où les affranchis, pleins de sesterces, briguaient dans les villes de province les fonctions municipales, où des récitateurs chantaient au dessert des poèmes épiques, où le langage était tout farci de mots d'ergastule et de redondances enflées venues d'Asie.

Son enfance passa entre de telles élégances. Il ne remettait point deux fois une laine de Tyr. On faisait balayer l'argenterie tombée dans l'atrium avec les ordures. Les repas étaient composés de choses délicates et inattendues, et les cuisiniers variaient sans cesse l'architecture des victuailles. Il ne fallait point s'étonner, en ouvrant un oeuf, d'y trouver un becfigue, ni craindre de trancher une statuette imitée de Praxitèle et sculptée dans du foie gras. Le gypse qui scellait les amphores était diligemment doré. Des petites boîtes d'ivoire indien renfermaient des parfums ardents destinés aux convives. Les aiguières étaient percées de diverses façons et remplies d'eaux colorées qui surprenaient en jaillissant. Toutes les verreries figuraient des monstruosités irisées. En saisissant certaines urnes, les anses se rompaient sous les doigts et les flancs s'épanouissaient pour laisser tomber des fleurs artificiellement peintes. Des oiseaux d'Afrique aux joues écarlates caquetaient dans des cages d'or. Derrière des grillages incrustés, aux riches parois des murailles, hurlaient beaucoup de singes d'Egypte qui avaient des faces de chien. Dans des réceptacles précieux rampaient des bêtes minces qui avaient de souples écailles rutilantes et des yeux rayonnés d'azur.

Ainsi Pétrone vécut mollement, pensant que l'air même qu'il aspirait fût parfumé pour son usage. Quand il fut parvenu à l'adolescence, après avoir enfermé sa première barbe dans un coffret orné, il commença de regarder autour de lui. Un esclave du nom de Syrus, qui avait servi dans l'arène, lui montra les choses inconnues. Pétrone était petit, noir, et louchait d'un œil. Il n'était point de race noble. Il avait des mains d'artisan et un esprit cultivé. De là vint qu'il prit plaisir à façonner les paroles et à les inscrire. Elles ne ressemblèrent à rien de ce que les poètes anciens avaient imaginé. Car elles s'efforçaient d'imiter tout ce qui entourait Pétrone. Et ce ne fut que plus tard qu'il eut la fâcheuse ambition de composer des vers.

Il connut donc des gladiateurs barbares et des hâbleurs de carrefour, des hommes aux regards obliques qui semblent épier les légumes et décrochent les pièces de viande, des enfants frisés que promenaient des sénateurs, de vieux babillards qui discouraient des affaires de la cité au coin des rues, des valets lascifs et des filles parvenues, des marchandes de fruits et des patrons d'auberges, des poètes minables et des servantes friponnes, des prêtresses interlopes et des soldats errants. Il tenait sur eux son œil louche et saisissait exactement leurs manières et leurs intrigues. Syrus le conduisit dans les bains d'esclaves, les cellules de prostituées et les réduits souterrains où les figurants de cirque s'exerçaient avec leurs épées de bois. Aux portes de la ville, entre les tombes, il lui raconta les histoires des hommes qui changent de peau, que les noirs, les Syriens, les taverniers et les soldats gardiens des croix de supplice se repassaient de bouche en bouche.

Vers la trentième année, Pétrone, avide de cette liberté diverse, commença d'écrire l'histoire d'esclaves errants et débauchés. Il reconnut leurs mœurs parmi les transformations du luxe ; il reconnut leurs idées et leur langage parmi les conversations polies des festins. Seul, devant son parchemin, appuyé sur une table odorante en bois de cèdre, il dessina à la pointe de son calame les aventures d'une populace ignorée. A la lumière de ses hautes fenêtres, sous les peintures des lambris, il s'imagina les torches fumeuses des hôtelleries, et de ridicules combats nocturnes, des moulinets de candélabres de bois, des serrures forcées à coups de hache par des esclaves de justice, des sangles grasses parcourues de punaises, et des objurgations de procurateurs d'îlot au milieu d'attroupements de pauvres gens vêtus de rideaux déchirés et de torchons sales.

On dit que lorsqu'il eut achevé les seize livres de son invention, il fit venir Syrus, pour les lui lire, et que l'esclave riait et criait à haute voix en frappant dans ses mains. Dans ce moment, ils formèrent le projet de mettre à exécution les aventures composées par Pétrone, Tacite rapporte faussement qu'il fut arbitre des élégances à la cour de Néron, et que Tigellin, jaloux, lui fit envoyer l'ordre de mort. Pétrone ne s'évanouit pas délicatement dans une baignoire de marbre, en murmurant de petits vers lascifs. Il s'enfuit avec Syrus et termina sa vie en parcourant les routes.

L'apparence qu'il avait lui rendit son déguisement facile. Syrus et Pétrone portèrent tour à tour le petit sac de cuir qui contenait leurs hardes et leurs deniers. Ils couchèrent en plein air, près de tertres de croix. Ils virent luire tristement dans la nuit les petites lampes des monuments funèbres. Ils mangèrent du pain aigre et des olives amollies. On ne sait pas s'ils volèrent. Ils furent magiciens ambulants, charlatans de campagne, et compagnons de soldats vagabonds. Pétrone désapprit entièrement l'art d'écrire sitôt qu'il vécut de la vie qu'il avait imaginée. Ils eurent de jeunes amis traîtres, qu'ils aimèrent, et qui les quittèrent aux portes des municipes en leur prenant jusqu'à leur dernier as. Ils firent toutes les débauches avec des gladiateurs évadés. Ils furent barbiers et garçons d'étuves. Pendant plusieurs mois, ils vécurent de pains funéraires qu'ils dérobaient dans les sépulcres. Pétrone terrifiait les voyageurs par son œil terne et sa noirceur qui paraissait malicieuse. Il disparut un soir. Syrus pensa le retrouver dans une cellule crasseuse où ils avaient connu une fille à chevelure emmêlée. Mais un grassateur ivre lui avait enfoncé une large lame dans le cou, tandis qu'ils gisaient ensemble, en rase campagne, sur les dalles d'un caveau abandonné.

« Pétrone romancier », dans *Vies imaginaires,*
1896, © Christian Bourgeois Editeur.
Collection 10/18

Man Ray, *Portrait imaginaire du Marquis de Sade,* New-York, coll. William Copley, Lauros-Giraudon © ADAGP.

Les portraits du Christ sont bien sûr imaginaires, tout comme celui-ci du marquis de Sade...

Gilbert ***LASCAULT*** *(né en 1930)*

LE PETIT CHAT

7 janvier 1821. Sept heures du soir.
David Livingstone, 8 ans.

La tante de David, la veuve du pasteur d'Inverness, lui a offert une jeune chat abyssin. Il le caresse, le fait sauter, l'amuse avec une pelote de fil. A trois reprises, le père de David lui demande de cesser de jouer, de venir à table pour la prière. David demande chaque fois quelques secondes de délai. Son père se lève lentement. Il prend le chaton par le cou et le jette violemment contre le mur : l'abyssin retombe, la cervelle écrabouillée. David se met à table. Son père remercie le Seigneur de ses bontés.

Enfances choisies **© Christian Bourgois Editeur, 1976.**

LA MONTRE

3 octobre 1820. Trois heures de l'après-midi.
Frédéric Chopin, 10 ans.

Sa rougeole a épuisé Frédéric. Pour qu'il se repose, ses parents l'ont envoyé chez leurs cousins, dans la région de Wielkopolski. Chez l'horloger du canton, le cousin a commandé une montre. Il demande à Frédéric d'aller la chercher. Sur le chemin du retour, Frédéric s'arrête dans une clairière. Il sort la montre de sa poche. Il l'admire. Il prend son couteau et se met à la démonter. Il pose son mouchoir sur le sol et y pose délicatement les rouages. Il remonte la montre. Elle marche. Il lui reste trois pièces sur le mouchoir ; il les jette dans les orties. Sur un orme, au bord du chemin, vivent des lupères. Ce sont de petits insectes dont la démarche est lente et triste.

« La Montre », ***Op. cit.***

Animaux et Personnages inventés

Décrire des êtres imaginaires et les mettre en scène dans de petits récits.

Animaux et personnages inventés

Toutes les situations sont envisageables : la rencontre par exemple entre un personnage et des animaux fantastiques.

Notons qu'il sera plus facile d'inventer l'un de ces animaux si l'on cherche d'abord à lui donner un nom. Ce nom peut être obtenu à partir de divers jeux de mots : mots-valises, anagrammes, etc.

Dans le domaine des animaux imaginaires, le texte le plus remarquable est le *Manuel de zoologie fantastique* de Borges, où se trouve recensé un nombre impressionnant d'animaux fantastiques.

Une anthologie bien faite a été publiée par Jean-Pierre Balpe, sous le titre : *Le Bestiaire fantastique.* Cet ouvrage, à vocation pédagogique, propose par ailleurs des conseils utiles pour écrire sur ce thème.

J.-L. BORGES : *Manuel de zoologie fantastique,* Julliard, 1970.

J.-P. BALPE : *Le Bestiaire fantastique,* Larousse, 1974.

Le Corps écrit, n° 6 : « L'Animal fabuleux », P.U.F., 1983.

LA FOSSE /UX DOUBLIVORES.

Grandville, *La Fosse aux doublivores,* dans *Un Autre monde,* 1844, © B.N.

Cyrano de BERGERAC (1619-1655)

Je restai bien surpris de me voir tout seul au milieu d'un pays que je ne connaissais point. J'avais beau promener mes yeux, et les jeter par la campagne, aucune créature ne s'offrait pour les consoler. Enfin je résolus de marcher, jusqu'à ce que la Fortune me fit rencontrer la compagnie de quelques bêtes, ou de la mort.

Elle m'exauça car, au bout d'un demi-quart de lieue, je rencontrai deux forts grands animaux dont l'un s'arrêta devant moi, l'autre s'enfuit légèrement au gîte (au moins je le pensai ainsi) à cause qu'à quelques temps de là je le vis revenir accompagné de plus de sept ou huit cents de même espèce qui m'environnèrent. Quand je les pus discerner de près, je connus qu'ils avaient la taille et la figure comme nous. Cette aventure me fit souvenir de ce que jadis j'avais ouï conter à ma nourrice, des sirènes, des faunes, et des satyres. De temps en temps ils élevaient des huées si furieuses, causées sans doute par l'admiration de me voir, que je croyais quasi être devenu un monstre. Enfin une de ces bêtes-hommes m'ayant pris par le col, de même que font les loups quand ils enlèvent des brebis, me jeta sur son dos, et me mena dans leur ville, où je fus plus étonné que devant, quand je reconnus en effet que c'étaient des hommes de n'en rencontrer pas un qui ne marchât à quatre pattes.

Lorsque ce peuple me vit si petit (car la plupart d'entre eux ont douze coudées de longueur), et mon corps soutenu de deux pieds seulement, ils ne purent croire que je fusse un homme, car ils tenaient que, la nature ayant donné aux hommes comme aux bêtes deux jambes et deux bras, ils s'en devaient servir comme eux. Et, en effet, rêvant depuis là-dessus, j'ai songé que cette situation de corps n'était point trop extravagante, quand je me suis souvenu que les enfants, lorsqu'ils ne sont encore instruits que de nature, marchent à quatre pieds, et qu'ils ne se lèvent sur deux que par le soin de leurs nourrices qui les dressent dans de petits charriots, et leur attachent des lanières pour les empêcher de choir sur les quatre, comme la seule assiette où la figure de notre masse incline de se reposer.

Histoire Comique des Etats et Empires de la Lune, 1657,
réédition 10/18, 1963.

WANG-TA-HAI (XVIIIe siècle)

Cet animal abonde dans les régions du nord ; il a quatre ou cinq pouces de long ; il est doué d'un instinct curieux ; ses yeux sont comme des cornalines, et son poil est noir de jais, soyeux et flexible, suave comme un oreiller. Il est très amateur d'encre de Chine, et quand quelqu'un écrit, il s'assied, une main sur l'autre et les jambes croisées, en attendant qu'il finisse puis il boit le reste de l'encre. Après il revient s'asseoir à croupetons, et il reste tranquille.

« Le singe de l'encre », 1791, dans J.L. Borges, *Op. cit.*

Franz KAFKA (1883-1924)

Certains font dériver du slave le mot Odradek et veulent expliquer sa formation par cette origine. D'autres la font dériver de l'allemand et admettent seulement une influence du slave. L'incertitude des deux interprétations est la meilleure preuve de leur fausseté ; de plus, aucune d'elles ne nous donne une explication du mot.

♡

Naturellement personne ne perdrait de temps à faire de telles études s'il n'existait pas, réellement, un être qui s'appelle Odradek. Son aspect est celui d'un fuseau de lin, plat et en forme d'étoile, et la vérité est qu'il semble fait de fil, mais de morceaux de fils coupés, vieux, noués et enchevêtrés, de différentes sortes et couleurs. Il n'est pas seulement un fuseau ; du centre de l'étoile part un petit bâton transversal, et sur ce petit bâton un autre s'articule à angle droit. A l'aide de ce dernier petit bâton d'un côté et de l'autre d'un des rayons de l'étoile, l'ensemble peut se mettre debout comme s'il avait deux jambes.

On serait tenté de croire que cette structure eut à un certain moment une forme adaptée à une fonction ; et que maintenant elle est brisée. Pourtant, il ne semble pas que ce soit le cas ; au moins n'y a-t-il aucun indice dans ce sens ; nulle part on ne voit de raccommodages ou de cassures ; l'ensemble paraît inutilisable, mais, en quelque sorte, complet. Nous ne pouvons rien dire d'autre, car Odradek est extraordinairement mobile et ne se laisse pas attraper.

Il peut être au plafond, dans le creux de l'escalier, dans les couloirs, au vestibule. Quelquefois, il se passe des mois sans qu'on le voie. Il glisse dans les maisons voisines, mais il revient toujours à la nôtre. Très souvent, quand on sort par la porte et qu'on le voit sur le palier de l'escalier, on a envie de lui parler. Naturellement on ne lui pose pas de questions difficiles, mais on le traite — sa taille minuscule nous porte à cela — comme un enfant. « Comment t'appelles-tu ? » lui demande-t-on. « Odradek », dit-il. « Et où habites-tu ? » « Domicile indéfini », répond-il et il rit, mais c'est un rire sans poumons. Il sonne comme un crissement de feuilles sèches. En général, là s'arrête le dialogue. On n'obtient pas toujours ces réponses ; quelquefois il garde un long silence, comme le bois, dont il semble être fait.

Je me demande, inutilement, ce qu'il adviendra de lui. Peut-il mourir ? Tout ce qui meurt a eu d'abord un but, une espèce d'activité, et s'est usé de la sorte ; rien de tel avec Odradek. Descendra-t-il l'escalier laissant traîner des effilochures près des pieds de mes enfants et des enfants de mes enfants ? Il ne fait de mal à personne, mais l'idée qu'il pourrait me survivre m'est presque douloureuse.

« Un souci du père de famille », dans *La Métamorphose et autres nouvelles,* © Ed. Gallimard, 1916.

Juan PIÑEIRO

Ce curieux animal est peut-être l'un des plus beaux et des plus parfaits qui soient. Il a la tête et le corps d'un hibou, une queue et deux pattes de félin. Sa tête s'orne de deux oreilles qui se terminent par de hautes aigrettes de plumes fines comme des cheveux. Ses yeux noirs et brillants sont entourés d'un large cerne obscur qui semble les continuer.

Avec ses plumes hérissées il atteint un important volume et sa queue est épaisse et robuste. Ses pattes sont couvertes jusqu'à ses serres, aux ongles longs et puissants, d'un étrange plumage qui ressemble à une fourrure. A cause de ses hautes oreilles, de ses moustaches et de sa barbe touffue, on l'appelle souvent le « Lynx Volant » bien que sa taille dépasse de beaucoup celle des plus grands lynx.

Il se nourrit exclusivement de prêtres de toute religion, dogme ou secte. Dans son vol silencieux comme celui des hiboux et des aigles, il s'approche de sa proie sans se faire remarquer et ses griffes se plantent dans les vêtements du rabbin qui baise non sans un certain dégoût le mur de Jérusalem, de la mère supérieure qui frotte son missel contre ses seins dans la solitude d'un cloître, du sorcier qui s'apprête à sacrifier une jeune vierge noire aux sources du Nil, du lama qui médite sur un éperon rocheux de l'Himalaya, ou du moine qui dans sa promenade matinale fend de son nez effilé la nuée compacte et vaporeuse des pigeons de la Place Saint-Marc à Venise. Puis il s'élève dans les airs avec sa prise pour trouver un endroit désert où la dévorer.

On dit qu'il n'assimile que la folie et la volonté de sainteté et qu'il régurgite les corps et les vêtements en une boule visqueuse et nauséabonde, que lui-même préfère lâcher au-dessus de la mer pour qu'elle disparaisse dans les profondeurs abyssales.

Aimant à jouer, cet animal, une fois les œufs éclos, passe des heures et des heures à s'ébattre tendrement avec ses petits tandis qu'une carmélite déchaussée, un brahmane et trois missionnaires attendent peut-être, pâles et tremblants au bord du grand nid, le moment où ils serviront de pâture à sa famille.

« La Nycticorax Mystica Idealis », dans *Minuit,* nº 19, éd. de Minuit, mai 1976.

DES PAYS QUI N'EXISTENT PAS

Concevoir des contrées imaginaires ; les décrire avec précision ; en faire le théâtre d'aventures fabuleuses.

Des pays qui n'existent pas

De « l'Abbaye de Thélème » imaginée par Rabelais à tous les récits actuels de science-fiction, en passant par les voyages racontés par Cyrano de Bergerac et Swift, la littérature foisonne de pays et de peuples imaginaires.

Dans son livre *Les Villes invisibles*, Italo Calvino présente toute une série de villes qui n'existent pas. Mais le texte que nous citons permet de voir combien certaines de ces villes, dans leur aspect parfois insensé, ressemblent à nos villes modernes. Ceci nous montre que l'*imaginaire* est bien souvent la meilleure manière d'approcher la *réalité*.

Pour sa part, Gilbert Lascault, dans *Un îlot tempéré*, invente un peuple, les *Alcaniens*, dont il décrit les coutumes, page après page, avec la plus grande minutie.

En fait notre propos veut rejoindre celui de Jean Grenier lorsqu'il écrivait, pour présenter son texte l'*Inde Imaginaire* :

« ***C'est en considérant l'Inde comme un pays imaginaire qu'on s'approche le plus de sa réalité. Nous ne voulons pas la considérer autrement.*** »

Le livre de Renaud Camus, *Roman Roi*, se déroule dans un royaume imaginaire : la Caronie, dont la carte se trouve reproduite au début de l'ouvrage. Ce morceau d'Europe orientale ne rappelle-t-il pas la Syldavie, le royaume du Pélican noir inventé par Hergé ?

J. GRENIER : « L'Inde imaginaire », dans *Les Iles*, Gallimard, 1932.

R. CAMUS : *Roman Roi*, P.O.L., 1983.

HERGE : *Le Sceptre d'Ottokar*, Casterman, 1947, *L'Affaire Tournesol*, Casterman, 1956.

G. GAUTHIER : *Villes imaginaires*, Cédic, 1977.

R. TROUSSON : *Voyages aux pays de nulle part : histoire littéraire de la pensée utopique*, Faculté des Lettres, Bruxelles, 1980.

♡

Jonathan SWIFT (1667-1745)

Cette île était plus éloignée que je n'avais pensé. Il me fallut près de cinq heures pour l'atteindre. Je dus la contourner presque en entier avant de rencontrer un mouillage : c'était une petite crique, trois fois large à peu près comme mon canot. L'île était tout en roche vive, mais quelques touffes d'herbe s'y mêlaient aux plantes aromatiques. Je débarquai mes maigres provisions ; puis, après m'être restauré, je mis le reste à l'abri dans un des nombreux trous du rocher. Je trouvai beaucoup d'œufs sur la falaise et fis aussi un gros tas d'algues et d'herbes sèches, que je comptais allumer le jour suivant pour rôtir mes œufs le mieux possible (car j'avais sur moi mon briquet et sa pierre, de l'étoupe et un verre grossissant). Je passai la nuit dans la grotte où j'avais mis mes provisions, couché sur ces mêmes bottes d'herbes et de goémon que je gardais comme combustible. Je dormis fort mal ; car mes soucis étaient plus forts que ma fatigue et me tinrent éveillé. Je voyais combien mon sort était désespéré sur cet îlot misérable et à quelle triste fin j'étais condamné. Mon apathie et mon abattement étaient tels que je n'avais pas le cœur de me lever, et quand je me décidai enfin à ramper hors de ma grotte, il faisait déjà grand jour. Je fis quelques pas sur les rochers. Le ciel était parfaitement clair et le soleil donnait si fort que je ne pouvais regarder dans sa direction. Or, il perdit brusquement son éclat, mais non pas, notai-je, comme s'il se couvrait de nuages ; je me retournai et vis qu'une grande masse opaque passait entre moi et le soleil, s'avançant en direction de l'île : elle pouvait bien être à deux milles de hauteurs et cacha le soleil pendant cinq à six minutes. Je ne trouvai pourtant ni l'air bien plus frais ni la lumière beaucoup moins vive que si je me trouvais à l'ombre d'une montagne. Quand cette chose inconnue fut suffisamment près, je vis qu'il s'agissait d'un corps solide dont la face inférieure était plate et lisse au point que la mer, en s'y réverbérant, lui donnait un vif éclat. J'étais sur une hauteur qui dominait la plage de peut-être deux cents yards, et vis cette masse énorme descendre jusqu'à se trouver à peu près à mon niveau ; je n'en étais pas alors à plus d'un demi-mille, et, à la lorgnette, je voyais nettement des gens qui, en grand nombre, montaient et descendaient, au long de ses flancs en pente. Mais ce qu'ils étaient en train de faire, je ne pouvais les distinguer.

L'instinct de vivre me poussait sans doute à la joie : j'étais déjà prêt à reprendre espoir. Cette aventure, n'allait-elle pas, d'une manière ou d'une autre, me permettre d'échapper à ce lieu désolé, à cette situation sans issue ? Mais, en même temps, je ne saurais dire au lecteur à quel point j'étais abasourdi de voir flotter en l'air une île peuplée d'hommes, capables apparemment de la faire, à leur gré, monter, descendre ou circuler. Je n'étais guère, pourtant, en disposition de philosopher sur ce phénomène, et je m'occupais bien plus de savoir dans quelle direction allait repartir l'île, car elle semblait pour l'instant s'être immobilisée. Elle ne tarda pas cependant à s'avancer de mon côté, et je vis alors que ces flancs étaient parcourus de galeries parallèles et unies ensemble par un certain nombre d'escaliers. Sur la galerie inférieure il y avait des gens qui pêchaient avec de très longues lignes, et d'autres qui regardaient. Je fis des signaux à l'île avec mon mouchoir, et mon bonnet de marin. (Mon chapeau d'officier était depuis longtemps au rebut). Et comme elle approchait encore, j'appelai et criai du plus fort que je le pouvais. Regardant alors attentivement, je vis qu'un attroupement se formait du côté qui me faisait face. On se faisait des signes, on me montrait du doigt, et je compris que j'étais repéré, quoique personne ne répondît à mes appels. Quatre ou cinq hommes pourtant s'élancèrent en courant vers le haut de l'île. Je les vis remonter les escaliers à toute allure, puis je les perdis de vue : j'avais quelques raisons de penser qu'on les envoyait aux ordres auprès de l'autorité compétente.

« Voyage à Laputa », dans les *Voyages de Gulliver,* 1726.

P. Wiersma, *Châteaux de sable,* © Ed. du Regard, 1982.

Fred, *L'Ile du T,* dans *Philémon et le naufragé du "A",* ©Dargaud Editeur, 1977.

Gilbert LASCAULT (né en 1934)

TROUPEAUX

Au XVIe siècle, des navigateurs ont introduit dans l'île plusieurs couples d'autruches. Il en existe maintenant une centaine de troupeaux de plus de mille bêtes, toujours gardés par de petits groupes de nains goitreux. Lorsqu'ils veulent faire avancer le troupeau, les nains chantent d'une voix éraillée des mélopées coupées de sifflements. Plus ils chantent et sifflent fort, plus les autruches accélèrent leur allure. Et elles s'arrêtent quand ils cessent de chanter. Les chants des nains constituent de longues litanies d'insultes contre les autruches et se moquent de leur laideur.

Un Ilot tempéré, © Christian Bourgois Editeur, 1976.

POIDS ET MESURES

Ils punissent de mort les marchands qui font faux poids et fausse mesure. Leurs lois précisent que le boulanger malhonnête doit être jeté dans un four chaud : que le méchant rôtisseur sera rôti à la broche. Le mauvais tailleur est lardé d'aiguilles, puis écorché avec ses propres ciseaux. Le bourreau blesse en de nombreux endroits le corps de l'épicier indélicat et farcit ses plaies de poivre. Il rabote le menuisier escroc. Il enterre vivant le jardinier voleur ; sa tête seule sort du sol et on lui met, par charité, une pipe à la bouche. Il arrive parfois qu'un passant, à la demande du jardinier, lui tranche la tête, s'il peut le faire sans être aperçu. Celui qui vend un vin détestable est noyé dans un tonneau. Le boucher qui trompe sur le poids du gigot passe trois jours dans la saumure avant d'être cuit... Tous ces supplices sont pratiqués en public, sur la Terrasse des Serpents dans la Ville Basse, devant les tours de l'Ancien Tribunal. Les habitants de la capitale aiment assister à ces châtiments et paient parfois fort cher pour les voir de plus près.

Op. cit.

DERNIÈRES PAROLES

Lorsqu'ils sentent que leur mort est proche, certains alcaniens de la capitale se font porter par leurs voisins devant une statue du Roi, qui se trouve dans la Ville Basse. Ils attendent le départ des voisins et, dans un dernier effort, se dressent sur leur litière posée à terre. Ils lancent insultes et imprécations contre le Roi, blâment ses mœurs et se moquent de la Cour. Les deux gardes qui veillent sur la statue les laissent parler quelques minutes, puis les percent de leur lance.

Op. cit.

MUSIQUE

Dans une bataille en rase campagne, le Grand Maréchal, chef des fonctionnaires de l'Eté, joue de la flûte. Même blessé, il continue de jouer. S'il est tué, s'il fuit, si l'ennemi parvient à lui arracher sa flûte, l'armée se considère comme vaincue et quitte en désordre le champ de bataille. Nul autre que le Grand Maréchal n'a le droit de jouer de la flûte sur le lieu du combat.

Les alcaniens évitent d'ailleurs en général ces grandes batailles qu'ils trouvent trop spectaculaires. Ils préfèrent embuscades et coups de main, où la musique n'est pas nécessaire, où elle est même déconseillée. Ils aiment les razzias, les assassinats de chefs ennemis, les petites trahisons, les pillages de villes mal défendues, les incendies de récoltes. Les belles batailles, ils ne les souhaitent pas. Elles sont, disent-ils, « bonnes pour les héros et les flûtistes. » Et au fond ils trouvent les uns et les autres un peu ridicules.

Op. cit.

Ville "miraginaire" chez Hergé. Dans quel album ? (Réponse en "Annexe".) © Casterman.

Henri MICHAUX (1899-1984)

Le travail est mal vu des Emanglons, et, prolongé, il entraîne souvent chez eux des accidents.

Après quelques jours de labeur soutenu, il arrive qu'un Emanglon ne puisse plus dormir.

On le fait coucher la tête en bas, on le serre dans un sac, rien n'y fait. Cet homme est épuisé. Il n'a

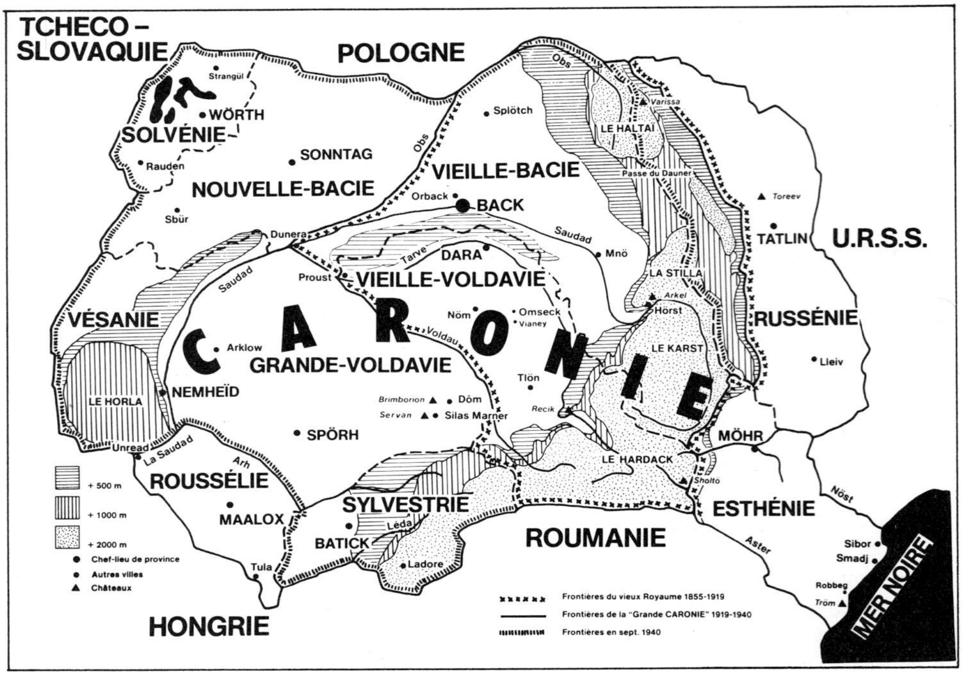

R. Camus, *La Caronie,* dans *Roman Roi,* P.O.L., 1983.

même plus la force de dormir. Car dormir est une réaction. Il faut encore être capable de cet effort, et cela en pleine fatigue. Ce pauvre Emanglon donc dépérit. Comment ne pas dépérir, insomnieux, au milieu de gens qui dorment tout leur saoul ? Mais quelques-uns en vivant au bord d'un lac, se reposent tant bien que mal à la vue des eaux et des dessins sans raison que forme la lumière de la lune, et arrivent à vivre quelques mois, quoique mortellement entraînés par la nostalgie du plein sommeil.

Ils sont faciles à reconnaître à leurs regards vagues à la fois et insistants, regards qui absorbent le jour et la nuit.

Imprudents qui ont voulu travailler ! Maintenant il est trop tard.

Les Emanglons quoiqu'ils aiment beaucoup les lumières adoucies ne sont pas à l'aise le soir, même dans les villes.

Ces plaques blafardes qui apparaissent à la fin du jour sur un arbre, une maison, un nuage les fascinent.

De façon générale, dans les campagnes, la pénombre est redoutée. Le gris, l'entre-chien-et-loup les remplit d'inquiétude. Ils battent du tambour et font parler la poudre, et ne se tranquillisent qu'avec la nuit qui tombe.

Le jour aussi ils restent confiants, mais le soir, chaque soir, les inquiète et les serre à la gorge.

Voyage en Grande Garabagne, © Ed. Gallimard, 1936.

Italo CALVINO (né en 1923)

Celui qui arrive à Tecla voit peu de choses de la ville, derrière les palissades de planches, les abris en toile de sac, les échafaudages, les armatures métalliques, les ponts de bois suspendus à des cordes ou soutenus par des chevalets, les échelles, les treillis. Alors il demande :

— Pourquoi la construction de Tecla dure-t-elle si longtemps ?

Et les habitants, sans arrêter de hisser des seaux, de jouer des fils à plomb, de promener vers le haut et le bas de longs pinceaux, répondent :

— Pour que ne commence pas la destruction.

Et quand on leur demande s'ils craignent qu'à peine ôtés les échafaudages, la ville se mette à craquer et tomber en morceaux, ils ajoutent très vite, à voix basse :

— Pas la ville seulement.

Si, insatisfait des réponses, quelqu'un applique un œil à la fente d'une palissade, il voit des grues qui soulèvent d'autres grues, des échafaudages qui recouvrent d'autres échafaudages, des poutres qui étayent d'autres poutres.

— Quel sens a votre chantier ? demande-t-il. Quel est le but d'une ville en construction, sinon une ville ? Où est le plan que vous suivez, le projet ?

— Nous te le montrerons dès que la journée sera finie ; maintenant nous ne pouvons pas nous arrêter.

Le travail cesse au coucher du soleil. La nuit descend sur le chantier. C'est une nuit étoilée.

— Voilà le projet, disent-ils.

« Les Villes et le ciel » dans *Les Villes invisibles* © Ed. du Seuil, 1974.

LANGAGES IMAGINAIRES

Faire place dans un texte à des langues inventées.

Langages Imaginaires

Plusieurs cas sont à envisager, car cette langue nouvelle est à même d'occuper une place plus ou moins importante dans le texte qu'on souhaite écrire.

Il peut s'agir simplement d'introduire un ou quelques mots inventés. Georges Pérec évoqua un jour à la radio le cas d'un écrivain américain (Harry Mathews) qui se plait à insérer un mot nouveau dans chacun des livres qu'il publie. Et ce pour la satisfaction de voir figurer ensuite sa trouvaille dans un dictionnaire encyclopédique américain dont la vocation est d'enregistrer tous les termes nouveaux qui apparaissent dans la langue écrite, même s'ils n'ont été employés qu'une seule fois.

La production de mots inventés (de *néologismes*) rappelle un des aspects décisifs du travail de l'écrivain : *la transformation du langage.*

Pour l'écrivain en effet, la langue n'est pas un simple instrument de communication, c'est aussi un matériau à refondre, et le néologisme, comme tous les jeux de mots (calembours, mots-valises, etc.), manifeste la relation artisanale et affective (voire érotique) que l'écrivain entretient avec sa langue maternelle.

Cette vision de l'écriture s'oppose bien sûr à l'image répandue de l'écrivain reconnu, modèle du « beau langage » et défenseur de la « tradition ». L'opposition toutefois s'estompe quand on sait que les écrivains les plus célèbres ont eux aussi contribué à l'élargissement du vocabulaire en forgeant des mots nouveaux.

Comme le montre Maurice Rheims dans son *Dictionnaire des mots sauvages,* on trouve, chez Balzac, le *servantisme ;* chez Céline, *trépiter,* ou le *scrifouilleux ;* chez Ionesco, le *glouglouteur* ;

♡

M. RHEIMS : *Dictionnaire des mots sauvages,* Larousse, 1969.

C. DELACAMPAGNE : "L'écriture en folie", dans *Poétique,* nº 18, 1974.

N. DEVIL : *Saga de Xam,* Losfeld, 1967.

le *parpagnasse,* chez Audiberti ; *bavoter,* chez Pagnol ; la *caleçonnade,* chez Paul Guth, etc.

Plutôt que d'inventer des mots, on peut simplement désirer que des termes connus *échangent leurs significations,* comme dans un texte insolite de Peter Bichsel.

La transformation de la langue sera superficielle s'il ne s'agit que d'adopter un code différent. Dans cette perspective, les lettres seules changent de forme. C'est ce qui arrive dans les messages secrets que s'envoient les enfants et dans certaines pages de la *Saga de Xam.*

Cette langue inconnue peut être celle d'un peuple imaginaire rencontré par un explorateur intrépide au cours d'un de ses voyages. Ainsi, Noël Arnaud s'est amusé à proposer un texte fait à partir des diverses langues apprises par Gulliver au cours de ses voyages... Ou encore, dans *Le Rapport de Brodie,* J.L. Borges décrit le dialecte d'un peuple imaginaire, les Yahous (réminiscence peut-être des « Yahoos », dans les *Voyages de Gulliver* de Swift).

Enfin, on pourra écrire des textes n'utilisant d'un bout à l'autre que des mots inventés. Il devient alors difficile de dire si l'on a affaire à une langue totalement nouvelle (est-ce d'ailleurs possible ?) ou à notre propre langue modifiée, corrodée, maquillée...

Cette limite est atteinte sans doute par des poèmes comme ceux de Papillon de Lasphrise (poète baroque du XVIe siècle), les expériences *lettristes**, certains textes de Pierre Guyotat *(Prostitution),* quelques poèmes du peintre Réquichot, d'Antonin Artaud, ou telle page significative de Jean-Louis Baudry.

PAPILLON DE LASPHRISE (1555-début XVIIe s.)

Cerdis Zerom deronty toulpinye,
Purois harlins linor orifieux,
Tictic falo mien estolieux,
Leulfiditous lafar relonglotye.

Gerefeluz tourdom redassinye ;
Eruidion tecar doludrieux,
Gesdoliou nerfet bacincieux,
Arlas destol osart lurafirie.

Tast derurly tast qu'ent derontrian,
Tast deportul tas fal minadian
Tast tast causus renula dulpissoistre

Ladimirail reledra survioux
C'est mon secret ma Mignonne aux yeux doux
Qu'autre toy ne sçauroit reconnoistre.

« Sonnet en langue inconnue »

MOLIÈRE (1622-1673)

« CLÉONTE : *Ambousahim oqui boraf, Jordina, salamalequi.*

COVIELLE : C'est-à-dire : « Monsieur Jourdain, votre cœur soit toute l'année comme un rosier fleuri. » Ce sont façons de parler obligeantes de ces pays-là.

MONSIEUR JOURDAIN : Je suis très humble serviteur de Son Altesse Turque.

CORVIELLE : *Carigar camboto oustin moraf.*

CLÉONTE : *Oustin yoc catamalequi basum base alla moran.*

COVIELLE : Il dit « que le Ciel vous donne la force des lions et la prudence des serpents ! »

MONSIEUR JOURDAIN : Son Altesse Turque m'honore trop, et je lui souhaite toutes sortes de prospérités.

COVIELLE : *Ossa binamen sadoc babally oracaf ouram.*

CLÉONTE : *Bel-men.*

COVIELLE : Il dit que vous alliez vite avec lui vous préparer pour la cérémonie, afin de voir ensuite votre fille, et de conclure le mariage.

MONSIEUR JOURDAIN : Tant de choses en deux mots ?

COVIELLE : Oui, la langue turque est comme cela, elle dit beaucoup en peu de paroles. Allez vite où il souhaite. »

Le Bourgeois gentilhomme, 1670.

Jonathan SWIFT (1667-1745)

HEKINAH DEGUL TOLGO PHONAC LANGRO DEHUL SAN HURGO BORACH MEVOLAH PEPLUM SELAN QUINBUS FLESTRIN RANEULO FLESSEN FRELOCK MARSI FRELOCK FLIMNAP RELDRESAL SKYRESH BOLGOLAM GALBET GOLBASTO MOMAREN ENLAME GURDILO SHEFIN MULLY ULLY GUE BLUSTRUGS BLEFUSCU BELSABORAC MILDENDO TRAMECKSAN SLAMECKSAN DRURR LUSTROGG BLUNDECRAL GLUMGLUFFS NARDAC BURGUM GLIMIGRIN SNILL-PALL CLUSTRIL DRUNLO GLUMGLUM LIMTOC LALCON BALMUFF CABIN DEFFAR PLUNE SPRUGGS GRILDRIG GLUMDALCLITCH SPLACK-NOCK GLUTRUD LORBRULDRUD SLARDRAL RELPLUM SCALCATH GLOMGLUNGS BROBDINGNAG FLANFLASNIC CLIMENOLE LAPUTA LAP UNTUH LAGADO FLANDONA GAGNOLE BALNIBARBI MUNODI TRIBNIA LUGGNAGG MALDONADA GLUBBDUBRIB CLUMENIG TRALDRAGDUBH TRILDROGDRIB ICKPLING GLOFFTHROBB SQUUTSERUMM BLHIOP MLASHNALT ZWIN TNODBALKKUFF HSLHIOPHA GURDLUBH ASHT FLUST DRIN YALERIC DWULDOM PRASTROD MIRPUSH BILFFMARKLUB STRULDBRUGGS SLUMSKUDASK GLANGUENSTALA YAHOU HOUYHNHNM HHUUN HHUUN HLUNNH GNNAYH HNEAYAHOU LUHIMUHS YLNHNIAMSHY LYHANNH LHNUWNH HHHM YAHOU WHINAHOLM YAHOU YNLHMNDWIHLMA YAHOU YNHOLMHNMROHLNW YAHOU NNUHNOH HNHLOAYN HNUY ILLA NYHA MAJAH YAHOU.

Les langages découverts par Gulliver lors de ses voyages et rassemblés par Noël Arnaud, dans *Bizarre,* n° 32-33, 1964.

♡

Peter BICHSEL (né en 1935)

« Toujours la même table, dit l'homme, les mêmes chaises, et le lit, et le portrait. Et la table je l'appelle table, le portrait je l'appelle portrait, le lit se nomme lit et la chaise se nomme chaise. Au fait, pourquoi ? En anglais on appelle le lit « bedde », la table « teïbel », le portrait « pictcheur » et la chaise « tchair », et on se comprend. Et les Chinois aussi se comprennent. »

« Pourquoi le lit ne s'appelle-t-il pas portrait ? » se dit l'homme, et il sourit, puis il se mit à rire, et il rit, il rit tant et si bien que les voisins tapèrent contre le mur en criant « Silence ! ».

« Maintenant ça change ! » s'écria-t-il, et désormais il appela le lit « portrait ». « Je suis fatigué, je vais aller au portrait », disait-il, et souvent, le matin, il restait longtemps au portrait, se demandant comment il appellerait la chaise, et il nomma la chaise « réveil ».

Il se levait donc, s'habillait, s'asseyait sur le réveil et posait ses coudes sur la table. Mais la table ne s'appelait plus table, elle s'appelait maintenant tapis.

Le matin donc, notre homme sortait de son portrait, s'habillait, s'asseyait sur le réveil, devant le tapis, et se demandait comment il pourrait bien appeler les choses.

Le lit, il l'appelait portrait.
La table, il l'appelait tapis.
La chaise, il l'appelait réveil.
Le journal, il l'appela lit.
Le miroir, il l'appela chaise.
Le réveil, il l'appela album.
L'armoire, il l'appela journal.
Le tapis, il l'appela armoire.
Le portrait, il l'appela table.
Et l'album de photos, il l'appela miroir.

Alors voilà : le matin, le vieil homme restait longtemps au portrait ; à neuf heures l'album sonnait, l'homme se levait et se mettait sur l'armoire pour ne pas prendre froid aux pieds ; il prenait ensuite ses vêtements dans le journal, s'habillait, se regardait dans la chaise accrochée au mur, puis il s'asseyait sur le réveil devant le tapis, feuilletait le miroir et s'arrêtait à la table de sa mère.

L'homme trouvait la chose amusante ; toute la journée il s'exerçait à retenir les mots nouveaux. Maintenant il rebaptisait toutes les choses : il n'était plus un homme, mais un pied, et le pied était un matin, et le matin un homme.

Maintenant vous pouvez continuer l'histoire vous-mêmes. Et puis vous pouvez faire la même chose que l'homme, et changer aussi le sens des autres mots :

sonner se dit poser,
prendre froid se dit regarder,
être couché se dit sonner,
se lever se dit avoir froid,
poser se dit feuilleter.

Et voici ce que cela donne :

tous les hommes, le vieux pied restait longtemps sonné dans le portrait ; à neuf heures l'album se mettait à poser, le pied prenait froid et se feuilletait sur l'armoire pour ne pas se regarder les matins.

Le vieil homme s'acheta des cahiers d'écoliers à couverture bleue, et les remplit de mots nouveaux ; cela lui donnait beaucoup de travail, et on ne le voyait plus que rarement dans la rue.

Puis il apprit les nouveaux noms de toutes les choses ; en même temps, il oubliait de plus en plus les vrais noms. Il avait maintenant une langue nouvelle qui n'appartenait qu'à lui.

Il lui arrivait déjà de rêver dans cette nouvelle langue ; puis il traduisit dans sa langue à lui les chansons qu'il avait apprises à l'école ; et il se les chantonna à mi-voix.

Mais bientôt il eut même du mal à traduire, il avait presque oublié son ancienne langue et il était obligé de chercher les vrais mots dans ses cahiers bleus. A présent il avait peur quand il lui fallait parler aux gens. Il fallait qu'il réfléchisse longtemps pour retrouver comment les gens appellent les choses.

Son portrait, les gens l'appellent lit.
Son tapis, les gens l'appellent table.
Son réveil, les gens l'appellent chaise.
Son lit, les gens l'appellent journal,
Sa chaise, les gens l'appellent miroir.
Son album de photos, les gens l'appellent réveil.
Son journal, les gens l'appellent armoire.
Son armoire, les gens l'appellent tapis.
Sa table, les gens l'appellent portrait.

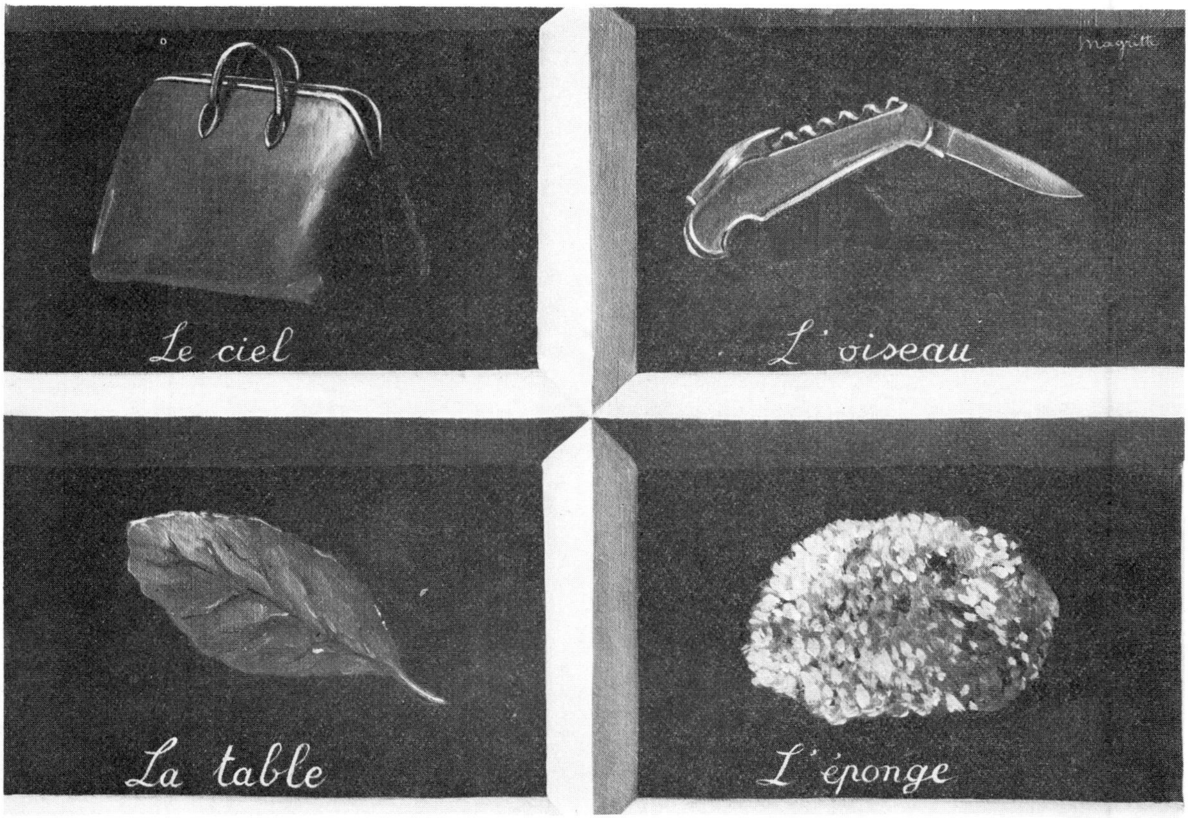

Quand un peintre, comme l'a fait Peter Bischel pour le langage, remet en question les relations entre les mots et les images.

Magritte, *La Clé des songes,* 1927, Munich, coll. Théo Wormland, Giraudon, ADAGP.

Son miroir, les gens l'appellent album.

Tant et si bien que notre homme, à la fin, ne pouvait s'empêcher de rire quand il entendait les gens parler.

Il se mettait à rire quand il entendait quelqu'un dire : « Et vous, allez-vous aussi voir le match de football demain ? » Ou quand quelqu'un disait : « Voilà deux mois déjà qu'il n'arrête pas de pleuvoir. » Ou bien encore : « J'ai un oncle en Amérique. » Il ne pouvait s'empêcher de rire parce qu'il ne comprenait plus ce que tout cela voulait dire.

Histoires enfantines, © Ed. Gallimard, 1971.

♡

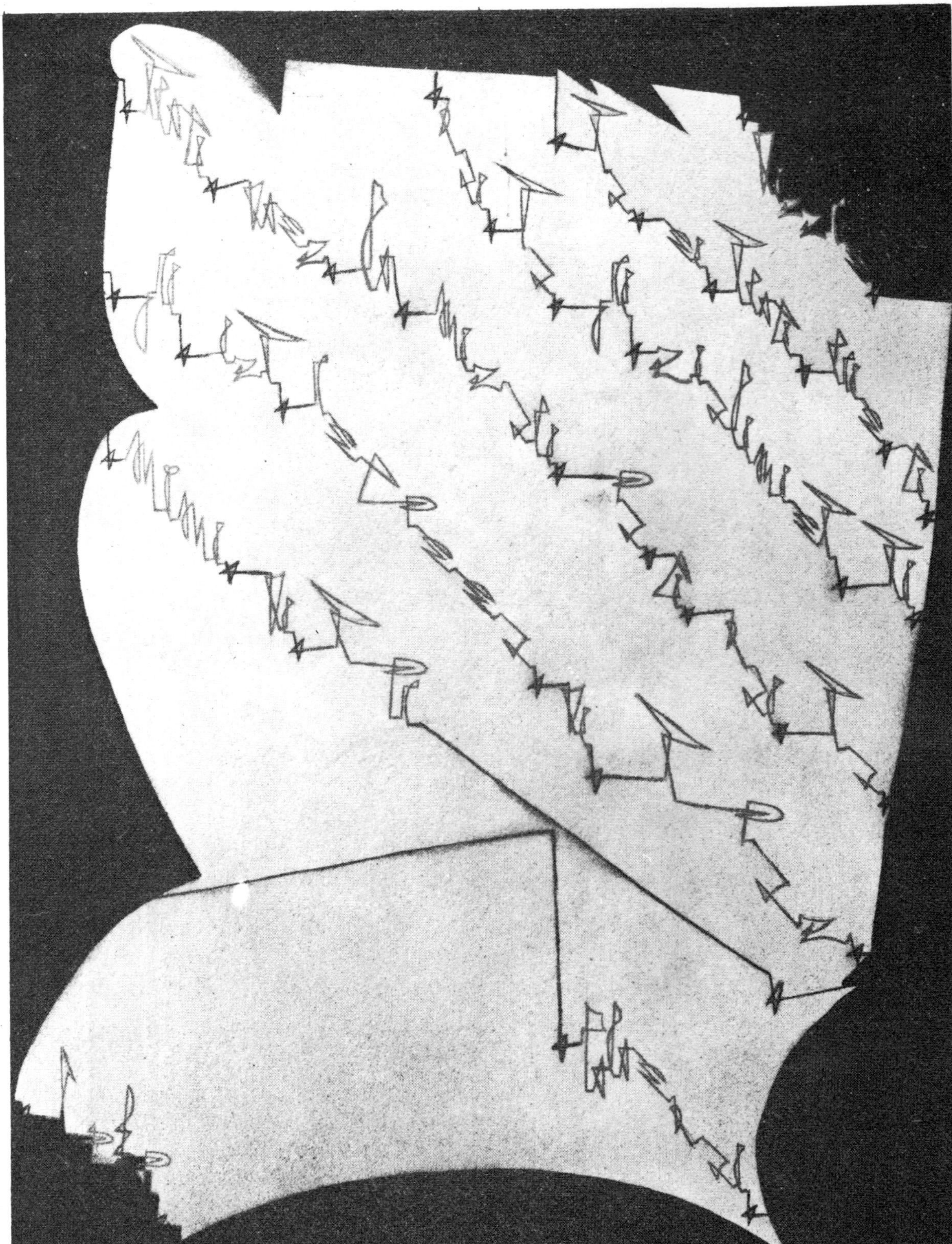

Francis Palanc, *Coquilles d'œufs pilées et colorées,* 1953 © Coll. de l'Art Brut, Lausanne.
« Tu ne trace rien ce que tu vie seulement te trace dans la mesure ou ce que tu vie est inconnu de tous même de toi. »

Jorge-Luis BORGES (né en 1899)

Leur langue est complexe. Elle ne ressemble à aucune de celles que je connais. On ne peut parler de parties du discours, étant donné qu'il n'y a pas de discours. Chaque mot monosyllabique correspond à une idée générale qui se définit par le contexte et par la mimique. Le mot *nrz,* par exemple, suggère l'idée de dispersion ou de taches ; il peut signifier le ciel étoilé, un léopard, un vol d'oiseaux, la variole, l'éclaboussure, l'éparpillement ou la fuite qui suit une défaite. *Hrl,* par contre, indique ce qui est serré ou dense : il peut signifier la tribu, un tronc d'arbre, une pierre, un tas de pierres, le fait de les empiler, la réunion des quatre sorciers, l'union charnelle et un bois. Prononcé d'une autre façon ou avec une autre expression, chaque mot peut vouloir dire le contraire. Ne soyons pas surpris outre mesure ; dans notre langue, le verbe *to cleave* veut dire fendre et adhérer. Bien entendu, il n'y a pas de discours, ni même de membres de phrases.

La puissance d'abstraction qu'exige une telle langue me fait penser que les Yahous, malgré leur barbarie, ne sont pas une nation primitive mais bien plutôt dégénérée. A l'appui de mon hypothèse, je citerai les inscriptions que j'ai découvertes au sommet du plateau et dont les caractères, qui ressemblent aux runes que gravaient nos ancêtres, ne peuvent plus être déchiffrés par la tribu. C'est comme si celle-ci avait oublié le langage écrit et qu'elle n'ait plus conservé que le langage oral.

Le Rapport de Brodie, © Ed. Gallimard, 1972.

Jean-Louis BAUDRY (né en 1930)

Ah ! fouille, parfouille. Ah ! comme fouillée nous l'avons, comme travaillée nous l'avons grattefouillée la sèmeterre fessurée, la fossuaire cacavernée, la miasmaterre évaricieusement scussefruitière à se les garder en jouissance capitalisée ; à fouetter, mouiller, parfouir rien qu'à se les sentir sur son avantre se tenir, prêts à tombetomber môris et déjà engraînegaînés. Fallait-il pas la creusecraser, l'ouvrerager, l'affouiller fourageusement, l'affober bourrageusement. Griffe, graffe, greffe, grottegrafouille, gravegraffitis, gratte engravement, grabevidement. Ils y mirent le nez, les mains et les pieds, ils y mirent la langue et les dents pour s'y retrouver engrangénérés tels qu'ils avaient été et ganguegraînés avant d'être nés. Comment qu'on naîtait avant d'être né, comment qu'elle bisse et nous a pertigés et revitaillés. Comment qu'on n'était et le temps qu'on y a poussé et quel temps depuis qu'on en est sextrait.

Viens donc. Mais je viens. Reste là, c'est moi qui rampe, bouge pas si je me couche, si je touche et si ma bouche. Dis-moi seulement, fais-moi signe. Dis-moi par où, dis-moi comment. Fais le dos et le devant. Dis-moi le nom et le tracé de mon trèspas dans ton entrée. Dis-moi oui dans le pertuis. Dis-moi la place. Dis-moi l'endroit où mettre teste à dégager couloir dans paroi ou testine à s'y faire tirevicer par étroit.

Où la fessure, l'archair, la barbaconne, le maujoint, où le créneau, l'embrasemure, où le trape et le soupirefaille, où la brèche, la meurtrière, où la vise, la lunetière, où la pinçaille à ouille que j'aille. Montre, ostente-moi, reconte aussi, glisse à mes coureilles quels noms s'adonnèrent pour s'y faire aveur le guichet, la voie d'excès ou l'embouchœillet, la pèrefouration ou la baie, le judas ou la boutonnière, l'emmanchiure ou la braguourlet.

« Mémé-la-Grotte », dans *Promesse,* n° 33, 1972.

Réquichot, *Conclusions pour une philosophie de l'art,* 1961, coll. D.B.C., Paris D. R.

ANNEXE

Le Texte fendu

Jean-René HUGUENIN (1936-1962)

Il s'est approché dans le soir sans qu'elle l'entende, et il s'arrête à quelques pas, retenant son souffle. Soudain elle se retourne ; il se glisse derrière un chêne. Il ne voit d'elle que son visage dans l'ombre — et tout autour les taches bleues des fleurs. Il saisit son briquet, tend la main devant l'arbre : la flamme vacille un instant, s'éteint.

« Qui est là... » dit-elle lentement.

Immobile, le briquet à la main, il ne respire plus. Mais lorsque sa sœur avance vers l'arbre, sur la pointe des pieds, la tête inclinée (ses cheveux noirs dénoués tombent le long de son buste), il sourit.

« Anne...

— Anne ! »

Le même appel, au même instant, s'était échappé de la maison, elle n'entendit qu'Olivier. Elle s'arrêta secouant la tête, comme si elle ne le reconnaissait pas ; aussitôt elle fut dans ses bras, et sans parler il la berça contre lui, respirant l'odeur de ses cheveux, une odeur d'amande.

« Tu as eu peur, dit-il tendrement, tu as eu peur, Anne ? »

Un hibou s'envola, quelque chose dégringola de branche en branche mais ne toucha pas le sol. Olivier frisonna ; ils se séparèrent.

« Comment es-tu venu ? Je n'ai pas entendu l'auto.

La Côte sauvage, Seuil, 1960.

Le Nom caché

Solution du jeu du *Point :* les noms d'hommes politiques à trouver sont les suivants : *Missoffe* ("mis au v"), *Faure* ("for"), *Estier* ("estier"), *Pinay* ("pinè"), *Chevènement* ("che vainement"), *Mendès-France* ("mande, est-ce franc, s"), *Mitterand* ("mites et ren"), *Haby* ("habi"), *D'Ornano* ("dort n'a no").

Le Logorallye

VAUVENARGUES (1715-1747)

Les faibles veulent quelquefois qu'on les croie méchants ; mais les méchants veulent passer pour bons.

E.M. CIORAN (né en 1911)

Dans mon enfance, nous nous amusions, mes camarades et moi, à regarder le fossoyeur au travail. Parfois il nous passait un crâne avec lequel nous jouions au football. C'était pour nous une joie que nulle pensée funèbre ne venait ternir.

Pendant bien des années, j'ai vécu dans un milieu de curés ayant à leur actif mille et mille extrême-onctions ; pourtant je n'en ai connu aucun qui fût intrigué par la Mort. Plus tard je devais comprendre que le seul cadavre dont nous puissions tirer quelque profit est celui qui se prépare en nous.

D'une phrase à l'autre

CHAVAL (1915-1968)

Quand j'étais petite je comptais mes doigts le soir avant de m'endormir dans mon petit lit de cuivre. Au matin, mon oncle venait me réveiller d'une caresse ou d'une bourrade selon son humeur. Mon oncle avait été convoyeur au Cameroun et il en avait gardé une maladie chronique qu'il me faisait soigner. C'était surtout des compresses qu'il fallait tenir enroulées autour.

A douze ans je ne savais pas lire et mon oncle, qui répugnait à m'envoyer à l'école de notre village de montagne, m'apprit des rudiments qui me permirent de lui faire la lecture. Le soir à la lueur de l'âtre, je déchiffrais pour lui les Nouvelles Littéraires pendant qu'il hochait sa tête ridée. Les mois et les années passaient et progressivement je devenais femme, mon oncle s'en apercevait bien lui aussi. Un matin, pendant ma toilette, il planta son regard sur mes seins splendides et me dit « Qu'as-tu là, Petite ? » — Troublée je répondis « Mes nichons, Tonton. » — Je ne sais si ce fut ce mot d'argot courant qui lui représenta ma poitrine sous une lumière nouvelle mais il se troubla à son tour et me montra ce qu'il appelait son sac de couchage. Tout au fond il y avait une vieille photographie au papier cassé représentant une négresse allaitant un petit enfant blanc. « A qui trouves-tu que ce bébé ressemble ? » me demanda mon oncle. « A vous, Tonton » répondis-je sans rien trouver, en devinant seulement. « Tu n'es pas bête, Petite » dit mon oncle « Veux-tu que j'épouse ta forme ? » « Ma forme ? » dis-je étonnée. « Oui, Petite, seulement ta forme ».

J'acceptai sans comprendre et me rendis compte rapidement que c'était plutôt moi qui épousais la forme de mon oncle mais était-il bien nécessaire d'être puriste avec un vieil homme tellement affectueux ?

« Mémoires d'une petite fille », dans *Les Gros chiens,*

Textes extravagants

Glaces à la vanille : explication du problème.

La première proposition permet de dégager les solutions suivantes :

1 x 1 x 36,. . . . nombres dont la somme est égale à 38
1 x 2 x 18,. 21
1 x 3 x 12,. 16
1 x 4 x 9, ... 14
1 x 6 x 6, ... 13
2 x 2 x 9, ... 13
2 x 3 x 6, ... 11
3 x 3 x 4, ... 10

Les sommes ayant été réalisées, on se rend compte qu'elles sont toutes différentes, sauf pour : 2 x 2 x 9 et 1 x 6 x 6.

M.B. ayant fait remarqué, après avoir regardé le numéro de la maison d'en face, que cette donnée ne lui suffisait pas, ce numéro est par conséquent *13.*

D'où la dernière proposition, qui permet, en précisant qu'il y a un aîné et non pas deux, d'éliminer le cas 1 x 6 x 6.

La réponse est donc : 9 ans, 2 ans et 2 ans.

Des pays qui n'existent pas

La vignette est extraite de l'album : *Au pays de l'or noir,* Casterman, 1950.

GLOSSAIRE

(Mise au point sur quelques termes opaques)

ACCENT

Il vaudrait mieux parler d'*accentuation,* afin d'éviter la confusion avec le sens qu'a le terme dans la phrase : "Il a pris l'accent de Marseille."

Les langues qui nous entourent (anglais, allemand, espagnol, italien) comportent ce qu'on appelle un *accent de mot* (ou accent *tonique*), ce qui signifie qu'à l'intérieur de chaque mot, il y a une syllabe prononcée plus vigoureusement que les autres et dite, par conséquent, accentuée : *beáutiful, doctór...*

Avec le français en revanche, on parlera non d'accent de mot mais d'accent de groupe. La phrase orale se trouve découpée en unités de sens appelées groupes accentuels, à l'intérieur desquelles seule la dernière syllabe est accentuée :

"Je t'aime de toute mon âme, ma bien-aimée. L'absence me glace le cœur." (R. Martin du Gard).

Il existe aussi des accents supplémentaires dit *d'expression,* utilisés comme marques d'insistance : "C'est un livre *très* intéressant."

La pratique orale du journalisme (les journaux télévisés par exemple), qui veut faire croire qu'il y a de l'événement à chaque mot, tend à l'heure actuelle à multiplier les accents, rapprochant ainsi de curieuse façon la langue française de ses voisines.

Bibliographie :

P. Garde, *L'Accent,* PUF, coll. "Que sais-je".

ACTION PAINTING

Aux Etats-Unis le critique d'art Harold Rosenberg a appelé *Action painting* cette "peinture gestuelle" qui remonte aux découvertes de Mark Tobey, créateur dès 1934 *d'ensembles calligraphiques.*

Les peintres de ce courant ont utilisé, parmi d'autres, deux techniques originales : le *dripping,* qui consiste à projeter la peinture sur un support plan posé à plat à l'aide d'une boîte dont le fond est troué, le geste automatique (au sens surréaliste) remplaçant donc le geste calculé du peintre traditionnel (technique de "l'automatisme" inventée par Max Ernst) ; et, en opposition à ces "coulages", le *field painting,* c'est-à-dire la juxtaposition de larges champs ("fields") de peinture non modulée. Ce procédé a été largement utilisée en réaction contre le "dripping" de Pollock, dans les années 1950 par Rothko, Still et Newman en particulier.

Principaux représentants de l'*Action painting* : Franz Kline (1910-1950), Jackson Pollock (1912-1956), Willem de Kooning (né en 1904), Mark Rothko (1903-1970)... (D'après Roger Caratini, *Encyclopédie Bordas, 1973).*

CATACHRÈSE

La catachrèse est une figure de rhétorique* particulièrement attachante, car elle met au jour certain *défaut* de la langue, à savoir qu'il n'existe pas toujours de mot propre pour désigner telle réalité. Et la catachrèse est ce "tour" de langage qui permet de pallier ce manque ; ainsi des expressions suivantes : les *pieds d'une table,* les *bras d'un fauteuil, être à cheval sur un mur, faire un créneau...*

CONNOTATION

Cette notion est en sémiologie (la discipline qui étudie les systèmes de signes) indissociable de celle de *dénotation.*

Le sens dénoté d'un mot est son sens premier, celui que nous donne d'emblée le dictionnaire. Quant aux connotations, ce sont les sens secondaires que développe le mot dans certaines situations linguistiques. Ainsi le mot *rouge* réfère d'abord à une couleur précise ; mais il peut également, dans un contexte politique donné, avoir des "connotations" révolutionnaires.

NB : les mots traités dans ce glossaire sont signalés par un astérisque dans le corps du texte.

DISCOURS

1. Si dans la langue courante *discours* a d'abord le sens d'*allocution* (le "speech" !), ce terme a revêtu récemment, grâce aux avancées des sciences du langage, un sens tout particulier.

Le courant structuraliste s'est longtemps plu à considérer la langue de façon autonome et à produire des théories qui devaient rendre compte de son fonctionnement.

Mais, dans les années 1960, des analyses nouvelles se sont fait jour, reposant sur l'idée qu'il fallait reprendre en compte les deux éléments rejetés par le structuralisme, à savoir : le *sujet parlant* et le *contexte* (l'espace social d'utilisation du langage).

Sur ces données s'est alors constituée une linguistique de l'*énonciation* qui, au concept de langue (normatif et difficilement utilisable : la langue française n'est pas homogène, monolithique), préfère celui de discours, compris comme les différentes pratiques de langage décelables dans un espace social donné.

2. Par ailleurs, dans un article de 1959 intitulé "Les relations de temps dans le verbe français", Emile Benveniste a distingué deux registres d'énonciation dans les œuvres de fiction : le *récit* et le *discours.* Il y a récit là "où les événements semblent se raconter eux-mêmes", hors de la présence de tout locuteur ; et le discours désigne en revanche "toute énonciation supposant un locuteur et un auditeur", c'est-à-dire toutes les formes écrites qui "reproduisent des discours oraux ou qui en empruntent le tour et les faits" (lettres, théâtre, etc.).

Par extension, dans les études formelles sur la littérature, le terme d'*histoire* sert à désigner, dans une œuvre de fiction, ce qui est raconté, et celui de *discours* la manière dont cette histoire est racontée.

Bibliographie :

E. Benveniste, "Les relations de temps dans le verbe français", dans les *Problèmes de Linguistique générale,* Gallimard, 1966.

Communications, nº 8 ("L'Analyse structurale du récit"), Seuil, 1966.

ECRITURE

Roland Barthes, dans *le Degré zéro de l'écriture* (Seuil, 1953), précise qu'entre la *langue* (qui appartient à tous les membres d'une communauté) et le *style* (propre à un individu), il y a la place pour une autre réalité formelle : *l'écriture.*

L'écriture désigne ce qu'il y a d'intentionnel dans l'acte d'écrire, sa situation ; "c'est la morale de la forme", dit Barthes. La notion peut donc se rapporter à des conduites de groupe : on parlera par exemple d'écriture classique ou d'écriture marxiste.

Mais aujourd'hui, où l'on envisage différemment le problème de l'engagement littéraire (*le Degré zéro* est pour l'essentiel composé d'articles parus dans *Combat* en 1947), le sens du terme écriture a changé. Actuellement il désigne le plus souvent la pratique de langage propre à un écrivain, la façon particulière qu'il a de travailler la langue.

Ce terme serait ainsi plus proche de ce que Barthes entendait alors par "style". La différence, malgré tout, résiderait dans le fait que le style est associé le plus souvent à une pratique purement ornementale (celle du "beau langage"), tandis que l'écriture, dans son sens actuel, renvoie à un acte parfois extrême, où l'écrivain entretient des rapports *passionnels* avec sa langue maternelle.

ECRIVAIN

Les dictionnaires les plus récents définissent l'écrivain comme celui qui compose des *ouvrages littéraires.* Ajoutons que l'on entend ordinairement par ce mot celui qui *vit* des livres (littéraires) qu'il publie.

Cette définition est pourtant trop restrictive. Car elle écarte d'une part tous ceux qui participent à la littérature sans en faire un métier, et d'autre part ceux qui, pour une raison ou une autre, ne se trouvent pas publiés.

Aussi bien la frontière entre le littéraire et le non-littéraire n'est-elle pas facile à établir : Alexandre Vialatte n'aurait-il écrit que ses chroniques journalistiques qu'il serait pour nous un authentique écrivain.

C'est pourquoi nous aimerions désigner ici par le terme d'écrivain tout individu qui écrit en considérant le langage non comme un simple instrument (destiné à exprimer des idées ou des sentiments) mais comme son *milieu* véritable, c'est-à-dire à la fois son *centre* et son *territoire.*

ETYMOLOGIE

Etude des relations qu'un mot entretient avec d'autres mots plus anciens qui sont à son origine.

Le recours à l'étymologie est une forme de purisme. Le puriste en effet, qui a une vision *statique* de la langue, tend à considérer que le vrai sens d'un mot est son sens *originel* (par exemple son sens en latin). Pour lui, l'étymologie est ce qui permet de donner aux mots un *état-civil.*

Mais l'étymologie peut être envisagée de façon ludique, permettant de redonner de la *couleur* à certains mots, voire "d'étoiler" leur sens, de les rendre polysémiques*.

Ainsi chez Francis Ponge le firmament redevient solide *(firmus)* et le mot "scrupule" retrouve son sens de "petits caillous". La philosophie est également fascinée par ces "sens perdus" ; que l'on pense à Heidegger ou, aujourd'hui, à Jacques Derrida ; tout comme la psychanalyse : Jacques Lacan par exemple était un lecteur assidu du fameux *Dictionnaire étymologique de la langue française* de Bloch et Von Wartburg (publié aux PUF).

FATRASIE

Au Moyen-Age, pièce poétique d'un caractère incohérent et absurde, formée de dictons, proverbes, etc, mis bout à bout et contenant des allusions satiriques.

Ce genre à la fois lyrique et burlesque semble né au XIIIe siècle. Parmi les auteurs qui s'y sont adonnés, citons en particulier, Philippe de Beaumanoir, sénéchal du Poitou, grand juriste à ses heures, réputé pour sa fantaisie et son goût raffiné.

GLOSSOLALIE

Du grec *glôssa,* la langue, et *lalia,* bavardage, parole. Terme introduit dans le vocabulaire psychiatrique au début du XXe siècle et qui désigne la création volontaire et continue par un malade mental délirant d'une langue nouvelle, ou qui se voudrait telle.

Par extension : fait de prononcer et de répéter des mots non pour leur signification, mais pour leur consonance et leur musicalité.

GRADUS

Abréviation de *Gradus ad Parnassum* : "degré pour monter au Parnasse" ; autrement dit : escalier pour rejoindre le séjour des Muses.

Un *Gradus* est un dictionnaire de prosodie* pour aider à faire des vers latins (par exemple le *Gradus* du jésuite Paul Aler, 1702) ; ou, plus généralement, tout ouvrage qui facilite la composition littéraire, comme le récent *Gradus* de Bernard Dupriez (10/18, 1980), qui est en fait un dictionnaire des procédés utilisés dans la littérature (des figures de rhétorique* en particulier).

En musique, *Gradus* est aussi le titre de "Cent études pour piano" de Muzio Clémenti (1817). Il s'agit alors, dans une perspective d'apprentissage, de placer des pièces dans un ordre croissant. Signalons aussi, toujours en musique, le *Gradus ad Parnassum,* de Johann-Joseph Fuchs (en 1725).

L'écrivain italien Alberto Savinio (frère du peintre Giorgio de Chirico), se réclamant de Clémenti, a d'ailleurs fait précéder son recueil de nouvelles *Achille énamouré : Gradus ad Parnassum* de l'avertissement suivant :

"(...) Le Gradus ad Parnassum ainsi considéré, et considérant que des études premières, pleines de simplicité et de notes blanches, d'autres s'ensuivent au fur et à mesure plus malaisées ; et considérant qu'en fin de compte on y a accès à des forêts encombrées d'accidents, emmi lesquels resplendit néanmoins une beauté arcane, et dans l'éclat de cette beauté s'ouvrent les portes du Parnasse : rien, ai-je cru ne ressemble autant à l'ordre du Gradus ad Parnassum que l'ordonnance de ce livre". (Gallimard, 1979).

LETTRISME

Mouvement littéraire d'avant-garde fondé en 1945 par Isidore Isou et Gabriel Pommerand. Le Lettrisme prétend renouveler absolument la création poétique en la fondant sur la lettre considérée d'abord pour ses ressources sonores. Les lettristes produiront ainsi de nombreux textes proches de la glossolalie*.

Bibliographie :
J.-P. Curtay, *La Poésie lettriste,* Seghers, 1974.

LITTERARITE

Littérarité est la traduction d'un mot russe *(literaturnost)* employé par le linguiste Roman Jakobson dans le cadre de la réflexion sur ce qui pourrait fonder une spécificité de la littérature. Il désigne donc, nous dit-il, "ce qui fait d'un texte un texte littéraire."

Ce terme est significatif des différentes recherches menées depuis le début du siècle pour tenter d'approcher rigoureusement le fonctionnement de la littérature. D'abord par ceux que l'on a appelés les *Formalistes russes* (Eikhenbaum, Chklovski, Tynianov, etc.), puis plus près de nous par T. Todorov et G. Genette autour de la revue *Poétique* (publiée au Seuil).

Bibliographie :
Théorie de la littérature, textes des Formalistes russes réunis, traduits et présentés par Tzvetan Todorov, Seuil, 1965.

LITTERATURE

Ce mot, rappelons-le, est relativement récent, son sens actuel datant de la fin du XVIIIe siècle. Auparavant, on ne parlait pas de littérature mais de Belles-Lettres, d'"Humanités", etc.

A travers tout le XIXe siècle, soutenu par les valeurs de la société bourgeoise, le mot littérature est devenu un mot-valeur (pourvu d'une majuscule) et très lié à un appareil institutionnel (Académie, groupements professionnels d'auteurs, enseignement, commerce, etc.). Il s'est ainsi trouvé compromis idéologiquement, de sorte qu'emporté par une critique de l'humanisme on l'emploie maintenant avec méfiance, lui préférant les mots d'écriture* ou de texte*.

Il pourrait pourtant être repris dans une perspective différente. D'abord pour réduire la coupure (peut-être injustifiés) que les « avant-gardes » ont parfois voulu établir entre les œuvres classiques et celles de la modernité ; ensuite, à l'intérieur d'un combat en quelque sorte *écologique*, si l'on considère que la littérature (qui désignerait ici la confection de textes *très travaillés*) est aujourd'hui une espèce menacée (particulièrement par les discours dominants : ceux de la radio, de la presse, etc.).

METAPHORE FILEE

Série de métaphores reliées les unes aux autres par la syntaxe (elles font partie de la même phrase ou d'une même structure narrative ou descriptive) et par le sens : chacune exprime un aspect particulier d'un tout, chose ou concept, que représente la première métaphore de la série.

Un exemple pris chez Sainte-Beuve *(Pensées de Joseph Delorme) :*

"Tel filet d'idée poétique qui chez André Chénier découlerait en élégie, ou chez Lamartine s'épancherait en méditation, et finirait par devenir fleuve ou lac, se congèle aussitôt chez moi et se cristallise en sonnet."

(D'après Michael Riffaterre,
dans *Langue Française* n° 3, Larousse 1969).

METAPHORE

La métaphore est un procédé fréquent dans la langue courante (mais plus répandu encore dans la poésie) par lequel on remplace un mot par un autre dont le sens ne lui convient qu'en fonction d'une comparaison sous-entendue : "le glaive de la justice", "la racine du mal", "la lumière de l'esprit", etc.

A la suite des travaux du linguiste Jakobson, la métaphore prend parfois un sens plus général et devient la *représentante* des opérations de langage qui procèdent par *similarité,* l'autre pôle étant la *métonymie* qui repose sur une relation de *contiguïté* (par exemple : "boire un verre", "ameuter la ville").

Au-delà, la métaphore peut symboliser une certaine attitude à l'égard de la langue et jouer un rôle dans la classification des langages ; pour distinguer par exemple les discours attentifs à la "saveur" des mots et à leur polysémie* de ceux qui refusent toute présence de la subjectivité (le discours scientifique en règle générale).

METRIQUE

Science qui étudie les éléments dont sont composés les vers.

"OULIPO"

Abréviation de *Ou*vroir de *li*ttérature *po*tentielle.

Groupe constitué en 1960 autour de Raymond Queneau et François Le Lionnais, et comprenant alors Jacques Bens, Claude Berge, Jacques Duchateau, Jean Lescure et Jean Queval.

François Le Lionnais : un mathématicien passionné de littérature, et Raymond Queneau : romancier, poète et amateur de mathématiques (ils fonderont plus tard la "Confrérie des dégustateurs de nombres"), tous deux épris de passion pour l'encyclopédisme. Leur rencontre fut décisive. Avec leurs amis, ils voulaient reprendre les intuitions des troubadours, des rhétoriqueurs ou de Raymond Roussel, et analyser de façon systématique et scientifique les structures littéraires existantes. Mais surtout ils décidèrent de *découvrir* de nouvelles formes pour la littérature à venir.

Ce mouvement ne doit pas être pris trop au sérieux ; il est né sous le signe du *Collège de Pataphysique* auquel a appartenu Boris Vian. La culture et la science, c'est aussi fait pour jouer.

Depuis 1960, de nouveaux membres sont venus participer aux activités du groupe : Georges Perec, Jacques Roubaud, Italo Calvino, Harry Matthews, etc.

Bibliographie :

Paul Fournel, *Clefs pour la littérature potentielle,* Denoël, 1972.

Oulipo : la littérature potentielle, coll. Idées, Gallimard, 1973.

Oulipo : atlas de littérature potentielle, coll. Idées, Gallimard, 1981.

Oulipo : 60/63, transcriptions des discussions du groupe, recueillies par Jacques Bens, Bourgeois, 1980.

POLYSEMIE

Caractère d'un mot qui a plusieurs sens.

Cette notion peut jouer un rôle décisif dans le classement des pratiques de langage. Ainsi le discours scientifique tend le plus possible à forger et à utiliser des termes qui possèdent une signification unique (et très précise).

A l'opposé, la littérature (et notamment la poésie moderne), attirée par les mots *chargés,* s'oriente souvent vers l'ambiguïté (certains disent l'*illisibilité*), laissant alors les mots qu'elle utilise briller de tous leurs sens possibles.

Jean-Paul Sartre (dans *Situations, X*) : "Ce qui distingue la littérature de la communication scientifique, par exemple, c'est qu'elle n'est pas univoque. L'artiste du langage est celui qui dispose les mots de telle manière que, selon l'éclairage qu'il ménage sur eux, le poids qu'il leur donne, ils signifient une chose, et une autre, et encore une autre, chaque fois à des niveaux différents".

Mais la vision sartrienne doit être nuancée. En effet, la science la plus moderne ne rejette pas l'usage métaphorique* (poétique) de la langue ; ainsi les astrophysiciens, lorsqu'ils désignent certains phénomènes cosmiques au moyen d'expressions telles que "naines blanches", "trous noirs" ou "Big-Bang".

PROSODIE

Partie de la métrique* touchant aux règles relatives à la longueur des syllabes (surtout en grec et en latin).

En linguistique, étude de l'accent*, de l'intonation, de la quantité (c'est-à-dire de la durée de prononciation des voyelles, des syllabes, etc.).

RETROGRADE (rime)

Il y a rime rétrograde lorsque le vers est lisible à rebours, de telle sorte que l'on y retrouve une rime. Un exemple du rhétoriqueur Jean Molinet : *"Femmes sont douces, non rebelles/Gemmes luisants, non brunes perles (...) Rebelles, non douces, sont femmes : Perles brunes, non luisants gemmes".*

RHETORIQUE

La rhétorique est d'abord une technique, née en Grèce au Ve siècle av. J.-C., donnant des règles pour *bien dire,* et en finale savoir *persuader* un auditoire (son origine, il faut le souligner, est juridique).

Elle a rapidement fait l'objet d'un enseignement, théorisé dès l'Antiquité en particulier par Aristote *(La Rhétorique,* 330 av. J.C.), Platon (dans le *Gorgias* et le *Phèdre*), Quintilien (*De Institutione Oratoria*), et Cicéron (*De Oratore*).

En Occident, elle prit une place essentielle dans le savoir, faisant ainsi partie au Moyen-Age, de ce que l'on nommait le "Septennium" (les sept "Arts libéraux", qui se distinguaient des activités servant à gagner de l'argent (1)).

Du Moyen-Age à la période classique, tous les artistes et les "intellectuels" étaient formés à l'école de la rhétorique. Ainsi, des recherches musicologiques ont pu montrer comment J.S. Bach avait composé son *Offrande musicale* selon les plans du *Traité de l'éloquence* de Quintilien (en témoigne une version discographique du Linde Consort, Emi-Electrola, 1982).

La rhétorique perd ensuite de son importance, pour disparaître quasi totalement du champ du savoir à la fin du XIXe siècle (à l'époque où l'actuelle classe de "première" s'appelait encore la "rhétorique"). Elle s'est en effet trouvée dispersée dans divers domaines (grammaire, logique, stylistique...), se limitant bientôt à l'inventaire des "figures", c'est-à-dire des ornements permettant d'exposer les idées de façon convaincante. Ce mouvement était déjà lisible dans les ouvrages de Du Marsais, *Des Tropes* (1730, réédité au Nouveau Commerce) et de Fontanier, *Les Figures du discours* (1821, pour la première partie, réédité chez Flammarion, 1968).

1. *l'inventio :* recherche des arguments, des "preuves", des idées ;
2. la *dispositio :* mise en ordre des idées ;
3. *l'elocutio :* recherche des figures permettant d'exposer ses idées de la manière la plus claire et la plus convaincante.

Deux autres domaines étaient pris en charge par la rhétorique antique : l'*actio,* concernant les gestes et la diction, et la *memoria,* traitant des techniques de la mémorisation (savoir d'ailleurs oublié aujourd'hui et qui a fait l'objet d'un beau livre de France Yates, *L'Art de la mémoire,* publié chez Gallimard).

Et si l'attention portée aux phénomènes langagiers, depuis Saussure et les études formelles de la littérature, a fait revivre quelque peu la rhétorique — à l'université tout au moins —, cet intérêt est resté limité à ce domaine de l'*elocutio.* Il y aurait pourtant beaucoup à reprendre de l'héritage rhétorique, en particulier dans l'enseignement, quant aux techniques de l'*inventio* et de la *dispositio.*

(1) : le "Septennium" se répartissait entre le "trivium", comprenant la *rhetorica,* la *grammatica* et la *dialectica,* et le "Quadrivium", comprenant la *musica,* l'*arithmetica,* la *geometria* et l'*astronomia.*

Bibliographie :
Communications, nº 16, 1970 : "Recherches rhétoriques" ; en particulier les articles de R. Barthes, "L'Ancienne rhétorique" et de G. Genette, "La Rhétorique restreinte".
G. Genette, *Figures II,* Seuil, 1969 ; en particulier l'article "Rhétorique et enseignement".

SIGNIFIANT, SIGNIFIÉ

Dans son *Cours de linguistique générale* au début du siècle, Ferdinand de Saussure, le "père" de la linguistique moderne, présente le *signe* comme étant composé de deux faces : le *signifiant,* qui est son aspect matériel, et le *signifié,* qui correspond à son sens. Signifiant et signifié sont alors indissociables, comme le recto et le verso d'une feuille de papier.

Mais plus récemment, les travaux du psychanalyste Jacques Lacan et ceux de Roland Barthes, en accordant la primauté au signifiant, ont conduit à "décoller" le signifiant du signifié et à lui accorder une relative autonomie. Ainsi la littérature, sans se désintéresser du signifié, met en avant le signifiant comme production de sens et de plaisir (dans l'écriture et dans la lecture).

Bibliographie :
"La primauté du signifiant", dans *Dictionnaire encyclopédique des sciences du langage,* par O. Ducrot et T. Todorov, Seuil, 1972.

"TEL QUEL"

Revue littéraire d'avant-garde publiée par les éditions du Seuil de 1960 à 1982. Continûment animé par Philippe Sollers et Marcellin Pleynet, le comité de rédaction a également compris les noms de J.-E. Hallier, Jean Thibaudeau, Jean Ricardou, J.-L. Baudry, Denis Roche...

Parfois attaquée pour son dogmatisme ou ses palinodies (politiques en particulier), *Tel Quel* garde l'immense mérite d'avoir conduit une réflexion exigeante sur l'écriture*, en rappelant le rôle décisif de Dante, Lautréamont, Mallarmé, Joyce, Roussel, Artaud, Bataille... Cette revue a également ouvert ses pages à des écrivains et intellectuels parmi les plus importants de notre époque ; A. Robbe-Grillet, F. Ponge, J. Derrida, R. Barthes, J. Kristeva, P. Guyotat...

Bibliographie :
Dossier "Sollers et *Tel Quel*", dans le *Magazine littéraire,* nº 65, juin 1972.

TEXTE

Le mot appartient à la langue courante, mais il prend dans la théorie littéraire moderne un sens particulier.

Remarquons d'abord que si la littérature s'est toujours présentée à nous comme étant divisée en genres (la poésie lyrique, épique, etc.), ces distinctions tendent à *s'estomper* : apparaissent aujourd'hui des livres d'un genre *incertain.* S'agit-il de romans ? d'essais ? de journaux intimes ? Parfois ni l'un ni l'autre ; ou tous ces genres à la fois. Déjà au XIXᵉ siècle certains textes brouillent les frontières ; dans quel genre classer par exemple *Les Chants de Maldoror* ?

Parallèlement, le terme a été employé au moment où l'on s'est aperçu que les concepts venus de la linguistique (dont l'objet est *la langue,* et la limite *la phrase*) étaient insuffisants pour rendre compte des œuvres littéraires.

On a alors utilisé le mot *texte* (parfois employé avec une majuscule) pour désigner quelque chose d'une autre nature que la phrase ou le paragraphe : un *tissu* complexe de relations entre des éléments de différents niveaux (sons, lettres, syntaxe, sens, non-dit, allusions, etc.) mettant en jeu une pratique d'exploration des mécanismes de la langue irréductible aux catégories du langage de la communication qu'analyse la linguistique.

Bibliographie :
R. Barthes, "Texte (Théorie du)", dans l'*Encyclopedia Universalis,* 1973.

VOCALISATION

Analysant le fonctionnement de la lecture, Michel Lobrot et Daniel Zimmermann affirment que la plupart des lecteurs, lorsqu'ils lisent un texte avec les yeux, prononcent les mots ou les phrases lus. Et ils ajoutent : "Cette prononciation peut être tout à fait extériorisée, on l'appelle alors la *vocalisation.* Elle peut être plus intériorisée et consister en des mouvements de lèvres ou de glotte, parfois imperceptibles pour un observateur. On l'appelle alors la *labialisation*. Enfin, elle peut être purement mentale et se réduire à une espèce de parole purement imaginaire qui se superpose à la compréhension proprement dite. On l'appelle alors la *prononciation mentale*". (*La Lecture adulte,* ESF, 1975).

INDEX DES PRINCIPAUX NOMS PROPRES

N.B. : en caractères gras figurent les noms des auteurs présentés en anthologie.

ADDENDUM A TOUTE THEORIE DE LA PRODUCTION LITTERAIRE

Et Lux fuit. (Gen., 1, 3)

In uno ex supradictis autobibus qui S denominationem portebat...*
(Ex. Styl. LXXXI, 3)

Mon attention fut surtout attirée par (2) une de ces expressions toutes faites qui rebutent les lecteurs (3) : « Là où l'hagard ceint le hasard » (4). Laborieux travaux d'écrivain (5), quotidienne colique (6), fontaine de mots (7) que les éditeurs (8), moissonneurs de coups de pieds au cul (9), publient (10)...

Pour bien faire, il faudrait étirer hors du magma (11) la crème de cette boue circonscrivante (12) : comment dire (13), exprimer (14), rendre (15), traduire (16), formuler (17) l'impression que produit le (18) narrateur (19) paranoïaque (20) qui tente de me gâcher mon plaisir, en essayant de me démontrer que (21) c'est en écrivant qu'on devient écriveron (22). Ah ! le salaud (23).

Ce n'était ni une vérité, ni un mensonge, mais un prétexte (24). Pourquoi pas (25) ? Après une attente gratinée sous un soleil au beurre noir (26), tel le héros d'un exercice de style (27), le romancier (28) (c'est le personnage principal (29) — personnage assez énigmatique (30)) exprima son ire (31) : alors (32) il se décompose en ses éléments premiers et crochus (33), sur le papier au dos satiné, glyphes alphabétiques (34), chiffons (35) structuralement disposés (36) lexicographiques et syntaxiques... (37) le témoin (38) (c'est le personnage second (39)), aussi impartial qu'horrifié (40), l'accule (41) hors des limites attribuées à notre juridiction (42), et l'annule (43).

« Minuit. Il pleut (44). — Il fait beau, dit Robert (45) d'une voix mouillée (46).

(1) Alexandrins
(2) Probabiliste
(3) Maladroit
(4) Distinguo
(5) Apostrophe
(6) Sonnet
(7) Apostrophe
(8) Maladroit
(9) Apostrophe
(10) Maladroit
(11) Visuel
(12) Partial
(13) à (18) Impuissant
(19) Analyse logique
(20) Interrogatoire
(21) Le côté subjectif
(22) Maladroit
(23) Autre subjectivité
(24) Négativités
(25) Ignorance
(26) Gastronomique
(27) Ampoulé
(28) Prière d'insérer
(29) Analyse logique
(30) Prière d'insérer
(31) Animisme
(32) Alors
(33) Philosophique
(34) Apostrophe
(35) Litotes
(36) Animisme
(37) Apostrophe
(38) Lettre officielle
(39) Analyse logique
(40) Lettre officielle
(41) Homéotélentes
(42) Fantomatique
(43) Homéotéleutes
(44) Antonymique
(45) Inattendu
(46) Insistance

*Un jour, dans l'autobus qui porte la lettre S (1)... (N.d.A.)

(47) Inattendu
(48) Inattendu
(49) Métaphoriquement
(50) Inattendu
(51) En partie double
(52) Composition de mots
(53) Surprises
(54) Onomatopées
(55) Surprises
(56) Analyse logique
(57) Lettre officielle
(58) Apostrophe
(59) Paréchèses
(60) Prière d'insérer
(61) Tactile
(62) Ampoulé
(63) Précisions
(64) Apostrophe
(65) Apostrophe
(66) Rêve
(67) Hésitations
(68) Maladroit
(69) Groupe d'Action Littéraire Textes et Contextes (Ch. BIET, J.P. BRIGHELLI, J.L. RISPAIL)

dans Raymond Queneau, *Exercices de style,* Gallimard, 1947.

Il appela le garçon (47).

— Pour moi, ce sera un picon, dit-il (48). Et son langage se déploya dans les airs, humide (49).

— Il fait chaud, tout de même, dit Robert (50). Cela déclaré et (51) éjaculé (52), il ne trouva rien de mieux à faire que d'aller occuper une place laissée libre ! Au lieu de la laisser à une dame ! (53) Et toc ! (54) A ne pas croire ! (55) »

La conclusion logique (56) semblait avoir trait à des questions de nature esthétique (57)2. Ce stylographe à la plume de platine (58) butinait cette stibulation (59) que le romancier a burinée avec un rare bonheur (60) :

« On peut toucher du doigt la connerie humaine légèrement visqueuse et gluante, à cause de la chaleur. » (61) Ces mots (62) dont l'énonciation dura cinq secondes (63) transmettront aux hommes aux lunettes étincelantes le récit narcissique (64), narration futile et dérisoire (65), présences multiples et indistinctes (66), mégalomanie (67).

C'est pas fait pour les amateurs (68)...

G.A.L.T.C. (69)

REPENTIR

Repentir : « *(Dessin et Peint.) : trace d'une première idée qu'on a voulu corriger. Par ext. : rétablissement dans un manuscrit d'une lettre, d'un mot précédemment biffé.* »
(Dict. Encycl. Quillet, 1970).

Malgré notre désir premier de rester discrets sur certains aspects théoriques, il nous a semblé par la suite qu'il était souhaitable d'expliquer en quelques mots la répartition des différents chapitres de ce livre.

L'ordre en effet, n'est jamais innocent, et la rhétorique classique, qui en tenait le plus grand compte, en avait même fait la matière d'une de ses parties : *la dispositio.*

D'abord, nous avons songé à des dispositions ludiques ou aléatoires en utilisant par exemple, comme dans les dictionnaires, l'ordre alphabétique. Ce dernier pourtant s'avère malicieux et ne permet pas toujours de respecter un désordre thématique. Ainsi, il aurait placé côte à côte des figures complices comme *parodie* et *pastiche,* réintroduisant partiellement un ordre logique.

Ensuite l'idée nous est venue d'un *Almanach,* suggérant, pour toutes ces rubriques, une consommation réglée, comme une *posologie :* une dose par jour ou par semaine !

Enfin, comme nous caressions malgré tout des préoccupations pédagogiques, nous avons préféré un rangement "raisonné", fondé sur l'idée qu'il y a des activités plus faciles que d'autres, ce que l'école (qui n'en retient qu'un petit nombre) n'a jamais vraiment pris en considération. Ainsi, la rédaction, à laquelle on initie très tôt les enfants, compte sans doute parmi ce qu'il y a de plus malaisé à écrire.

Ce que nous apprend la littérature (la littérature comme enseignement) c'est que le plus facile peut-être du point de vue de l'écriture, c'est de modifier des textes préexistants (voir notre première série). Car on ne part pas de rien : on dispose d'un "texte-tuteur", d'un matériau à transformer.

Aussi ce livre peut-il être considéré comme un *Gradus** : formé de parties rangées par ordre croissant de difficulté, il va dans le sens d'une autonomie d'écriture de plus en plus grande (1).

A l'intérieur de chaque série, l'agencement devient beaucoup plus incertain et l'idée d'une progression doit être abandonnée. En fait, nous avons fait voisiner des figures conniventes, que l'on regardera plutôt comme des variantes ou — terme musical — des *variations* (« Textes à poursuivre », « La Reprise », « La Page arrachée », etc...).

(1) Cette idée de progression (ou plus sagement : ce fantasme, cette hypothèse), ne tient que si l'on reste à un niveau très général. Car dès que l'on vise directement certaines rubriques, d'autres données entrent alors en jeu. Par exemple des compétences particulières : connaissance accomplie d'une langue ou d'un auteur (pour la traduction ou le pastiche), qui rendent ces exercices plus difficiles au total que d'autres placés vers la fin du volume.

TABLE DES MATIÈRES

REMERCIEMENTS

Pour leur aide et l'intérêt qu'ils ont bien voulu porter à ce travail, nous remercions tout particulièrement : Christian BIET, Yves BOULAY, Pierre DELVINCOURT, Catherine HULOT, Mireille KERDILES, Gilbert LASCAULT, Alain MALA, Louis MAGNARD, Francis MERCIER, Robert PINGET, Françoise PRIN, Jean-Luc RISPAIL, le « Studio 115 », Michel TOURNIER.

N° Éditeur : 8866 – Dépôt légal : Septembre 1991

IMP. REGAZZI - VILLENOY - 64.33.83.23

TEE

TEE

DAS HANDBUCH FÜR GENIESSER

JANE PETTIGREW

EVERGREEN

EVERGREEN is an imprint of
Benedikt Taschen Verlag GmbH

The Tea Companion. A Connoisseur's Guide
was first published in 1997 by The Apple Press,
6 Blundell Street, London N7 9BH

Übersetzung aus dem Englischen
(für Agents-Producers-Editors): Hajo Düchting, München;
fachliche Beratung: Tuvshin C. Wu, Köln
Redaktion und Satz der deutschen Ausgabe:
Agents-Producers-Editors, Overath
Umschlaggestaltung: Angelika Taschen, Köln

Printed in Slovakia
ISBN 3–8228–7595–3

Danksagung der Autorin

Eine große Anzahl von Personen aus dem internationalen Teehandel haben mir bei der Fertigstellung dieses Buches geholfen. Mein aufrichtiger Dank gilt allen, die mir Teeproben, Utensilien, Informationen und Fotos zur Verfügung gestellt haben. Besonders danken möchte ich folgenden Personen:
Kitticha Sangmanée von *Mariage Frères* in Frankreich, Devan Shah von India Tea Importers aus den U.S.A., Mike Bunston und Dominic Beddard von Wilson Smithett, UK, und Iltyd Lewis vom *UK Tea Council*.
Ihre Großzügigkeit und Hilfsbereitschaft waren für dieses Buch unerläßlich.
Mein Dank gilt auch Clare Hubbard von Quintet Publishing Ltd.

INHALT

TEIL EINS

DIE WELT DES TEES

TEIL ZWEI

INTERNATIONALES TEE-VERZEICHNIS

Die Welt des Tees

DIE GESCHICHTE DES TEES

CHINESISCHE URSPRÜNGE

Tee ist das wohl am weitesten verbreitete Getränk der Welt. Dennoch ist er alles andere als ein Allerweltsgetränk, denn hinter all den Dosen auf den Regalen der Teegeschäfte verbirgt sich eine faszinierende Geschichte, die sich durch die Entwicklung vieler Kulturen zieht.

Nach alter Überlieferung beginnt diese Geschichte mit dem chinesischen Kaiser Shen-Nung, einem Gelehrten und Pflanzenkundler, der aus Gründen der Hygiene nur abgekochtes Wasser trank. An einem Frühlingsabend im Jahre 2737 v. Chr., als Shen-Nung unter einem wilden Teebaum ruhte, wehte der leichte Wind einige Blätter in das bereits sprudelnde Wasser. Er kostete das Getränk und fand es wunderbar erfrischend und belebend. So wurde der Tee ›entdeckt‹.

Ob Shen-Nung wirklich existierte oder ob er nur die mythische Verkörperung der kulturellen Entwicklung des Alten China ist, weiß man nicht genau. Da das Land erst im 3. Jahrhundert v. Chr. geeint wurde, ist es eher unwahrscheinlich, daß es 2737 v. Chr. einen Kaiser gegeben haben soll. Letztlich spielt es auch kaum eine Rolle, wie dieses herrliche Getränk ›entdeckt‹ wurde. Wichtig ist, und hier sind sich die Experten einig, daß es sich in China bereits in frühester Zeit großer Beliebtheit erfreute.

Shen-Nung ruht unter einem Teebaum.

Die ersten schriftlichen Erwähnungen der Pflanze stammen vom Beginn des 3. Jahrhunderts v. Chr. Ein berühmter chinesischer Chirurg empfahl das Getränk zur Verbesserung der Konzentrationsfähigkeit, und ein General bat seinen Neffen in einem Brief, er solle ihm doch etwas »echten Tee« schicken, da er sich alt und niedergeschlagen fühle. Vielleicht ist der Grund für die späte Erwähnung des populären Gebräus in der chinesischen Schrift zu suchen. Das Schriftzeichen für Tee (*tu*) war mit dem für Distelsaat identisch. Einzig die Aussprache, die ein Kaiser der Han-Dynastie (206 v. – 220 n. Chr.) anordnete, unterschied sich: Meinte man Tee, sagte man *tscha*. Erst im 8. Jahrhundert n. Chr. erhielt der Tee sein eigenes Schriftzeichen: Man ließ einen senkrechten Strich weg, wodurch es leichter wurde, die Geschichte des Tees nachzuzeichnen.

Chinesisches Schriftzeichen für Tee

Das Getränk aus den frischen grünen Blättern wilder Teesträucher wurde bis zum 3. Jahrhundert n. Chr. in erster Linie als Medizin oder Stärkungsmittel verabreicht. Dennoch war die Nachfrage offenbar so groß, daß die Bauern anfingen, Teesträucher anzubauen, um eine regelmäßige Ernte zu garantieren. Zu dieser Zeit entstanden allmählich auch systematisierte Produktionsverfahren.

Im Verlauf des 4. und 5. Jahrhunderts wuchs die Beliebtheit des Tees rasch. Überall entlang des Jangtsekiang legte man Teeplantagen an, die getrockneten Blätter galten als würdiges Geschenk selbst für Kaiser, während sie auch in Tavernen, Weingeschäften und Nudelhäusern Einzug hielten. Aus dem Jahr 476 n. Chr. ist überliefert, daß gepreßte grüne Teeblätter Gegenstand eines regen Tauschhandels mit türkischen Kaufleuten waren. Die Teehändler wurden reich und ließen Töpfer und Goldschmiede elegantes Teegeschirr herstellen, das ihren neuen Status widerspiegeln sollte.

Die Tang-Dynastie (618–906 n. Chr.) gilt als das ›Goldene Zeitalter‹ des Tees, dessen medizinische Wirkung nun nur noch zweitrangig war. Inzwischen war er ein reines Genußmittel und wurde fast ausschließlich zur Erfrischung getrunken. Seine Zubereitung und Darbietung entwickelten sich zu einer ausgefeilten Zeremonie, wodurch die Kultivierung und Herstellung strengen Regeln unterworfen wurden: Man legte fest, wer die Pflanze pflücken durfte, wann und wie sie gesammelt werden mußte und wie die frisch gepflückten Blätter zu behandeln waren. Die jungen Pflückerinnen hatten sich bestimmten Hygiene- und Ernährungsvor-

Teeblätter wurden im China des 17. Jahrhunderts mit der Hand gerollt.

schriften zu unterwerfen: So waren ihnen Knoblauch, Zwiebeln und starke Gewürze verboten, damit der Geruch auf den Fingern die feinen Blätter nicht verdarb.

In dieser Zeit erlangte der Handel eine solche Bedeutung, daß eine Gruppe von Kaufleuten den Schriftsteller Lu Yu (740–804 n. Chr.) beauftragte, ein Buch über Tee zu verfassen: »Ch'a-ching« wurde das klassische Werk, in dem alle möglichen Aspekte abgehandelt sind – etwa Herkunft und Eigenschaften der Pflanze, Sorten, Verarbeitung, Zubereitung, Teegeschirr und -gerät, Wasserqualität, medizinische Wirkung und Traditionen des Teetrinkens.

Aus diesem Werk wissen wir, daß in der Tang-Dynastie die jungen Blätter nach dem Pflücken gedämpft, zerkleinert und mit Pflaumensaft als natürlichem Bindemittel zu einer Paste vermischt wurden. Die Paste goß man in Tiegel, preßte sie zu Ziegeln und erhitzte sie, bis sie trocken waren. Der Teeziegel wurde über einer Flamme erhitzt, bis er weich genug war, um zu Pulver zerkleinert zu werden, das dann in Wasser aufgebrüht wurde. In einigen Teilen Chinas fügte man Salz hinzu, was dem Tee einen bitteren Geschmack verlieh. Süße Zwiebeln, Ingwer, Orangenschalen, Gewürznelken und Pfefferminze, die dem Wasser vor oder nach dem Kochen beigegeben wurden, waren als Geschmacksstoffe allgemein gebräuchlich.

In der Sung-Dynastie (960–1278) wurde der Teeziegel zu einem sehr feinen Pulver zermahlen und in kochendes Wasser eingerührt. Nach der ersten Tasse wurde kochendes Wasser zugegossen und wieder mit dem Satz verrührt. Bis zu sieben Aufgüsse waren auf diese Weise möglich. Inzwischen waren die Aromastoffe aus der Zeit der Tang-Dynastie verpönt; statt dessen fügte man feine Essenzen wie Jasmin- oder Lotusöl und Chrysanthemenblüten zu.

Bis zur Ming-Dynastie (1368–1644) wurde in China ausschließlich grüner Tee produziert. Die gepreßten Teeziegel waren als Tauschmittel zu den abgelegensten Handelsplätzen gelangt, doch nun wurden die Blätter nicht mehr als Ziegel, sondern gedämpft und getrocknet vertrieben – so waren sie allerdings weniger haltbar und verloren bald Aroma und Geschmack. Als der Handel mit dem Ausland zunahm und der Tee Reisen bis nach Europa überstehen mußte, entwickelten chinesische Teebauern den schwarzen und den aromatisierten Tee. Noch der Botaniker Carl von Linné glaubte, daß grüner und schwarzer Tee von zwei verschiedenen Pflanzen stammten. Doch wachsen alle Teesorten am selben Strauch. Die Entdeckung, daß die Blätter durch Fermentieren und Trocknen länger haltbar werden, geht auf die Ming-Zeit zurück. Wurde in Europa anfangs nur grüner Tee importiert, so führte die Umstellung in der Produktion dazu, daß bald fast ausschließlich schwarzer Tee gehandelt wurde.

Von China nach Japan

Nach einer japanischen Quelle servierte der japanische Kaiser Shomu im Jahr 729 n. Chr. 100 buddhistischen Mönchen Tee. Da zu dieser Zeit in Japan kein Tee angebaut wurde, muß er aus China importiert worden sein. Vermutlich brachte der Mönch Dengyo Daishi, der von 803–805 in China seinen Studien nachging, die ersten Teesamen mit nach Japan, setzte sie im Klostergarten ein und stellte eigenen Tee her. Fünf Jahre später bot er Kaiser Saga das Getränk an, und es soll diesem so geschmeckt haben, daß er den Strauch in fünf Provinzen nahe der Hauptstadt kultivieren ließ.

Als sich zwischen dem Ende des 9. und dem 11. Jahrhundert die chinesisch-japanischen Beziehungen verschlechterten, kam Tee als chinesische Spezialität aus der Mode und wurde am Hof nicht mehr getrunken; nur die buddhistischen Mönche behielten diese Gewohnheit bei, da Tee sie in den Stunden der Meditation wach und konzentriert hielt. Im frühen 12. Jahrhundert verbesserten sich die Beziehungen zwischen beiden Ländern wieder, und erneut war es ein japanischer Mönch, Eisai, der als erster nach China reiste und neben vielen Teesamen auch das Wissen mitbrachte, wie man grünen Tee aus Pulver zubereitet. Er hatte sich in China ebenfalls die Lehren des Rinzai-Zen-Buddhismus angeeignet, und von da an gibt es eine erstaunliche Parallelität in der Entwicklung des Teegenusses und der buddhistischen Lehre. Während die Teerituale in China ausstarben, wandelten die Japaner die Bräuche in eine komplexe Zeremonie um. Bis heute ist die japanische Teezeremonie *Chanoyu* ein genau festgelegtes Ritual, das für Gastgeber und Gäste einen Augenblick der geistigen (und körperlichen) Erfrischung und der Harmonie mit dem Universum darstellt. Im Jahr 1906 schrieb Okakura Kakuzo: »Der Teekult gründet auf der Bewunderung des Schönen inmitten der nüchternen Tatsachen des alltäglichen Lebens. Er beinhaltet Reinheit und Harmonie, das Geheimnis gegenseitiger Fürsorge, eine romantische Idee der sozialen Ordnung.«

Die Teezeremonie umfaßt alle wesentlichen Elemente der japanischen Philosophie und künstlerischen Schönheit. Sie vereinigt

Der große japanische Teemeister Takeno Joo

Plakatwerbung für Fujiyama-Tee

vier Prinzipien: Harmonie (mit den Menschen und der Natur), Respekt (für den Mitmenschen), Reinheit (des Herzens und des Verstandes) und Gleichmut. So schrieb Kakuzo: »Der Teekult ist mehr als die Idealisierung einer bestimmten Art zu trinken; er ist eine Religion der Lebenskunst.« Die Zeremonie dauert bis zu vier Stunden und findet entweder zu Hause oder in einem Teehaus statt.

Der Tee gelangt nach Europa

Ob es Niederländer oder Portugiesen waren, die im 17. Jahrhundert den ersten Tee nach Europa brachten, ist nicht geklärt. Fest steht, daß beide Länder in dieser Zeit Handel mit China trieben, die Portugiesen von Macao auf dem Festland, die Niederländer von Java aus. Anfangs wurde mit Seide, Brokat und Gewürzen gehandelt, bald führten die Frachter aber auch Tee mit. Die Portugiesen verschifften den Tee nach Lissabon, von wo aus die niederländische Ostindische Kompanie die Ware weiter in die Niederlande, nach Frankreich und zu den baltischen Häfen brachte. Ab 1610 importierten die Niederländer selbst von Java aus vor allem japanischen Tee. 1637 schrieben die Direktoren der Ostindischen Kompanie an den niederländischen Generalgouverneur in Batavia (= Djakarta): »Da Tee immer mehr Anhänger findet, erwarten wir mit jedem Schiff auch einige Kisten chinesischen und japanischen Tees.«

Tee erfreute sich in allen sozialen Klassen der Niederlande wachsender Beliebtheit, und man re-exportierte ihn nach Italien, Frankreich, Deutschland und Portugal. Franzosen und Deutsche verloren allerdings bald das Interesse. Zum täglichen Getränk wurde er hier nie – außer in Ostfriesland, wo er bis heute beliebt ist, und in den oberen Gesellschaftsschichten Frankreichs. So berichtete Madame de Sévigné in einem ihrer Briefe, daß ihre Freundin, Marquise de la Sablière, Milch zum Tee nehme und Racine ihn täglich zum Frühstück trinke. Ende des 17. Jahrhunderts war jedoch in Deutschland wie in Frankreich Kaffee mit Abstand das beliebteste Getränk. Nur in Rußland und England wuchs der Markt für Tee ständig weiter.

Nach Rußland war Tee – als Geschenk der Chinesen an Zar Peter I. – erstmals 1618 gelangt. Schon 1689 wurde ein Abkommen über einen regulären Handel geschlossen. Karawanen mit 200–300 Kamelen zogen zur Grenze in Usk Kayakhta, beladen mit Fellen, die gegen Tee eingetauscht wurden. Jedes Kamel trug vier Kisten (etwa 600 Pfund). Vom chinesischen Produzenten bis zum russischen Verbraucher war der Tee 16–18 Monate unterwegs. Besonders geschätzt wurde bis zum frühen 18. Jahrhundert der schwarze Rauchtee, der heute noch Russischer Tee oder Karawanentee heißt. Damals war er so teuer, daß nur Adlige ihn sich leisten konnten. Immerhin konsumierten die Russen ab 1796 jährlich über 6000 Ladungen Tee, der bis zur Fertigstellung der Transsibirischen Eisenbahn 1904 mit Karawanen importiert wurde. Danach übernahm die Eisenbahn den Transport von Tee, Seide und Porzellan – der nun nur etwas mehr als eine Woche dauerte.

Grossbritannien entdeckt den Tee

Es gilt als sicher, daß es schon vor 1658 in England Menschen gab, die von Tee gehört und ihn getrunken haben – seien es Adlige oder Kaufleute. In jenem Jahr jedoch kündigte Thomas Garraway, ein Kaufmann aus London, als erster in einer Annonce der Londoner Wochenzeitung »Mercurius Politi-

Thomas Garraways Geschäft in der Exchange Alley

cus« vom September 1658 eine Auktion für das neue Getränk an: »Dieser ausgezeichnete und von allen Ärzten empfohlene chinesische Trank, den die Chinesen *tscha* nennen und der in anderen Ländern Tay oder Tee heißt, wird im Kaffeehaus Sultaness Head in Sweetings Rents bei der Royal Exchange, London, verkauft.«

Zwei Jahre später schrieb Garraway, zweifellos um den Verkauf anzukurbeln, ein langes Werbeblatt mit dem Titel »Eine exakte Beschreibung des Anbaus, der Qualitäten und der Tugenden des Blatt-Tees«, in dem er behauptete, daß Tee fast jede bekannte Krankheit heile und »den Körper aktiv und munter macht. Er hilft gegen heftigen Kopfschmerz und Schwindelgefühl … Er verscheucht die Müdigkeit und reinigt die Körpersäfte und die Leber. Er stärkt den Magen, verbessert die Verdauung und ist besonders geeignet für Menschen mit schweren Körpern sowie für solche, die viel Fleisch essen. Er ist gut gegen Alpträume, er erleichtert das Gehirn und stärkt das Gedächtnis. Er hält besonders gut wach. Ein Aufguß genügt, und man kann nächtelang arbeiten, ohne dem Körper Schaden zuzufügen.«

Die Geschichte des Tees nahm eine äußerst glückliche Wendung, als König Karl II. 1662 die portugiesische Prinzessin Katharina von Braganza heiratete. Die neue Königin war schon lange vor ihrer Heirat eine passionierte Teetrinkerin. So erstaunt es nicht, daß sie als Teil ihrer Mitgift eine Kiste besten Chinatees mit nach England brachte und ihre aristokratischen Freunde in die Kunst des Teetrinkens einführte. Die Kunde von dem neuen Getränk verbreitete sich schnell, und

Katharina von Braganza

Thomas Twining, Gründer von Tom's Coffee House

immer mehr Leute wollten es selbst einmal versuchen. Allerdings blieb dies bei einem Preis von 16–60 Schilling pro Pfund – ein Vielfaches des Tagelohns eines Arbeiters – den Wohlhabenden vorbehalten.

Die Ladies pflegten den Tee zu Hause zu genießen, während die Gentlemen ihn in einem der Kaffeehäuser tranken, die seit 1650 eine feste Institution im Stadtbild Londons waren. Jedes dieser Kaffeehäuser hatte seine eigene Klientel: Banker, Börsenmakler, Politiker, Journalisten oder Dichter. So begann etwa die Versicherungsgesellschaft Lloyds ihre Arbeit jeden Morgen in Edward Lloyds Kaffehaus in der City, wo Mr. Lloyd eine Liste jener Schiffe und ihrer Fracht zusammenstellte, die täglich vom Londoner Hafen aus in See stachen. Im Jahr 1705 eröffnete Thomas Twining, der Gründer der weltberühmten Teefirma Tom's Coffee House, genau gegenüber von The Strand außerhalb der alten Stadtmauern. Das Geschäft lief gut, und von 1717 an wurde das Teehaus unter dem Namen The Golden Lyon geführt und rasch dafür bekannt, losen Blatt-Tee an Männer wie Frauen zu verkaufen – ansonsten hatten Frauen keinen Zutritt zu den Kaffeehäusern. Sicherlich hätte auch keine achtbare Lady ihren Fuß in die verräucherten Etablissements gesetzt, in denen die Männerwelt, angeregt von reichlich Alkohol, sich über Gott und die Welt unterhielt und Zoten riß.

Die hohen Teepreise resultierten nicht zuletzt aus der Tatsache, daß Karl II. auf verschiedene Genußmittel hohe Steuern erhob. Für Tee, Kaffee und Schokolade setzte man 8 Pence pro Gallone fest, die man 1670 gar auf 2 Schilling erhöhte. 1689 kostete der preiswerteste Tee 7 Schilling das Pfund – etwa der Wochenlohn eines durchschnittlich bezahlten Arbeiters. Da die Nachfrage in allen Schichten wuchs, entwikkelte sich ein florierender Schwarzhandel. Der Tee wurde aus den Niederlanden eingeschmuggelt, und ganze Gemeinden einschließlich Bürgermeister und Priester organisierten die heimliche Lagerung und Verteilung der Vorräte. Um die begrenzten Mengen des begehrten Produktes zu vergrößern und den Profit zu erhöhen, wurde der Tee mit anderen Pflanzen gestreckt, gewöhnlich mit Lakritze und Schlehe. Bereits aufgebrühte Teeblätter wurden getrocknet und mit Melasse oder Lehm gefärbt. Not machte auch damals erfinderisch: Man trocknete und röstete

Teeschmuggler bringen im 18. Jahrhundert ihre Ware in England an Land.

Eschenblätter, zerstampfte und siebte sie und weichte sie dann in Schafdung ein. Die Regierung reagierte, indem sie 1725 Schmuggel und Schwarzhandel mit einer Geldstrafe von 100£ belegte, die 1730 auf 10£ pro Pfund erhöht wurde. Ab 1766 drohte gar eine Gefängnisstrafe. Da sich grüner Tee leichter strecken ließ als schwarzer, schützten sich die Verbraucher, indem sie zunehmend schwarzen Tee kauften, der in China für den Export produziert wurde.

Im Laufe des 18. Jahrhunderts wurde Tee zum populärsten Getränk in England. Von 66 738 Pfund im Jahr 1701 stieg der Konsum 1781 auf 4 915 472 Pfund. Eine massive Steuersenkung 1784 von 119 % auf 12,5 % bewirkte einen weiteren Anstieg auf 15 096 840 Pfund im Jahr 1791. Man trank Tee zu Hause oder in einem der neuerdings in Mode gekommenen Londoner Tea Gardens. Die Coffee Houses, die zum Tummelplatz zwielichtiger Gestalten geworden waren, existierten seit Anfang des Jahrhunderts nicht mehr; sie wurden von den Vergnügungsparks in den Vororten Londons abgelöst, wo Angehörige aller Schichten, selbst der Adel, frische Luft tankten, Tee tranken und sich amüsierten. Die populärsten Parks in Marylebone, Ranelagh und Vauxhall boten vielfältige Unterhaltung: Abendkonzerte, Feuerwerke, Glücksspiele, Bowling, Bootsfahrten, Tanz und Spaziergänge durch Blumenanlagen.

Die Anfänge der ›Tea time‹

Bis zum frühen 19. Jahrhundert wurde Tee zu allen Tageszeiten getrunken; besonders beliebt aber war er abends nach dem Essen. Eine ›Tea time‹, wie wir sie heute kennen, gab es nicht. Diese vielleicht britischste aller Traditionen verdanken wir Anna, der siebten Herzogin von Bedford, die unter der langen Pause zwischen dem leichten Mittagessen und dem späten Abendmahl litt. Um das »Schwächegefühl« am Nachmittag, wie sie es nannte, zu überbrücken und ihren Hunger zu stillen, bat sie ihr Dienstmädchen, ihr eine Kanne Tee und einige Erfrischungen in ihr Zimmer zu bringen. Das empfand sie als so angenehm, daß sie begann, ihre Freunde nachmittags zum Tee einzuladen. Bald fand sich ganz London zu solchen Treffen ein und labte sich an Tee, Sandwiches und feinen Keksen. Da man sich dabei bestens unterhielt und wunderbar den neuesten Klatsch austauschen konnte, breitete sich diese Mode schnell aus, was bald Silberschmiede, Porzellan- und Leinenhersteller auf den Plan rief, die die Accessoires für elegante Teeparties entwickelten, wie auch Autoren, die Anleitungen schrieben, wie man Tee kocht und serviert, Empfänge organisiert und was zum Tee anzubieten ist. Der elegante und stilvolle Nachmittagstee ist nicht mit dem High Tea (oder Meat Tea) zu verwechseln, einem Familienessen mit pikanten, sättigenden Gerichten und Süßspeisen, das in Arbeiterkreisen abends nach der Rückkehr von einem langen Tag in der Fabrik oder im Bergwerk eingenommen wurde.

Opiumkriege und der Tee im Empire

Der steigende Teeverbrauch war für England eine große finanzielle Belastung. In China bestand kein Bedarf an Baumwolle, der einzigen Exportware, die England zu bieten hatte. So entstand gegen 1800 die Idee, Opium, das bei den Chinesen trotz des Einfuhrverbotes aus dem Jahr 1727 sehr begehrt war, in das Geschäft einzubeziehen. Die britische Ostindische Kompanie ließ die Droge in Bengalen anpflanzen, damals Teil des British Empire, verkaufte sie dann gegen Silber über Großhändler in Kalkutta nach China und kaufte mit eben diesem Silber Tee von den Chinesen.

Trotz immer härterer Strafen für die Einfuhr und das Rauchen von Opium dauerte der heimliche Handel bis 1839 an – dann löste der chinesische Beamte Lin Zexu das Problem auf eigene Faust. Er ließ über 20 000 Kisten voll Opium an der Küste von

Auktionssaal der Ostindischen Kompanie

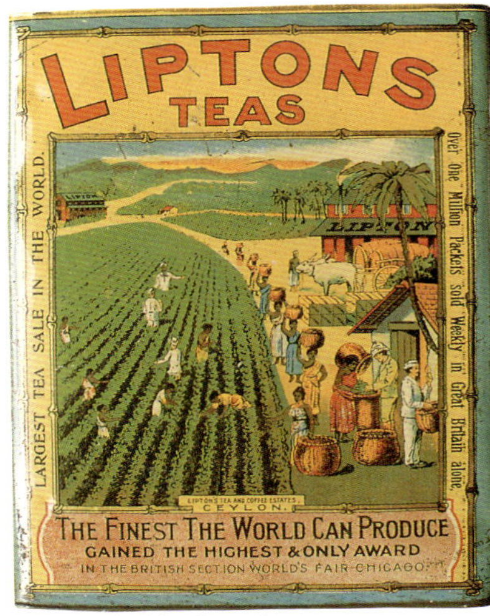

Werbeplakat der Ceylontees von Lipton

Kanton abladen und das Opium mit Kalk und Öl vermischt ins Meer werfen. Ein Jahr später erklärte England China den Krieg, und China antwortete mit einem Embargo aller Tee-Exporte.

Wegen der ständigen Schwierigkeiten in den Handelsbeziehungen zu China hatte England schon seit geraumer Zeit den Anbau von Tee in anderen Ländern erwogen. Aufgrund des Klimas und der Höhenlage erschien vor allem Nordindien vielversprechend. Als 1823 in den Dschungeln von Assam einheimische Teebäume entdeckt wurden, ließ Charles Bruce, Oberst und Amateurbotaniker im Dienst der britischen Ostindischen Kompanie, kleine Plantagen anlegen. Die anfänglichen Zweifel an der Echtheit der Teepflanze wurden durch einen zweiten Bericht des Offiziers der Assam Light Infantry, Andrew Charlton, ausgeräumt. Von nun an wurde Assamtee großflächig angebaut. Die erste Ladung traf 1838 in London ein, 1840 wurde die Assam Company gegründet und expandierte bald nach Darjeeling, Cachar, Sylhet und in andere nordindische Regionen.

In den Jahren nach 1870 wurde auch Ceylon eine wichtige englische Teeanbauregion, nachdem der Anbau von Kaffee in den 60er Jahren fehlgeschlagen war und die Pflanzer sich für Tee als Alternative entschieden hatten. Tee aus Ceylon wurde schnell zu einem Exportschlager. Diesen Erfolg festigte der Besuch eines Neulings im Teegeschäft: Thomas Lipton, der dank seines berühmten Lebensmittelhandels und seiner zahlreichen Läden in ganz England (allein 70 in London) bereits mit 40 Jahren Millionär geworden war. Lipton, der sich kein gutes Geschäft entgehen ließ, kaufte 1890 während seines Besuches auf der Insel Ceylon mehrere Plantagen. Er ließ seinen eigenen Tee herstellen und verkaufte ihn ohne Zwischenhändler direkt in seinen Geschäften. So konnte er den Verkaufspreis erheblich senken und trotzdem gut verdienen. Sein Slogan »Direct from the Tea Gardens to the Tea Pot« wurde berühmt. Durch seine phantasievollen Werbekampagnen wurde der Name Lipton bald in der ganzen Welt zum Synonym für Tee. Der Verbrauch stieg zwischen 1801 und 1901 von 23 730 000 Pfund auf 258 847 000 Pfund. Die Importe aus Indien und Ceylon übertrafen allmählich die aus China. Letztere erreichten 1886 ihren Höhepunkt, sanken aber im Jahr 1900 auf 13 Millionen Pfund und stellten damit nur noch 7 % der Gesamtimporte Englands dar. 1939 beliefen sich die Importe aus China auf 1,3 Millionen Pfund. Erst nach 1970 erhöhten sie sich wieder. 1978 verbrauchte England 15 Millionen Pfund Tee aus China. Heute sind die größten Märkte Chinas Marokko und die USA, die ihre Importe zwischen 1978 und 1983 verdoppelten und noch weiter erhöhen.

DIE TEEKLIPPER

Die alten Schiffe der Ostindischen Kompanie segelten in 12–15 Monaten bis London. 1845 stach der erste amerikanische Klipper in See und legte die Strecke von New York aus in weniger als acht Monaten zurück. Das bedeutete für die britischen Schiffseigner eine riesige Gefahr. 1850 wurde in Aberdeen der erste englische Klipper, die *Stornaway*, gebaut, und ihr folgten viele der yachtähnlichen Schiffe, die teilweise eine Rekordgeschwindigkeit von durchschnittlich 18 Knoten erreichten und deren Ladekapazität mehr als eine Million Pfund betrug.

Der Teeklipper Great Republic

Die Teekisten wurden von einheimischen Schauermännern nach einem komplizierten System unter Deck verstaut, denn eine stabile Fracht erhöhte die Leistungsfähigkeit der Schiffe und schützte sie besser vor Strömungen, Riffen, Unwettern und Angriffen durch Piraten.

Oft liefen mehrere Klipper zugleich aus und veranstalteten Wettrennen nach London. Die zuerst eintreffende Teeladung erzielte Spitzenpreise, und die Siegermannschaft gewann hohe Prämien. Das berühmteste Rennen fand im Mai 1866 zwischen elf britischen Seglern statt. Im letzten Moment gelang es dem Kapitän der *Taeping*, der *Ariel* mit 1 230 900 t Tee den sicher geglaubten Sieg zu entreißen – dank hoher Segelkunst und dem besseren Lotsen.

Das letzte dieser Rennen fand 1871 statt, als die meisten Klipper schon durch Dampfschiffe ersetzt worden waren und sich die Reise durch die Öffnung des Suezkanals ohnehin um einige Wochen verkürzt hatte.

Tea-Shops und Tanztees

Die rasche Expansion Londons sowie das Verlangen nach immer raffinierteren Amüsements führten zur Schließung der Vergnügungsparks, so daß man Tee nur noch zu Hause trinken konnte. Das änderte sich erst im Jahr 1864, als die Managerin des London-Bridge-Zweiges der *Aerated Bread Company* den Einfall hatte, ein Hinterzimmer ihres Geschäfts als Tea Room zu öffnen. Sie war damit so erfolgreich, daß auch Händler aus ganz anderen Bereichen diese Idee bald imitierten. Plötzlich gab es in ganz London und in einigen Provinzstädten Englands Tea-Shops. Diese Einrichtungen zogen Gäste aller Klassen und Altersstufen an. Neben Tee und preiswerten Suppen wurden hier auch heiße, kalte, süße sowie herzhafte Gerichte angeboten, und auch für die musikalische Unterhaltung war gesorgt.

Zum Tee auszugehen wurde Mode, besonders zu Anfang des 20. Jahrhunderts, als neu eröffnete exklusive Hotels in und um London stilvolle dreigängige Teemenüs in ihren Hallen und Palmengärten anboten. 1913 erhielt der Nachmittagstee durch exzentrische Tanzeinlagen – der Tango war gerade erst aus Argentinien importiert worden – eine zusätzliche Attraktivität. Diese überaus beliebte Kombination von Tee und Tanz stammte vermutlich aus den französischen Kolonien in Nordafrika und bildete die perfekte Vereinigung zweier Modeerscheinungen.

Die unnachahmlichen Tanztees etablierten sich in Londons Theatern, Restaurants und Hotels und waren »in«. Londons Zeitungen berichteten über die »wachsende

Das Tea-House in College Farm, London

Vernarrtheit in Tee-Tangos« und verkündeten: »Jeder tanzt jetzt den Tango«.

Die Veränderungen des gesellschaftlichen Lebens durch die beiden Weltkriege, der neue Trend weg von den Tanztees und hin zu Cocktailparties sowie der Erfolg der Fastfoodketten und Kaffeebars in den 50er Jahren trugen dazu bei, daß diese Art des Amüsements schließlich aus der Mode kam.

Natürlich hörten die Briten nie auf, zu Hause oder während der Arbeit Tee zu trinken. Doch erst seit den 80er Jahren ist ein neu erwachtes Interesse am Tee und an der Einrichtung der ›Tea time‹ zu beobachten, das zu einem Revival der englischen Tea-Shops, Tea-Rooms und Tea-Lounges führte.

Tee in Nordamerika

Immigranten aus Europa brachten ihren Tee schließlich auch nach Nordamerika. New York, das zunächst niederländisch war und New Amsterdam hieß und erst später von den Briten umbenannt wurde, war ein Paradies für Teetrinker, denn hier wurden die heimischen Traditionen genau wie in England, den Niederlanden und in Rußland gepflegt.

Teekisten werden in den Hafen von Boston geworfen.

Da Trinkwasser von guter Qualität nicht überall vorhanden war, wurden bei Manhattan spezielle Wasserpumpen installiert. Kaffeehäuser und Teegärten erfreuten sich zunehmender Beliebtheit, und einige trugen die Namen der Londoner Vorbilder. Der Tee wurde in den amerikanischen Städten auf dieselbe elegante Art getrunken wie in Europa. Besonders in Philadelphia und Boston trank man gern aus teurem Silber- und Porzellangeschirr und stellte dieses auch zur Schau. In weniger wohlhabenden Familien galt das Trinken von Tee als Zeichen von Anstand und guter Sitte.

Zu Beginn des 18. Jahrhunderts tranken die Quäker ihren Tee, »der aufmuntert, aber nicht berauscht«, mit Salz und Butter, während in Neuengland parfümierter grüner Tee beliebt war. In ländlichen Gegenden blieb ständig eine Teekanne auf dem heißen Ofen stehen, um jedem Gast oder der Familie nach der Arbeit auf den Feldern eine frische Tasse Tee anbieten zu können.

Mit der Boston Tea Party endete Amerikas Vorliebe für die Briten und ihre Teesitten. Der Konflikt hatte seinen Ursprung in den 1767 verschärften Steuergesetzen, die vor allem den amerikanischen Kolonien galten. 3 Pence mußten für jedes Pfund Tee zur Unterstützung der Armee und der Kolonialregierung abgeführt werden. Da Tee in Amerika nur von der britischen Ostindischen Kompanie importiert und gekauft werden durfte, konnte man dieser Auflage nicht entkommen. Die Amerikaner boykottierten sämtliche englischen Importe, und die hoch besteuerten Waren wurden in keinem amerikanischen Hafen gelöscht, weder Stoffe, Papier und Glas noch Blei, Pulver oder Waffen. Der aufgestaute Ärger entlud sich endgültig im Jahr 1773, als sieben Teeschiffe aus London eintrafen. In New York und Philadelphia wurden die Schiffe zur Umkehr gezwungen, während in Charleston die Fracht von Beamten gekapert wurde. In Boston schließlich stürmten als Indianer verkleidete Amerikaner mit Rufen wie »Der Bostoner Hafen ist heute Nacht eine Teekanne« die *Dartmouth*. Innerhalb von drei Stunden gingen alle 340 Teekisten über Bord. Die Schließung des Bostoner Hafens und die Entsendung britischer Truppen markierten den Beginn des Unabhängigkeitskriegs.

Was steckt hinter dem Namen?

Bis sich *tea* in der englischen Sprache durchsetzte, wurde die Pflanze abwechselnd *tcha*, *cha*, *tay* und *tee* genannt. Der englische Name leitet sich nicht vom gebräuchlichen hochchinesischen Wort *cha* ab, sondern vom chinesischen Dialektwort *te*. Das ist auf den frühen Kontakt niederländischer Händler mit den chinesischen Dschunken aus dem Hafen von Amoy zurückzuführen. Die Niederländer übernahmen das Wort *thee* in ihre Sprache. Mit den ersten Teeladungen kam auch diese Bezeichnung nach Europa, daher heißt das neue Produkt im Deutschen *Thee*, im Italienischen, Spanischen, Dänischen, Norwegischen, Schwedischen, Ungarischen und Malaiischen *te*, im Englischen *tea*, im Französischen *thé*, im Finnischen *tee*, im Lettischen *teja*, im Koreanischen *ta*, im Tamilischen *tey* und im Singhalesischen *thay*. Das Mandarinwort *cha* wurde zu *ch'a* im Kantonesischen und *cha* im Portugiesischen (durch den Handel mit dem Kantonesisch sprechenden Macao), ebenso im Persischen, Japanischen und im Hindi. *Shâi* nennen es die Araber, *ja* heißt es auf Tibetisch, *chay* auf Türkisch und *chai* auf Russisch.

TEEANBAU UND TEEHERSTELLUNG

DIE TEEPFLANZE

Tee (*Thea sinensis*) ist eine immergrüne Pflanze und gehört zur Familie der Kamelien. Die Botaniker kennen drei eng verwandte Sorten, Tee aus China, aus Assam und aus Kambodscha, die alle kommerzielle Verwendung finden.

Der chinesische Teestrauch wird drei bis vier Meter hoch und wächst in China, Tibet und Japan. Er verträgt sehr niedrige Temperaturen, wird 100 Jahre alt und bildet 5 cm lange Blätter aus. *Thea assamica* ist ein Baum, der bis zu 30 m hoch wird. Die Blattlänge variiert zwischen 20 und 50 cm. Er gedeiht in tropischem Klima und wird bis zu 40 Jahre alt. Die kambodschanische Variante *Thea assamica ssp. lasiocalyx* ist ebenfalls ein bis zu 4 m hoher Baum und wird meist bei Kreuzungen (Hybriden) verwendet.

Die Pflanze produziert dunkelgrüne, glänzende, ledrige Blätter und kleine, weiße Blüten mit fünf oder sechs Blütenblättern, ähnlich den Jasminblüten. Neun Monate nach der Blüte reifen in dreiflächigen Holzkapseln glatte, braune Samenkerne. Teesträucher wachsen am besten in feuchtheißem Klima. Die besten klimatischen Bedingungen bieten Temperaturen von mindestens 18 °C, reichlich Niederschläge von mindestens 1600 l im Jahr und eine Anbauhöhe von 800–2000 m. Bei richtiger Anbauhöhe und ausreichender Feuchtigkeit erzielt man den erwünschten langsamen Wuchs. Je höher der Tee angebaut wird, desto besser ist sein Aroma und desto feiner die Qualität. Die

Die zarte Blüte der Thea sinensis

berühmtesten Sorten der Welt – in hohen Lagen gewachsene Ceylon-Tees, Weyi-Tees aus China und die besten Darjeelings aus Indien – werden in einer Höhe von 2000 m kultiviert. Letztlich werden wie bei der Weinkelterung Geschmack und Qualität durch eine Vielzahl von Faktoren beeinflußt: Klima, Boden, Höhe, wie und wann gepflückt und verarbeitet wird, Mischung, Verpackung, Transport und Lagerung.

DIE CHEMIE DES TEES

Die Blätter der *Thea sinensis* enthalten u. a. Aminosäuren, Gerbstoffe, Spurenelemente, Vitamine, ätherische Öle und Koffein (Tein), die dem Tee seine typische Farbe und seinen besonderen Geschmack geben. Der in den Blättern enthaltene Wasseranteil von 75–80 % wird beim Welken auf 60–70 % reduziert. Während der Fermentation (oder Oxidation) bei der Herstellung von Oolong und schwarzen Tees oxidieren die Gerbstoffe unter Beihilfe von Fermenten und Luftsauerstoff zu Thearubigen und Theaflavin. Dadurch entstehen der einzigartige Geschmack und die dunkle Färbung des aufgebrühten schwarzen Tees, der durch die Umwandlung der Gerbstoffe weniger bitter schmeckt als der grüne, unfermentierte Tee. Durch das Trocknen wird die Oxidation gestoppt und das Wasser auf ca. 3 % reduziert.

Der schwarze Tee hat ein sehr komplexes Aroma. Über 550 chemische Substanzen hat man bisher identifiziert, darunter Hydrokarbonate, Alkohole und Säuren. Die meisten bilden sich während der Herstellung, und jede einzelne trägt zum Aroma bei. Überwiegend hängt der Geschmack aber von den Gerbstoffen (Polyphenol-Bestandteile) und dem Koffeingehalt ab.

Koffein ist einer der wichtigsten Bestandteile des Tees. Es wirkt als mildes Stimulans und erhöht die Aktivität der Verdauungssäfte. Alle Teesorten – grüner, schwarzer und Oolong-Tee – enthalten Koffein, doch in unterschiedlichen Anteilen. Grüner Tee hat weniger Koffein als Oolong, und Oolong weniger als Schwarztee. Man schätzt den Koffeinanteil einer Tasse grünen Tees auf ungefähr 8,36 mg. Oolong (halbfermentierter Tee) hat 12,55 mg und schwarzer Tee enthält 25–110 mg. Eine Tasse Kaffee enthält dagegen 60–120 mg. Wer also wegen des Koffeinanteils besorgt ist, sollte die hellen, leichten Aufgüsse von grünen und Oolong-Tees trinken. Man sollte aber auch wissen, daß im Unterschied zum Kaffee, wo das Koffein schnell vom Körper absorbiert wird und sofort Herz und Kreislauf anregt, die im Tee enthaltenen Gerbstoffe die Wirkung des Koffeins beeinflussen. Die Wirkung erfolgt deshalb langsamer, bleibt aber dafür länger erhalten und macht dadurch den Tee zum erfrischenderen und belebenderen Getränk.

DER TEEANBAU

Früher wurden Teesträucher aus Samen gezogen. Heute verwendet man zunehmend die ›vegetative Vermehrung‹, d. h. die Stecklinge werden aus Trieben ausgesuchter Mutterpflanzen geschnitten, jeweils mit einem Blatt und einer kleinen Knospe, und in Anzuchtbeete oder Plastikbehälter gesetzt. Ein halbes Jahr später werden die 20 cm hohen Pflänzchen umgesetzt und bleiben weitere anderthalb Jahre im Aufzuchtgarten (*tea nursery*), bis die Pflanzen etwa 1,50 m hoch sind. Dann schneidet man sie auf 15 cm zurück und bringt sie an ihren endgültigen Standort in den Teeplantagen. Nach drei bis fünf Jahren, je nach Klimabedingungen, kann man die Teeblätter von den nun 35–45 cm hohen Sträuchern pflücken.

Durch Klonen der Pflanzen versuchen die Teehersteller, widerstandsfähige, zähe Pflanzen zu züchten, die eine konstante Erntequalität und eine höhere Lebensdauer der Plantagen garantieren. In einigen Teilen der Welt wachsen die Pflanzen das ganze Jahr über, während sich in anderen Wachstums- und Ruhephasen abwechseln. Zur Erntezeit werden die jungen Triebe alle 7–10 Tage gepflückt. Die Blätter der ersten Triebe sind sehr begehrt (*first flush*), aber erst die zweiten Triebe ergeben nach einhelliger Auffassung den besten Tee. Gepflückt werden nur die jüngsten zwei Blätter und die Blattknospen jedes neuen Triebs. Mit einer Aufwärtsbewegung des Daumens werden sie abgetrennt und in große Körbe gelegt, die jede Pflückerin auf dem Rücken mit sich trägt.

Aus Mangel an Personal werden statt des mühsamen und zeitaufwendigen Pflückens von Hand in einigen teeproduzierenden

Regionen auch mechanische Pflückmethoden mit Traktoren und Erntemaschinen (oder auch tragbaren Pflückgeräten) angewandt. Die Qualität dieses Tees ist aber den manuell gepflückten Tees weit unterlegen. Durch intensive und kontinuierliche Forschung bemüht man sich allerdings um eine Verbesserung der mechanischen Pflückmethoden und der damit einhergehenden Qualität des Tees.

Man nutzt diesen mechanisch geernteten Tee gern für Mischungen und Verschnitte.

Links oben: Neue Pflanzen in einem Teegewächshaus

Links unten: Zurückschneiden eines jungen Teestrauchs

Oben: Die Knospen und Blätter werden gepflückt und dann in Körben zu einem Sammelplatz zum Wiegen getragen.

DIE TEEHERSTELLUNG

Einst glaubte man, daß grüner und schwarzer Tee von verschiedenen Teesträuchern stammen. Der Unterschied liegt jedoch einzig in den Herstellungsverfahren, durch die die sechs Hauptsorten produziert werden: weißer, grüner, schwarzer, parfümierter, gepreßter und Oolong-Tee. Dank vieler Varianten gibt es weltweit insgesamt über 3000 Teesorten.

WEISSER TEE

Man stellt ihn in kleinen Mengen in China (ursprünglich in der Provinz Fujian) und Sri Lanka her. Die neuen Knospen werden noch gepflückt, bevor sie sich geöffnet haben. Beim Welken verdampft die natürliche Feuchtigkeit. Dann folgt das Trocknen. Die gekrümmten Knospen sehen silbrig aus (daher auch der Name *Silver Tip*) und ergeben einen sehr hellen, strohfarbenen Aufguß.

GRÜNER TEE

Grüne Tees werden oft auch unfermentierte Tees genannt. Die frisch gepflückten Blätter läßt man trocknen und behandelt sie dann mit Heißluft, um die Fermentation zu stoppen. In China werden heute noch an einigen Orten die bewährten Methoden per Hand ausgeführt, vor allem für die Herstellung der Spitzentees. In einigen Fabriken wurden jedoch mittlerweile Maschinen eingesetzt. Traditonell werden die frischen, grünen Blätter in dünnen Lagen auf Bambussieben ausgebreitet und für ein oder zwei Stunden dem Sonnenlicht oder natürlicher warmer Luft ausgesetzt. Danach ›röstet‹ man die Blätter in kleinen Mengen in Pfannen und bewegt sie dabei mit der Hand. Einige grüne Tees werden eher gedämpft als ›geröstet‹. Nach vier oder fünf Minuten werden die aufgeweichten Blätter auf Bambustischen zu kleinen Kugeln gerollt – ein Arbeitsgang, den man früher in größeren

Pai Mu Tan Imperial aus China

Matcha Uji, ein pulverisierter grüner Tee aus Japan

Fabriken mit den Füßen ausführte. Die Teekugeln werden dann sofort wieder in die heiße Pfanne gelegt und schnell bewegt, ehe man sie ein zweites Mal rollt und dann trocknen läßt. Nach ein oder zwei Stunden nehmen die Blätter ein stumpfes Grün an und verändern sich nicht weiter. Dann werden sie gesiebt und nach Größe sortiert.

In Japan werden die frisch gepflückten Blätter auf einem Fließband gedämpft, um sie zart zu machen, und nachdem sie ausgekühlt sind, mehrmals gerollt, geknetet und getrocknet, bis alle Feuchtigkeit verdunstet ist. Ein letztes Rollen formt die Blätter vor der abschließenden Trockenphase. Danach läßt man den Tee abkühlen und verpackt ihn in luftdichte Behälter. Einige japanische Tees werden immer noch von Hand hergestellt, die meisten Fabriken sind heute jedoch voll automatisiert.

OOLONG-TEES

Oolong-Tee wird meist als ›halbfermentiert‹ bezeichnet und vor allem in China und Taiwan (in der Fachsprache noch ›Formosa‹ genannt) hergestellt. Für die Herstellung von China-Oolongs dürfen die Blätter nicht zu früh gepflückt und müssen sofort verarbeitet werden. Zunächst läßt man sie unter direktem Sonnenlicht welken, dann werden sie in Bambuskörben geschüttelt, um die Blattränder zu brechen. Anschließend werden sie abwechselnd geschüttelt und zum Trocknen

Ein China-Oolong, Fenghuang Dancong

ausgebreitet, bis die Blattflächen leicht gelb sind. Die Ränder nehmen ein rötliches Braun an, da das Blatt an der Luft oxidiert. Diese Oxidationsphase (10–20 % Fermentation) wird nach 1,5–2 Stunden durch Erhitzen gestoppt. Oolongs sind stets Blatt-Tees, die nie durch Rollen gebrochen werden. Formosa-Oolongs läßt man länger fermentieren (60–70 %), daher sind sie schwärzer als die China-Oolongs und ergeben einen dunkleren, kräftigeren Aufguß.

Pouchong-Tee ist eine andere Variante sehr leicht fermentierten Tees, der noch kürzer als Oolong-Tee oxidiert. Er bildet fast eine Extraklasse zwischen grünem und Oolong-Tee. Pouchong-Tees stammen aus der Provinz Fujian, werden aber heute meist in Taiwan hergestellt und oft als Grundlage für Jasmin- und andere Aromatees genommen.

SCHWARZER TEE

Je nach Anbauregion unterscheiden sich die Verarbeitungsmethoden beträchtlich. Man kann aber den gesamten Prozeß in vier Phasen einteilen: Welken, Rollen, Fermentieren und Trocknen (oder ›Rösten‹). In China, Taiwan, Sri Lanka, Indonesien und Teilen Indiens arbeitet man teils noch nach der traditionellen Methode, die größere Blattgrade produziert. Die gepflückten Blätter breitet man zum Welken auf 25–30 m langen Welktrögen aus, die mit riesigen Ventilatoren belüftet werden. Feinere Sorten werden in den Schatten gelegt. Sind die Blätter schlaff genug, werden sie gerollt, ohne die Oberfläche des Blattes aufzubrechen. In dieser Phase haben sie einen fruchtigen, apfelähnlichen Geruch. Danach rollt man die welken Blätter stärker, um die Zellen aufzubrechen und die chemischen Substanzen freizusetzen, die Farbe und Aroma bestimmen. Das geschieht auf einigen Plantagen heute noch von Hand, in der Regel aber mit Maschinen. Die gerollten Klumpen Tee werden aufgebrochen und in kühler, feuchter Atmosphäre 1–3 Stunden lang in großen Wannen oder auf Tischen in einer ca. 10 cm hohen Schicht ausgebreitet, um Sauerstoff aufzunehmen. Die Blattzellen oxidieren und wandeln ihre Farbe von Grün zu Kupferrot. Beim Fermentieren erhitzt sich das Blatt

Ndu-Tee aus Kamerun

durch den Ablauf verschiedener chemischer Reaktionen. Die Fermentation muß genau dann abgebrochen werden, wenn die Blätter sich nicht weiter erhitzen.

Schließlich trocknet man sie, um den Oxidationsprozeß abzubrechen. Die rotbraunen Blätter werden jetzt schwarz und nehmen den typischen Teegeruch an. Das Trocknen geschah früher – und in einigen chinesischen Fabriken noch heute – über Holzfeuern, meistens jedoch trocknet man mit Heißluft oder in holz- oder ölbeheizten Etagentrocknern bei 85–88 °C. Während dieser 20–22 Minuten wird das Wasser entzogen, und der Zellsaft trocknet aus.

Die CTC-Methode (*crushing, tearing, curling* = zermalmen, zerreißen, rollen) ergibt

HERSTELLUNG VON SCHWARZEM TEE

Die Blätter werden auf langen Blechformen ausgebreitet.

Eine Rollmaschine bricht die Blätter leicht.

Die gebrochenen Blätter werden zum Fermentieren oder Oxidieren ausgebreitet.

Beim Trocknen färben sich die Blätter von rostbraun zu schwarz.

Die CTC-Maschine schneidet und zerreißt die Blätter in kleine Bruchstücke.

kleinere Blattgrade mit stärkerem Aufguß. Daher sind sie ideal für Teebeutelfüllungen. Die gewelkten Blätter werden durch die Rollen einer CTC-Maschine oder in einem LTP (*Lawrie Tea Processor*)-Blattzerkleinerer in kleine Partikel zermalmt und gerollt. Anschließend werden sie wie normaler schwarzer Tee weiterverarbeitet.

AROMATISIERTE TEES

Sie werden aus grünen, schwarzen und Oolong-Tees hergestellt. Die Zusätze mischt man unmittelbar vor der Verpackung unter die Blätter. Für Jasmintee werden ganze Jasminblüten beigemischt, für Rosentees nimmt man Blütenblätter von Rosen. Tees mit Fruchtgeschmack werden meist durch Hinzufügen von Fruchtessenzen hergestellt. Solche Tees sind nicht mit Kräuter- oder Früchtetees zu verwechseln, die keine Teeblätter enthalten.

GEPRESSTE TEES

Die chinesische Sitte, Tee in feste Formen zu pressen, geht auf die Tee-Erzeuger der Tang-Dynastie zurück, die die grünen Blätter dämpften, in Kuchen oder Ziegel preßten und dann trockneten. Die modernen Teeziegel aus China bestehen aus Teestaub, der hydraulisch in über 2 Pfund schwere Stücke gepreßt wird. Heute sind außerdem kleine siebenschichtige Kuchen, Teekugeln, nestförmig und schalenförmig gepreßte Tees erhältlich.

Mit Orchideenblüten parfümierter Tee aus China

Gepreßter Tee aus China, Tuocha Luboa

Herstellungsmethoden

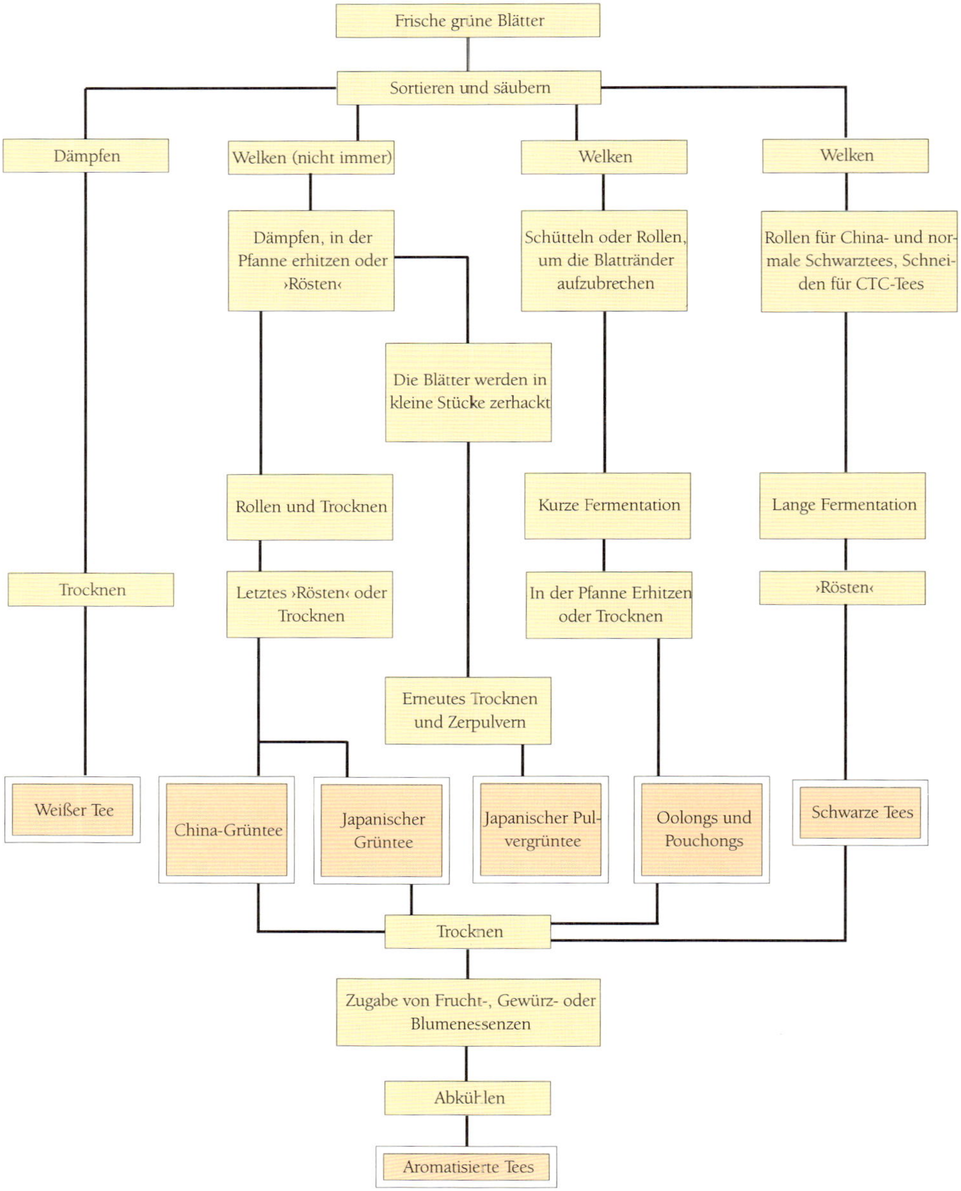

BIOLOGISCH ANGEBAUTER TEE

Eine relativ neue Entwicklung ist die biologische Teeproduktion. Der biologisch-organische Anbau ist sehr kompliziert und wird streng kontrolliert. Alle Düngemittel, Pestizide und Herbizide müssen frei von synthetisch hergestellten Chemikalien sein und ganz auf natürlichen Substanzen basieren. Biologische Plantagen versuchen, lang anhaltende Produktivität und Fruchtbarkeit zu erzielen, die Umwelt zu schonen und ein organisches Mikrosystem zu schaffen, das einen chemiefreien und dennoch gut verkäuflichen Tee ergibt.

Das heißt nun aber nicht, daß alle nichtbiologischen Tees chemische Rückstände enthalten. Der biologische Anbau schafft Tee für einen wachsenden Markt umweltbewußter Verbraucher, die die Qualität und das Aroma einiger biologischer Tees aus Indien, Afrika und Sri Lanka zu schätzen wissen. Einen hochgelobten Tee außergewöhnlicher Qualität erzeugt etwa der Teegarten Makaibari in Darjeeling, der 1990 vom englischen Verband biologischer Bauern und Anbauer ausgezeichnet wurde. Ein anderer Darjeeling-Teegarten, Mullootor, produziert ihn schon seit 1986, Lonrho in Tansania seit 1989. Ihre Erzeugnisse wurden sogar im Buckingham Palace getrunken! Auch die Needwood Plantage auf Sri Lanka produziert heute biologischen Tee.

Organischer Dünger wird auf einer Teeplantage in Tansania verteilt.

BLATTGRADE UND SORTIERUNGEN

Die letzte Phase der Teeherstellung ist das Sortieren nach Blattgrößen. Wenn die Blätter aus den Trocknern oder Öfen kommen, werden sie mit verschiedenen Sieben nach Größen getrennt. Fachleute klassifizieren die Blätter nicht nach Qualität oder Geschmack, sondern nach Aussehen und Typ der Blattstücke. Die feinsten Grade ergeben dabei die beste Qualität. Hierbei teilt man in Blatt-Tees und Broken-Tees ein. Die Blatt-Sorten bestehen aus den größeren Stücken, die zurückbleiben, nachdem die Broken-Sorten ausgesiebt wurden.

Das Sortieren ist eine wichtige Stufe in der Teeherstellung, da Stärke, Geschmack und Farbe von den Blattgrößen abhängen. Je größer das Blatt, desto länger dauert es, bis die unterschiedlichen Inhaltsstoffe freigesetzt werden. Wichtig ist, daß alle Blattgrößen, die für eine Teekanne verwendet werden, einheitlich sind. Das gleiche gilt für Teemischungen, denn kleinere Stücke rutschen in der Packung zu Boden und verursachen ein Ungleichgewicht in der sorgfältig zusammengestellten Mischung.

Die Tee-Klassifizierung richtet sich nach der Blattgröße, auch wenn die Größe des mechanisch gebrochenen Blattes keinen Einfluß auf die Qualität des Aufgusses hat. Der einzige Unterschied besteht darin, daß kleinere Blattpartikel schneller aufbrühen. Innerhalb jeder Teesorte aus einem Anbaugebiet kann es durch Herstellungs- oder Wetterbedingungen zu Qualitätsschwankungen kommen. Daher sollte man beim Teekauf verschiedene Sorten kosten, ehe man sich entscheidet. Die Zahl 1 hinter den Blattbezeichnungen kennzeichnet die beste Qualität.

Die Sortiermaschine trennt die Blätter nach Größen.

Blattgrade

werden in folgende Kategorien eingeteilt:

Flowery Orange Pekoe (FOP)
Bezeichnet einen Tee, der aus den Blattknospen und den ersten beiden Blättern jedes Triebs gemacht wird. FOP enthält zarte, junge Blätter mit einem Anteil an *tips*, den Blattspitzen, die hohe Qualität garantieren.

Golden Flowery Orange Pekoe (GFOP)
FOP mit *golden tips*, den obersten Blattknospenspitzen der zarten, behaarten Triebe.

Tippy Golden Flowery Orange Pekoe (TGFOP)
FOP mit einem hohen Anteil *golden tips*.

Finest Tippy Golden Flowery Orange Pekoe (FTGFOP)
FOP von außergewöhnlich hoher Qualität.

Special Fine Tippy Golden Flowery Orange Pekoe (SFTGFOP)
Das allerbeste vom FOP.

Orange Pekoe (OP)
Der Tee enthält lange, spitze Blätter, die größer sind als beim FOP und geerntet wurden, nachdem sich die Knospen zu einem Blatt entfaltet haben. OP enthält selten *tips*.

Pekoe (P)
Enthält kürzere, weniger feine Blätter als OP.

Flowery Pekoe (FP)
Die Blätter für FP werden zu Kugeln gerollt.

Pekoe Souchong (PS)
Besteht aus kürzeren, gröberen Blättern als P.

Souchong (S)
Große Blätter werden längsseits gerollt und ergeben grobe, unregelmäßige Stücke. Dieser Begriff wird oft für Rauchtees aus China verwendet.

***Broken-Tea-Sorten*:**
Golden Flowery Broken Orange Pekoe (GFBOP), Golden Broken Orange Pekoe (GBOP), Tippy Golden Broken Orange Pekoe (TGBOP), Tippy Golden Flowery Broken Orange Pekoe (TGFBOP), Flowery Broken Orange Pekoe (FBOP), Broken Orange Pekoe (BOP), Broken Pekoe (BP), Broken Pekoe Souchong (BPS)

Fannings und Dusts
Fannings werden aus den feinen Aussiebungen gemacht. Auch die *broken teas* bester Qualität werden durch eine 1 gekennzeichnet. Wenn die feinsten Aussiebungen verwendet werden, spricht man von Dusts. Dusts und Fannings werden wie folgt aufgeteilt:
Orange Fannings (OF), Broken Orange Pekoe Fannings (BOPF), Pekoe Fannings (PF), Broken Pekoe Fannings (BPF), Pekoe Dust (PD), Red Dust (RD), Fine Dust (FD), Golden Dust (GD), Super Red Dust (SRD), Super Fine Dust (SFD), Broken Mixed Fannings (BMF)

TEEMISCHUNGEN (BLENDS)

Nach dem gesamten Prozeß der Herstellung werden die Tees verpackt und als ›Spezialität‹ (*single source-* oder *garden-*Tees) auf den Markt gebracht, oder sie werden mit solchen aus anderen Gärten oder Anbaugebieten und Ländern gemischt. Das macht man, weil Tees von einer Plantage – wie Wein – von Jahr zu Jahr aufgrund der Wetter- oder Herstellungsbedingungen Qualitätsschwankungen unterliegen. So kann ein 1996er Broken Orange Pekoe aus Diyagama, Sri Lanka, ganz anders als die gleiche Sorte desselben Gartens im Jahr 1997 ausfallen. Manche Kenner beziehen ihren Tee stets nur von einer Quelle und genießen die subtilen jährlichen Variationen. Andere Teetrinker wollen sichergehen, daß jeder Tee, den sie kaufen, beim Aufbrühen stets gleich schmeckt. Durch Mischen verschiedener Sorten gelingt es den Teefirmen und -händlern, Aroma und Qualität eines bestimmten Tees konstant zu halten.

Geschicktes Mischen garantiert Beständigkeit des Aromas.

Das Teemischen ist eine Kunst für sich. *Tea tasters* (Teeprüfer) sammeln Hunderte von Teesorten, um die richtigen Bestandteile für eine bestimmte Mischung herauszufinden. Eine Mischung kann 15 bis 35 verschiedene Teesorten enthalten. Die Tees werden nach bestimmten Rezepten in großen Trommeln gemischt; anschließend werden die Mischungen in Teebeutel, Pakete oder Dosen verpackt.

DIE KUNST DES TEEPRÜFERS

Sowohl Teemakler als auch -mischer prüfen Tee. Makler tun dies, um ihn vor der Auktion einzuschätzen; Mischer stellen fest, welche Tees für Standardmischungen benötigt werden. Die Ausbildung dauert mindestens fünf Jahre, doch die meisten Teeprüfer meinen, daß man selbst nach 40 Berufsjahren noch nicht ausgelernt hat.

Der Teeprüfer bei der Arbeit

Die trockenen Blätter werden in Behältern auf dem Prüftisch aufgereiht. Dann übergießt man exakt 2,86 g Tee in einer speziellen Tasse (*teataster's pot*) mit kochendem Wasser und läßt es meist 5–6 Minuten ziehen. Anschließend wird der Aufguß in eine henkellose Tasse (*teataster's cup*) abgegossen. Das aufgebrühte Teeblatt bleibt auf der Innenseite des Deckels zurück, der so auf den *pot* gelegt wird, daß der Prüfer das Blatt betrachten und beriechen kann. Englische Prüfer fügen noch etwas Milch hinzu, da die meisten Mischungen in England mit Milch getrunken werden. Alle Teeprüfer arbeiten ähnlich wie Weinprüfer. Sie schlürfen den Tee kräftig in den Mund, so daß er auf die Geschmacksknospen trifft. Dann bewegen sie die Flüssigkeit im Mund, um das Aroma zu testen, bevor sie sie in einen speziellen Napf ausspucken. Die Prüfer begutachten auch das trockene Blatt, dann das aufgebrühte Blatt sowie Farbe und Qualität des Aufgusses.

DAS VOKABULAR DER TEEPRÜFER

Teeprüfer und -mischer beschreiben Aussehen und Aroma des Tees mit einem speziellen – englischen – Vokabular. Hier die wichtigsten Begriffe:

body – Ein Tee mit *body* (= Körper) hat ein kräftiges Aroma.

bold – große Blattstücke

brassy – ein bitteres Aroma

bright – Die Flüssigkeit erscheint hell.

brisk – lebhafter Geschmack, ein gut fermentierter, gut getrockneter Tee

choppy – nicht gerolltes, sondern in einer Schneidemaschine zerkleinertes Blatt

coarse – ein kräftiger, aber minderwertiger Aufguß

colory – spezielle Tees mit einem tieffarbenen Aufguß

dull – Gegenteil von *bright*, keine besondere Qualität

even – Blattstücke von etwa derselben Größe

flaky – Blatt-Tee in Flocken, nicht in kleinen gerollten Teilchen

flat – verdorbener Tee mit zuviel Feuchtigkeit

flavory – Tee mit deutlicher Geschmacksnote

grainy– Bezeichnet gut gemachte Fannings und Dusts.

gray – Teeblätter, die durch zu langes Schneiden grau geworden sind; oder aber der Saftüberzug auf dem Blatt ist durch falsche Behandlung während des Welkens verloren gegangen.

greenish – Aufguß mit unerwünschter hellgrüner Farbe; ist auf zu wenig Rollen oder zu geringe Fermentation zurückzuführen

harsh – bitterer, roher Geschmack mit wenig Stärke

irregular – Teeblätter von unregelmäßiger Größe

malty – mit einer Spur Malzaroma, meist bei guten Tees

mellow – das Gegenteil von *greenish*, *harsh* usw.

point – Blatt mit der richtigen Trockenheit

plain – ohne nennenswerte Qualitäten

pungent – herber Geschmack, aber nicht bitter

ragged – unregelmäßige Blattstücke

smooth – angenehmer, abgerundeter Geschmack

tainted – unangenehmes Aroma, aufgrund chemischer Behandlung, Feuchtigkeit, Verschmutzung o. ä.

thin – ein Tee mit wenig Stärke – zu schnelles Welken, zu wenig Rollen oder zu hohe Temperaturen während des Rollens

tip – die äußersten Spitzen junger Knospen, die dem fertigen Teeblatt goldene Flecken geben

wiry – gut gedrehtes Blatt, im Unterschied zu offenen Stücken

TEEHANDEL

Bis zum Bau der Teeklipper um 1840 dauerte es 15–18 Monate, um Tee von China und Java nach London zu bringen. Heute erinnert nichts mehr an die berühmten Teeklipperrennen, wenn der Tee von den Plantagen zum Verbraucher befördert wird. Er wird im Herstellerland in Container gefüllt, auf Schiffe verladen und in die Abnehmerländer transportiert. Sorgfältige Handhabung und trockene, sichere Lagerung sind aber nach wie vor entscheidend für den Transport. Weiterhin ist man bestrebt, die Qualität des Tees zu optimieren. In allen Bereichen sucht man nach Verbesserungen, angefangen bei den Plantagen und Fabriken bis hin zur Verschiffung und schließlich zur Lagerung.

Früher wurde der gesamte Tee an fahrende Händler verkauft, die ihn nach England transportierten und auf Auktionen weiterverkauften. Die erste durch Zeugnisse belegte Auktion in England fand am 11. März 1679 in London statt. Mitte des 18. Jahrhunderts wurden vierteljährliche Auktionen für China-Tee abgehalten und 1861 die ersten indischen Auktionen in Kalkutta. Seitdem wurden in den meisten Tee-Erzeugerländern Auktionshäuser eröffnet, 1883 in Colombo, 1949 in Chittagong, 1957 in Nairobi usw. Im Jahr 1982 begann man, Auktionen auf See abzuhalten, um die Geldüberweisung vom Käufer zum Makler erheblich zu verkürzen.

Teeverladung auf ein Containerschiff

Heute laufen etwa 50% des globalen Teehandels so ab; allerdings werden keine China-Tees bei diesen Auktionen auf See angeboten. Vor jeder Auktion bohrt man kleine Löcher in die Teekisten und Teesäcke und verschickt Proben daraus an die führenden Tee-Einkäufer der Welt, die dann für ausgewählte Tees auf der Auktion bieten. Manchmal werden nicht weniger als 50 000 Kisten (5 Millionen Pfund) Tee an einem Tag auf diese Weise verkauft. Nach der Auktion schickt der Einkäufer Teeproben an Importeure in verschiedenen Ländern.

Haben sich diese zum Kauf entschieden, werden die Ladungen in die Verbraucherländer verschifft. Doch auch der Teehandel geht mit der Zeit, denn die Teeauktionen werden bald an vernetzten Computern ablaufen, wobei die Einkäufer alles von ihrem Büro aus am Bildschirm abwickeln können, ohne persönlich bei der Auktion anwesend sein zu müssen.

VERPACKEN

Bis 1368 war China-Tee leicht zu lagern und zu transportieren, da die soliden Blöcke aus gepreßten Ziegeln nicht zerfielen und daher ihr Aroma nicht verloren. Erst die Einführung des losen Blatt-Tees in der Ming-Dynastie schuf Lager- und Transportprobleme. Man bewahrte die Blätter in Bambuskörben auf, die das feine Aroma nicht lange hielten, und transportierte sie in versiegelten, sehr schweren Tonkrügen oder in lackierten Kisten. Sobald sich der Handel mit Europa und Amerika im 17. Jahrhundert ausweitete, ersetzten einfache Holzkisten die unpraktischen Krüge und Körbe. Durchschnittliche Teesorten verpackte man in Bambuskisten, die mit Wachs-, Reis-, Bambus- oder Maulbeerbaumpapier ausgeschlagen waren. Feinere Teesorten wurden in dekorierte Lackkisten gefüllt. Die Regel war: je feiner der Tee, desto kleiner die Kiste.

Als England anfing, Tee in Assam zu produzieren, stellte man die Kisten aus speziellen Bausätzen in Rangun her. Dazu gehörten zugeschnittene Bretter, Bleibleche zur Ausfütterung der Kisten und Silberfolien zur Abdeckung des Teeguts. Damit sich der Tee besser in den Kisten verteilte und diese besser gefüllt werden konnten, wurden die Kisten auf Bambusrohren gerüttelt. Später entwickelte man eine Rüttler-Maschine, die die Einhaltung der vorgesehenen Teemenge gewährleistet. Die Bleiausfütterung wurde später wegen der Vergiftungsgefahr durch Aluminiumfolien ersetzt.

Heute setzt man immer seltener Teekisten ein, es sei denn für den Transport teurer, großblättriger Tees, die in den sonst verwendeten Papiersäcken leicht brechen würden. Die Säcke werden aus dicken, mit Aluminiumfolie ausgefütterten Papierschich-

Zum Transport von großblättrigen Teesorten werden Kisten verwendet.

ten hergestellt, um den Tee vor Gerüchen und Feuchtigkeit zu schützen. Papiersäcke haben den Vorteil, daß sie den Transport erleichtern und effizienter machen; im übrigen sind sie auch ökologisch sinnvoll, da so der Holzbedarf in beträchtlichem Maße reduziert werden kann und sie zudem wiederverwertbar sind.

Bis in die 20er Jahre des 19. Jahrhunderts wurde der Tee, nachdem er zu den europäischen Großhändlern gelangt war, lose verkauft. Die Verbraucher konnten in Papiertüten beliebige Mengen erstehen. Die Kaufleute stellten Teemischungen nach den Wünschen der Kunden her. 1826 bot John Horniman erstmals bereits abgepackten Tee an. Damit wollte der clevere Kaufmann die Kunden, die sonst einen Tee, der eben gerade auf Lager war, kauften, auf seinen Namen und seinen Tee einschwören. Die

Idee schlug aber erst in den 80er Jahren richtig ein, als die meisten Teefirmen ihre Tees auf diese Weise vermarkteten und ausgefeilte Werbekampagnen starteten, die alle möglichen Extrageschenke beim Kauf von Tee anboten, von Klavieren bis zu Witwenpensionen.

Heute sind Tees in einem breiten Angebot von Kartonschachteln, dekorativen Blechdosen und Holzkisten erhältlich. Einige Firmen lassen ihren Tee bereits im Ursprungsland vakuumdicht verpacken, um die Gefahr von Transportschäden noch weiter zu reduzieren.

TRANSFAIR-TEE

Das Konzept des ›fairen Handels‹ versucht, das Ungleichgewicht zwischen den Arbeitslöhnen in den teeproduzierenden Ländern der Dritten Welt und den Einnahmen der Händler auszugleichen. Im diesem System des ›fairen Handels‹ kaufen die Händler direkt bei kleinen Herstellergruppen ein und verkaufen den Tee per Mailorder und über spezielle Kleinhandelsangebote. Die Einnahmen der Hersteller kommen den Arbeitern in den Teegärten wieder zugute, sei es über Altersversorgung, Umschulungen, verbesserte Umweltbedingungen, Sozialfürsorge oder medizinische Dienste. Die ersten *Fairtrade*-Prämien kamen 1995 dem Teegarten Ambootia in Darjeeling zugute, wo 1968 ein Teil der Plantage ins Tal abgerutscht ist. Das Geld soll dafür verwendet werden, den Erdrutsch (der größte in ganz Südasien) aufzuhalten, der den Teegarten und damit die ökonomische Absicherung der Teearbeiter bedroht.

Das Zeichen für Transfair International

Fair-trade-Tees kommen aus verschiedenen anerkannten Anbaugebieten in Darjeeling, Assam, Südindien, Sri Lanka, Nepal, Tansania und Zimbabwe. Sie sind in Ländern wie Deutschland, der Schweiz, Italien, Luxemburg, England, den Niederlanden, Österreich, Kanada, Japan und den USA erhältlich und erscheinen neuerdings auch im Oxfam-Katalog.

Globale Trends in der Teeindustrie

In den letzten vier Jahrzehnten stieg die Teeproduktion um 156 %. 1995 gab es eine Rekordernte von 2 854 982 t, 2 % mehr als 1994. Das liegt an den verbesserten Herstellungsmethoden, innovativen Pflanztechniken, der Aufzucht ausgewählter Klone, effektiverer Schädlingsbekämpfung, besseren Erntemaschinen sowie einer Anzahl neuer wissenschaftlicher Erkenntnisse. Die erhöhte Produktion und die seit 1963 ständig sinkenden Teepreise führten jedoch in jenen Herstellerländern zu Problemen, in denen die steigenden Produktionskosten nicht mit den Erlösen Schritt hielten.

Die Produktionsmenge in den jeweiligen Ländern unterliegt aufgrund der Wetterlage und der politischen und ökonomischen Stabilität starken Schwankungen. Daher drosseln etwa Mauritius, Uganda und China gegenwärtig ihre Produktion. Auch die Import- und Exportstrukturen haben sich in den letzten Jahrzehnten deutlich verändert, wobei gerade die Nachfrage in England, das bisher nach Irland der größte Teeverbraucher war, stark abnimmt. 1995 gingen die Importe im Verhältnis zum Vorjahr um 8 % zurück. Auch in den USA verringerte sich der Import mit 89 618 t im Vergleich zum Jahr 1994 um 16 %.

Pakistan, Rußland und andere osteuropäische Länder erhöhten dagegen ihre Importe, was in den ehemaligen Ostblockländern auf den wirtschaftlichen Aufschwung und die günstigen Handelsbedingungen, die ihnen die Exportstaaten einräumten, zurückgeht. Außerdem hat der Anstieg des einheimischen Verbrauchs in Indien, China und in anderen asiatischen Ländern zu einer starken Nachfrage auf einigen Sektoren des Teemarktes geführt. Auch in Westeuropa, insbesondere in Deutschland und Frankreich, sind die Tee-Importe angestiegen, und der Teegenuß erfreut sich zunehmender Beliebtheit.

Überall steht der Tee in andauerndem Wettbewerb mit Kaffee und anderen Erfrischungsgetränken. Bei den Teetrinkern in England, den USA und Japan wächst jedoch das Bewußtsein für die geschmacklichen Unterschiede der einzelnen Tees.

Die Teehändler hoffen darauf, daß die laufenden Forschungsprogramme über die gesundheitlichen Vorteile des Teegenusses bald Ergebnisse liefern, die die Verbraucher zu mehr Teekonsum anregen. Außer den bereits bekannten Vorzügen des Tees – bessere Konzentrationsfähigkeit und eine anregende Wirkung – soll Tee auch das Risiko von Schlaganfällen und Thrombosen verringern. Von den Forschungsergebnissen versprechen sich viele Händler einen erheblichen Anstieg der weltweiten Nachfrage nach Tee.

TEEGESCHIRR UND TEEZUBEHÖR

TEEKANNEN

Tee wurde zu Anfang seiner Geschichte zubereitet, indem man die Blätter in offenen, flachen Behältern kochte. Erst in der Ming-Dynastie wurde es üblich, fermentierte Teeblätter in heißes Wasser zu tauchen. Um die Blätter aufzubrühen und den Tee heiß zu halten, verwendete man die seit Jahrhunderten in China gebräuchlichen Kannen, in denen ursprünglich Wein aufbewahrt wurde. Sie ähneln den modernen Teekannen.

Als die Holländer Anfang des 17. Jahrhunderts mit den ersten Teeladungen von China nach Europa segelten, brachten sie auch kleine dickbauchige, gedrungene Teekannen mit weiten Tüllen mit, in denen sich die Teeblätter nicht so schnell festsetzen konnten. Das chinesische Steingut war bis dahin in Europa unbekannt, und es dauerte immerhin bis ins späte 17. Jahrhundert, ehe es holländischen Töpfern gelang, die hitze-

Chinaporzellan, um 1690

Meißen, um 1740

Englisches Silber, 1729

beständigen Kannen nachzuahmen. Doch noch viel geheimnisvoller als das chinesische Steingut schien den Europäern das feine, durchsichtige Porzellan, das in China schon in der Tang-Dynastie entdeckt worden war. Es dauerte noch einmal geraume Zeit, bis die europäischen Töpfer schließlich hinter das Geheimnis des Porzellans aus China kamen. In Deutschland hatte man seit den 90er Jahren des 17. Jahrhunderts Schmelzversuche unternommen, bis es 1708 J. F. Böttcher gelang, weißes Hartporzellan herzustellen. Kurz darauf, im Jahr 1710, wurde dann die Porzellanmanufaktur Meißen gegründet. In den frühen Manufakturen erwies sich die Herstellung großer Teller und Platten, die nicht sprangen, noch als sehr schwierig, doch das kleinere Teegeschirr produzierte man sehr erfolgreich.

Größe und Form der Teekanne haben sich im Lauf der Jahrhunderte mit den wechselnden Moden verändert. Folgten die frühen Teekannen mit ihren mythologischen Symbolen und Figuren noch der chinesischen Tradition, so wurden die Kannen später mit Formen des Rokoko oder des Neo-Klassizismus und im 19. Jahrhundert in England sogar mit den schweren Ornamenten des Viktorianischen Stils dekoriert. Heute sind Teekannen in allen nur erdenklichen Ausführungen erhältlich – in jeder Größe, einfach, praktisch, verziert, mit oder ohne Einsätzen. Die Formenvielfalt reicht von Tieren und Pflanzen über Möbelstücke und Fahrzeuge bis hin zu Romangestalten und sogar zu bekannten Persönlichkeiten aus dem Showbusiness und des öffentlichen Lebens.

Staffordshire-Porzellan, um 1900

Coalport, um 1800–1805

Noritake, um 1930

TEEKANNEN MIT SIEB-EINSÄTZEN

Sehr beliebt sind heute elegante Glaskannen mit einem Sieb, das oben in die Kanne eingesetzt wird. Nach dem Vorwärmen der Kanne gibt man die entsprechende Menge Tee in das Sieb und gießt kochendes Wasser darüber, setzt den Deckel auf und läßt den Tee einige Minuten ziehen. Sobald er die richtige Stärke erreicht hat, hebt man den Einsatz mit den Blättern heraus.

Unten: Teekanne und Teewärmer (Stövchen) aus Jenaglas, die aufgrund ihres Designs im Museum of Modern Art in New York ausgestellt sind.

Ganz unten: Moderne Teekanne mit Einsatz und Teeglas

TEEKANNE MIT KOLBEN

Die Idee bei dieser Teekanne war, die Blätter nach dem Aufbrühen in der gleichen Weise zu isolieren wie den Kaffeesatz in einer Kaffekanne. Hat der Tee die gewünschte Stärke, wird der Kolben heruntergedrückt, so daß die Blätter nicht mehr mit dem heißen Wasser in Berührung kommen. Damit wird verhindert, daß der Tee weiter zieht. Bei dieser Methode braucht man kein Tropfen und Kleckern zu befürchten, wenn man den Einsatz heraushebt.

Teekanne mit Siebeinsatz und Kolben

TEE-UTENSILIEN

In der Regel werden gewöhnliche Teekannen ohne dazugehörige Einsätze verkauft. Daher gibt es eine ganze Reihe von Hilfsmitteln in verschiedenen Größen und aus den unterschiedlichsten Materialien, die in jeder Kanne oder in Tassen und Bechern verwendet werden können. Geräte zum Aufbrühen nur einer Tasse haben den Nachteil, daß sie den Blättern in der Regel nicht genug Platz zum Entfalten des Aromas lassen. Größere Teeblätter dehnen sich in heißem Wasser zu mehrfacher Größe des getrockneten Blattes aus.

Porzellanbecher mit Siebeinsatz

Becher mit Teesieben

In Bechern mit dazugehörigen Teesieben läßt sich Tee ganz individuell aufbrühen. Die Idee basiert auf der chinesischen Brühtasse, dem *gaiwan*, mit dem Unterschied, daß man die Teeblätter nach der Brühzeit aus dem Tee entfernen kann. Das Teesieb ist groß genug, daß die Blätter ihr Aroma entfalten können.

Wärmen Sie den Becher mit kochendem Wasser vor und brühen Sie dann den Tee wie gewohnt auf (s. S. 76). Geben Sie die entsprechende Teemenge in das Sieb und gießen Sie dann für schwarze und Oolong-Tees kochendes Wasser darüber. Für grüne oder weiße Tees muß das Wasser zuvor etwas abkühlen. Wenn der Aufguß fertig ist, nehmen Sie das Teesieb heraus.

Der Gaiwan (chinesische Deckeltasse)

Der *gaiwan* (Mandarin für Tasse mit Deckel, *zhong* oder *cha chung* im Kantonesischen) wird in China seit 1350 verwendet. Er besteht aus Untersetzer, Tasse und Deckel, die ein gemeinsames Dekor haben. Um schwarzen oder Oolong-Tee nach traditio-

Chinesischer gaiwan

neller chinesischer Art aufzubrühen, geben Sie zunächst Tee in die Tasse. Füllen Sie die Tasse zur Hälfte mit kochendem Wasser und gießen Sie es sofort wieder ab. Halten Sie die Blätter mit dem Deckel zurück. Für grünen Tee lassen Sie dieses ›Abspülen‹ aus und gehen gleich zum nächsten Schritt über.

Gießen Sie dann wieder kochendes Wasser in den *gaiwan*, nicht direkt auf die Blätter, sondern am Innenrand der Tasse entlang, damit die Blätter am Boden schwimmen. Für grünen Tee lassen Sie die Tasse unbedeckt. Nach zwei oder drei Minuten Ziehen ist der Tee fertig. Für schwarzen oder Oolong-Tee bedecken Sie die Tasse mit dem Deckel und lassen den Tee die nötige Zeit ziehen (vergleichen Sie dazu die Angaben ab S. 103 ff.).

Beim Trinken hält man den Untersetzer in der rechten Handfläche und stützt den *gaiwan* mit dem Daumen ab. Mit der linken Hand neigt man den Deckel so weit, daß die Blätter zurückgehalten werden.

Ehe der Tee ganz ausgetrunken ist, gießt man an der Innenseite der Tasse heißes Wasser nach, um noch mehr Aroma herauszuziehen. Ein dritter Aufguß erfolgt dann direkt auf die Blätter. Das läßt sich so lange wiederholen, wie Aroma in den Blättern ist.

DIE YIXING-TEEKANNE

Die Töpfertradition in Yixing reicht bis 2500 v. Chr. zurück. Um 1500 soll ein Mönch in einem nahegelegenen Tempel die erste unglasierte Yixing-Teekanne aus *zisha* (rotem Sand) hergestellt haben. Da Steingut den Tee wärmer hält als Porzellan, wurden die rotbraunen oder grünen Kannen in China und in Japan bald populär. Man stellte sie in allen möglichen Formen her – als Lotusblüten, Narzissen, Früchte oder Bambus, meistens jedoch schlicht und weitbauchig.

Teegenießer schätzen die Yixing-Kanne bis zum heutigen Tag, da das unglasierte Steingut das Aroma feiner chinesischer Tees besonders gut zur Geltung bringt. Eine neue Kanne braucht etwas Zeit, um an der Innenwand einen feinen Belag zu bilden, der dem Tee zusätzliches Aroma verleiht. Eine solche Kanne sollten Sie immer nur für ein und dieselbe Teesorte verwenden. Zum Aufbrühen des Tees beachten Sie die Goldenen Regeln (S. 76)!

Chinesische rote Yixing-Kanne mit Emaildekor

Japanische Teeschalen

Die großen Teeschalen, die man in Japan für die Zubereitung des grünen Pulvertees verwendet, gibt es in vielen Formen. Die Schale sollte recht dickwandig sein, allerdings nicht zu sehr, damit sie warm genug wird. Ist sie wiederum zu dünn, wird sie zum Anfassen zu heiß. Die Außenwand sollte glatt und der Durchmesser der Schale groß genug sein, um den Schaumschläger frei und bequem bewegen zu können. Raku-Tonwaren aus Japan werden idealerweise allen Ansprüchen der Zubereitung gerecht. Schalen aus Korea, die ursprünglich für Reis gedacht waren, liegen ebenfalls gut in der Hand und sind für die Teezubereitung sehr brauchbar. Für grünen Pulvertee gibt man ½ Teelöffel Matcha-Tee in eine Schale und gießt vorsichtig 8 Teelöffel Wasser von ca. 85 °C auf. Rühren Sie den Tee schnell und leicht mit einem Bambusschaumschläger (*chasen*).

Japanische Schale mit Bambusschläger

TEEWÄRMER (TEEMÜTZEN)

Teewärmer sollten mit Vorsicht verwendet werden, denn wenn man einen Teewärmer über eine Teekanne mit frisch aufgebrühten Teeblättern stülpt, wird der Tee leicht zu stark und schmeckt dann bitter. Besser ist es, den Tee mit einem Tee-Einsatz aufzubrühen, den Einsatz danach herauszunehmen und erst den fertigen Tee mit einem Wärmer zu bedecken.

Einige Teekannenhersteller produzieren auch heute noch die ›Cosiware‹-Kanne, die in den 30er und 40er Jahren populär war. Diese Kanne hat einen sehr dicht sitzenden Siebeinsatz, der sich dennoch leicht herausheben läßt, und einen passenden Wärmer aus isoliertem Chrom, der den Tee wunderbar warm hält.

TEEDOSEN (CADDIES) UND CADDY-LÖFFEL

Die ersten Behältnisse, die man in Europa für die Aufbewahrung von Tee verwendete, waren aus China stammende Krüge und Flaschen. Meist waren es kleine, dickbauchige, geschlossene Krüge in typisch orientalischem, blauweißem Porzellan, die tassenförmige Deckel hatten, mit denen man die Teeblätter für die Kanne abmessen konnte. Die späteren europäischen Behältnisse hatten mannigfaltige Formen; sie waren rund, eckig oder zylinderförmig und die Materialien reichten von Holz und Steingut über Kristall bis hin zu Silber.

Der Begriff *caddy* stammt erst aus dem späten 18. Jahrhundert, als das malaiische Wort *kati*, das etwa das Maß von 1 Pfund und 5 Unzen bezeichnet, ins Englische übernommen wurde. Die Teekisten des frühen 18. Jahrhunderts hatten zwei oder drei Schubladen für verschiedene Teesorten oder auch für Zucker. Alle Schubladen waren verschließbar, und die Schlüssel wurden von der Hausherrin verwahrt, der es auch oblag, den Tee zuzubereiten, der viel zu teuer war, um ihn Dienern zu überlassen. So gelangte der Caddy ins Wohnzimmer der Familie.

Caddy-Löffel

Englischer Tee-Caddy, um 1860

Tee-Caddy mit Papierschmuck

Im späten 18. und noch während des 19. Jahrhunderts wurden Kisten und Caddies aus vielen verschiedenen Materialien hergestellt, darunter seltene Hölzer, Silber, Schildpatt, Perlmutter, Elfenbein, Porzellan und Kristall. Da die Behälter der Chinesen im frühen 18. Jahrhundert fruchtförmig waren, tauchten in Deutschland und England bald hölzerne Imitationen von Birnen, Äpfeln, Erdbeeren, Auberginen, Ananas und Melonen auf, einige davon bemalt, in der Regel wurden sie jedoch nur gefirnißt. Machte man den lose schließenden, an einer Seite befestigten Deckel auf, sah man das mit Blattmetall ausgeschlagene Innere und den Tee. Mit dem Sinken der Teepreise Ende des 19. Jahrhunderts wurden immer weniger verschließbare Caddies verwendet. Die kostbar verzierten Kisten auf den Regalen raffiniert ausgestatteter Wohnzimmer und Boudoirs wurden durch billige Blechdosen und Holzkisten ersetzt, die in der Küche ihren bescheidenen Platz fanden.

Die frühesten Caddy-Löffel waren langstielig und daher für große, tiefe Kisten geeignet. Um 1770 tauchten kurze Caddy-Löffel auf, oft in Form kleiner Jakobsmuscheln, die zu kleineren, breiteren Caddies gehörten. Dieses Motiv hat seinen Ursprung in den Sitten orientalischer Kaufleute, die stets eine echte Jakobsmuschel auf die Teekisten legten, damit die Kunden Proben nehmen konnten. Löffel wurden in Form von Blättern, Eicheln, Lachsen, Disteln und Schaufeln hergestellt. Die populärsten Formen aber waren Muschel, Jockeykappe, Hand und Adlerschwinge. Das Muschelmotiv findet sich auch auf Teelöffeln, Teesieben und Zuckerzangen.

Teesiebe

Wenn man losen Blatt-Tee verwendet, braucht man ein Teesieb, um die Blätter in die Tasse abzuseihen. Teesiebe sind in zahlreichen Ausführungen erhältlich, die schönsten sind aus Silber oder Chrom. Teesiebe aus Plastik oder rostfreiem Stahl dagegen gehören nur in die Küche.

Die Vorläufer des modernen Teesiebes, die um 1790 in Gebrauch kamen, waren sogenannte ›Spieß‹-Löffel. Der durchlöcherte Suppenlöffel mit dem langen spitzen Stiel tauchte gegen Ende des 17. Jahrhunderts auf. Wahrscheinlich benutzte man den spitzen Stiel, um Oliven oder Früchte aus einem Glas oder Früchte aus einer Bowle herauszufischen. Vermutlich wurden damit auch die aufgebrühten Teeblätter entfernt, die die Tüllen der Teekannen verstopften. Den Löffel verwendete man zunächst als Caddy-Löffel, um den Blatt-Tee aus dem Caddy in die Kanne zu geben, wobei der Teestaub durch die kleinen Löcher abrieseln konnte. Dann wurden damit auch Teeteilchen oder hochgeschwemmte Teeblätter in der Tasse abgeschöpft. Sämtliche Löffelarten verschwanden, als Teesiebe in Gebrauch kamen.

Die frühesten Siebe waren aus Draht oder Bambus angefertigt und in unterschiedlichen Größen und Formen erhältlich. Wie bei allem Teezubehör wandelte sich mit der Zeit auch die Form der Teesiebe entsprechend den modischen Vorlieben.

ZUCKERZANGE UND TEELÖFFEL

In England und in den britischen Kolonien wurde Zucker gegen Ende des 17. Jahrhunderts populär. Er wurde zu dieser Zeit in kegelförmigen Blöcken gehandelt, und mit den in jeder Küche vorhandenen Eisengußzangen und kleinen Hackmessern brach man Stücke aus diesen Blöcken. Die Stückchen servierte man in einer Schale und tat sie dann mit silbernen Zuckerzangen in den Tee. In ihren frühen Formen ähnelten die Zuckerzangen noch kleinen Kohlezangen. Die Form veränderte sich dann in den 20er und 30er Jahren des 18. Jahrhunderts zu scherenähnlichen Gebilden. Um 1770 verdrängte schließlich die pinzettenartige Zukkerzange die scherenförmige.

Die Teelöffel entwickelten sich mit zunehmender Beliebtheit des Zuckers. Da die frühen Teeschalen aus China sehr klein waren, wurden Teelöffel als Miniaturausgaben normaler Eßlöffel hergestellt und blieben bis um 1800 klein und leicht. Unter französischem Einfluß wurden sie allmählich größer, ab 1870 nahm ihre Größe jedoch wieder ab. Die Löffelrücken waren reich mit Blattmustern, Emblemen, Sinnsprüchen, politischen Symbolen oder Wappen verziert, was aber Anfang des 19. Jahrhunderts aus der Mode kam. Heute sind Teelöffel meist in Sechser-Sets erhältlich und werden oft zusammen mit Zangen für Würfelzucker angeboten.

SCHALEN, TASSEN UND UNTERSETZER

Das erste Teezubehör kam Mitte des 17. Jahrhunderts mit den ersten Teeladungen aus China nach Europa. Seit dieser Zeit bezeichnet der Begriff *china* im Englischen auch allgemein das Geschirr, in dem Tee

New Hall-Teetasse mit Untersetzer, um 1800

Coalport-Teetasse

Staffordshire-Teetasse mit Untersetzer, um 1835

Orientalische Teetasse, um 1900

Englische Porzellantasse, um 1930

Teetasse und Untertasse der Marke ›Amherst‹

Zeitgenössische japanische Teetasse und Untersetzer aus Porzellan

und andere Erfrischungen serviert werden. Frühe Tee-›Tassen‹ hatten keinen Griff und waren winzig – sie faßten gerade zwei oder drei Eßlöffel Flüssigkeit. Selten waren sie höher als 5 cm, und auch im Durchmesser maßen sie kaum mehr. Zwischen 1650 und 1750 wurde die ›Tasse‹ größer, und man bezeichnete sie eher als Schale. Schließlich wurde von der englischen Milchtasse der Griff übernommen. Dekorationsentwürfe für Teetassen schickte man manchmal bis nach China, während umgekehrt chinesisches Porzellan in Europa verziert wurde.

Wenn die Vorbilder für die Teetasse in China zu suchen sind, so gilt das nicht für die Untertasse, die sich bald durchsetzte. Im 18. und 19. Jahrhundert waren sie um einiges tiefer als heute, und man goß den heißen Tee aus der Tasse in die Untertasse, um ihn daraus zu trinken.

DAS TEESERVICE

Als im 19. Jahrhundert der Nachmittagstee zunehmende Popularität erlangte, entstand auch ein großes Angebot an Zubehör rund um den Tee, das der Eleganz des festlichen Ereignisses angemessen war. Im 18. Jahrhundert bestand ein vollständiges Teeservice meist aus zwölf Teeschalen oder -tassen mit Untertassen, Milchkännchen, Zuckerdose, Wasserschale, Löffelbecher, Teekanne, Stövchen, Tee-Caddy oder Teekiste, einem Krug für heißes Wasser und einer Kaffeekanne mit Kaffeetassen und Untertassen. Kuchenteller kamen im 19. Jahrhundert dazu. Die silbernen Teeservices umfaßten Teekanne, Wasserkrug, Zuckerdose und Milch- oder Sahnekännchen, die auf einem Silbertablett gereicht wurden. Andere Teeservices enthielten Kuchenmesser und -schieber sowie Muffingeschirr und Tischtücher mit passenden Servietten, bis hin zu Teewärmern und Caddies.

Traditionelles englisches Teeservice

TEE GENIESSEN

KAUF UND AUFBEWAHRUNG

Die wachsende Nachfrage nach speziellen Tees hat in den letzten Jahren zu einer großen Auswahl an Teesorten geführt. Für die Verbraucher gibt es drei Bezugsquellen: Spezialgeschäfte, einige Supermärkte sowie Waren- und Versandhäuser.

SPEZIALGESCHÄFTE

Gute Teegeschäfte lagern losen Blatt-Tee in großen, luftdicht verschlossenen Teedosen und verkaufen ihn nach Gewicht. Meist werden auch fertig abgepackte Teesorten in Caddies und Dosen oder Geschenkpackungen angeboten. Tee sollte dort in jeder beliebigen Menge zu kaufen sein. Die einzige Möglichkeit, die Qualität der angebotenen Produkte zu beurteilen, ist der Test. Wenn Sie also zum ersten Mal in einem Teeladen einkaufen, nehmen Sie nur geringe Mengen. Kaufen Sie erst mehr, wenn Sie sicher sind, daß der Tee nach Ihrem Geschmack ist. Da Tee in kleinen Blechdosen schnell austrocknet, sollte man ihn besser in kleinen Mengen und dafür öfter kaufen.

Bitten Sie den Händler darum, den Tee vor dem Kauf sehen zu dürfen. Die trockenen Blätter sollten eine gleichmäßige, angenehme Färbung aufweisen und die Teilchen

Die Theke in einem Geschäft von Mariage Frères in Paris

alle etwa die gleiche Größe haben. Das Blatt sollte glänzend, nicht stumpf sein, und zwischen den Blättern sollten sich keine Stengel befinden. Der Aufguß eines qualitativ guten Tees ist klar. Bei schwarzen Teesorten sollte er rötlichbraun sein, bei Oolong-Tees im allgemeinen orange- bis dunkelbraun, wohingegen grüne Tees hell und gelblich-grün aufgießen. In jedem Fall sehen qualitativ gute Tees nach dem Aufguß niemals stumpf und trübe aus.

Was den Geschmack anbelangt, so sollte er sanft und frisch sein, bei grünen Tees sehr leicht. Jeder bittere, scharfe, leblose oder zu starke Geschmack, den man normalerweise nicht mit Tee verbindet, verweist auf eine unsachgemäße Handhabung oder Lagerung an irgendeinem Punkt der langen Reise vom Strauch zur Tasse.

SUPERMÄRKTE UND WARENHÄUSER

In diesen Geschäften erhalten Sie sicher keine Teesorten von derselben Qualität wie im Teegeschäft, sondern meist fertig abgepackte Tees. Dennoch sollte man sich auch hier auf die bekannten Firmennamen als Garanten für gute Qualität verlassen können. Wenn Sie mit einem Tee nicht zufrieden sein sollten, geben Sie ihn zurück und erläutern Sie Ihre Einwände. Und wenn Sie einmal einen Tee gekauft haben, den Sie überhaupt nicht mögen, sollten Sie ihn an

Schwarzer Tee

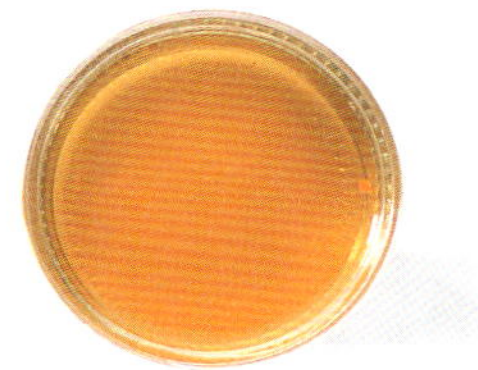

Oolong-Tee

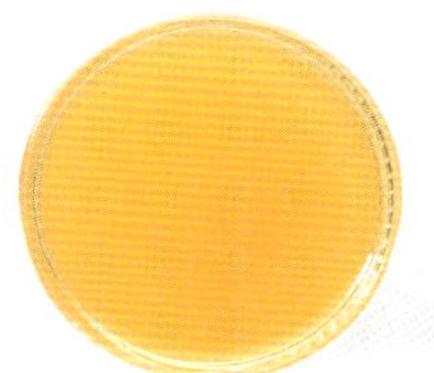

Grüner Tee

jemanden verschenken, bevor er sein Aroma verliert.

VERSANDHÄUSER

Solche Firmen schießen wie die Pilze aus dem Boden. Man sollte verschiedene Sorten von mehreren Versandhäusern testen, bevor man sich endgültig für einen Händler entscheidet.

Kleinere Firmen haben das Problem, daß sie von den Brokern oder Teegärten große Mengen erwerben müssen, aber nur kleine Mengen absetzen können. Daher ist das Risiko groß, daß der Tee vor dem Verkauf lange gelagert hat. Seien Sie also vorsichtig! Bestellen Sie erst einmal die kleinste Menge, bis Sie sich von der Qualität des Tees und Verläßlichkeit des Händlers überzeugt haben. Andernfalls wechseln Sie einfach den Teehändler.

Wenn Sie den Tee gekauft haben, müssen Sie ihn gut aufbewahren, in luftdicht verschließbaren Blechdosen (nicht in Glasbehältern) an einem kühlen, trockenen Ort auf. Da Tee leicht andere Gerüche annimmt, sollte er unbedingt von stark riechenden Nahrungsmitteln ferngehalten werden.

Eine Liste der wichtigsten Händler finden Sie auf den Seiten 188–189.

TEE-AUSWAHL

Es gibt so viele verschiedene Teesorten im Handel, daß die Wahl ganz dem persönlichen Geschmack vorbehalten bleiben muß. Wer leichten Tee mit geringem Koffeingehalt und mildem Geschmack mag, sollte weißen oder Oolong-Tee nehmen. Wer die aromatischen, kräuterähnlichen, erfrischenden Eigenschaften des grünen Tees liebt, sollte dagegen japanische oder chinesische grüne Tees kaufen. Liebhaber schwarzer Tees werden sich der Unterschiede bewußt sein zwischen dem leichteren Aroma des ganzen Blatts aus China, den stärkeren, dunkleren Aufgüssen von gebrochenen Blättern und *dust*-Graden sowie den CTC-Sorten, die nur kurz zu ziehen brauchen.

Beim Tee-Einkauf sollte man sich mit den Sorten und Blattgraden gut auskennen (S. 39), wenn man den besten Tee aus einem bestimmten Anbaugebiet aussuchen möchte. Will man beispielsweise einen Second Flush Darjeeling, hat Margaret's Hope FTGFOP (Finest Tippy Golden Flowery Orange Pekoe) mit ganzem Blatt eine deutlich bessere Qualität als Margaret's Hope TGBOP (Tippy Golden Broken Orange Pekoe).

Ein guter Teehändler oder ein Versandhaus sollte in der Lage sein, die Unter-

Teesortierung in einer chinesischen Fabrik

schiede zwischen den einzelnen Teesorten zu erläutern und Empfehlungen je nach Geschmack des Kunden zu geben. Der Kunde muß nicht immer ein breites Angebot vorfinden, aber er sollte davon ausgehen können, daß die besten Sorten eines Teegartens oder einer Region vorrätig sind.

Wenn man Tee aus China kauft, sollte man wiederum sicher sein können, daß der Teehändler die besten Sorten aus den diversen teeproduzierenden Provinzen vorrätig hat.

Wer die Möglichkeit hat, verschiedene Anbaugebiete zu bereisen, wird Tees kosten können, von denen andere nur träumen.

Aromatisierte und gemischte Tees

Aromatisierte Tees sind grüne, schwarze oder Oolong-Tees, die fermentiert und dann mit Gewürzen, Kräutern, Blüten oder Fruchtölen gemischt werden. Diese Teesorten sollten allerdings nicht mit Kräuter- oder Früchtetees verwechselt werden, die ihrerseits keinerlei Bestandteile der Teepflanzen enthalten. Für aromatisierte Tees verwendet man ausschließlich die Blätter der *Thea sinensis* oder der *Thea assamica*.

Immer schon haben die Chinesen ihren Teesorten Aromastoffe zugesetzt. Entweder mischten sie Blüten oder Früchte unter die fermentierten Blätter, oder sie gaben Aromastoffe in das Wasser, mit dem der Tee aufgebrüht wurde, bzw. in den fertigen Tee selbst.

Da alle Teesorten andere Aromen leicht absorbieren, eignen sie sich besonders zum Aromatisieren. Andererseits sollte man sie bei der Lagerung von starken und würzigen Gerüchen fernhalten. Besonders grüner Tee nimmt leicht andere Aromen an. Einige chinesische Tees haben sogar ein natürliches Orchideenaroma, da die Blumen wild unter den Teesträuchern wachsen. Auf diese Weise können vielfältige Aromatisierungen entstehen.

In China verwendet man zur Bezeichnung aromatisierter Tees drei Systeme: Entweder benennt man die Tees nach den Namen der Blüten, also zum Beispiel *Moli Huacha* (Jasmintee) und *Yulan Huacha* (Magnolientee), oder man setzt vor den eigentlichen Namen des Tees die Silbe *Hua* (= Blumen), wie bei *Hualongjin* und *Hua Oolong*. Bei der dritten Möglichkeit werden die Namen der Fruchtaromen zugefügt, etwa *Litschi Hongcha*.

In Europa verwenden Teemischer meist den Namen des jeweiligen Aromas, etwa Mangotee, Passionsblumentee usw. Oder sie geben der Teemischung besondere Namen wie Casablanca, eine Mischung der Firma Mariage Frères in Paris, die marokkanische Minze und Bergamotte enthält.

Klassische aromatisierte Tees

Jasmintee

Jasmintee wird vor allem in der Provinz Fujian und in Taiwan hergestellt und ist seit der Sung-Dynastie (960–1278 v. Chr.) populär. Die süß riechenden Jasminblüten werden morgens frisch gepflückt und den Tag über kühl gelagert, damit sie sich nicht zu früh öffnen. Wenn die Blüten sich abends öffnen, legt man sie neben den grünen, schwarzen, oder Oolong-Tee. Um das Blütenaroma zu absorbieren, benötigt der Tee etwa vier Stunden. Für Tees normaler Qualität werden die Blätter dann ausgebreitet, und der Vorgang der Aromatisierung wird ein- oder zweimal wiederholt. Bei besseren Qualitätsgraden wird das Verteilen und Anhäufen bis zu siebenmal innerhalb eines Monats durchgeführt. Danach werden die Teeblätter noch einmal getrocknet. Tee und Blüten werden dann entweder getrennt oder gemischt, um dem

Jasmine Pearl

Litschitee

Orchideentee

Rose Congou

Tee ein ansprechenderes Aussehen zu verleihen. Manchmal lagert man die Blüten zusammen mit dem Tee in Teekisten.

Jasmine Monkey King hat ein wunderbares Aroma und einen feinen, leichten Geschmack. Er ist tagsüber und auch abends wunderbar erfrischend. Man kann ihn für sich trinken, er paßt aber auch gut zu würzigen Gerichten und Geflügel.

Jasmine Pearl ist ein Genuß für Auge und Gaumen. Große Perlen aus hellen Blättern sind mit Jasminblüten zusammengebunden. Dieser exzellente Tee hat ein feines Aroma und paßt gut zu würzigen Gerichten. Zudem regt er die Verdauung an.

Es gibt noch zahlreiche andere Jasmintees. Versuchen Sie einmal die grünen Jasmin Chung Feng, Jasmin Heung Pin und Jasmin Hubei. Probieren Sie auch den leicht fermentierten Jasmin Mandarin Oolong, den weißen Jasmin Yin Hao Silver Tip und den schwarzen Jasmin Yunnan.

Litschitee

Litschi Hongcha ist ein mit Litschisaft aromatisierter schwarzer Tee. Litschis sind in China weit verbreitet und haben ein scharfes, säuerliches Aroma. Dieser Tee schmeckt zu jeder Tages- und Abendzeit.

Orchideentee

Dieser qualitativ hochwertige grüne Tee aus der Provinz Guangdong wird mit den Blüten der *Chloranthus spicatus* aromatisiert. Er ergibt einen hellroten Aufguß mit reichem Aroma und kann als erfrischendes und beruhigendes Getränk zu jeder Tages- oder Nachtzeit genossen werden.

Rose Congou

Der großblättrige schwarze Rosentee wird mit Rosenblättern aromatisiert. Er ergibt einen hellgoldenen Aufguß mit sanftem, süßlichem Geschmack. Trinken Sie ihn ohne Milch zu leicht würzigen und süßen Speisen oder genießen Sie ihn einfach als erfrischendes und beruhigendes Getränk außerhalb der Mahlzeiten.

Probieren Sie auch andere aromatisierte Tees aus China wie Magnolien-, Chrysanthemen- und Osmanthustee.

Moderne aromatisierte Tees

Heute gibt es eine enorme Vielfalt aromatisierter Tees im Handel. Die in Deutschland wohl beliebtesten und erfolgreichsten Aromen sind: Vanille, Wildkirsche, Orange, Schwarze Johannisbeere, Jasmin, Mango und Zitrone.

Auch in Japan wird aromatisierter Tee hergestellt. Empfehlenswert sind Rose Sencha und Sakura, ein grüner Sencha mit Kirscharoma. Erfrischend schmeckt auch Sencha Lemon mit Zitronen- oder Sencha Orange mit Orangenschalen.

Klassische Mischungen

Alle Teefirmen stellen ihre eigenen Teemischungen her, um Tees für alle Tageszeiten und jeden Geschmack anzubieten. Für die Ingredienzen von Teemischungen gibt es keine festen Regeln, einige klassische Mischungen haben sich jedoch über die Jahre bewährt.

Earl Grey

Earl Grey ist eine Mischung aus China- oder China- und Indientees, die mit Öl der Bergamotte, einer Orangenart, aromatisiert worden sind. Wie diese Mischung zu ihrem Namen kam, ist nicht ganz geklärt. Eine Legende berichtet, wie ein englischer Diplomat während einer Mission in China das Leben eines Mandarins rettete. Aus Dankbarkeit habe dieser ihm das Rezept des Aromatees als Geschenk für den damaligen Premierminister Earl Grey (1830–34) mitgegeben. In einer anderen Legende heißt es, daß der Earl selbst den Mandarin rettete und dafür das Rezept erhielt. Eine dritte Variante behauptet, das Geschenk sei das Ergebnis einer geglückten diplomatischen

Beliebte Aromen für Tees werden aus Orangen, Zitronen, Mangos, Minze, Chrysanthemen, Rosen, Kirschen, Himbeeren, Erdbeeren und Ingwer hergestellt.

Bergamotte

Mission. Alle drei Geschichten sind jedoch mit Vorsicht zu genießen, denn erstens haben die Chinesen selbst diesen Aromatee nie getrunken, zweitens findet sich in den biographischen Quellen über den Earl und in den zahlreichen Dokumenten über die Beziehungen zwischen China und Großbritannien zwischen 1830 und 1834 (wegen des Opiumhandels eine Zeit voller Feindseligkeiten) keine Erwähnung dieses Teegeschenks, und drittens enthalten moderne Earl Grey-Mischungen sowohl indischen als auch chinesischen Tee. Zwischen 1830 und 1834 wurde in Indien jedoch kein Tee produziert. Die Legenden, die sich um diesen Tee ranken, könnten natürlich auch ein cleverer Werbegag des unbekannten Erfinders der Mischung sein. Heute zählt der Tee sicher zu den beliebtesten Mischungen überhaupt. Es gibt verschiedene Sorten, die Chinatee, Darjeeling, Ceylon, Silver Tip und Rauchtee verwenden. Der Anteil an Bergamottöl bestimmt die Qualität des Tees. Zuviel läßt ihn seifig schmecken, zuwenig ist kaum feststellbar. Nur die richtige Balance ergibt den erfrischenden, leicht zitronigen Geschmack, der z. B. gut zu Cremekuchen paßt.

Yunnan Earl Grey (Roi des Earl Grey) ist ein schwarzer Chinatee aus Yunnan, der mit Bergamottöl aromatisiert wird und ein ausgeglichenes Aroma entfaltet. Man serviert ihn am besten ohne Milch. Er kann gut zu Fischgerichten getrunken werden.

English Breakfast

Frühstücksmischungen enthalten in der Regel Teesorten aus Indien (meist Assam), Ceylon und Afrika, da man sie zu fettigen, gebratenen Gerichten und kräftigen Speisen trinkt. Manche Leute schwören dagegen auf China Keemun zu Toast und Marmelade.

Irish Breakfast

Die Iren trinken ihren Tee dunkel und stark. Die Mischungen bestehen aus reichen, malzigen Assamtees, manchmal unter Zugabe afrikanischer und indonesischer Blätter.

Afternoon Blend/Five O'Clock Tea

Das sind meist Tees aus Darjeeling-, China-, Formosa- und helleren Ceylonteesorten, manchmal mit einer Spur Jasmin- oder Bergamottöl.

Russian Caravan

Früher tranken die Russen Chinatee, der auf Kamelen importiert wurde. Heute werden schwarze oder Oolong-Tees aus China oder Formosa mit rauchigem Lapsang Souchong oder Tarry Souchong gemischt.

Hausmischungen

Da Geschmäcker bekanntlich verschieden sind, mischen sich viele Leute ihre eigenen Tees. Erfolgreiche Mischungen sind dabei immer das Ergebnis von *trial and error*. Eine kleine Menge Tee guter Qualität oder wenige Blätter eines aromatisierten Tees wie Jasmin oder Tarry Souchong können einen gewöhnlichen Tee in eine Spezialität verwandeln.

Geben Sie etwa für einen kräftigen Frühstückstee einige Assamblätter zu Ceylontee; für einen Tee zur Mittagszeit geben Sie ein wenig Lapsang zu Assamtee oder für einen erfrischenden Nachmittagstee etwas Jasmin zu schwarzem Chinatee. Der Phantasie sind hier keine Grenzen gesetzt.

Experimentieren Sie mit ungewöhnlichen Teemischungen.

Teebeutel

Thomas Sullivan, ein New Yorker Importeur, soll den Teebeutel erfunden haben. 1908 sandte er potentiellen Kunden Teeproben in kleinen Seidenbeuteln zu. Später wurde die Seide durch Gaze und dann durch Papier ersetzt. In den USA begann in den frühen 60er Jahren der Markt für Teebeutel zu wachsen. Zu dieser Zeit wurden ungefähr 5 % des Tees in Beuteln aufgebrüht. 1965 stieg die Verwendung von Teebeuteln auf 7 %, und 1993 hatten Teebeutel einen Anteil von ca. 60 % am deutschen Gesamtverbrauch, in den USA 65–70 %. Weltweit wird jedoch loser Tee bevorzugt und nur 16 % aus Teebeuteln aufgebrüht. Das Papier dazu wird aus Materialien wie Manilahanf, Holzpulpe und Kunstseide gewonnen. Teebeutel-Maschinen produzieren etwa 2000 Beutel pro Minute, wobei es ganz unterschiedliche Formen gibt: rechteckig, rund oder dreieckig, einfach oder mit Doppelkammer, versiegelt oder verklammert, mit oder ohne Bändchen.

Teebeutel oder loser Blatt-Tee?

Die Qualität von Beuteltees hat sich in den letzten Jahren erheblich verbessert. Sie sollten aber beim Einkauf zwei Sorten unterscheiden. Da ist zum einen die Standardmischung, die gemischt, verpackt und in den Supermärkten verkauft wird. Sie ergibt nur einen minderwertigen Tee und ist nicht besonders zu empfehlen. Es gibt auf der anderen Seite aber einige Hersteller, die Beutel mit Tee guter Qualität produzieren. Diesen vertreiben sie in ihren eigenen Teeläden oder über Versandhäuser. Lassen Sie sich also nicht von dem Vorurteil täuschen, Tee aus Beuteln sei immer minderwertiger Qualität, denn diese Firmen bieten viele ihrer Tees lediglich sowohl in loser Form als auch in Teebeuteln an, da sie die wachsende Nachfrage nach bequemer Zubereitung befriedigen möchten.

Die Auswahl nicht nur an losen Tees, sondern auch an Teebeuteln ist riesig.

Aufbrühen mit Teebeuteln

Die Vorteile von Teebeuteln:

- leichtes Aufbrühen zu jeder Zeit
- Schnelligkeit und Sauberkeit
- Ist die gewünschte Stärke erreicht, lassen sich Teebeutel schnell entfernen.
- Die Tüllen der Teekannen werden nicht durch die Blätter verstopft.
- sehr praktisch, um große Teemengen aufzubrühen
- Die verwendeten Teebeutel können schnell und ohne Aufwand beseitigt werden.

Die Nachteile der Teebeutel:

- Teebeutel werden mit kleineren Blattstücken gefüllt, die einen stärkeren Aufguß ergeben, ohne an die Feinheit großer Teeblätter heranzureichen.
- Tee in Teebeuteln gibt rasch einen Großteil der Gerbstoffe (Tannin) ab und schmeckt darum leicht bitter.
- Teebeutel verlieren rasch an Aroma und Qualität. Während man losen Tee bis zu zwei Jahre aufbewahren kann, halten sich Teebeutel nur 4–6 Monate.

Da für Teebeutel im allgemeinen keine großen Blattgrade verwendet werden, ist die Auswahl begrenzt, und von daher empfiehlt es sich, nur in Ausnahmefällen Teebeutel zu verwenden. Wenn Sie zum Beispiel unerwartet Besuch bekommen und die Zeit knapp ist, wird man es Ihnen gewiß nicht verübeln, wenn Sie Teebeutel verwenden – es sei denn, Ihr Gast ist ein ausgesprochener Teekenner. Nützlich sind Teebeutel auch beim Aufbrühen großer Mengen, obwohl das auch mit losem Tee und Teesieben recht gut machbar ist.

Das richtige Wasser

Aussehen und Aroma des Tees hängen entscheidend von der Wasserqualität ab. Bereits der chinesische Schriftsteller Lu Yu empfahl um 780 n. Chr. Quellwasser als das am besten geeignete Wasser. Die meisten Leute verwenden heute Leitungswasser, wobei die Qualität, der natürliche Mineralgehalt und Fluorid- wie Chlorzusätze von Region zu Region variieren. Einige Teefirmen stellen Spezialmischungen für bestimmte Wohngebiete her, die den gegebenen Wasserqualitäten bestens angepaßt sind und so das Aroma des Tees gut zur Geltung bringen.

Wenn man Tee mit destilliertem weichem oder konstant hartem Wasser (das Kalziumsulfat enthält) zubereitet, sieht der Aufguß hell und klar aus. Nimmt man für die Zubereitung Wasser mit schwankender Härte (enthält vor allem Kalziumkarbonat), kann der Aufguß glanzlos und trübe erscheinen. Läßt man ihn eine Weile stehen, bildet sich an der Oberfläche ein feiner Schaum. Das rührt daher, daß aufgrund der Kalzium- und Bikarbonat-Ionen des Wassers einige Bestandteile des Tees oxidieren. Um die Schaumbildung zu verhindern, sollte man Wasser mit schwankender Härte vermeiden oder es zumindest vor dem Aufkochen durch einen Filter gießen. Säure eliminiert die Bikarbonat-Ionen; daher bildet sich kein Schaum, wenn man Zitronensaft in den Tee träufelt. Auch Zucker reduziert die Schaumbildung. Doch ist Zucker dem Aroma des Tees abträglich und daher nicht zu empfehlen. Wenn man Milch in den Tee gibt, so das Ergebnis einiger Experimente, wird die Schaumbildung noch verstärkt. Bei fettarmer Milch entsteht allerdings nur halb soviel Schaum wie bei homogenisierter Vollmilch.

Der Aufguß sollte hell und klar sein.

TEE MIT MILCH

Warum und wann die Engländer damit anfingen, Milch in den Tee zu geben, ist unbekannt. Der Brauch stammt vielleicht aus der Zeit, als man noch mehr grünen als schwarzen Tee konsumierte und die Milch den bitteren Geschmack lindern sollte. Möglich ist auch, daß Kaufleute diesen Brauch von den Mongolen oder frühen Manchus übernommen und nach Europa gebracht haben – oder er stammt aus dem China des 17. und 18. Jahrhunderts. Dort war es üblich, etwas kalte Milch ins feine Porzellan zu geben, bevor man den heißen Tee eingoß, um das Springen der dünnwandigen Schale zu verhindern. Das Werbeblatt von Thomas Garraway behauptete bereits 1657, daß Tee, der »mit Milch und Wasser zubereitet wurde, die inneren Teile des Körpers stärkt«. Mitte des 18. Jahrhunderts wurde es zur weit verbreiteten Angewohnheit, Tee mit Milch zu trinken.

Auch die Niederländer hatten aufgrund ihrer Handelsbeziehungen schon früh die Gelegenheit, diesen Brauch kennenzulernen. Zudem ist belegt, daß der Niederländer Johan Nieuhoff im Jahre 1655 bei einem Fest des chinesischen Kaisers zu Ehren des niederländischen Botschafters Tee mit Milch kostete. Trotz allem tranken die Niederländer ihren Tee weiterhin ohne Milch. Auch die Franzosen zeigten keine Vorlieben dieser Art; und die Marquise de la Sablière ist 1680 die einzige, von der diese Angewohnheit belegt ist.

Ende des 17. Jahrhunderts tranken immer mehr Menschen in England ihren Tee mit Milch, und in der Folge auch in den britischen Kolonien. Heute ist die Mehrheit der für den englischen Markt importierten Teemischungen dazu bestimmt, mit Milch getrunken zu werden.

Tee mit oder ohne Milch zu trinken ist eine Geschmacksfrage. Man sollte jedoch nicht vergessen, daß Milch das Aroma einiger Teesorten beeinträchtigt; vor allem bei weißen und grünen Tees, Pouchons und Oolongs, vielen Chinaschwarztees, Darjeeling First Flush, aromatisierten Tees und bei leichteren schwarzen Tees ist dies der Fall.

Sollte man erst die Milch oder den Tee eingießen? Die Tradition gebietet, zuerst die Milch einzugießen, um das feine Porzellan der Teeschalen zu schützen. Wird dann der Tee in die Milch gegossen, vermischen sich beide besser. Auch wissenschaftlich gesehen ist es günstiger, zuerst die Milch einzugießen, da sie den Tee etwas abkühlt und so verhindert, daß das Fett in der Milch zu sehr erhitzt wird, was einen unangenehmen Geschmack ergeben kann. Manche ziehen es dennoch vor, die Milch in den Tee zu geben, um so besser das richtige Mischverhältnis zu finden. Die Reihenfolge ist also immer eine Frage des persönlichen Geschmacks.

Tee mit Zucker

Die Vorliebe, Tee mit Zucker zu trinken, entwickelte sich in Europa gegen Ende des 17. Jahrhunderts und ist vor allem in England verbreitet. Dieser Brauch stammt nicht aus China – die Chinesen tranken nur selten und in wenigen Regionen Tee mit Zucker.

Die Vorliebe für gesüßte Getränke nahm in England im späten 18. Jahrhundert so sehr zu, daß der Zuckerverbrauch dort zehnmal höher war als in Frankreich und in anderen europäischen Ländern. Teelöffel, Löffelschalen, Zuckerdosen und Zuckerzangen gehörten zur Standardausrüstung des Teetrinkers. Der Brauch erreichte zusammen mit den Emigranten auch Nordamerika.

Teespezialisten empfehlen jedoch, Tee ohne Zucker zu trinken, weil dieser das Aroma beeinträchtigen kann. Aber nicht nur in Großbritannien geben viele Leute nach wie vor einen oder zwei Löffel Zucker in eine Tasse Tee.

Eine Kanne Tee aufbrühen

Wenn man heißes Wasser über grünen Tee oder kochendes Wasser über schwarzen (oder Oolong-)Tee gießt, werden die Teebestandteile (Koffein, Teepolyphenole bzw. Gerbstoffe und andere flüchtige Komponenten wie ätherische Öle) im Wasser in einer bestimmten Konzentration gelöst, die mit der Zeit zunimmt.

Damit sich das volle Aroma des Tees entfalten kann, ist es wichtig, daß genügend Sauerstoff im Brühwasser enthalten ist. Schwarze und Oolong-Tees sollten mit sprudelnd kochendem Wasser übergossen werden. Bei weißen und grünen Tees muß das Wasser nach dem Kochen wieder auf 80 °C abkühlen. Temperaturempfehlungen sind auch dem Teeverzeichnis (S. 104–187) zu entnehmen.

Es gibt zwar einige generelle Regeln, wie man eine Kanne Tee perfekt zubereitet, doch gelten diese nicht für alle Teesorten gleichermaßen.

DIE GOLDENEN REGELN

1 Nehmen Sie gut gelagerten losen Blatt-Tee und eine genügend große Kanne. Füllen Sie den Kessel mit frischem kaltem Wasser und bringen Sie es zum Kochen.

2 Wenn das Wasser fast schon kocht, gießen Sie etwas davon in die Teekanne und spülen Sie sie damit aus.

3 Geben Sie pro Tasse einen Teelöffel Tee in die Kanne (oder in das Teesieb in der Kanne). Diese Menge kann je nach Teesorte und Geschmack variieren.

4 Stellen Sie die Teekanne neben den Wasserkessel und gießen Sie das kochende Wasser auf die Blätter. Lassen Sie das Wasser nicht zu lange kochen. Bei weißen oder grünen Tees muß es wieder auf ca. 80 °C abkühlen.

5 Setzen Sie den Deckel auf die Teekanne und lassen Sie den Tee je nach Blattgröße einige Minuten ziehen.

Wenn Sie ein Teesieb benutzen, nehmen Sie es heraus, wenn der Aufguß die richtige Stärke hat. Ohne Teesieb müssen Sie die Flüssigkeit in eine zweite vorgewärmte Kanne abgießen. Das trennt die Blätter vom Sud und verhindert einen bitteren Geschmack. Im Teeverzeichnis (S. 104–187) finden Sie Angaben bezüglich Wassermenge, -temperatur und Brühzeit.

Tee aus einer traditionellen Teekanne

Um eine Kanne Tee auf die traditionelle englische Art aufzubrühen, folgen Sie bitte den Goldenen Regeln auf den Seiten 76–77.

Bei Tees guter Qualität ist es kein Problem, die bereits aufgebrühten Blätter für eine zweite Kanne noch einmal mit heißem Wasser zu übergießen. Hat der Tee die richtige Stärke und das gewünschte Aroma, dann gießt man ihn in eine Porzellankanne. Einige Leute wärmen auch die Tasse mit heißem Wasser vor, das sie darin stehenlassen, bis der Tee fertig gezogen hat. Dadurch bleibt der Tee in der Tasse länger heiß. Wenn man Blatt-Tee aufgebrüht hat, sollte man ihn durch ein Sieb abgießen, da er sonst bitter wird. Bei einem Tee-Einsatz ist kein Sieb notwendig.

Englisches Chinaporzellan, um 1840

Gepressten Tee brühen

Brechen Sie die einem Teelöffel entsprechende Menge pro Tasse ab und legen Sie die Stücke in eine vorgewärmte Kanne oder deren Einsatz. Gießen Sie dann kochendes Wasser darüber und lassen Sie den Aufguß ca. 5 Minuten ziehen. Gießen Sie den Tee durch ein Sieb ab bzw. entfernen Sie den Einsatz aus der Kanne.

Welche Teekanne?

In einer chinesischen Yixing-Teekanne entfaltet sich das volle Aroma chinesischer Schwarz- oder Grüntees am besten. Jede Kanne sollte aber nur für eine Teesorte verwendet werden, da das Steinzeug eine Patina annimmt, die das Aroma verstärkt.

Zinn, Gußeisen und Terrakotta eignen sich besonders gut für starke Tees wie Ceylon-, Kenia- und Assamtees. Porzellan ist ideal für hellere Teesorten wie Darjeeling, Oolongs und grüne Tees. Günstigstenfalls hat man verschiedene Teekannen, eine für nicht-rauchige schwarze Tees, eine für rauchige, eine für aromatisierte Tees und eine für grüne Tees.

Chinesische Yixing-Teekanne

Säubern der Kanne

Stellen Sie eine Teekanne nie in die Spülmaschine oder in Spülwasser. Spülen Sie die Kanne mit klarem Wasser aus und drehen Sie sie zum Trocknen um. Trocknen Sie außen ab, nie innen. Um Tannin aus einer glasierten, einer Glas- oder Silberkanne zu entfernen, füllen Sie sie mit kochendem Wasser und geben Sie zwei Teelöffel Backpulver zu. Lassen Sie die Lösung über Nacht stehen. Spülen Sie die Kanne dann aus und lassen Sie sie trocknen.

Eine unglasierte Yixing-Kanne wird nie von innen gewaschen. Die Kanne benötigt Zeit, um den typischen Belag zu bilden, der für das Aroma des Aufgusses wichtig ist.

Entkoffeinierter Tee

Für Menschen, die kein Koffein vertragen, gibt es entkoffeinierten Tee. Erst seit den 80er Jahren ermöglichte die Verbesserung der Herstellungsverfahren dieses nun weit verbreitete Teeprodukt. Weltweit werden drei Methoden der Entkoffeinierung angewandt, doch Wissenschaftler und Teehersteller sind sich noch immer nicht einig, welche für die Gesundheit und in ökonomischer Hinsicht die beste ist. Es wird aber weiter auf diesem Gebiet geforscht, und man darf in naher Zukunft mit besseren Produkten rechnen.

Kohlendioxid Dieses organische Lösemittel ist billig und nach der Entkoffeinierung leicht zu entfernen. Es ist in kleinen Mengen harmlos.

Methylchlorid ist das am meisten verwendete Lösemittel zur Entkoffeinierung von Kaffee und Tee. Es ist ziemlich preiswert und leicht aus dem Endprodukt zu entfernen. Methylchloridrückstände dürfen im Tee nur 5:1 000 000 betragen. In den USA sind alle Importe von Tees, die mit Methylchlorid behandelt wurden, verboten.

Äthylazetat ist preiswert, aber nach der Entkoffeinierung schwer zu entfernen. Kleine Spuren von Äthylazetat gibt es allerdings auch im natürlichen Tee.

Twinings' entkoffeinierter Tee

Instant-Tee

Der einzige Vorteil von Instant-Tee ist die rasche Zubereitung. So wie Kaffeeliebhaber nie Instant-Kaffeepulver verwenden würden, denken Teekenner nicht im Traum daran, Instant-Tee zu trinken. Da der halbe Teegenuß in der Zubereitung, dem Aufbrühen und der Freude am Teezubehör liegt, halten viele Leute das Aufgießen einiger Körnchen aus einer Dose Instant-Tee für ein Sakrileg. Da sich der Instant-Tee unter ›Nicht-Kennern‹ doch einer gewissen Beliebtheit erfreut, soll hier kurz die Herstellung von Instant-Tee erläutert werden.

Zuerst werden die Blätter aufgebrüht, um alle Komponenten herauszuziehen, die den Tee ausmachen. Blätter und Aufguß werden getrennt und die Blätter weggeworfen. Anschließend wird die Flüssigkeit weiterbehandelt, um ein festes Granulat zu erhalten. Es gibt drei Methoden, um dieses zu erreichen: Wasserverdampfung durch Erhitzen, Gefrieren und Ausfiltern der Eispartikel und Filtern durch Membranen, die die festen Teebestandteile zurückhalten.

Die festen Bestandteile werden dann durch Sprühtrocknung oder Gefriertrocknung getrocknet und schließlich in vor Feuchtigkeit geschützten Behältern – meistens in Gläsern – verpackt.

Fertigtees (RDT = Ready to Drink)

1992 lieferte die amerikanische Teeindustrie die ersten Fertigtees aus. Die großen Teefirmen kooperierten mit der Getränkeindustrie, um eine Reihe von Getränken auf Teebasis herzustellen, einige mit Kohlensäure oder mit Aromastoffen (wie Zitrone, Himbeere oder Pfirsich) versetzt, einige ohne Zusätze oder nur gesüßt. Diese in Flaschen, Tüten oder in Dosen abgefüllten Getränke sind heute in den USA und in Europa im Handel. Einige besitzen tatsächlich Teegeschmack, viele – vor allem die mit Kohlensäure – schmecken jedoch nur nach Zucker und Zitrone und erinnern lediglich entfernt an das Getränk, das Kenner schätzen und lieben.

In den USA, wo Eistees schon immer populärer als heiße Tees waren, sprechen diese Modegetränke vor allem junge Verbraucher an.

In Japan bieten Straßenhändler und Supermärkte eine große Vielfalt von Teegetränken an, heiß und kalt, grün und schwarz, mit und ohne Milch, mit Früchtearoma und ohne, gesüßt oder ungesüßt. Offensichtlich haben es die japanischen Hersteller geschafft, ein Teegetränk von hoher Qualität für einen großen Markt zu produzieren.

Eistee

Der erste Eistee wurde während der Weltausstellung in St. Louis im Jahre 1904 hergestellt. Damals trank man in den USA meist grünen Tee aus China. Um schwarzen indischen Tee heimisch zu machen, organisierte eine Gruppe von Teeherstellern einen speziellen Teepavillon, in dem Inder unter der Leitung eines Engländers namens Richard Blechynden heißen Tee anboten. Während der Messe war es sehr heiß, so daß die Amerikaner nicht nach Tee, sondern nach eisgekühlten Getränken verlangten. In einem Anflug von Geistesgegenwart (und wohl auch Verzweiflung) servierte Blechynden den Tee mit einigen Eiswürfeln. Als sich herumsprach, wie erfrischend dieses Getränk war, verlangten bald viele danach. Der Eistee war geboren. Heute werden über 80 % aller Teesorten in den USA auf Eis serviert, und in fast 80 % aller amerikanischen Haushalte werden Eistees getrunken. In England dagegen hat diese Gewohnheit nie Fuß gefaßt. Dort trinkt man nur an heißen Sommertagen kleine Mengen Eistee, mit Zitrone, Minze oder Borretsch garniert.

Für einen Eistee brüht man Ceylon- oder chinesischen Keemuntee auf. Nehmen Sie die doppelte Menge Tee, die Sie normalerweise verwenden, und brühen Sie ihn wie gewohnt auf. Dann gießen Sie ihn ab und geben nach Belieben Zucker hinzu. Füllen Sie ein Glas mit Eiswürfeln und gießen Sie den Tee darüber. Geben Sie einige krause Minzblätter oder Borretschblüten sowie eine Zitronen- oder Orangenscheibe hinzu.

Man kann den Tee auch im Kühlschrank oder über Nacht abkühlen lassen und dann wie oben beschrieben servieren.

Eistee mit Minze

Für vier Personen

4 Zweigchen frische Minze
frisch gepreßter Saft von 2 Orangen und 4 Zitronen
4 Tassen starker Ceylontee
1 kleines Stück Ingwerwurzel, zermahlen
2 Tassen kaltes Wasser
Zucker nach Geschmack

Zerkleinern Sie die Minze. Übergießen Sie sie mit Fruchtsäften und dem abgeseihten Tee. Geben Sie Ingwer, Zucker und kaltes Wasser dazu. Absieben und mindestens eine Stunde abkühlen lassen. Mit Minzblättern und einer Orangenscheibe garnieren und mit viel Eis servieren.

Eistee, mit Minze garniert

TEE UND DAZU PASSENDE GERICHTE

Tee ist ein Gourmetgetränk, das mit allen Speisen gut harmoniert. So wie man Weine aussucht, um den Geschmack bestimmter Speisen hervorzuheben, lassen sich auch Tees mit bestimmten pikanten oder süßen Gerichten in einem Menü verbinden. Die jeweiligen Teesorten sollten sorgfältig ausgesucht werden, um eine wirklich köstliche, aufeinander abgestimmte Zusammenstellung zu schaffen. Die folgende Gegenüberstellung soll bei der Auswahl der passenden Tees zu bestimmten Speisen helfen.

Räucherlachs paßt wunderbar zu Darjeeling oder Lapsang Souchong.

Speisen	Passende Tees
Europäisches Frühstück (Brot, Käse, Marmeladen usw.)	Yunnan, Ceylon, Indonesischer Tee, Assam, Dooars, Terai, Travancore, Nilgiri, Kenia, Darjeeling
Englisches Frühstück (gebratene Gerichte, Eier, Räucherfisch, Schinken, Speck usw.)	Ceylon, Kenia, Afrikanische Mischungen, Assam, Tarry Souchong, Lapsang Souchong
Leicht würzige Gerichte	Yunnan, Lapsang Souchong, Ceylon, Darjeeling, Assam, grüne Tees, Oolongs
Pikante Speisen	Keemun, Ceylon, Oolongs, Darjeeling, grüne Tees, Jasmintee, Lapsang Souchong
Streng schmeckende Käsesorten	Lapsang Souchong, Earl Grey, grüne Tees
Fisch	Oolongs, Rauchtees, Earl Grey, Darjeeling, grüne Tees
Fleisch und Wild	Earl Grey, Lapsang Souchong, Kenia, Jasmintee
Geflügel	Lapsang Souchong, Darjeeling, Oolongs, Jasmintee
›Tea time‹	Alle Teesorten
Nach dem Essen	Weiße und grüne Tees, Keemun, Oolongs, Darjeeling

Teekultur in Ostfriesland ›Teetiet‹

Die Deutschen sind eigentlich ein Volk von Kaffeetrinkern, allerdings mit einer Ausnahme: den Ostfriesen. Im 17. Jahrhundert lernten sie den Tee durch die Niederländer kennen. Nur ein Jahrhundert später konsumierten die Ostfriesen so viel Tee, daß Friedrich II. den Teegenuß einzuschränken versuchte. Das Teetrinken, so meinte er, bringe es mit sich, »auf einige Stunden des Tages müßig zu seyn«, was unterbunden werden sollte.

Doch warum wird in Ostfriesland so viel mehr Tee getrunken als im übrigen Deutschland? Es gibt diesbezüglich einige Erklärungsversuche.

Noch bis vor einigen Jahrzehnten war in den ländlichen Gebieten Ostfrieslands die Versorgung mit gutem Trinkwasser problematisch. In den Moorgegenden war das Grundwasser kaum genießbar, und in der Marsch war es extrem salzig. Also behalfen sich die Bewohner, indem sie in Zisternen Regenwasser auffingen. Wegen der vielen toten Tiere in den Zisternen bekam das Wasser jedoch einen üblen Geschmack und mußte abgekocht werden. Da aber das abgekochte Wasser fade schmeckte, setzte man Tee hinzu. Und noch heute bevorzugen einige Ostfriesen die Teezubereitung mit dem weicheren Regenwasser.

Einen weiteren, »natürlichen« Grund für den starken Teeverbrauch in Ostfriesland glaubte der Norder Sanitätsrat Köppen gefunden zu haben. 1939 erklärte er in einem Gutachten, daß das feuchte und windige Klima in Ostfriesland dem menschlichen Körper große Wärmemengen entziehe. Der Mensch versuche also instinktiv, dem Wärmeverlust durch Anpassung aller Art zu entgehen und bediene sich dafür auch des Tees. Durch seine anregende Eigenschaft verhindere der Tee die gesundheitsschädigende Wirkung der kalten Luft. Kaffee sei aufgrund der ihm anhaftenden Schädlichkeit nicht dauerhaft zu diesem Zweck geeignet.

Teezubereitung

In Ostfriesland nimmt man einen gehäuften Teelöffel pro Tasse; wer es besonders gut meint, gibt noch einen Löffel »für die Kanne« hinzu. Die Teeblätter werden mit frischem, kurz sprudelnd aufgekochtem Wasser aufgebrüht. Zunächst wird das Wasser zwei bis drei Finger hoch auf die Blätter gegossen, dann läßt man den Aufguß maximal fünf Minuten lang ziehen. Anschließend wird so viel Wasser nachgegossen, wie man Tassen bereiten

möchte. Meistens ist der Tee auch stark genug, daß die Blätter ein zweites Mal aufgegossen werden können. Nach dem Ziehen gießt man schließlich den Tee in eine vorgewärmte Servierkanne. So kann er nicht nachziehen und wird daher nicht bitter. Doch traditionell verwenden die Ostfriesen nur eine Teekanne, und zwar ohne irgendwelche Hilfsmittel wie Tee-Ei oder eingesetztes Sieb, das nach ein paar Minuten herausgenommen wird. Dieser alte Brauch ist vermutlich noch ein Überbleibsel aus schlechten Zeiten, als man eben nur eine Teekanne besaß.

Eine Teestunde in Ostfriesland ist ohne Kandis (»Kluntje«) und Sahne undenkbar. Doch der Umgang mit der Sahne ist eine Wissenschaft für sich. Richtiger Rahm muß es sein, der mit einem Löffel aus einem Gefäß abgeschöpft wird und den man dann behutsam und ringförmig in den Tee gleiten läßt. Die dickflüssige Schicht breitet sich langsam aus und entfaltet sich wie ein zartes Wölkchen. Wer den Tee dann umrührt, also Zucker und Sahne vermengt, gilt als unfein – oder eben als Fremder.

Tee und Gesundheit

Seit der Entdeckung des Tees ist seine gesundheitsfördernde Wirkung bekannt. Viele der früher nur vermuteten Wirkungen kann die moderne Forschung heute wissenschaftlich belegen. Der offensichtlichste Vorzug des Tees ist seine Reinheit. Er enthält keine Konservierungsmittel und keine künstlichen Farb- oder Aromastoffe (mit Ausnahme der Zusätze von Blüten, Fruchtessenzen oder Gewürzen in aromatisierten Tees). Tee ist, wenn man ihn ohne Milch und Zucker trinkt, praktisch kalorienfrei. Er trägt überdies zu einem ausgeglichenen Flüssigkeitshaushalt des Körpers bei.

Da der Tee natürliches Fluorid enthält, wirkt er vorbeugend gegen Karies, Plaque und Parodontose.

Tierversuche haben ergeben, daß der Konsum von grünem und schwarzem Tee die Gefahr von Krebserkrankungen verringern kann, vor allem von Lungen-, Darm- und Hautkrebs. Man vermutet, daß einige Bestandteile des schwarzen Tees eine antioxidierende Wirkung haben und die Bildung von krebserregenden Substanzen im Zellgewebe verhindern.

Verschiedene Forschungsergebnisse in den letzten Jahren deuten darauf hin, daß regelmäßiger Teegenuß Herzkrankheiten, Schlaganfall und Thrombose vorbeugen

Werbeplakat für japanischen grünen Tee

kann. Diese günstige Wirkung wird dem Koffein zugeschrieben, das Herz und Kreislauf sanft anregt, dadurch die Wände der Blutgefäße elastisch hält und die Gefahr der Arteriosklerose verringert. Ebenso sollen die Polyphenole (Gerbstoffe) die Aufnahme des Cholesterins im Blutkreislauf und die Bildung von Blutklümpchen verhindern.

Das Koffein im Tee erhöht die Konzentrationsfähigkeit und geistige Beweglichkeit beträchtlich. Zudem regt Tee die Verdauung und den Stoffwechsel an und hilft so, giftige Stoffe und andere unerwünschte Substanzen im Körper abzubauen.

TEEGENUSS INTERNATIONAL

CHINA

Obwohl China große Mengen schwarzen Tees herstellt, sind grüne und aromatisierte Tees dort am beliebtesten. Die Zubereitungsarten variieren von Region zu Region. In einigen Gegenden sind solche Teekannen wie in Europa üblich. In anderen besteht das Teeservice aus kleinen Teekannen (die besten sind aus Yixing-Steinzeug) und kleinen, henkellosen Bechern. Bei der traditionellen Zubereitung einer Tasse brüht man den Tee in einem *gaiwan* auf.

Empfängt man zu Hause Gäste, wird stets Tee gereicht, und in Restaurants gehört Tee zur Mahlzeit, als Erfrischung vor dem Essen und danach als Verdauungshilfe. Auch während der Arbeit in Fabriken oder Büros wird Tee getrunken. In jedem Schreibtisch liegen Teebeutel bereit, um aufgebrüht zu werden. Bauern tragen stets Feldflaschen oder Krüge mit Tee bei sich.

In den 20er und 30er Jahren wurden die meisten traditionellen Teehäuser geschlossen. Während der Kulturrevolution (1966–69) ging man sogar so weit, das Teetrinken als »unproduktive Freizeitbeschäftigung« zu diffamieren. Inzwischen sind aber die berühmtesten Teehäuser renoviert und beinahe ebenso beliebt wie einst.

Teehaus in Shanghai

Vorbereitung der japanischen Teezeremonie

JAPAN

In Japan wird immer noch der traditionelle grüne Blatt-Tee bevorzugt. Tausende Männer und Frauen besuchen jährlich Teeschulen, um die Regeln der Teezeremonie zu lernen. Dieses berühmte Ritual, mit dem man Matcha-Tee zubereitet und zu sich nimmt, wurde in seiner heutigen Form im 16. Jahrhundert festgelegt. Inzwischen haben sich aber viele Japaner angewöhnt, schwarzen Tee mit Milch zu trinken. Diese Mode begann vor etwa 10 Jahren und hat seither an Beliebtheit erheblich zugenommen. In den Ladenstraßen großer Städte findet man Teestuben im westlichen Stil, die eine Vielzahl von heißen und kalten Teegetränken anbieten, mit Früchten, Fruchtsäften, Sahne, Gewürzen oder heißer Milch. Zudem vermitteln in ganz Japan Seminare, wie man schwarzen Tee zubereitet und mit typischen Speisen zur Teezeit serviert.

TIBET

Tee gilt in Tibet als heilige Gabe und wird jeden Tag mit großer Sorgfalt zubereitet. Um den salzigen grünen Tee zu kochen, wird ein Stück von einem Teeziegel abgebrochen und einige Minuten in Wasser gekocht. Dann wird die Flüssigkeit in ein Butterfaß abgeseiht und mit Ziegenmilch oder Yakbutter und Salz verrührt. Das Getränk wird in einen Kessel geschüttet und über dem Feuer warmgehalten. Man serviert es mit einem flachen Brot aus Weizen oder Gerste.

INDIEN

In Indien ist Tee das Nationalgetränk. Er wird auf die englische Art serviert oder mit Wasser, Milch und Gewürzen aufgekocht. An Straßenständen wird sehr starker Tee mit Milch und Zucker verkauft. In Zügen und auf Bahnhöfen hält man Tee in großen Kesseln heiß und serviert ihn in Tonbechern, die nach Gebrauch weggeworfen werden.

Türkei

Wenn man mit der Türkei vor allem Kaffee assoziiert, so ist doch schwarzer, starker Tee das wichtigste Getränk. Er wird in Restaurants und zu Hause in kleinen Gläsern ausgeschenkt. Einige Haushalte halten ständig einen Topf mit Tee über dem Feuer und gießen vor dem Servieren frisches heißes Wasser auf die Blätter. Die Zubereitung des Tees ist im traditionellen türkischen Leben so wichtig, daß die Mütter potentielle Schwiegertöchter daraufhin testen, ob sie Tee zubereiten können.

Iran und Afghanistan

In beiden Ländern ist Tee das Nationalgetränk. Grüner Tee wird als Durstlöscher getrunken, schwarzer Tee zum Aufwärmen. Beide Teesorten trinkt man mit viel Zucker. Teetrinker sitzen mit überkreuzten Beinen auf Matten und schlürfen den Tee aus bunt bemalten Porzellanbechern.

Russland

In Rußland wurde schon seit dem 17. Jahrhundert Tee getrunken, doch wurde er erst Anfang des 19. Jahrhunderts heimisch. Man trinkt sowohl grünen als auch schwarzen Tee ohne Milch in Gläsern mit Metallhenkeln. Bevor man einen Schluck Tee nimmt, steckt man ein Stück Zucker oder einen Löffel Marmelade in den Mund. Der Samowar ist noch heute prunkvolles Ausstattungsstück jedes russischen Haushalts. Er wurde um 1730 populär und geht wohl auf den mongolischen Feuertopf zurück. Im Metallbehälter des Samowars glüht ein Kohlenfeuer, das Wasser in einer Röhre erhitzt. In einer kleinen Teekanne auf dem Samowar wird sehr starker Tee gebrüht und nach Bedarf mit dem heißen Wasser, das aus einem seitlich angebrachten Hahn entnommen wird, verdünnt. Der Samowar hält den Tee stundenlang heiß und bietet stets Vorrat für Familienmitglieder oder Gäste.

Russischer Samowar

ÄGYPTEN

Die Ägypter sind eingeschworene Teetrinker und mögen das Getränk am liebsten stark und süß ohne Milch. Er wird auf einem Tablett in Gläsern mit Zucker, einem Löffel und mit einem Glas Wasser serviert, manchmal werden noch Minzblätter dazu gereicht.

MAROKKO

Hier wird Tee in Gläsern auf Silbertabletts serviert. In marokkanischen Familien gießt der Mann den Tee ein, und zwar aus Silberkannen mit langen Tüllen, wobei die Kanne hoch über das Glas gehalten wird, damit sich beim Einschenken Schaum bildet. Dazu werden oft Süßigkeiten gereicht.

Teeausschenker in Marokko

NEUSEELAND UND AUSTRALIEN

In beiden Ländern wird Tee zu Hause und in Restaurants auf englische Art serviert. Ähnlich wie in Europa geht jedoch auch hier der Teeverbrauch zurück. In Australien erreichten die Teeimporte im Jahr 1967 einen Höchststand von 40 785,4 t, halbierten sich aber seitdem fast auf jährlich 23 148,5 Tonnen.

GROSSBRITANNIEN

Trotz heftiger Konkurrenz von Kaffee und Erfrischungsgetränken ist Tee noch immer Englands Lieblingsgetränk, auch wenn der Verbrauch leicht abgenommen hat. Engländer trinken im Durchschnitt 3,32 Tassen pro Tag. 1984 waren es noch 3,88 Tassen täglich. Man beginnt den Tag meist mit einer Tasse Tee und trinkt ihn dann bei der Arbeit, in den Pausen und zur Mittagszeit. Der Nachmittagstee ist bereits eine sprichwörtliche Institution des britischen Lebensstils. Abends trinken die wenigsten Engländer Tee. Der englische *Tea Council* versuchte erst kürzlich durchzusetzen, daß in Restaurants nach der Mahlzeit Tee als Alternative zum Kaffee angeboten wird. Der Erfolg bleibt abzuwarten.

Seit den frühen 80er Jahren ist das Interesse an der Nachmittagstee-›Zeremonie‹ wiedererwacht, und auch Teegeschäfte, Teestuben sowie Teehallen in Hotels boomen. Ausländische Gäste und auch die Engländer selbst genießen wieder die typische Atmosphäre des *Five O'Clock Tea*.

Doch auch in vielen englischen Familien setzt sich die Angewohnheit durch, den Tee aus Aufgußbeuteln zuzubereiten. Natürlich wissen noch viele Engländer, wie man Tee richtig zubereitet und eine gute Tasse Tee anbietet. In der Tat entwickelt sich bei den Konsumenten ein wachsendes Bewußtsein für die vielen verschiedenen Teesorten. Die Firma Whittard aus Chelsea eröffnete in vielen Geschäftszeilen Englands Teeläden, die eine gute Auswahl bester Teesorten sowie an Teezubehör und Geschenkpackungen anbieten. Das Originalgeschäft von Twinings in 216 Strand, London, stammt aus dem Jahr 1706 und erfreut sich mit seiner Teeauswahl, dem Teezubehör und den vielen Teebüchern immer noch großer Beliebtheit. Die Wände des Ladens zieren zahlreiche Porträts verblichener Familienmitglieder der Twinings.

Noch immer greifen viele Engländer erst einmal zu einer Tasse Tee, wenn es darum geht, ein Problem zu lösen. Sie bieten eine Tasse Tee an, wenn sie jemandem ihre Sympathie bekunden wollen. Nach einem langen Arbeitstag, an einem kalten Winter- oder heißen Sommertag ist die Tasse Tee obligatorisch.

USA

Obwohl die USA als kaffeetrinkende Nation gelten, vollzieht sich seit etwa 10 Jahren geradezu eine Revolution des Teekonsums. Die

Einige Teeprodukte der amerikanischen Firma Grace Rare Teas

Der Rotunda-Teeraum im New Yorker Pierre Hotel an der Kreuzung von Fifth Avenue und 61. Straße

Gründe hierfür liegen vermutlich im zunehmenden Gesundheitsbewußtsein der Amerikaner und der Faszination am nostalgischen Image des Tees. Heute trinken über 125 Millionen Amerikaner täglich heißen Schwarztee, Eistee oder Fertigteegetränke.

Der Markt für Teespezialitäten wächst beständig. Immer mehr Händler eröffnen in ihren Geschäften Teestuben oder kleine Tee-Ecken. Teespezialisten organisieren Präsentationen, Werbeaktionen und Teefeiern und demonstrieren ihren Kunden, wie Tee richtig zubereitet wird. Immer mehr Versandhäuser vertreiben seltene und exklusive Teesorten hoher Qualität von sorgfältig ausgewählten Teeplantagen. Neben einer großen Vielfalt an Teesorten führen die Kataloge und inzwischen sogar Internet-Listen dieser Firmen auch ungewöhnliches Teezubehör auf, wie zum Beispiel Yixing-Teekannen, japanische Teeservices, *gaiwans* sowie Speisen für den Nachmittagstee.

INTER-NATIONALES TEE-VERZEICHNIS

TEEPRODUZIERENDE LÄNDER
AZOREN
KAMERUN
ECUADOR
RUANDA
BURUNDI
BRASILIEN
PERU
ZIMBABWE
ARGENTINIEN

GUS
TÜRKEI
IRAN
NEPAL
CHINA
JAPAN
TAIWAN
INDIEN
BANGLADESH
VIETNAM
UGANDA
ÄTHIOPIEN
KENIA
TANSANIA
MALAWI
MOSAMBIK
MADAGASKAR
MAURITIUS
SRI LANKA
MALAYSIA
INDONESIEN
PAPUA-
NEUGUINEA
AUSTRALIEN
REPUBLIK
SÜDAFRIKA
LEGENDE
AUSFÜHRLICHER EINTRAG IM TEE-VERZEICHNIS
ANDERE ANBAUGEBIETE

Die wichtigsten Tee-Anbaugebiete

Afrika

Kamerun
Drei Plantagen produzieren drei verschiedene Teesorten, einen Hybriden, ein Hochgewächs und ein Niedriggewächs. Alle Tees sind von sehr guter Qualität.

Kenia
Hier wachsende CTC-Sorten werden als Kenia-Blends verkauft oder zum Mischen verwendet. Die Teesorten geben einen dunklen Aufguß mit starkem Aroma.

Malawi
Produziert CTC- und LTP-Tees, die meist zum Mischen verwendet werden. Neue Hybridgewächse haben die Ernte verbessert. Doch hat die ausgeprägte Dürreperiode der letzten Jahre das Anbaugebiet schwer in Mitleidenschaft gezogen.

Republik Südafrika
Produziert Schwarztees, die meist auf dem heimischen Markt verkauft werden. Der einzige exportierte Tee aus der Republik Südafrika, Zulu-Tee, wird aber zunehmend in Europa und den USA populär.

Tansania
Produziert CTC-Sorten und orthodoxe Teesorten, ähnlich im Charakter wie der Ceylontee. Die Qualität des Tees unterliegt Schwankungen, je nach Anbauhöhe und Pflückstandards.

Indischer Subkontinent

Indien

Assam
Hier wird körperreicher, malziger, orthodoxer Tee mit Kraft und Farbe angebaut.

Darjeeling
Diese Tees werden das ganze Jahr über geerntet und haben unterschiedliche Aromen: First Flush (Frühjahr) ist ein herbes, grünliches Blatt; Second Flush (Sommer) schmeckt sanft und abgerundet; die Autumnals (Herbst) ergeben ein volles Aroma; die dazwischenliegenden Ernten verbinden den herben Geschmack der First Flush- mit dem volleren der Second Flush-Ernte.

Dooars
Das Anbaugebiet im Westen von Assam bringt niedrigwachsenden Tee mit vollem Körper hervor.

Nilgiri
Die im Bereich der Nilgiri-Berge in Südindien wachsenden Sträucher ergeben einen aromareichen, weichen Aufguß.

Sikkim
Der kleine indische Staat produziert einen Darjeeling-ähnlichen Tee mit kraftvollerem Aufguß.

Terai
Ein kleines Gebiet im Süden von Darjeeling, das einen aromareichen, kräftigen Tee produziert.

Travancore
Die südliche Region produziert Tees mit ähnlichen Charakteristika wie die Ceylontees mit reicher Farbe und vollem Körper.

Sri Lanka, früher Ceylon
Sechs Anbaugebiete produzieren Tees mit individuellen Eigenschaften. Hochwachsende Sorten geben einen feinen, hellgelben Aufguß, die in mittlerer Höhe einen reichen, kupferfarbenen, die niedrigwachsenden dunkle, starke Tees für Mischungen. Das höchstgelegene Nuwara Eliya stellt den besten Tee her.

DER FERNE OSTEN

CHINA
In 17 Provinzen wächst ein breites Angebot an exzellenten weißen, grünen, Oolong, Pouchong, und schwarzen Tees. Viele dieser exzellenten Sorten werden noch per Hand hergestellt.

INDONESIEN (SUMATRA/JAVA)
Die meisten Tees dienen zum Mischen. Sie geben einen hellen, leicht süßen Aufguß, ähnlich hochwachsenden Ceylontees.

JAPAN
Produziert nur grüne Tees. Gyokuro, Sencha und Hojicha sind feine nadelblättrige Sorten; Tencha wird in feine Stücke geschnitten, und Matcha ist ein pulverisierter Grüntee, der mit einem Schaumschläger verquirlt wird.

TAIWAN
Produziert grünen, Oolong und schwarzen orthodoxen Tee. Oolongs sind die Spezialität von Taiwan. Sie werden etwas länger als die China-Oolongs fermentiert und sind daher schwärzer und etwas kräftiger. Auch leicht fermentierte Pouchongs werden hergestellt.

ANDERE TEEPRODUZIERENDE LÄNDER

SÜDAMERIKA

ARGENTINIEN
Schwarzer Tee für Mischungen in China und den USA

BRASILIEN
Schwarze Tees mit hellem Aufguß; meist für Mischungen

ECUADOR
Schwarze Tees vor allem für den Export in die USA

PERU
Schwarze Tees werden auf zwei Plantagen gezogen.

AFRIKA

BURUNDI
Vor allem schwarze CTC-Sorten.

ÄTHIOPIEN
Tee guter Qualität, der in zwei Teefabriken hergestellt wird.

MADAGASKAR
Hybridtee mit guter Qualität von ostafrikanischem Standard

MAURITIUS
Einfacher schwarzer Tee

MOSAMBIK
Starke, schwarze, würzige Tees

RUANDA
Gute schwarze CTC-Tees (Qualitätsschwankungen aufgrund politischer Instabilität)

UGANDA
Schwarze Tees für Mischungen

ZIMBABWE
Schwarze Tees mit starkem Aufguß, ähnlich Malawi-Tees

EUROPA

AZOREN
Auf gut eingeführten Plantagen werden schwarze Tees gezogen.

ASIEN

BANGLADESH
Produziert schwarze Tees, die meist für Mischungen verwendet werden.

RUSSLAND UND GUS-STAATEN

CTC- und orthodoxe Tees

IRAN
Kleine Teehersteller produzieren hellen, aromatischen Schwarztee.

MALAYSIA
Tee minderwertiger Qualität, meist für das Tourismusgeschäft

NEPAL
Darjeeling-ähnlicher Schwarztee

TÜRKEI
Schwarztees, zumeist für den einheimischen Markt

VIETNAM
Schwarzer CTC- und grüne Tees

AUSTRALIEN UND OZEANIEN

AUSTRALIEN
Schwarze Tees für den einheimischen Markt

PAPUA-NEUGUINEA
Schwarzer Tee mit dunkler Farbe und starkem Aroma

DAS VERZEICHNIS

Folgendes Verzeichnis ist in vier Hauptabschnitte eingeteilt. Die ersten drei befassen sich mit elf Hauptanbaugebieten. Diese Gebiete wurden ausgewählt aufgrund der produzierten Teemenge, der ausgezeichneten Teequalität oder weil sie besondere Tees für den Kenner herstellen und auch in Zukunft interessant sein könnten. Der letzte Abschnitt widmet sich verschiedenen anderen teeproduzierenden Ländern und empfiehlt einige ausgewählte Teegärten.

Für jedes Ursprungsland in den ersten drei Abschnitten werden bestimmte Teesorten als herausragende Beispiele für gute Tees empfohlen. In manchen Anbaugebieten gibt es so viele hervorragende Teesorten, daß es unmöglich wäre, alle aufzulisten.

Bei diesen Empfehlungen kann es sich nur um allgemeine Hinweise handeln, da jeder Tee von Jahr zu Jahr je nach Wetterverhältnissen und lokalen Bedingungen variiert.

Jeder Eintrag gibt Anweisungen zum Aufbrühen und Tips, wie und wann man den jeweiligen Tee am besten trinkt. Natürlich bleibt es letztlich jedem selbst überlassen, ob er diesen Hinweisen folgt.

Die Teemengen und die Aufbrüh-Dauer können je nach persönlicher Vorliebe für die Stärke eines Tees unterschiedlich ausfallen. Geschmack ist genauso individuell und objektiv so wenig festlegbar wie die Frage, wie und wann der Tee getrunken wird und mit welchen Speisen er kombiniert werden kann. Rechnen Sie mit einer kleinen Tasse Wasser pro Tasse Tee. Multiplizieren Sie die Wasser- und Teemenge je nach Anzahl der gewünschten Tassen. Jede Tasse erfordert etwa einen Teelöffel losen Blatt-Tee, wobei diese Menge auch von der Blattgröße abhängt.

Empfehlungen
Zeichenlegende

zum Frühstück	morgens	nachmittags	den ganzen Tag (vom Frühstück bis zum frühen Abend)	zur Verdauung	abends	zur Schlafenszeit	zu besonderen Anlässen

AFRIKA

Kamerun

Interessante Tees für Kenner, die nach dem Besonderen suchen.

Zwischen 1884 und 1914 kultivierten deutsche Pflanzer in Kamerun u. a. Kaffee, Ölbäume, Tabak, Kolanüsse und Bananen. Die ersten Teesträucher wurden 1914 in Tole an den fruchtbaren Hängen des Kamerunberges, Westafrikas einzigem tätigen Vulkan im Südwesten des Landes, angepflanzt.

Tole erhebt sich 600 m über dem Meeresspiegel und bietet gute Bedingungen für Teegärten. Die jährliche Niederschlagsmenge beträgt 3000 mm, die Temperaturen reichen bei hoher Luftfeuchtigkeit von 20 °C bis 35 °C. Etwa 33 ha Fläche werden von den Teeplantagen eingenommen. Schon in den 40er

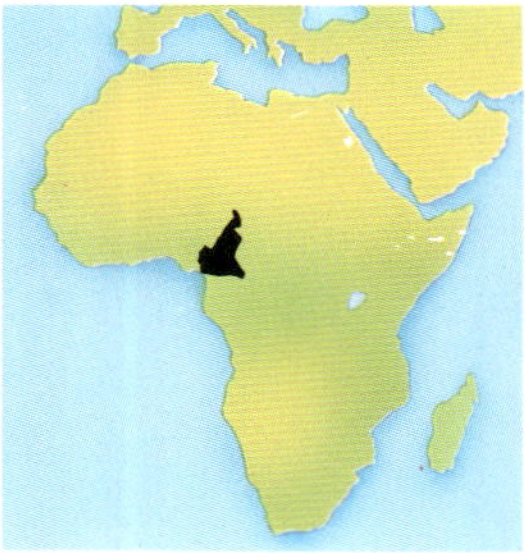

Teefabrik in Tole am Fuße des Kamerunbergs

Jahren begannen die ersten Pflanzungen, und obwohl die Teeproduktion zunahm, wurde der Anbau 1948 gestoppt und erst 1952 wieder aufgenommen. 1954 entschied man, Tole als Garten mit ca. 350 ha zu bewirtschaften. 1968 wurden bereits ca. 398 ha mit Tee bepflanzt, und die Produktion von einfachem schwarzen Tee erreichte 685,6 t jährlich.

Weitere Teeplantagen wurden in Ndu in den steilen Grasweiden der Nordwestprovinz angelegt. Mit Samen aus Tole und aus Ostafrika wurden die neuen Pflanzungen 1957 in einer Höhe von 2100 m angelegt. So hatte Kamerun 1968 zwei Teeplantagen von insgesamt ca. 912 ha Umfang.

Heute hat die gesamte Anbaufläche eine Größe von ca. 1945 ha, auf der ca. 741 ha

Ndu

Eigenschaften

hochwachsender einfacher schwarzer Tee, in 2100 m gezogen, helle Farbe

Brühtips

Brühen Sie 1 Teelöffel pro Tasse bei ca. 95 °C auf. 2 Minuten ziehen lassen.

Empfehlungen

Trinken Sie den Tee mit Milch als Morgen- oder Abendtee.

Djuttitsa Hybride

Eigenschaften

Geklonter hochwachsender CTC-Tee von guter Qualität, auf 1650 m gezogen, helle Farbe mit gutem Aroma

Brühtips

Brühen Sie 1 Teelöffel pro Tasse bei ca. 95 °C auf. 3 Minuten ziehen lassen.

Empfehlungen

Trinken Sie den Tee mit Milch als Morgen- oder Abendtee.

Tole

Eigenschaften

Interessanter, niedrigwachsender CTC-Blatt-Tee, der eine gute, helle Farbe und ein mittleres Aroma hat.

Brühtips

Brühen Sie 1 Teelöffel pro Tasse bei ca. 95 °C auf. 3 Minuten ziehen lassen.

Empfehlungen

Zu jeder Tageszeit mit etwas Milch zu trinken.

Tee-Hybriden angepflanzt sind. Der Tee wird das ganze Jahr über gepflückt. Während der Spitzenzeit sind 2300 Pflücker (Männer!) angestellt, um den Tee zu ernten. Die jährliche Produktion beträgt 4067,5 t und wird sich bis ins Jahr 2000 auf 4629,7 t erhöhen.

In den 50er Jahren wurde die gesamte Tee-Ernte Kameruns auf Londoner Auktionen verkauft. Bis 1965 exportierte man 60 % nach Europa und Nigeria. Seit 1966 wird ein größerer Prozentsatz im Land selbst verkauft. Heute sind der Tschad und der Sudan die Hautptabnehmer. Die Modernisierung der Fabriken und der Ausbau der Pflanzungen gehen weiter. Die Einführung der CTC-Herstellung soll die Angebote für die Londoner Auktionen attraktiver machen.

Tee aus Kamerun ist für diejenigen Kenner interessant, die etwas Besonderes suchen. Die drei Fabriken im Land produzieren drei sehr unterschiedliche Teesorten. Doch alle drei, die niedrigwachsenden Tees aus Tole, die hochwachsenden Tees aus Ndu und die geklonten Tees aus Djuttitsa sind von exzellenter Qualität.

KENIA

Qualitäts-Tees von den saftigen Hochlagen Kenias

Im Kericho-Distrikt wurden 1904 die ersten Teesträucher gepflanzt. Langsam nahm die Produktion in den Hochlagen Kenias zu, als Ende der 50er Jahre Tee auf einer dreifachen Basis angebaut wurde. 1950 hatte man erkannt, daß Tee eine sehr wichtige Handelsware für das Land war. So wurde das *Tea Board* von Kenia eingerichtet, um die Teeindustrie zu lenken. Die *Kenya Tea Development Authority* wurde 1964 mit dem Ziel gegründet, den Tee-Anbau in geeigneten Regionen des Landes zu fördern. Im Jahr 1964 gab es bereits insgesamt 19 775 Kleinbauern auf 5452 ha. Heute sind es 269 839 auf 111 197 ha.

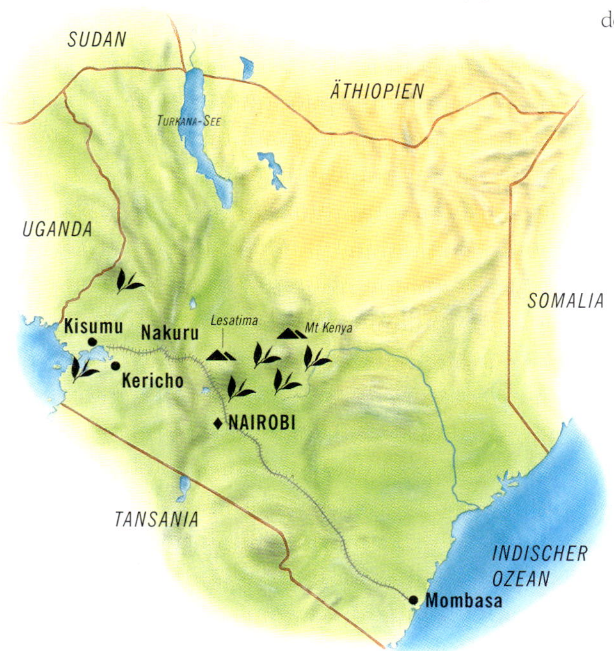

In den 60er Jahren gab es nur eine Teefabrik, Ragati in Nyeri. Inzwischen wurden 43 weitere in 13 teeanbauenden Regionen gegründet. Insgesamt produzieren sie jährlich 27557,8–33069,3 t grünen Blatt-Tee. Die schwarzen CTC-Tees sind sehr fein und ergeben einen kräftigen, körperreichen Aufguß mit fast süßem Duft. Weltweit werden die Tees für Mischungen verwendet. Der Teegarten Marinyn bringt einen sehr guten Blatt-Tee hervor, der wie einfacher Assamtee aussieht.

Die Hauptanbaugebiete liegen im Hochland bei 1500–2700 m. Die reichen Niederschläge sorgen für ein qualitätsvolles Teeblatt. Während das größte Gebiet von Kenia für den Teeanbau zu trocken ist, profitieren die Berge vom warmen, feuchten Wind, der vom Viktoriasee aufsteigt und als Regen über den höhergelegenen Böden niedergeht. Die Sträucher blühen das ganze Jahr, und die besten Tees werden im späten Januar bzw. frühen Februar und im Juli geerntet. Die Tee-

Teepflücker in Kenia bei der Arbeit

qualität ist durchgängig so hoch, daß Kenia weltweit zu einem der Hauptlieferanten geworden ist. 1992 rangierte Kenia hinter China und Indien an dritter Stelle, mit einer Produktion von 207 234,3 t, also ca. 7,8 % der Weltproduktion. Die Exporte betrugen im selben Jahr 182 983,5 t, also 16,5 % des Weltexports. 1993 gab es eine Rekordernte von 232 587,4 t. Davon wurden 207 234,3 t exportiert. Die kenianischen Tees erzielen auf dem Weltmarkt höchste Preise. Die traditionellen Absatzmärkte sind die Auktionen in Mombasa und London sowie Direktverkäufe in Übersee und an Einheimische. Die größten ausländischen Kunden sind England, Irland, Deutschland, Kanada, die Niederlande, Pakistan, Japan, Ägypten und der Sudan.

Marinyn

Eigenschaften

Wundervoller einfacher Tee mit vielen Spitzen aus Kenias berühmtem Teegarten, gibt einen kräftigen, reichhaltigen Tee mit vollem Körper und fruchtigem Aroma.

Brühtips

1 Teelöffel pro Tasse bei ca. 95 °C aufbrühen. 2–3 Minuten ziehen lassen.

Empfehlungen

Trinken Sie den Tee mit Milch als Nachmittagstee.

Kenya Blend

Eigenschaften

Gutes, ausgewogenes Aroma; goldroter, reicher Aufguß

Brühtips

Brühen Sie 1 Teelöffel pro Tasse Wasser bei ca. 95 °C auf. 2–3 Minuten ziehen lassen.

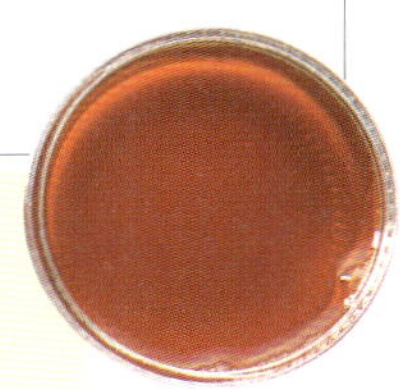

Empfehlungen

Trinken Sie den Tee mit Milch als Frühstücks- oder Nachmittagstee. Paßt zu Schokoladenkeksen und Desserts.

MALAWI

Ein neues Pflanz-Programm mit Hybriden führte zu einer Verbesserung der Qualität.

Malawi ist nach Kenia Afrikas zweitwichtigster Teeproduzent. Der erste Tee wurde 1878 als Samen aus den Königlich Botanischen Gärten von Edinburgh/Schottland nach Nyasaland, wie es damals genannt wurde, eingeführt. Um die Jahrhundertwende wurden Pflanzungen in Lauderdale, Thornswood und Thyolo mit Samen aus Natal, die ursprünglich aus Ceylon kamen, angelegt.

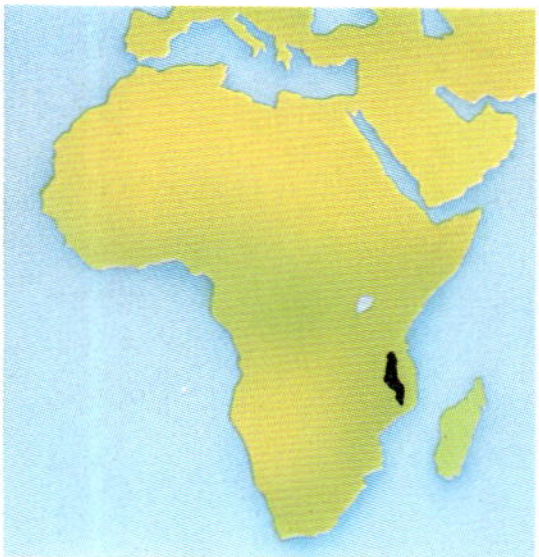

1905 wurde zum ersten Mal Tee exportiert. Obwohl die Tees der frühen Produktion nicht besonders hochwertig waren, entwickelte sich die Tee-Industrie. Mitte der 50er Jahre waren über 6177 ha bepflanzt. Die meisten Anbaugebiete liegen nicht sehr hoch, Mulanje etwa im Durchschnitt nur 540 m über dem Meeresspiegel. Die unberechenbaren Regenfälle und hohen Temperaturen sind ebenfalls nicht gerade ideal für den Teeanbau. 1992 folgte den wenigen Niederschlägen der Jahre 1990 und 1991 eine Periode bitterer Dürre und unregelmäßiger Niederschläge, die die Tee-Ernte sehr in Mitleidenschaft zog. Selbst in den besten Jahren ist das Wetter ein großer Unsicherheitsfaktor.

Eine Aufzuchtanlage in der Mimosa Tea Research Foundation

Man hofft darauf, daß die Trockenperioden die Sträucher nicht zu sehr beeinträchtigen. 1992 gingen jedoch viele Jungpflanzen wegen des ausbleibenden Regens und zu hoher Temperaturen ein. Die Ernte war minderwertig, und die verbliebenen Sträucher erholten sich nur langsam. Seit 1994 erzielen die Pflanzungen jedoch wieder die Durchschnittsproduktion von jährlich 44 092,4 t.

Der größte Teil des Tees aus Malawi wird als ›Füllung‹ bei Mischungen verwendet. Ein neues Hybriden-Programm führte zu einer Qualitätsverbesserung und einer Preissteigerung auf der Londoner Auktion.

Namingomba

Eigenschaften

Reiner Hybrid-Tee guter Qualität, heller Aufguß mit guter Farbe und vollem Aroma

Brühtips

Brühen Sie 1 Teelöffel pro Tasse bei ca. 95 °C auf. 3 Minuten ziehen lassen.

Empfehlungen

Trinken Sie den Tee mit Milch zu allen Tageszeiten, vor allem am Morgen.

Kavuzi

Eigenschaften

Kleiner LTP-Blatt-Tee (ähnlich dem CTC-Tee), der im Norden von Malawi produziert wird; ergibt einen kräftigen, dunklen Tee.

Brühtips

Brühen Sie 1 Teelöffel pro Tasse bei 95 °C auf. 3 Minuten ziehen lassen.

Empfehlungen

Ein guter Frühstückstee. Trinken Sie ihn mit Milch.

REPUBLIK SÜDAFRIKA

Zulu-Tee füllt in Europa und in den USA eine Marktlücke.

Teepflanzen aus den Londoner Kew Gardens wurden 1850 in den Durban Botanical Gardens, Natal, gepflanzt. Im Jahr 1877 begann die kommerzielle Kultivierung mit Teepflanzen aus Assam. Hatte 1881/82 die Produktion gerade etwas über 0,5 t betragen, so war sie 1884/85 bereits auf 28,5 t angestiegen. 1886 produzierte Natal 40 t, die nur für den einheimischen Verbrauch bestimmt waren.

Verpacken von Tee in einer südafrikanischen Teefabrik

Anfang dieses Jahrhunderts nahm man in KwaZulu-Natal den kommerziellen Tee-Anbau auf, stellte ihn aber 1949 wegen zu hoher Arbeits- und Verpackungskosten und der schlechten Weltmarktpreise wieder ein. Mit der Gründung der Teeverpackungsfirma Sapekoe in den 60er Jahren nahm der Teeanbau einen neuen Aufschwung. Entlang der Drakensberg-Mountains in Ost-Transvaal und in Teilen von Natal und der Transkei wurden neue Anbauflächen angelegt. Ab 1973 begann man auch in der Gegend von Levubu,

Tee-Ernte in Südafrika

in Venda und im zentralen Zululand bei Ntingwe mit dem Teeanbau.

Der Tee wird in der kurzen Regensaison von November bis März geerntet und mit einer abgewandelten CTC-Methode hergestellt. In den frühen 90er Jahren hatten Dürreperioden negative Auswirkungen auf die Produktion und die Qualität des Tees. Teesträucher erholen sich jedoch bemerkenswert schnell. Die südafrikanische Teeindustrie ist daher optimistisch, auch hinsichtlich des einheimischen Verbrauchs.

Die Südafrikaner trinken ungefähr 10 Milliarden Tassen Tee jährlich, davon 67 % aus Teebeuteln aufgebrüht. Wegen des hohen einheimischen Teeverbrauchs werden fast alle Sorten im Land verkauft und erscheinen selten auf Weltauktionen. Zulu-Tee wird jedoch neuerdings vom Ntingwe Teegarten in KwaZulu-Natal exportiert und hat eine Marktlücke in Nordengland gefunden. Er wird von Taylors/Harrogate in den firmeneigenen Teeläden vertrieben und ist mittlerweile auch in Europa und den USA populär.

Südafrika ist auch für den »Roiboshtee« oder Rot-Tee (Rositea) bekannt, den man aus den Blättern der *Aspalathus linoaris* gewinnt. Der Aufguß – milder und fruchtiger als Tee – ist in ganz Europa und den USA bekannt. Seine Popularität rührt wohl daher, daß er zu 100 % koffeinfrei und reich an Vitamin C, Mineralien und Proteinen ist.

Zulu-Tee

Eigenschaften

Schwarzer Hybrid-Tee mit frischem, lebhaftem Aroma

Brühtips

1 Teelöffel pro Tasse bei ca. 95 °C aufkochen. 2–3 Minuten ziehen lassen.

Empfehlungen

Ein perfekter Frühstückstee. Trinken Sie ihn mit Milch.

TANSANIA

Die Teequalität hängt von der Anbauhöhe und den Pflückmethoden ab.

Es waren deutsche Siedler, die um 1905 erstmals in Amari und Rungwa Tee anpflanzten. Die kommerzielle Produktion begann jedoch erst 1926. Eine Teefabrik wurde 1930 in Mufindi eröffnet, und die Teeherstellung breitete sich langsam und stetig in den südlichen Hochländern und in Usambara aus. Heute sind die Hauptanbaugebiete Rungwa, Mufindi, Njombe, Usambara und Kagera. Die Gesamtanbaufläche umfaßt ungefähr 24 710 ha. 50 % davon gehören privaten Herstellern, die andere Hälfte sind Kleinbetriebe.

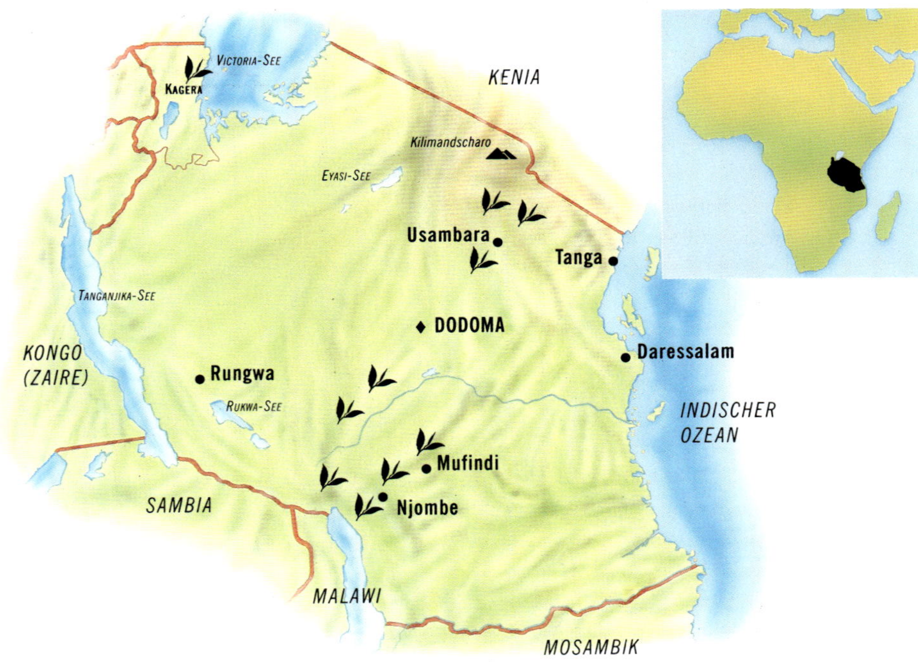

Die Teeherstellung in Kleinbetrieben begann 1961 nach der Unabhängigkeit, und dort werden auch heute 30 % der grünen Tees produziert. Die Teeindustrie operiert auf zwei Ebenen: Privatbetriebe ziehen und ernten eigenen Tee; die *Tanzania Tea Authority* (TTA) kauft den grünen Tee von den Kleinbetrieben und verarbeitet ihn weiter. Zur Zeit betreiben die Privathersteller 14 Fabriken, die TTA fünf, und zwei weitere sind Joint Ventures zwischen Privatherstellern und der TTA.

Aufgrund von Transportproblemen, Mangel an Arbeitskräften in den Haupterntezeiten, Treibstoffmangel, Renovierung der Fabriken, Dürre usw. schwankt die Produktionsmenge, stieg in den letzten acht Jahren jedoch an. Mehr Investitionen und attraktivere Angebote für den Export führten zu einer Stabilisierung des Marktes. Man erwartet auch in den nächsten Jahren verbesserte Qualität und höhere Produktion.

Fast 70 % der Teeproduktion Tansanias werden exportiert. Die Qualität schwankt je nach Anbauhöhe und Pflückmethode. Einige Fabriken produzieren Tees sehr guter Qualität, CTC-, BP1-, PF1- und PD-Grade. Die Durchschnittspreise für diese Teesorten liegen etwas höher als für Tees aus Malawi, Uganda und Zimbabwe.

Kilima

Eigenschaften

Ausgezeichneter Schwarztee, der in 1800–2000 m Höhe angebaut wird. Im Charakter dem Ceylontee ähnlich. Ergibt einen starken, fruchtigen Aufguß.

Brühtips

Brühen Sie 1 Teelöffel pro Tasse bei ca. 95 °C auf. 2–3 Minuten ziehen lassen.

Empfehlungen

Mit etwas Milch als Frühstücks- oder Nachmittagstee.

Vorbereitung der Setzlinge für die Aufzucht

Indischer Subkontinent

INDIEN

Einer der weltgrößten Teeproduzenten mit mehr als 13 000 Teegärten

Ein holländischer Entdecker, der im späten 16. Jahrhundert um das Kap der Guten Hoffnung nach Goa an der indischen Westküste segelte, erwähnt die Sitte des Teetrinkens bei den Indern. In seinem 1598 veröffentlichten Buch »Fahrten und Reisen des Jan Huygen van Linschoten« berichtet er, wie die Inder die Blätter des Assam-Strauches verwenden – als Salat mit Knoblauch und Öl und als Tee.

Im Jahr 1784 erklärte der englische Botaniker Sir Joseph Banks, daß das indische Klima für die Teekultivierung sehr günstig sei, ohne zu wissen, daß die Pflanze hier bereits wuchs. Dem schottischen Kaufmann Robert Bruce fiel dann 1823 auf, daß die Inder ihren Tee aus einer anderen Teepflanze als der bekannten chinesischen zubereiten. Er und sein Bruder Charles, die für die Britisch-Ostindische Kompanie arbeiteten, sorgten dafür, daß einige der einheimischen Pflanzen in den botanischen Gärten von Kalkutta kultiviert wurden. Obwohl die Ostindische Kompanie bestimmt hatte, daß nur chinesische Teepflanzen für den Tee-Anbau gut genug seien, gelang es den Brüdern Bruce 1835, die Gesellschaft davon zu überzeugen, daß die *Thea assamica* dort wachsen würde, wo die *Thea sinensis* versagte. Es wurden Pflanzungen angelegt, und 1838 kam das erste Kontingent von acht Kisten Assam-Tee in London an. Erst 1852 jedoch wurde die neue Pflanzung profitabel. Zunächst glaubte man, daß die neuen Teegärten Arbeitsmöglichkeiten für Inder schaffen würden. Doch anfangs kamen vor allem chinesische Arbeiter zum Einsatz. Im Jahre 1840 wurde die *Assam Tea Company* gegründet, und sie erweiterte ihre Aktivitäten bald auf andere indische Gebiete. Die Produktion nahm ständig zu, und die Exporte stiegen von 183,4 t im Jahr 1853 auf 6700 t im Jahr 1870 an. 1885 betrug die Produktion 35 274 t, von denen 34 171,7 t exportiert wurden. 1947, im Jahr der Unabhängigkeit von Großbritannien, erreichte die Teeproduktion 281 089,6 t.

Heute ist Indien der größte Teeproduzent der Welt. Mit über 13 000 Gärten und insgesamt über 2 Mio. Arbeitern produziert Indien ungefähr 30 % der Schwarztees und 65 % der CTC-Tees. Der Wechsel von der einfachen Herstellung zu den CTC-Methoden in vielen indischen Fabriken resultierte aus der wachsenden englischen und irischen Nachfrage und der sich seit den 50er Jahren entwickelnden Vorliebe für starken, schnell zuzubereitenden Tee aus dem Teebeutel.

Abhängig von der Nachfrage folgen indische Gärten unterschiedlichen Herstellungsmethoden. Einige Fabriken konzentrieren sich auf die CTC-Produktion von Fannings und Dusts für den Export. Einige produzieren hauptsächlich CTC-Broken-Grade und Fannings für den einheimischen Markt, und wieder andere stellen einfache Blatt-Tees für einen exklusiven Markt her.

Im Jahr 1993 wurden 587 532,4 t CTC-Tees produziert (1992 nur 544 542,2 t) – das sind fast 83 % der indischen Gesamtproduktion. Die Herstellung einfacher Tees ging in den letzten Jahren dafür leicht zurück. Indiens einheimischer Markt ist in den letzten 45 Jahren ständig gewachsen. 1951 belief sich die Nachfrage auf 80 468,8 t, ungefähr 30 % der Produktion. 1991 war der

Hochwertige Hybride der Nilgiris

Ernten mit der Schere in einer Teeplantage von Nilgiri

Bedarf auf 573 202,4 t angestiegen, etwa 75 % der Produktion. Doch den indischen Pflanzern ist es immer gelungen, ihren Exportverpflichtungen nachzukommen. Das *Tea Board of India* mit seinen Forschungsfilialen in allen wichtigen Tee-Anbaugebieten von Nord- und Südindien folgt einer sorgfältig ausgearbeiteten Langzeitstrategie für eine steigende Produktion und Produktivität.

Ein Aspekt dieses Programms betrifft den Schutz der drei wichtigsten Teesorten Indiens, Darjeeling, Assam und Nilgiri. Als sich weltweit der Ruf dieser Tees verbesserte und die internationale Nachfrage stieg, kamen Mischungen in den Handel, die mit Pure Darjeeling, Pure Assam und Pure Nilgiri etikettiert waren. Daher wurde es notwendig, die Qualität dieser Tees weltweit abzusichern. Das *Tea Board of India* hat nun drei Logos als Garantiezeichen dafür eingeführt, daß die Teepäckchen zu 100 % Darjeeling, Assam oder Nilgiri enthalten und daß diese Tees von Firmen stammen, die vom *Tea Board* untersucht und geprüft werden. Das

Darjeeling-Logo zeigt das Profil einer indischen Teepflückerin, die einen Teezweig mit zwei Blättern und einer Knospe hält. Das Assam-Logo stellt das einhornige Nashorn dar, das im Brahmaputra-Tal bei Assam vorkommt. Das Nilgiri-Logo schließlich bildet die welligen Hügel der Blauen Berge (Nilgiri-Berge) in Südindien ab. Diese Symbole helfen dem Kunden, die qualitativ hochwertigen Tees der drei Anbaugebiete Indiens im Handel zu finden.

Die Struktur der indischen Exporte hat sich seit 1947 grundlegend verändert. Im Jahr der Unabhängigkeit war mit 140 214,1 t, also 66,3 % der Exporte, das ehemalige Mutterland Großbritannien unangefochtener Hauptkunde. Nur sehr kleine Mengen wurden von Ländern in Osteuropa und verschiedenen arabischen Staaten angekauft. Heute sind Iran, Polen, Ägypten und einige Staaten der GUS die Hauptabnehmer, während die Briten gerade noch einen Anteil von 15,7 % am Gesamtexport haben.

Indien produziert hauptsächlich schwarzen Tee. Aber im Kangra-Tal nördlich von Dehli wird auch eine kleine Menge grünen Tees hergestellt, vor allem für den Markt in Afghanistan. Indien hat auch mehrere Plantagen, wo biologischer Anbau betrieben wird. Hierzu gehören vor allem Mullootor und Makaibari in Darjeeling.

Logos der drei wichtigsten Teeanbaugebiete in Indien

ASSAM

Heute gibt es auf beiden Seiten des Brahmaputra-Tales, dem größten Anbaugebiet der Welt, Teeplantagen. 1995, also 157 Jahre, nachdem die ersten Kisten Assamtee in London ankamen, produzierten die 616 Teegärten Assams über 350 000 t/Jahr. Das ist fast die Hälfte der gesamten indischen Tee-Ernte von ca. 750 000 t.

Das Brahmaputra-Tal liegt etwa 200 km östlich von Darjeeling und grenzt an China, Birma und Bangladesh. In diesen Gebieten fällt mit 1970–2950 mm pro Jahr starker Niederschlag. Die Verteilung dieser Regenmenge ist extrem unregelmäßig und kann in der Monsunzeit (April bis September) bis zu 25 mm pro Tag betragen. Vor dem Sommermonsun steigt die Temperatur bis auf 35 °C, und in dieser feucht-heißen Luft gedeihen einige der schönsten Teesorten der Welt.

Die Assam-Produktion findet hauptsächlich von Juli bis September statt, wenn bis zu 1000 Pflückerinnen acht Stunden täglich in den heißen, dampfenden Gärten arbeiten. Jede von ihnen pflückt – unter schlechten Arbeitsbedingungen – etwa 50 000 Zweige am Tag. Abgesehen von der Hitze machen ihnen Insekten und Schlangen zu schaffen. Die Teeblätter werden in schwere Körbe geworfen, die die Pflückerinnen auf dem Rücken tragen und mit einem Band um die Stirn halten.

Um der wachsenden heimischen Nachfrage und dem Export nachzukommen, konzentrierte sich die Assam-Teeindustrie in den letzten Jahren auf die Aufzucht und Auswahl von Hybriden und Samen sowie auf biotechnische Pflanzenforschung. Um dem Mangel an Arbeitskräften während der Pflückzeit ab-

Junge Teesträucher in einem Drainage-Projekt in Assam

zuhelfen, setzte man in einigen Anbaugebieten mechanische Pflückanlagen ein.

CTC- und einfache Tees werden mit Lastwagen zu den Auktionszentren in Guwahati (vor allem für den einheimischen Markt zuständig), Silgiri und Kalkutta (für den Export) gefahren.

First Flush Assam

Die Assam-Teesträucher beginnen nach der Winterpause im März zu wachsen. Die erste Ernteperiode dauert vier bis sechs Wochen. Im Unterschied zu Darjeelings werden First Flush Assams selten in Europa oder den USA vermarktet.

Bamonpookri

Eigenschaften

Regelmäßige, schöne Stücke von grünlich-brauner Farbe, ähnlich dem First Flush Darjeeling, ausgezeichneter Tee mit kräftigem, frischem Aroma

Brühtips

Brühen Sie 1 Teelöffel pro Tasse bei ca. 95 °C auf. 3 Minuten ziehen lassen.

Empfehlungen

Frühstückstee. Mit etwas Milch trinken.

Second Flush Assam

Das Pflücken der Second Flushs beginnt im Juni. Die Teeherstellung findet dann von Juli bis September statt. Die Unterseiten der großen Blätter der *Thea assamica* sind mit einer Fülle silbriger Härchen bedeckt und ergeben qualitätsvolle Spitzentees. Aufgebrüht entfalten sie ein reiches Aroma, einen klaren, dunkelroten, körperreichen Aufguß mit einem kräftigen, malzigen Geschmack. Diese Tees eignen sich besonders zum Frühstück.

Napuk

Eigenschaften

Ausgewogener Duft, wundervolles Aroma, alle Qualitäten eines guten Assam-Tees

Brühtips

Brühen Sie 1 Teelöffel pro Tasse bei ca. 95 °C auf. 3–4 Minuten ziehen lassen.

Empfehlungen

Mit Milch trinken. Sehr gut zum Frühstück mit Toast und Marmelade.

Thowra

Eigenschaften
Wundervolle Blätter mit vielen goldenen Spitzen, kräftiger, würziger Aufguß mit viel Körper

Brühtips
1 Teelöffel pro Tasse bei ca. 95 °C aufbrühen. 3–4 Minuten ziehen lassen.

Empfehlungen

Ein exzellenter Frühstückstee. Am besten mit Milch.

Andere empfehlenswerte Gärten:
Betjan, Bhuyanphir, Borengajuli, Dinjoye, Hajua, Halmari, Harmutty, Jamirah, Maud, Meleng, Nokhroy, Numalighur, Sankar, Seajuli, Sepon, Silonibari und Tara

Assam Blend

Die malzigen, körperreichen Assam Blends sind ideale Morgentees, die sich sehr gut mit schweren Frühstücksspeisen wie Speck, Schinken und Räucherfisch vertragen.

Assam Blend

Eigenschaften
Pikant malziges, körperreiches Aroma, dunkelrote Farbe

Brühtips
1 Teelöffel pro Tasse bei ca. 95 °C aufbrühen. 3–5 Minuten ziehen lassen.

Empfehlungen

Mit Milch als kräftiger Frühstücks- oder Nachmittagstee.

GRÜNER ASSAM-TEE

Grüner Tee macht nur 1% der gesamten indischen Teeproduktion aus. Assam produziert nur sehr wenig davon. Man sollte jedoch einmal das ungewöhnlich leichte, fast süße Aroma probieren.

Khongea

Eigenschaften

Assam Grüntee, junge Blätter für ein duftiges Aroma und einen klaren, goldenen Aufguß mit einem süßen Duft

Brühtips

Brühen Sie 2 Teelöffel pro Tasse bei 90–95 °C auf. 2½ Minuten ziehen lassen.

Empfehlungen

Entspannender Tee für jede Tageszeit. Ohne Milch trinken.

DARJEELING

An den Berghängen des schneebedeckten Himalaya im nordöstlichen Indien liegen die Teegärten von Darjeeling. In einer atemberaubenden Umgebung 2000 m über dem Meeresspiegel wachsen Teesträucher auf über 24 710 ha Bodenfläche. An klaren Tagen sieht man den Mount Everest in der Ferne aufragen. Gute Darjeelings werden als die ›Champagner‹ der Tees bezeichnet. Der feine, an Muskateller erinnernde Duft und das wundervolle Aroma entstehen aus der einmaligen Kombination von kühlem, nebligem Klima, Anbauhöhe, Regen, Boden- und Luftbeschaffenheit.

Die meisten Sträucher in der Darjeelingregion werden aus Chinasamen, Chinahybriden oder hybriden Assamsträuchern gezogen. Die chinesischen Pflanzen sind gegen Kälte resistenter. Man findet sie deshalb in den höhergelegenen Pflanzungen des nördlichen Darjeeling, wo einige Sträucher auf Hängen von über 1800 m wachsen. In den südlichen, niedriger gelegenen Plantagen benötigt die Assam-Pflanze viel Regen. Die 61 Teegärten von Darjeeling produzieren etwa 16 534,7 t pro Jahr. Die Pflückerinnen beginnen im Morgengrauen mit dem Sammeln der Blätter und arbeiten manchmal auf abschüssigen Terrassen, die in einem Winkel von 45° abfallen.

Teehybriden-Plantage in Darjeeling

Aufgrund des Klimas und der hohen Lage wachsen Darjeeling-Sträucher nicht das ganze Jahr über. Die Tees werden von April bis Oktober gepflückt, wenn die Winterperiode beginnt und das Wachstum aufgehört hat. Das neue Wachstum beginnt im März nach den ersten leichten Frühjahrsschauern. Dann wird der First Flush geerntet, der Second Flush von Mai bis Juni. Der Monsun erreicht das Gebiet Mitte Juni und dauert bis Ende September, wobei insgesamt 27–48 cm Regen fallen. Die in dieser Zeit hergestellten Tees enthalten viel Feuchtigkeit und besitzen Standardqualität. Die Blätter werden herkömmlich verarbeitet und sind bräunlichschwarz mit vielen goldenen Spitzen.

FIRST FLUSH DARJEELING

Die ersten neuen Triebe der Darjeeling-Sträucher, der First Flush, werden von Mitte April bis Ende Mai gepflückt. Diese ersten Tees der Saison sind sehr gefragt und erzielen auf den Auktionen Spitzenpreise. Um diesen speziellen Tee bemühen sich reiche indische Käufer genauso wie internationale Broker. Einige der besten First Flush Darjeelings gehen nach Deutschland, wo sie seit den 60er Jahren hohe Preise erzielen. First Flush Darjeelings werden oft wie neue Beaujolais-Weine importiert und gehandelt. Die begierig erwartete Ernte wird per Luftfracht zwei oder drei Wochen nach der Herstellung (also etwa vier Wochen, bevor er normalerweise erhältlich ist) an die Verbraucherländer geliefert. Man serviert ihn zu besonderen Teeveranstaltungen, die viel Publikum anziehen.

Castleton First Flush

Eigenschaften

Perfekter grünlich-brauner Tee mit vielen Spitzen aus einem der berühmtesten Gärten des Gebiets, gibt einen exquisiten Duft und schmeckt nach grünem Muskateller.

Brühtips

Brühen Sie 1½ Teelöffel pro Tasse bei ca. 95 °C auf. 2–3 Minuten ziehen lassen.

Empfehlungen

Trinken Sie diesen Tee ohne Milch als Nachmittagstee. Paßt zu Räucherlachs und zu frischen Erdbeeren mit Sahne.

Teepflückerinnen in Darjeeling

Bloomfield First Flush

Eigenschaften

Ein ausgezeichneter Tee aus diesem anerkannten Garten. Wundervolles Blatt mit vielen weißen Spitzen. Der feine bittere Geschmack ist typisch für Darjeeling First Flush.

Brühtips

Brühen Sie 1½ Teelöffel pro Tasse bei ca. 95 °C auf. 2–3 Minuten ziehen lassen.

Empfehlungen

Ein Nachmittagstee. Ohne Milch trinken.

Andere empfehlenswerte Gärten:

Ambootia, Badamtam, Balasun, Gielle, Gommtee, Gopaldhara, Kalej Valley, Lingia, Millikthong, Mim, Namring, Orange Valley, Pandam, Seeyok, Singtom, Soureni, Springside und Thurbo

Margaret's Hope

Eigenschaften

Ein hochgelobter Tee aus einem berühmten Garten; sehr attraktives, spitzes, grün-braunes Blatt, das einen sehr hellen Aufguß und ein weiches, feines Aroma ergibt.

Brühtips

Brühen Sie 1 Teelöffel pro Tasse bei ca. 95 °C auf. 2–3 Minuten ziehen lassen.

Empfehlungen

Ein Nachmittagstee. Ohne Milch trinken.

›In-Between‹-Darjeelings

›In-Betweens‹ werden von April bis Mai geerntet. Sie ergeben ein Aroma, das die Frische und feine Bitterkeit der ersten jungen First Flush-Blätter mit der abgerundeten Reife der Second Flush-Tees, die im frühen Sommer geerntet werden, verbindet. Diese Tees sind schwer zu bekommen. Sollten Sie sie dennoch finden, probieren Sie sie ohne Milch.

SECOND FLUSH DARJEELING

Second Flush Darjeelings werden im Juli und August gepflückt und ergeben Tees von besonderer Qualität, die von vielen Teekennern höher als First Flush Darjeelings eingestuft werden. Diese Tees haben einen runden, fruchtigen, reifen und weniger bitteren Geschmack als die frühen. Die dunkelbraunen Blätter enthalten viele silbrige Spitzen.

Namring

Eigenschaften
Fruchtiger, ausgewogener Geschmack

Brühtips
Brühen Sie 1 Teelöffel pro Tasse bei ca. 95 °C auf.
3 Minuten ziehen lassen.

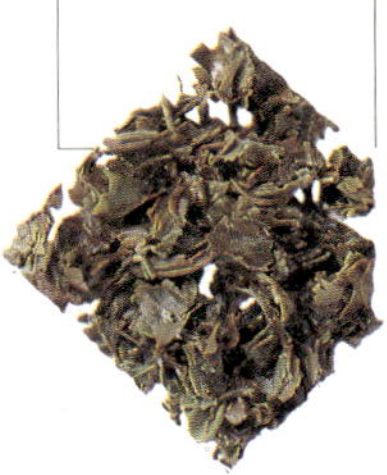

Empfehlungen

Ein Nachmittagstee für besondere Anlässe. Ohne oder mit wenig Milch trinken.

Puttabong

Eigenschaften
Sehr weicher Aufguß mit ausgesprochenem Muskateller-Aroma, einer der besten Second Flush Darjeelings

Brühtips
Brühen Sie 1 Teelöffel pro Tasse bei ca. 95 °C auf.
3 Minuten ziehen lassen.

Empfehlungen

Ein Tee für alle Tage.
Ohne Milch trinken.

Andere empfehlenswerte Gärten:
Badamtam, Balasun, Bannockburn, Castleton, Gielle, Glenburn, Jungpana, Kalej Valley, Lingia, Makaibari (biologisch), Moondakotee, Nagri, Phoobsering, Risheehat, Singbulli, Snowview Soom, Teesta Valley, Tongsong, Tukdah

Darjeeling Autumnals

Autumnals werden im November und Dezember gepflückt und ergeben nach der Verarbeitung braune Blätter sehr guter Qualität. Der Aufguß ist kupferfarben und viel dunkler als die frühen Tees.

Margaret's Hope

Eigenschaften

Großes, dunkelbraunes Blatt, das ein abgerundetes, wundervolles Aroma mit viel Körper ergibt.

Brühtips

Brühen Sie 1 Teelöffel pro Tasse bei 95 °C auf. 3 Minuten ziehen lassen.

Empfehlungen

Für den ganzen Tag. Ohne oder mit wenig Milch trinken.

Andere empfehlenswerte Gärten:
Sungma und Pussimbing

Darjeeling Blend

Tees verschiedener Pflückzeiten und aus vielen Darjeeling-Gärten werden gemischt, um einen einzigartigen Duft, ein wundervolles Aroma und eine hohe Qualität zu liefern, für die das Anbaugebiet berühmt ist.

Darjeeling Blend

Eigenschaften

Eine delikate Mischung aus den Tees der besten Gärten, der einen hellen Aufguß mit feinem, charakteristischem Muskateller-Duft und markantem Aroma ergibt.

Brühtips

Brühen Sie 1 Teelöffel pro Tasse bei ca. 95 °C auf. 3 Minuten ziehen lassen.

Empfehlungen

Ein Nachmittagstee. Ohne oder mit wenig Milch trinken.

Eine Schachtel hochwertiger Darjeeling-Tees

DARJEELING GRÜNTEE

Obwohl Darjeeling hauptsächlich schwarze Tees herstellt, erwartet man aufgrund der gesundheitlichen Vorzüge eine wachsende Nachfrage nach grünen Tees. Darjeeling ist nur eines von Indiens Anbaugebieten, die inzwischen auch grüne Tees produzieren.

Ayra

Eigenschaften

Ein seltener Tee aus einem sehr bekannten Garten, ergibt einen Aufguß wie japanischer Sencha, ein exquisites Aroma, feiner Geschmack und sanft am Gaumen.

Brühtips

Brühen Sie 2 Teelöffel auf eine Tasse Wasser bei 70 °C auf. 3 Minuten ziehen lassen.

Empfehlungen

Trinken Sie diesen Tee ohne Milch zur Verdauung oder als Erfrischung zu jeder Tageszeit.

Andere empfehlenswerte Gärten:
Risheehat

DOOARS

Dooars ist eine kleine Provinz im Westen von Assam. Die niedrigwachsenden Tees ergeben dunkle und körperreiche Aufgüsse, aber mit weniger Charakter als die Assam-Tees. Es sind gute Tagestees, die man morgens oder nachmittags trinken kann.

Good Hope

Eigenschaften

Frischer, blumiger, gut gefärbter Aufguß

Brühtips

Brühen Sie 1 Teelöffel pro Tasse bei ca. 95 °C auf. 3–4 Minuten ziehen lassen.

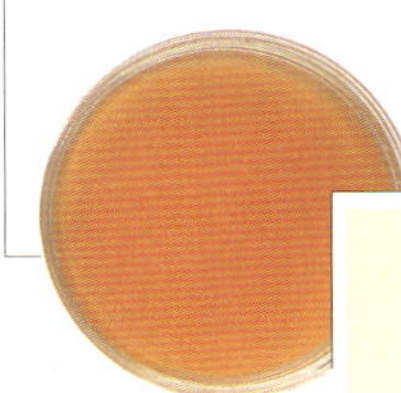

Empfehlungen

Mit etwas Milch.
Ein Tee für den ganzen Tag

NILGIRI

Die Nilgiri-Berge oder Blauen Berge sind eine reizvolle Bergkette, die sich von der südwestlichen Spitze von Kerala, einem anderen Tee-Anbaugebiet, bis nach Tamil Nadu erstreckt. Zwischen den Hügeln und Ausläufern der Berge breiten sich Weideland und dichte Dschungel aus, in denen Elefantenherden umherziehen. Die Teeproduktion in dieser Gegend begann 1840, als Colonel John Ouchterloney auf einer Expedition unterhalb der Nilgiri-Berge auf ein Stück unberührten Wald mit eigenen Flüssen stieß. Mit einer Höhe von ungefähr 1 300 m und 240 cm Regen pro Jahr ist das Land ideal für Tee- und Kaffeekulturen. James, der Bruder Ouchterloneys, pflanzte Tee an, brachte Arbeiter und Lebensmittel in die Gegend und begann mit der Teeherstellung. Das berühmte Teeanbaugebiet Ootacamund liegt

Die Nilgiri Queen tuckert durch die Glendale Plantage, Nilgiri.

Typische Nilgiri-Teefelder mit schattigen Bäumen an der Dschungelgrenze

in den Bergen und wird von den Pflanzern und Touristen, die es das ganze Jahr besuchen, liebevoll ›Ooty‹ genannt.

Heute wachsen auf fast 30 888 ha Teesträucher in Höhen von 300–2000 m, zwischen Eukalyptus, Zypressen und Gummibäumen. Dort werden ca. 61 729,5 t Tee jährlich produziert, womit Nilgiri nach Assam das zweitgrößte Anbaugebiet ist. Sämtliche Plateaus, Hänge und Täler sind mit Sträuchern bepflanzt. Die meisten Plantagen werden jährlich von zwei Monsunen heimgesucht. Daher haben die Sträucher zwei Blüteperioden. Im April/Mai werden etwa 25 % der jährlichen Ernte gepflückt, von September bis Dezember 35–40 %. Weitere Pflückperioden sind über das ganze Jahr verteilt. All dies verleiht dem Tee sein einzigartiges Aroma.

Nilgiri produziert feinwürzige Tees mit hellem Aufguß und einem abgerundeten, reifen Geschmack. Wegen ihrer Stärke eignen sie sich zum Mischen mit leichteren Teesorten, die zwar Aroma, aber keinen Körper haben.

Nunsuch

Eigenschaften

Großblättriger Tee mit fruchtigem, hellem, aromatischem Aufguß

Brühtips

Brühen Sie 1 Teelöffel pro Tasse bei ca. 95 °C auf.
3–4 Minuten ziehen lassen.

Empfehlungen

Ganztags mit wenig Milch.

Andere empfehlenswerte Gärten:
Chamraj, Corsley, Havukal, Pascoes Woodlands, Tigerhill und Tungmullay

SIKKIM

Der kleine indische Bundesstaat produziert Tees von ähnlichem Charakter wie die Darjeeling-Tees, jedoch mit mehr Körper und fruchtigem Aroma. Er wird selten exportiert, so daß Sikkim-Tees schwer zu finden sind.

Temi

Eigenschaften

Sehr hohe Qualität, einfacher, Darjeeling-ähnlicher Tee mit wunderbaren Blättern und vielen goldenen Spitzen; blumiger Aufguß mit fruchtigem, fast honigartigem Aroma

Brühtips

Brühen Sie 1 Teelöffel pro Tasse bei ca. 95 °C auf.
3 Minuten ziehen lassen.

Empfehlungen

Ein Tee für besondere Anlässe. Mit oder ohne Milch trinken.

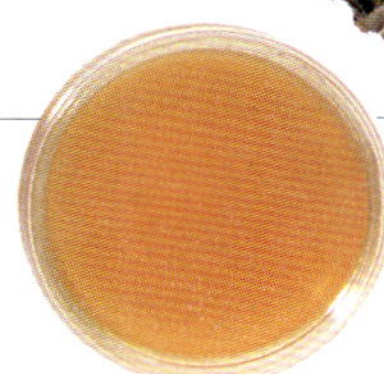

TERAI

Terai-Tee wird auf der Ebene südlich von Darjeeling gezogen. Sein Aufguß ist kräftig gefärbt und schmeckt würzig. Er wird oft für Mischungen verwendet.

Ord

Eigenschaften

Guter heller, kupferfarbener Aufguß mit kräftigem Aroma

Brühtips

Brühen Sie 1 Teelöffel pro Tasse bei ca. 95 °C auf. 3–4 Minuten ziehen lassen.

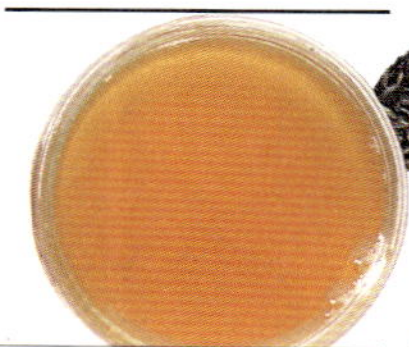

Empfehlungen

Mit Milch als Morgentee trinken.

TRAVANCORE

Travancore liegt in ähnlicher Höhe wie Sri Lanka und produziert Tees mit ähnlichen Eigenschaften, erinnert aber auch an nordindische Tees.

Highgrown

Eigenschaften

Kupferfarbener Aufguß mit vollem, etwas erdigem Aroma

Brühtips

1 Teelöffel pro Tasse bei 95 °C aufbrühen. 3–4 Minuten ziehen lassen.

Empfehlungen

Mit wenig Milch als Frühstückstee trinken.

SÜDINDISCHE TEES

Tees aus den südlichen Gegenden Indiens – Kerala, Madras und Myore – werden als Travancores gehandelt. Sie werden im Gegensatz zu den Darjeelings, Assams und Nilgiris nicht vom *Tea Board of India* unterstützt. Alle Teanbaugebiete Südindiens liegen in hügeligen Gebieten und werden von etwa 40 000 Kleinbauern bewirtschaftet. Die Produktion erreicht 192 904,6 t Tee pro Jahr, von denen 25 % exportiert werden.

SRI LANKA

Tees aus den höchsten Anbaugebieten der Insel werden als ›Champagner‹ der Ceylontees bezeichnet.

Bis in die 60er Jahre des 19. Jahrhunderts wurde auf der Insel Sri Lanka, die damals noch Ceylon hieß, hauptsächlich Kaffee produziert. 1867 zerstörte der Kaffeerostpilz (Kaffeepest), *Hemileia vastatrix*, den Großteil der Kaffeesträucher. Die Plantagenbesitzer mußten in andere Pflanzen investieren, um ihren völligen Ruin zu verhindern. Bereits seit den späten 50er Jahren waren die Eigentümer der Loolecondera-Plantage an Tee interessiert. 1860 erhielt dann James Taylor, ein Schotte, der bereits einige Jahre auf der Plantage gearbeitet hatte, erste Teesamen mit dem Auftrag, sie auf Loolecondera zu kultivieren.

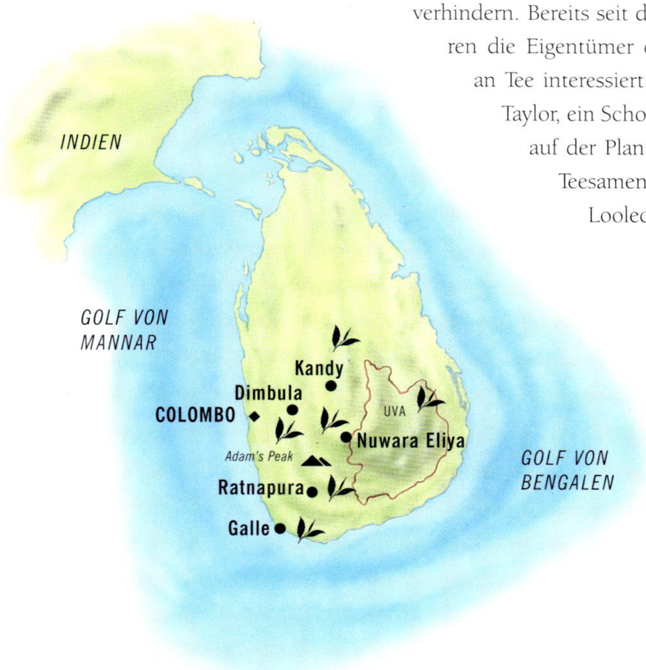

Taylor hatte sich in Nordindien einige Grundkenntnisse in der Teekultivierung erworben und experimentierte nun selbst mit der Teeherstellung. Die Veranda seines Bungalows wurde zur Fabrik umfunktioniert, und die Blätter wurden mit der Hand auf einem Tisch gerollt. Die auf Drahttrögen liegenden fermentierten Blätter ließ er auf Tonöfen trocknen, die mit Holzkohlenfeuer betrieben wurden. Seine ersten Tees wurden an Ort und Stelle verkauft – und hatten Erfolg. 1872 besaß Taylor bereits eine voll ausgerüstete Fabrik. 1873 wurden seine Tees für einen sehr guten Preis auf der Londoner Auktion verkauft. Dem Engagement Taylors ist der frühe Erfolg der Tee-Ernte in Ceylon zu verdanken. Zwischen 1873 und 1880 stieg die Produktion von 23 Pfund auf 81,3 t, 1890 auf 22 899,8 t.

Teepflückerinnen auf Sri Lanka

Die meisten Teegärten auf Ceylon liegen zwischen 900–2400 m hoch in zwei Gebieten im Südwesten der Insel, östlich von Colombo und im Galle-Gebiet an der südlichen Spitze. In den heißen, feuchten Ebenen und Gebirgsausläufern blühen die Teesträucher alle sieben oder acht Tage, und der Tee wird das ganze Jahr über gepflückt. Den besten Tee erntet man Ende Juni bis August in den östlichen Gebieten und von Anfang Dezember bis Mitte März in den westlichen Landesteilen.

Bis 1971 besaßen englische Firmen über 80 % der Teeplantagen auf der Insel. Dann führte die Regierung Sri Lankas eine Landreform durch, die dem Staat die Kontrolle über die Mehrheit der Plantagen gab. Ein Drittel blieb in privaten Händen. 1990 begann ein Restrukturierungsprogramm, bei dem die Verwaltung der Staatsplantagen privaten ausländischen und einheimischen Firmen überlassen wurde. Langfristig soll privates Management die meiste oder sogar die gesamte finanzielle Verantwortung und Kontrolle über die Plantagen übernehmen, Eigentümerin soll jedoch die Regierung bleiben.

Die extremen politischen und wirtschaftlichen Probleme der letzten Jahre haben dazu geführt, daß Sri Lanka 1993 in der weltweiten Teeproduktion vom ersten auf den achten Platz zurückgefallen ist. Die Hersteller sehen sich scharfen Restriktionen in den Produktionsmethoden, der Produktauswahl und bei den Exportmärkten ausgesetzt. War einst England der größte Verbraucher von Ceylontee, gehen heute fast 70 % nach Rußland, in den Nahen Osten und nach Nordafrika. Doch die Verbraucher tendieren zu europäischen Gewohnheiten und verlangen immer mehr Tee in Teebeuteln. Sri Lankas einfache Tees – für Kenner gehören sie zu den besten der Welt – eignen sich jedoch nicht für Teebeutel. Nur 3 % der Produktion im Jahr 1993 wurde nach der CTC-Methode hergestellt. Die Produzenten müssen sich entscheiden, ob sie die CTC-Produktion steigern wollen, um einen größeren Markt zu erreichen, oder nicht. Bisher gehen die Meinungen hierüber noch auseinander. Man sucht neue Abnehmer für die wachsende Zahl verpackter Tees (in Säckchen, Kartons, Korbwaren, Kisten aus Weichholz, Büchsen und Kanistern).

Produkte aus 100 % Ceylontee erhalten das Löwenlogo des *Ceylon Tea Board*. Es soll das Urspungsland bezeichnen und das Image der Qualitätstees von Sri Lanka schützen.

Sri Lankas beste Tees werden vorwiegend von Sträuchern gewonnen, die in über

Ceylons Teelöwen-Logo

1200 m Höhe gedeihen. Sie wachsen in dem kühlen, nebligen Klima relativ langsam und sind auf den Steilhängen schwer zu ernten.

Sri Lanka hat sechs große Tee-Anbaugebiete. Galle, im Süden der Insel, Ratnapura, 88 km östlich von der Hauptstadt Colombo; Kandy, eine niedriggelegene Region nahe der alten königlichen Hauptstadt; Nuwara Eliya, die höchste Region, die die besten Tees produziert; Dimbula, westlich der zentralen Berge; und Uva, östlich von Dimbula.

Die Tees aus jeder Region haben ein jeweils anderes Aroma, eine andere Blume und Farbe. Tees, die auf einer Höhe von 450–540 m wachsen, sind von guter Qualitat. Sie sind kräftig und haben eine schöne Farbe, lassen aber das ausdrucksvolle Aroma und den hellen frischen Geschmack der höherwachsenden Tees vermissen. Daher werden sie meist für Mischungen verwendet. Tees, die zwischen 540 m und 1050 m wachsen, haben ein volles Aroma und eine schöne Farbe. Hochwachsende Tees aus Höhen zwischen 1050 m und 2250 m zählen zu den besten Produkten Sri Lankas. Sie ergeben einen wunderbar goldenen Aufguß und ein intensives, kräftiges Aroma. Einige Plantagen produzieren neben den exzellenten Schwarztees auch Silver Tip White-Tees, die einen sehr hellen, strohfarbenen Aufguß ergeben und ohne Milch getrunken werden. Alle Schwarztees von Sri Lanka sollten mit ein wenig Milch getrunken werden.

DIMBULA

Wie Nuwara Eliya wird Dimbula im August und September vom Monsun heimgesucht. Die besten Tees werden während der Trokkenmonate im Januar und Februar hergestellt. Die kräftigen Tees sind wegen ihres starken Aromas bekannt.

Kenilworth

Eigenschaften

Lange, drahtige, wundervolle Blätter, die einen exquisiten Geschmack ergeben, fast holzig, mit Körper und Kraft.

Brühtips

Brühen Sie 1 Teelöffel pro Tasse bei 95 °C auf. 3–4 Minuten ziehen lassen.

Empfehlungen

Mit Milch als Nachmittagstee zu trinken.

Andere empfehlenswerte Gärten:

Diyagama, Loinorn, Pettiagalla, Redalla, Somerset, Strathspey und Theresia

GALLE

Das Gebiet im Süden der Insel spezialisiert sich auf Flowery Orange Pekoes und Orange Pekoes. Diese Tees haben ein gut gewachsenes Blatt von gleichmäßiger Größe und ergeben einen bernsteinfarbenen Aufguß mit süßem Duft und feinem, sanftem Geschmack.

Allen Valley

Eigenschaften

Wunderbares Blatt mit sanftem, aromatischem Aufguß

Brühtips

1 Teelöffel pro Tasse bei ca. 95 °C aufbrühen.
3–4 Minuten ziehen lassen.

Empfehlungen

Trinken Sie ihn mit Milch als Nachmittagstee.

Devonia

Eigenschaften

Ein sehr gut gewachsenes Blatt, das einen goldenen Aufguß mit sanftem, aromatischem Geschmack ergibt.

Brühtips

Brühen Sie 1 Teelöffel pro Tasse bei 95 °C auf.
3–4 Minuten ziehen lassen.

Empfehlungen

Mit etwas Milch trinken.
Sehr gut als Nachmittagstee.

Galaboda

Eigenschaften

Regelmäßig geformtes Blatt für einen Aufguß mit guter Farbe, gutem Aroma und reichem, saftigem Geschmack.

Brühtips

Brühen Sie 1 Teelöffel pro Tasse bei ca. 95 °C auf. 3–4 Minuten ziehen lassen.

Empfehlungen

Ein Tee für den ganzen Tag.
Mit Milch trinken.

Anderer empfehlenswerter Garten:
Berubeula

NUWARA ELIYA

Die Tees aus den höchsten Anbaugebieten Sri Lankas werden oft als die ›Champagner‹ der Ceylontees beschrieben. Das Blatt wird das ganze Jahr über gepflückt, die besten Tees allerdings nur im Januar und Februar. Sie haben einen reichen, goldenen, exzellenten Aufguß, der weich und hell ist und leicht und gleichzeitig aromatisch schmeckt.

Teepflückerin auf Sri Lanka

Nuwara Eliya Estate

Eigenschaften

Heller Aufguß und wundervolles Aroma

Brühtips

Brühen Sie 1 Teelöffel pro Tasse bei ca. 95 °C auf.
3–4 Minuten ziehen lassen.

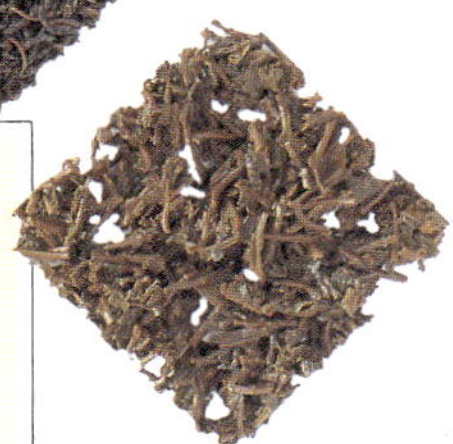

Empfehlungen

Für jede Tageszeit geeignet.
Mit Milch trinken.

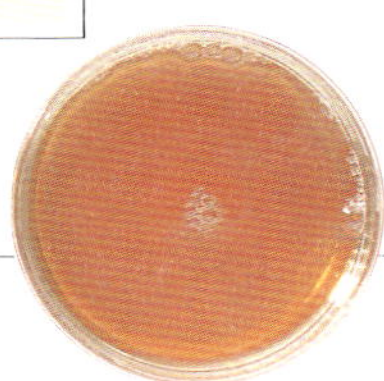

Andere empfehlenswerte Gärten:
Gastotte, Lovers Leap und Tommagong

Ratnapura

Ratnapura produziert niedrigwachsende Tees, die meist für Mischungen verwendet werden, aber mit ein wenig Milch sehr gut schmecken.

Ratnapura

Eigenschaften

Langblättriger Tee mit leicht süßem Aroma und sanftem Geschmack

Brühtips

Brühen Sie 1 Teelöffel pro Tasse bei 95 °C auf.
3–4 Minuten ziehen lassen.

Empfehlungen

Mit Milch als Nachmittagstee trinken.

UVA

Uva liegt an den östlichen Hängen der zentralen Berge und produziert Tee mit ausgesprochen reifem Geschmack. Die besten Tees werden von Juni bis September gepflückt. Der trockene Wind, der in dieser Zeit über Uva weht, gibt den Tees ihren feinen Geschmack und ihr wundervolles Aroma.

Saint James

Eigenschaften

Kupferfarbener Aufguß mit sehr weichem, betontem Geschmack und einem wundervollen Aroma

Brühtips

Brühen Sie 1 Teelöfel pro Tasse Wasser bei ca. 95 °C auf. 3–4 Minuten ziehen lassen.

Empfehlungen

Frühstückstee, auch zu allen Tageszeiten mit Milch trinken.

Andere empfehlenswerte Gärten:
Adawatte, Aislaby, Attempettia, Blairmond, Bombagalla, Dyraaba, High Forest und Uva Highlands

CEYLON BLENDS

Wie schon Sir Thomas Lipton Ende des 19. Jahrhunderts vermarkten verschiedene Firmen Ceylon-Teemischungen immer noch als Ceylon Orange Pekoe oder Ceylon BOP, teils unter dem Firmennamen, teils aber auch nicht. Eine gute Teemischung ergibt einen hellen, reichen, kupferfarbenen Aufguß mit frischem Aroma. Um sicherzugehen, daß man 100 % Ceylon-Teemischungen in den Teepaketen hat, sollte man auf das Löwenlogo des *Ceylon Tea Board* achten.

Ein blühender Teestrauch

Der Ferne Osten

CHINA

Die größte Vielfalt an hochwertigen Tees in der ganzen Welt, von denen viele noch von Hand verarbeitet werden

In China begann die kommerzielle Teekultivierung schon vor Christi Geburt. Früher kannten die chinesischen Kaufleute über 8000 Teesorten, klassifiziert nach fünf Herstellungsmethoden, zwei Qualitätsgraden je nach Herstellung, vier verschiedenen Blattgraden und 200 Ortsnamen.

Im 17. Jahrhundert wurden Teeblätter in China in Pfannen getrocknet und mit der Hand gerollt.

Bis ins späte 19. Jahrhundert hinein blieben die uralten Methoden der Teekultivierung unverändert. Die Teesamen wurden im Oktober gesammelt, keimten über die Wintermonate und wurden dann während der Frühjahrsregenzeit in langen Reihen ausgesetzt. Größere Plantagen legte man an den Nord- und Ostseiten der Berge an. Hirse und Weizen dienten als Schattenspender zwischen den Teesträuchern. Während der Wintermonate band man gegen die Kälte Stroh um die Sträucher. Ein altes chinesisches Sprichwort besagt, daß »der beste Tee von den höchsten Bergen kommt«. Das ist wohl wahr, hielt aber die Chinesen nicht davon ab, Tee überall anzubauen, selbst an Stadträndern oder auch an schwer zugänglichen und abgelegenen Orten.

Robert Fortune schildert in seinem 1852 erschienenen Buch »Eine Reise zu den Teegebieten Chinas«, wie damals Tee hergestellt wurde:

> »Während der Erntesaison sieht man an den Hängen jedes Berges bei trockenem Wetter kleine Familiengruppen emsig damit beschäftigt, Teeblätter einzusammeln ... Die Trockenpfannen und Öfen sind aus Eisen, rund und flach, und wirklich fast die gleichen, die die Chinesen von alters her zum

Reiskochen benutzen. Die Pfannen werden bald sehr heiß, nachdem die warme Luft in der Esse darunter zu zirkulieren begonnen hat. Nun werden haufenweise Blätter aus Sieben oder Körben auf die Pfanne geworfen, umgedreht und aufgeschüttelt. Die Blätter werden sofort von der Hitze erfaßt. Dieser Teil der Teeherstellung dauert ungefähr 5 Minuten. In dieser Zeitspanne werden die Blätter weich und biegsam. Dann werden sie sofort aus der Pfanne genommen und auf einen Tisch geworfen, dessen Platte aus Bambusrohr gemacht ist ... Drei oder vier Personen stehen um den Tisch herum und nehmen so viel von den aufgehäuften Blättern, wie sie können, in die Hände. Und nun beginnt das Rollen ...«

Nach der Kulturrevolution wurden Teekooperativen gegründet, und die Tee-Industrie wurde rationalisiert. In den meisten Fabriken ersetzten Maschinen die traditionellen Fertigungsmethoden. Doch an einigen Orten stellt man den Tee noch immer nach den alten handwerklichen Methoden her.

Heute wird in 18 Regionen Tee angebaut: in Anhui, Fujian, Gansu, Guangdong, Guizhou, Hainan, Henan, Hubei, Hunan, Jiangsu, Jiangxi, Shanxi, Shandong, Sechuan, Yunnan, Zhejiang, Tibet und Guangxizhuang. Die wichtigsten Anbaugebiete sind Zhejiang, Hunan, Sechuan, Fujian und Anhui. Die Teeproduktion unterliegt der staatlichen Kontrolle. Auf den Teepackungen wird aufgeführt, welcher Zweig welcher Firma verantwortlich für Herstellung und Vermarktung des jeweiligen Tees ist.

Diese staatlichen Kooperativen produzieren gute Schwarz-, Oolong- und Grüntees, die meist gemischt werden, um eine konstante Qualität zu gewährleisten. Einige dieser Standardtees sind von ausgezeichneter Qualität und werden meist exportiert. Etwa 80 % der jährlichen Produktion bestehen aus grünen Tees für den einheimischen Markt. Die meisten Schwarztees und Oolongs sind für den Export und werden nicht auf Auktionen, sondern über direkten Kontakt zu Teefirmen verkauft.

Die Blätter werden vor dem Trocknen sortiert.

Die Tees ›bester Ernte‹ werden in China von Mitte April bis Mitte Mai gepflückt. Diese

Teegarten in Sechuan

Ernte soll den besten Tee ergeben und macht etwa 55 % der jährlichen Produktion aus. Die zweite Ernte wird im Frühsommer eingeholt, und in einigen Anbaugebieten ist noch eine dritte Herbsternte möglich.

Chinatees werden normalerweise nicht unter dem Namen des Teegartens verkauft; der Name bezeichnet vielmehr die Herstellungsmethode und Qualität. Das kann verwirrend sein, da eine Sprachmischung aus Standard-Chinesisch, Fukienesisch (aus der Provinz Fujian) und Kantonesisch im Teegeschäft seit Jahrhunderten üblich ist. Jede Provinz hat einen eigenen Namen, eine eigene Schreibweise und Aussprache für ihre Tees. Folglich klingen die Namen oft völlig anders, selbst wenn sie denselben Tee bezeichnen. Damit aber nicht genug: Selbst in reinem Chinesisch kann eine Teesorte verschiedene Bezeichnungen tragen, nämlich den Hauptnamen, einen historischen oder legendären Namen sowie einen mit geographischen Informationen.

So wird ein Tee, der wegen des Aussehens der fermentierten Blätter auch als ›Augenbrauen-Tee‹ bekannt ist, im Westen Chinas Chunmee (oder auch Chun Mei) genannt, auf Pinyin heißt er Zhenmei und auf Kantonesisch Janmei. Pingshui Gunpowder, der in Pingshui, einer Stadt in Shanghai, hergestellt wird, heißt auf Pinyin Pinshui Zhucha (Perlen-Tee, wegen seiner Kügelchenform) und auf Kantonesisch Ping Shui Chue Cha.

Neben den einzelnen Namen trägt jeder Tee noch eine Gradnummer, die seinen Qualitätsstandard anzeigt. Das bedeutet, daß er ohne Probeentnahme erworben werden kann. Die Käufer können sicher sein, daß ein Tee, der nicht dem vorgegebenen Standard entspricht, auch nicht gehandelt wird.

Mit dem wachsenden Interesse der Teekenner an der erstaunlichen Vielfalt der Teesorten und Aromen konnten die Exporte beträchtlich gesteigert werden. Sie stiegen von 151 016 t im Jahr 1989 auf über 225 973 t Anfang der 90er Jahre. Tee ist nach Seide und Getreide Chinas bedeutendste Exportware. Die größten Märkte sind Marokko, die USA, Tunesien, Polen, Hongkong, Rußland, die GUS-Staaten und England. Seltene Chinatees finden sich mittlerweile auch in Versand-Katalogen und im Kleinhandel, der nicht nur schwarze und Oolong Tees anbietet, sondern auch die seltenen weißen Tees wie Silver Dragon und grüne Tees wie Yun-Wu (Wolken und Nebel), Supreme Dragon Well, mehrere Jasminteesorten und gepreßte Tees wie Tuocha und Pu-erh. Pu-erh wird wegen seiner medizinischen Qualitäten verkauft. Er soll gut gegen Diarrhöe, Verstopfung und hohe Cholesterinwerte sein. Pu-erh ist ein Oolong, ein halbfermentierter Tee, der in verschiedenen Formen verkauft wird, z. B. als Ziegel und als Teekugel (s. S. 160 f.).

Sortieren der Blätter in einer Fabrik in Anxi

CHINA WEISSTEES

Pai Mu Tan Imperial (Balmudan, White Peony)

Dieser seltene weiße Tee wird aus sehr kleinen Knospen und Trieben hergestellt, die Anfang des Frühjahrs kurz vor dem Öffnen der Knospen gepflückt werden. Nach dem Dämpfen und Trocknen sieht der Tee aus wie Miniaturzweige von kleinen weißen Blüten mit Blättern.

Eigenschaften

Der weiße Tee aus Fujian hat einen klaren, hellen Aufguß mit frischem Aroma und glattem, samtigem Geschmack.

Brühtips

Brühen Sie 2 Teelöffel pro Tasse bei ca. 70 °C auf.
7 Minuten ziehen lassen.

Empfehlungen

Ohne Milch und Zucker nach den Mahlzeiten zur Verdauung oder als einen leichten Nachmittagstee trinken.

Yin Zhen (Yinfeng, Silver Needles)

Der ebenfalls aus Fujian stammende Tee wird aus zarten jungen Knospen hergestellt, die mit silbrig-weißen Härchen bedeckt sind. Wegen seines Aussehens wird der weiße Tee auch als Silvery Tip Pekoe, China White oder Fujian White verkauft.

Eigenschaften

Ein perfekter Weißtee. Die Blätter, die wie Silbernadeln aussehen, werden nur zwei Tage im Jahr gepflückt und nur mit der Hand bearbeitet. Manchmal werden nur die Knospen gepflückt. Ein teurer, aber wundervoller Tee.

Brühtips

Brühen Sie 2 Teelöffel pro Tasse bei ca. 70 °C auf.
15 Minuten ziehen lassen.

Empfehlungen

Ein Tee für den ganzen Tag. Ohne Milch und Zucker als erfrischenden Digestif trinken.

CHINA GRÜNTEES

Chun Mee (Chun Mei, Zhenmei, Precious Eyebrows)

Die Form der fermentierten Blätter gibt dem Tee den Namen. Die Herstellung von *eyebrow*-Tees verlangt großes Geschick. Die Blätter müssen bei einer bestimmten Temperatur in einer bestimmten Zeit von Hand in die richtige Form gerollt werden.

Eigenschaften

Lange, feine jadegrüne Blätter, die einen klaren, hellgelben Aufguß mit weichem Geschmack ergeben. Unter Chinas Kunden im Ausland seit Jahren bekannt.

Brühtips

Brühen Sie 2 Teelöffel pro Tasse bei ca. 70 °C auf. 3–4 Minuten ziehen lassen.

Empfehlungen

Pur oder mit Pfefferminze zu allen Tageszeiten trinken.

Gunpowder (Zhucha, Pearl Tea)

Der Name soll daher kommen, daß die fest gerollten Teekugeln Schrotkugeln ähneln. Der meiste *gunpowder*-Tee wird in der Provinz Zhejiang und Umgebung hergestellt.

Eigenschaften

Die kleinen Kügelchen gehen in heißem Wasser auf und ergeben einen kräftigen, grünlich-kupferfarbenen Aufguß mit bitterem Geschmack.

Brühtips

Brühen Sie 2 gehäufte Teelöffel Teekügelchen pro Kanne bei 70–80 °C auf. 3–4 Minuten ziehen lassen.

Empfehlungen

Nachmittags oder abends pur oder als Eistee mit Zitrone und Zucker oder mit Pfefferminze und Zucker (wie in Marokko) trinken.

Lung Ching (Longjing, Dragon's Well)

Dieser berühmte Tee wird in der Provinz Zhejiang hergestellt, in einem Dorf namens Drachenbrunnen, westlich des West-Sees. Dem Tee wurde 1988 vom *International Institute for Quality Selection* eine Goldmedaille verliehen.

Eigenschaften

Bereits Lu Yu erwähnte den Tee. Er ist berühmt für seine flachen, grünen Blätter, seine jadegrüne Farbe, sein köstliches Aroma und den würzigen Duft. Der Aufguß ist klar und gelb mit einem leicht süßen Nachgeschmack.

Brühtips

Brühen Sie 2 Teelöffel pro Tasse bei ca. 70 °C auf. 3 Minuten ziehen lassen.

Empfehlungen

Trinken Sie ihn pur als erfrischendes Getränk zu jeder Tageszeit oder zur Verdauung.

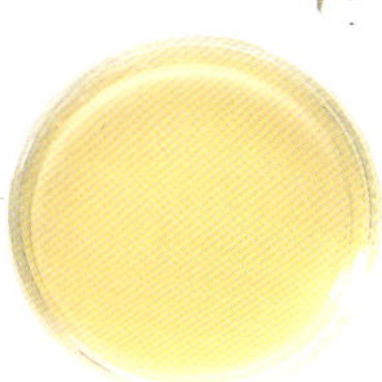

Pi Lo Chun (Biluochun, Green Snail Spring)

Ein seltener Tee, der für sein schlangenartiges Aussehen bekannt ist. Die Sträucher wachsen unter Pflaumen-, Pfirsich- und Aprikosenbäumen, deren Duft die jungen Blätter absorbieren. Man pflückt nur ein Blatt mit jeder neuen Knospe.

Eigenschaften

Blätter und Knospen werden von Hand zu kleinen schlangenartigen Spiralen gerollt, die mit feinen Silberhärchen bedeckt sind. Der gelb-grüne Aufguß hat ein einmalig reines, frisches, leicht süßes Aroma.

Brühtips

Brühen Sie 2 Teelöffel pro Tasse bei 70 °C auf. 3–4 Minuten ziehen lassen.

Empfehlungen

Diesen Tee nur zu besonderen Anlässen trinken – wegen des Preises, aber vor allem wegen seiner besonderen Qualität.

Xinyang Maojian

Im feuchten Klima der Bergregion Xinyang in der Provinz Henan gedeiht der Tee mit leichtem und frischem Aroma und feinem Nachgeschmack. Die Blätter werden von Hand gerollt.

Eigenschaften

Feine, stramme Blattstreifen für einen orange-grünen Aufguß mit frischem Aroma und weichem Geschmack.

Brühtips

2 Teelöffel pro Tasse bei ca. 70 °C aufbrühen. 3 Minuten ziehen lassen.

Empfehlungen

Ohne Milch und Zucker. Ein Tee für besondere Anlässe.

Taiping Houkui (Tai Ping Hau Fui)

Das ist der beste grüne Tee aus der Provinz Anhui. Obwohl er nicht zu den aromatisierten Tees zählt, absorbieren die Blätter den Duft der wildwachsenden Orchideen, wenn sich die neuen Blätter der Teesträucher entfalten. Der Tee gewann 1915 auf der Panama Pacific International Exhibition eine Goldmedaille und ist weltberühmt.

Eigenschaften

Wenn die dunkelgrünen, geraden, spitzen Blätter in heißem Wasser aufgehen, zeigen sie rosafarbene Adern. Sie haben ein köstliches, nach Orchideen schmeckendes Aroma.

Brühtips

Brühen Sie 2 Teelöffel pro Tasse bei ca. 70 °C auf. 3 Minuten ziehen lassen.

Empfehlungen

Ohne Milch und Zucker. Feiner, leichter Nachmittagstee.

Weitere empfehlenswerte grüne Tees: Dong Yang Dong Bai, Gaungdong, Guo Gu Nao, Huang Shan Mao Feng, Hu Bei, Hunan Green, Hyson, Pai Hou, Son Yang Ying Hao und White Downy

CHINA OOLONG-TEES

Fonghwang Dan-chung (Fenghuang Dancong, Fenghuang Select)

Die Blätter für diesen Tee kommen von hohen, geraden Teebäumen. Die Chinesen brühen diesen Tee kräftig in kleinen Kannen auf. Für den ersten Aufguß tauchen sie die Blätter nur eine Minute ein, für den zweiten 3 und für den dritten 5 Minuten.

Eigenschaften

Lange, goldene Blattstreifen, die im Wasser grün werden; die Ränder färben sich rotbraun. Der Aufguß ist hell orange-braun und kann auch beim ersten Mal bitter schmecken. Ein zweiter Aufguß schmeckt sanfter.

Brühtips

Brühen Sie 1 Teelöffel pro Tasse bei ca. 95 °C auf. 5–7 Minuten ziehen lassen.

Empfehlungen

Ein ausgezeichneter, feiner Tee. Abends trinken.

Sue-Chian (Shuixian, Water Sprite)

Der Tee stammt von einem hohen einstämmigen Teebaum mit großen Blättern. Sie sind dunkel, grün-glänzend, die Knospen dick, gelblich-grün und mit Härchen bedeckt. Man macht daraus in Fujian schwarzen und grünen Tee.

Eigenschaften

Lose, gedrehte Blattstreifen für einen klaren, orange-braunen Aufguß mit sanftem, leicht würzigem Geschmack

Brühtips

Brühen Sie 1 Teelöffel pro Tasse bei ca. 95 °C auf. 5–7 Minuten ziehen lassen.

Empfehlungen

Diesen Tee ohne Milch und Zucker am Morgen oder den ganzen Tag über trinken.

Ti Kwan Yin (Tieguanyin, Tee der Eisernen Göttin der Gnade)

Auch dieser sehr spezielle Tee kommt aus Fujian. Der Name geht auf folgende Legende zurück: Die eiserne Göttin der Gnade erschien einem Bauern im Schlaf und befahl ihm, in die Höhle hinter dem Tempel zu schauen. Dort fand er einen einzelnen Teesprößling, den er einpflanzte und kultivierte. Dieser Tee gehört heute zu den begehrtesten Tees Chinas.

Eigenschaften

Kurze, gekräuselte Blätter, die in kochendem Wasser zu grünlich-braun geänderten Blättern aufgehen. Bräunlich-grüner Aufguß mit aromatischem, sanftem Geschmack.

Brühtips

Geben Sie 1 Teelöffel Tee in eine Kanne und gießen Sie kochendes Wasser darüber. Gießen Sie das Wasser sofort wieder ab und lassen Sie die Blätter eine Weile atmen. Dann füllen Sie die Kanne wieder mit kochendem Wasser auf und lassen die Blätter 3–5 Minuten ziehen. Sie können mehrmals aufgebrüht werden.

Empfehlungen

Ein sehr spezieller Tee für ganz besondere Anlässe. Ohne Milch und Zucker trinken.

Pouchong (Pao Zhong, Baozhong)

Der Name des Tees rührt daher, daß die Blätter ursprünglich während der Fermentierung in Papier eingewickelt wurden. Er stammt aus Fujian. Die Herstellungsmethoden wurden nach Taiwan weitergegeben.

Eigenschaften

Lange, schwarze Blätter, die zu einem bernsteinfarbenen Aufguß mit weichem Aroma und sehr weichem, süßem Duft aufgebrüht werden.

Brühtips

Brühen Sie 1 Teelöffel pro Tasse bei ca. 95 °C auf. 5–7 Minuten ziehen lassen.

Empfehlungen

Ohne Milch als Nachmittags- oder Abendtee trinken.

Andere empfehlenswerte Oolongs:

China Fujian Dark Oolong, Dahongpao, Oolong Sechung und Wuyi Liu Hsiang (Liuxiang)

China Schwarztees

Teeprüfer bei der Arbeit in einem Keemun-Probierraum

Keemun-Teesträucher

Keemun

1915 gewann Keemun eine Goldmedaille auf der Panama Pacific International Exhibition. Er stammt aus der Provinz Anhui und ist ein *gonfu*- oder *congou*-Tee, was bedeutet, daß er mit großer Sorgfalt verarbeitet wurde, um die dünnen, festen Blattstreifen herzustellen, ohne die Blätter zu zerbrechen.

Eigenschaften

Die schwarzen Blätter ergeben einen dunkelbraunen Aufguß mit leicht parfümiertem Geruch und feinem Aroma.

Brühtips

Brühen Sie 1 Teelöffel pro Tasse bei ca. 95 °C auf. 5–7 Minuten ziehen lassen.

Empfehlungen

Ausgezeichnet zu pikanten Gerichten und als Digestif. Ohne Milch und Zucker trinken. Ein perfekter Abendtee.

Keemun Mao Feng

Mao Feng bedeutet ›Haarspitze‹ und bezeichnet noch feinere Streifen handgerollter Blätter als beim Standard-Keemun.

Eigenschaften

Der kostbarste Keemuntee mit wundervollen Blättern, die ein delikates, sehr feines Aroma ergeben.

Brühtips

1 Teelöffel pro Tasse bei ca. 95 °C aufbrühen.
5–7 Minuten ziehen lassen.

Empfehlungen

Abend- oder Nachmittagstee. Paßt gut zu leichten Speisen.

Lapsang Souchong (Zengshan Xiaozhong)

Geräucherte Tees sind eine Spezialität aus Fujian. Die Blätter welkt man über Pinienfeuern, trocknet sie in Pfannen und rollt sie, ehe man sie in Fässer preßt und mit Tüchern bedeckt. Nach dem Fermentieren werden sie nochmals getrocknet und gerollt und über rauchenden Pinienfeuern getrocknet.

Eigenschaften

Dicke schwarze Blattstreifen ergeben ein deutlich rauchiges Aroma und einen dunkelroten Aufguß.

Brühtips

Brühen Sie 1 Teelöffel pro Tasse bei 95 °C auf.
5–7 Minuten ziehen lassen.

Empfehlungen

Ohne oder nur mit wenig Milch trinken. Paßt sehr gut zu einem English Breakfast und zu Fisch.

Weitere empfehlenswerte Rauchtees: Tarry Souchong und Yo Pao

Zhiotschü Oolong (Black Dragon)

Der Name Jiuqu bedeutet ›Fluß mit neun Biegungen‹ und bezeichnet die Gegend, aus der dieser Tee kommt. Er ist ein durchfermentierter *gonfu*-Schwarztee. Wegen seines Namens wird er oft fälschlich als Oolong angeboten.

Eigenschaften

Feine, feste Blattstreifen, die einen kupferroten Aufguß mit einem reifen, erfrischenden Geschmack ergeben.

Brühtips

1 Teelöffel pro Tasse bei ca. 95 °C aufbrühen.
5–7 Minuten ziehen lassen.

Empfehlungen

Ohne Milch als Nachmittags- oder Abendtee trinken.

Sechuan Imperial

Einige Schwarztees aus China werden einfach unter dem Namen der Provinz gehandelt, in der sie hergestellt werden. Dazu gehören neben Sechuan Imperial Guangdong Black, Hainan Black, Hunan Black und Fujian Black.

Eigenschaften

Feine *tippy* Blätter, die einen dunklen Aufguß mit sanftem Aroma und weichem, fast süßem Duft ergeben.

Brühtips

1 Teelöffel pro Tasse bei 95 °C aufbrühen.
5–7 Minuten ziehen lassen.

Empfehlungen

Ohne Milch als Nachmittagstee trinken.

Yunnan (Dianhong)

In der Provinz Yunnan wird seit über 1700 Jahren Tee hergestellt. Die Teepflanze soll hier sogar ihren Ursprung haben. Die Bäume, aus deren Blättern Yunnan-Schwarztee gemacht wird, haben dicke Knospen und Triebe und dicke saftige Blätter.

Eigenschaften

Schwarze Blätter mit vielen goldenen Knospen, die einen leicht pfeffrigen Aufguß mit deutlichem Aroma ergeben.

Brühtips

Brühen Sie 1 Teelöffel pro Tasse bei 95 °C auf. 5–7 Minuten ziehen lassen.

Empfehlungen

Mit ein wenig Milch als Frühstücks- oder Nachmittagstee trinken.

Andere empfehlenswerte Schwarztees:
Ching Wo, Ning Chow und Panyong

Gepresste Chinatees

Tuancha (Teekugeln)

Diese Teekugeln werden in verschiedenen Größen hergestellt. Die kleinste Größe entspricht der eines Tischtennisballs.

Eigenschaften

Kleine Teekugeln mit erdigem Geruch und Aroma

Brühtips

Pro Kugel 5 Tassen Wasser nehmen. In kochendem Wasser 5–7 Minuten ziehen lassen.

Empfehlungen

Ohne Milch zu jeder Zeit als leichtes Getränk, besonders nach einer Mahlzeit.

Tuancha

Tuocha

Der ursprünglich aus der Provinz Yunnan stammende Tee wird in Formen gepreßt, die einem Vogelnest ähneln.

Eigenschaften

Hat den gleichen erdigen, elementaren Geschmack wie andere Pu-erh-Tees.

Brühtips

Für 1 Tasse bricht man ein teelöffelgroßes Stück ab und läßt es in kochendem Wasser 5 Minuten ziehen. In Tassen abgießen.

Empfehlungen

Ohne Milch zur Verdauung oder zu jeder Tages- und Abendzeit trinken.

Zhuan Cha (Ziegeltee)

Der Tee ist eher zur Dekoration als zum Aufbrühen gedacht und wird aus hydraulisch gepreßtem schwarzem Teestaub gemacht.

Eigenschaften

Kein Tee mit besonderen Qualitäten. Hat eher Seltenheitswert als feinen Geschmack.

Brühtips

Lassen Sie ein Stück in kochendem Wasser 3–4 Minuten ziehen. In Tassen abgießen.

Empfehlungen

Ein Tee für den ganzen Tag. Mit oder ohne Milch trinken.

Teeziegel

INDONESIEN

Leichte und geschmackvolle Tees

Indonesien ist eine zwischen dem Südchinesischen Meer und dem Pazifischen Ozean gelegene Inselkette, die sich von Malaysia bis nach Neuguinea, Java und Sumatra, den beiden größten Inseln und Hauptanbaugebieten des Tees, erstreckt. Im frühen 17. Jahrhundert führten die Niederländer ihren Handel mit chinesischen Waren von Java aus. Die niederländische Ostindische Kompanie war seit 1826 für die Anlage der ersten Teeplantagen auf der Insel verantwortlich. Anfangs verwendete man Samen aus China. Da diese nicht aufgingen, führte man Assam-Sträucher aus Indien ein.

Teepflücker auf Java, Indonesien

Die Pflanze wurde später auch auf Sumatra eingeführt, und erst kürzlich hat die Teeproduktion auch auf Sulawesi begonnen. Bis zum 2. Weltkrieg dominierten indonesische Schwarztees zusammen mit denen aus Ceylon und Indien die europäischen Märkte. Im Krieg wurde die Teeindustrie auf der Insel zerstört. Erst 1984 begann ein Aufbauprogramm. Das *Tea Board of Indonesia* half beim Wiederaufbau der Fabriken, versorgte die Plantagen mit hervorragenden Tee-Hybriden, verbesserte die Herstellungsmethoden und kurbelte so die Produktion wieder an.

Früher wurden nur einfache Schwarztees hergestellt. Doch die Nachfrage nach schnell aufzubrühenden Teebeuteln hat die Hersteller auf CTC-Produktion umsteigen lassen. Heute gibt es 16 Fabriken, die über 16 534,7 t Tee pro Jahr für den Export produzieren. Die Herstellung von grünem Tee wurde 1988 begonnen und soll in den nächsten Jahren aufgrund der steigenden Nachfrage ausgebaut werden. Zur Zeit wird der meiste grüne Tee mit Jasminblüten versetzt und als Jasmintee auf dem einheimischen Markt verkauft. Oft wird er als Softdrink in Kartons oder Flaschen konsumiert.

Auf Java wird Tee auf einer Fläche von 16 919 ha angebaut, auf Sumatra und den anderen Inseln insgesamt auf 73 711 ha. Die Sträucher blühen wegen des trockenen, milden Klimas das ganze Jahr. Die besten Tees werden jedoch im Juli, August und September geerntet. Zur Zeit produziert man ungefähr 60 % grünen und 40 % schwarzen Tee. Die meisten Schwarztees werden für den Export auf den wöchentlichen Auktionen in Jakarta verkauft. Die traditionellen Absatzmärkte waren immer schon England, die USA, die Niederlande, Australien, der Nahe Osten, Deutschland, Pakistan, Singapur und Japan, während Rußland, die übrigen GUS-Staaten und Polen erst vor kurzem dazugekommen sind. In den letzten Jahren sind die Exporte ständig angestiegen, ausgehend von nur 93 696,4 t im Jahr 1984. Bereits im Jahr 1992 exportierte Indonesien 132 277,2 t Tee, etwa 12 % des gesamten Exports weltweit.

Indonesische Tees sind leicht und haben einen angenehmen Geschmack. Sie werden vor allem in Mischungen für Teebeutel oder lose verpackten Tee verwendet. Ein oder zwei Gärten liefern auch reine Blatt-Tees.

Gunung Rosa

Eigenschaften

Großblättriger Tee, der einen ausgezeichneten, hellen Aufguß mit einer Spur Süße gibt, einigen hochwachsenden Ceylontees nicht unähnlich.

Brühtips

Brühen Sie 1 Teelöffel pro Tasse bei 95 °C auf. 3–4 Minuten ziehen lassen.

Empfehlungen

Mit oder ohne Milch trinken, eventuell auch mit Zitrone. Exzellenter Nachmittagstee.

Taloon

Eigenschaften

Wundervoller Blatt-Tee aus Java mit vielen goldenen Spitzen, der einen aromatischen Aufguß ergibt.

Brühtips

Brühen Sie 1 Teelöffel pro Tasse bei ca. 95 °C auf. 3–4 Minuten ziehen lassen.

Empfehlungen

Ein guter Tee für den Nachmittag und zu traditionellen Teegerichten.

Bah Butong

Eigenschaften

Ein Broken-Tee aus Sumatra, der einen kräftigen Aufguß mit Körper und Farbe ergibt.

Brühtips

Brühen Sie 1 Teelöffel pro Tasse bei 95 °C auf. 3–4 Minuten ziehen lassen.

Empfehlungen

Als Frühstückstee mit Milch trinken.

JAPAN

Wellen von grünen Teesträuchern ziehen sich durch die Landschaft.

Japanischer Geschichtsschreibung zufolge wurden die ersten Teesamen von dem buddhistischen Mönch Dengyo Daishi aus China eingeführt und im Jahre 805 n. Chr. angepflanzt. Eine andere Tradition besagt, daß einige der Samen dem Abt Toga-no-o in Yamashiro geschickt wurden. Einige Pflanzen wurden nach Uji gebracht, wo die Erde besonders fruchtbar ist. Der Tee aus Uji gilt immer noch als einer der besten des Landes. Zu jener Zeit wurden fünf große Plantagen in Asahi, Kambayashi, Kyogoku, Yamana und Umoji angelegt, die heute noch existieren.

Maschinelle Ernte in einer japanischen Teeplantage

Japanische Teegärten unterscheiden sich deutlich von den Plantagen anderer Länder. Die Sträucher werden in langen Reihen dicht nebeneinander angepflanzt. Die Oberfläche ist gewölbt, so daß sich ›Pflücktische‹ ergeben und der Eindruck von grünen Wellen entsteht. Man pflückt die Knospen und Blätter von diesen langen, regelmäßigen Strauchreihen.

Nach dem 2. Weltkrieg wurde die Teekultivierung intensiviert, und die Hauptanbaugebiete sind heute Shizuoka, Kagoshima, Mie, Nara, Kyoto (um Uji), Saga, Fukuoka und Saitama. Nishio in der Präfektur Aichi ist besonders für pulverisierte Tees bekannt.

Das Klima ist warm und sehr regenreich. Die Plantagen liegen meist auf Hügeln und in der Nähe von Flüssen und Seen, wo es oft sehr nebelig ist. Ungefähr 600 000 Teebauernfamilien produzieren etwa 110 231 t Tee auf 74 131 ha Land. Die Ernten beginnen Ende April. Nachdem die Blätter von Hand oder mit automatischen Scheren gepflückt worden sind, werden sie zu den Fabriken transportiert, wo sie je nach Teesorte verschiedene Stadien der Herstellung durchlaufen. Alle japanischen Tees sind Grüntees.

GRÜNE TEESORTEN

Gyokuro (= »Tautropfen«) ist der beste Tee Japans. Um ihn zu produzieren, werden die Teesträucher ab Anfang Mai für 20 Tage zu 90 % im Schatten gehalten. Sobald sich die neuen Knospen bilden, wird der Teil, der für die Produktion von Gyokuro bestimmt ist, mit Bambusmatten, Schilf oder Leinen abgedeckt. Das reduzierte Licht bewirkt, daß die kleinen Blätter mehr Chlorophyll, aber weniger Tannin enthalten, wodurch die Blätter dunkler werden und der Tee einen süßeren, milderen Geschmack erhält. Bei der Ernte werden nur die frischesten Blätter sorgfältig von Hand oder mit automatischen Scheren, die wie Elektrorasierer aussehen, gepflückt. In der Fabrik dämpft man die Blätter 30 Sekunden lang, um das Aroma zu versiegeln und die Fermentierung zu stoppen. Dann trocknet man sie mit Heißluft und preßt sie, bis nur noch 30 % ihres Wassergehalts übrigbleiben. Durch wiederholtes Rollen formt man die Blätter zu feinen, dunkelgrünen Nadeln, sortiert alle Stengel und die alten Blätter aus und trocknet die Blätter dann noch einmal.

Um Sencha, einen kleingeschnittenen Tee, der für die Herstellung von Matcha (pulverisiertem Tee) zermahlen wird, zu produzieren, zieht man die Sträucher ebenfalls zu 90 % im Schatten. Die verwendeten Blätter sind größer als bei Gyokuro, werden aber ebenso gepflückt, gedämpft und getrocknet, allerdings ohne sie zu rollen, so daß sie ihre Form behalten. Dann werden sie in kleine Stücke zerschnitten. Da pulverisierter Tee nur kurze Zeit frisch bleibt (vier Wochen im Winter, zwei im Sommer), werden die Blätter so lange als Tencha gelagert, bis man den pulverisierten Matcha herstellt, der bei der traditionellen japanischen Teezeremonie getrunken wird. Der fein geschnittene Tencha wird mit einer Steinmühle zu feinem Pulver zermahlen. Gyokuro und Tencha werden nur einmal im Jahr geerntet, da das Abschatten die Pflanzen schwächt und sie anschließend Erholung brauchen.

Sencha ist der beliebteste Alltagstee der Japaner. Er wird in verschiedenen Qualitäten hergestellt. Der beste wird nur zu besonderen Anlässen serviert. Die Durchschnittsqualität wird für den täglichen Gebrauch zu

Die Teesträucher werden abgeschattet, damit die Blätter ein besonderes Aroma entwickeln.

Hause oder bei der Arbeit aufgebrüht. Die Sträucher werden im vollen Sonnenlicht gezogen, und man holt die erste Ernte von Ende April bis Mitte Mai ein. Das Pflücken geschieht zumeist mit mechanischen Scheren oder Pflückmaschinen. Nur der beste Tee wird von Hand gepflückt. In einigen Orten werden die Blätter in der Pflücksaison alle 45 Tage – insgesamt viermal – gepflückt. Mit den ersten und zweiten Ernten erzielt man die beste Qualität. Die erste Ernte gibt einen weichen, milden Geschmack, die zweite hat ein kräftigeres Aroma und enthält mehr Tannin und Koffein. Die Blätter werden ähnlich wie Gyokuro verarbeitet. Zuerst dämpft man sie, behandelt sie mit Heißluft, trocknet sie und rollt sie dann zu feinen Nadeln.

Bancha ist der unterste Grad der Sencha-Tees. Die großen, faserreichen Blätter werden geerntet, nachdem die jungen Blätter, aus denen Sencha gemacht wird, gepflückt wurden. Die Herstellung verläuft wie bei Sencha-Tee. Neben den Blättern werden aber auch Stiele und Stengel verwendet. Wird der Bancha-Tee erhitzt, heißt er Houjicha. Das ›Rösten‹ findet nach dem normalen Dämpfen,

Lüften, Trocknen und Rollen statt. Die Blätter sehen dann keilförmig aus. Genmaicha ist eine Mischung aus gekochtem und anschließend getrocknetem Bancha mit Puffreis.

In Japan werden noch zwei weitere grüne Tees produziert. Kanmairicha-Tamayokucha wird nach traditioneller chinesischer Methode produziert, indem man die Blätter in Pfannen ›röstet‹, trocknet und zu kleinen Kugeln rollt. Mecha wird aus jungen Blättern hergestellt, die man bei der Produktion von Gyokuro und Sencha sammelt. Sie werden zu kleinen Kugeln gerollt, die beim Aufbrühen einen kräftigen Aufguß ergeben.

Gyokuro (Tautropfen)

Er ist die Krönung der Japantees. Diesen Tee wählt man zur Bewirtung von Gästen. Die Wassertemperatur und die Länge des Ziehens sollten auf die Qualität abgestimmt werden.

Eigenschaften

Der beste Japantee. Die Blätter sind wundervolle flache, spitze, smaragdgrüne ›Nadeln‹ mit weichem Geschmack und subtiler Blume. Ein sehr raffinierter und spezieller Tee.

Brühtips

Für 3 Personen 4 Teelöffel in 4 Suppenlöffeln in vorher gekochtem Wasser bei 50–60 °C. 1½–2 Minuten ziehen lassen. Für weitere Aufgüsse Wasser hinzugießen.

Empfehlungen

Nur zu besonderen Anlässen, nach einem Mahl oder als belebendes, reinigendes Getränk zu jeder Tageszeit trinken.

Matcha Uji (Froth of Liquid Jade)

Man schlägt das Pulver in heißem Wasser auf, um den Tee zu lösen und Schaum zu erzeugen, der das Aroma verstärken soll.

Eigenschaften

Hochwertiger Matcha-Tee aus der Region Uji. Das Teepulver von Blättern, die unter 90 % Schatten gezogen wurden, gibt einen reichen, jadegrünen Aufguß.

Brühtips

Einen guten halben Teelöffel in eine tiefe Schale geben, 8 Teelöffel zuvor gekochtes Wasser von 85 °C hinzufügen und mit dem Tee mit einem Schaumschläger aus Bambus etwa 30 Sekunden lang ver-

Empfehlungen

Ein nahrhaftes Getränk zu jeder Tageszeit und jeder Gelegenheit.

Sencha

Sencha ist in vielen Qualitätsgraden und Preisen erhältlich. Die Durchschnittsqualität ist für den täglichen Gebrauch bestimmt und wird zu Hause oder im Büro getrunken.

Eigenschaften

Großblättriger Sencha für jeden Tag. Klarer Aufguß mit dem typischen delikaten japanischen Aroma. Reich an Vitamin C.

Brühtips

Brühen Sie für 5 Personen 4 Teelöffel in zuvor aufgekochtem Wasser – etwa 1¼ Tassen – bei 90°C auf. 1–1½ Minuten ziehen lassen. Tassen vor dem Servieren anwärmen.

Empfehlungen

Zum Essen oder als Digestif trinken.

Ebenfalls zu empfehlen:
Sencha Honyama, Sencha Sayama und Sencha Yame

Bancha

Bancha bedeutet ›späte Ernte‹ und wird aus großen, harten Blättern mit Stielen und Stengeln hergestellt. Da das Aroma milder ist, eignet sich der Tee gut für Kinder und Kranke.

Eigenschaften

Die groben Blätter enthalten weniger Koffein und Tannin, ergeben einen schwächeren, weniger interessanten Aufguß.

Brühtips

Für 5 Personen 6 Teelöffel in 2⅔ Tassen kochendem Wasser aufbrühen. 30 Sekunden ziehen lassen.

Empfehlungen

Zum Essen oder kalt als Erfrischungsgetränk im Sommer.

Houjicha

Houjicha wurde 1920 von einem Kaufmann in Kyoto erfunden, der nicht wußte, was er mit einem Vorrat alter Tee-Blätter anfangen sollte. Da kam er auf die Idee, sie zu ›rösten‹, und schuf so einen Tee mit einem neuen Geschmack.

Eigenschaften

Hellbraun geröstete Blätter ergeben einen hellbraunen Aufguß. Sehr angenehm für den Magen.

Brühtips

Brühen Sie für 5 Personen 6 Teelöffel in 2⅔ Tassen Wasser bei ca. 95–100 °C auf. 30 Sek. ziehen lassen.

Empfehlungen

Zum Essen trinken oder als angenehmen Schlaftrunk.

Genmaicha

Geschälte und ›geröstete‹ Reiskörner geben diesem Bancha eine interessante Note.

Eigenschaften

Tee mittlerer Qualität, der einen hellbraunen, erfrischenden Aufguß mit einem leicht würzigen Geschmack ergibt.

Brühtips

Brühen Sie für 1 Person 1¾ Teelöffel pro Tasse bei ca. 95 °C auf. 1 Minute ziehen lassen.

Empfehlungen

Ein Tee für jede Tageszeit, gut zu leichten Speisen.

Andere empfehlenswerte Tees:

Fuji Yama, Kukicha, Ureshinocha und Kawanecha

TAIWAN

Heimat des Dong Ding, des besten Tees der Insel

Vor mehr als 300 Jahren wurden die ersten Teesträucher auf Formosa, wie Taiwan damals hieß, gepflanzt. Die Sträucher kamen aus der chinesischen Provinz Fujian und wurden im Norden des Landes angebaut. Heute kommt der Großteil des Tees aus der Gegend von Taipei. Die Plantagen liegen alle unter 300 m, wo die Temperaturen niemals unter 15 °C fallen und nie über 30 °C steigen. Die Sträucher blühen sechsmal im Jahr von April bis Dezember. Das beste Blatt wird zwischen Ende Mai und Mitte August geerntet. Fast alle Formosa-Tees sind Oolongs. Daneben wird manchmal auch leicht fermentierter Pouchong hergestellt. Letztere Teesorte wird als Grundlage für Jasmintees und andere aromatisierte Tees genommen.

Früher war Japan der Hauptkäufer von Formosa-Tees. Neuerdings kaufen auch Marokko und die USA größere Mengen aus Taiwan ein.

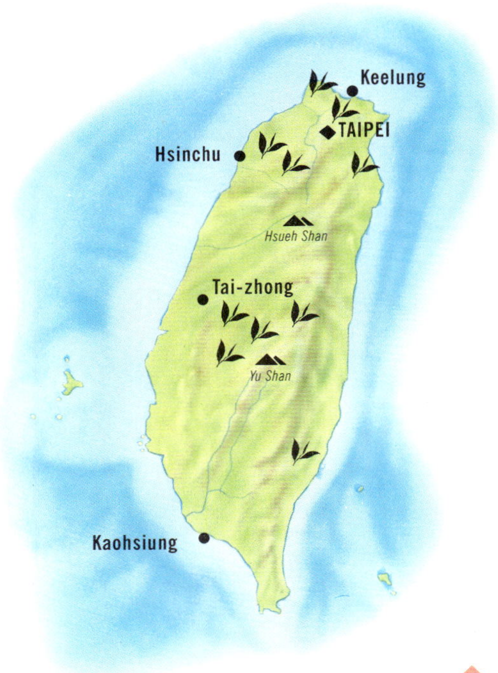

Formosa Gunpowder

Eigenschaften

Kleine, runde Teekügelchen, die einen köstlich reinen, erfrischenden Aufguß ergeben.

Brühtips

Brühen Sie 2 Teelöffel pro Tasse bei ca. 95 °C auf. 3 Minuten ziehen lassen.

Empfehlungen

Pur oder mit Minze aromatisiert trinken. Ein wunderbarer Nachmittagstee.

Formosa Grand Pouchong

Eigenschaften

Sehr leicht fermentierter, fast grüner Tee. Er ist für Dong Ding, Taiwans berühmtesten Tee, eine echte Konkurrenz. Heller goldgelber Aufguß und delikates Aroma.

Brühtips

Brühen Sie 1 Teelöffel pro Tasse bei ca. 95 °C auf. 4–5 Minuten ziehen lassen.

Empfehlungen

Den ganzen Tag oder als beruhigenden Abendtee trinken.

Formosa Great Oolong (Great Black Dragon)

Eigenschaften

Für diesen außergewöhnlichen Tee werden die feinen Spitzen im Frühjahr gepflückt. Wunderbares ganzes Blatt, köstlicher Duft und exquisites Aroma.

Brühtips

Brühen Sie 1 Teelöffel pro Tasse bei ca. 95 °C auf.
7 Minuten ziehen lassen.

Empfehlungen

Ohne Milch zu besonderen Anlässen trinken.

Dong Ding

Eigenschaften

Gilt als Taiwans bester Tee. Dong Ding ist ein leicht fermentierter Pouchong, der einen orange-grünen Aufguß mit sanftem, weichem Geschmack ergibt.

Brühtips

Brühen Sie 1 Teelöffel pro Tasse bei ca.
95 °C auf.
5–7 Minuten ziehen lassen.

Empfehlungen

Ohne Milch zu besonderen Anlässen trinken.

Andere empfehlenswerte Formosa-Tees:
Grand Pouchong Imperial, Oolong Imperial und Ti Kuan Yin

Andere Tee-produzierende Länder

SÜDAMERIKA

ARGENTINIEN

Argentinien produziert 95% seines Teebedarfs in der Provinz Misiones, die übrigen 5% in der Provinz Corrientes. Aufgrund akuten Mangels an Arbeitskräften werden mechanische Pflückmethoden angewandt, was die Produktivität um 2000% steigerte. Die Tees ergeben einen dunklen Aufguß mit erdigem Geschmack und mittlerem Körper. Die meisten werden nach China und in die USA zum Mischen für Instant-Tees exportiert.

Empfehlenswerter Garten:
Misiones

Erntemaschinen mit Saugförderrohr und Ladekasten

BRASILIEN

Die hier produzierten einfachen Schwarztees werden in der Gegend südlich von São Paulo gezogen. Der größte Teil der Produktion wird für Teebeutel verwendet, die in den USA und auf dem einheimischen Markt verkauft werden. Die Tees ergeben einen klaren, hellen Aufguß, jedoch ohne besonderes Aroma. Man trinkt sie am besten mit Milch.

Empfehlenswerter Garten:
São Paulo

ECUADOR

Hier wird seit den 60er Jahren Tee angebaut. Der größte Teil der Schwarztees wird zum Mischen in die USA exportiert. Die Tees ergeben ziemlich kräftige Aufgüsse mit gutem Aroma, auch wenn sie manchmal etwas zu erdig schmecken.

PERU

Tee wird in den Bezirken von Cuzco und Huánuco angebaut. Die Produktion beträgt etwa 1874 t pro Jahr. In den letzten Jahren existierten Pläne, 500 t der Gesamtproduktion zur Herstellung von Instant-Tee zu verwenden, da auf dem einheimischen Markt eine große Nachfrage entstanden ist. Wegen ökonomischer Probleme wurde die Umsetzung dieser Idee jedoch zurückgestellt.

AFRIKA

ÄTHIOPIEN

Äthiopien hat zwei Teefabriken im Süden des Landes auf einer Hochebene in der Nähe der Grenze zu Kenia. Auf etwa 2500 ha wachsen Teesträucher in einer Höhe von 1800 m. Der hier produzierte Tee gleicht dem Kenianischen. Da das Land mittlerweile politisch stabiler ist, hat die Teeindustrie noch Kapazitäten, um die Qualität des Tees zu verbessern und die Produktionsmenge zu erhöhen.

BURUNDI

Burundi begann in den frühen 70er Jahren mit der kommerziellen Teeherstellung und produzierte 1994 7 566,3 t auf 11 200 ha. Es gibt fünf Teefabriken, vier davon liegen in

Tee-Ernte in Burundi

1 800 m Höhe. Wie Ruanda litt dieses Land in den letzten Jahren unter Streiks und politischer Instabilität, was Qualität und Quantität der Teeproduktion beeinträchtigte. Mit

Die äthiopische Gumaro-Plantage zieht auf 1 062 ha Tee.

seinen Gebirgsregionen und dem tropischen Klima hat das Land alle Voraussetzungen für exzellente Tees. Vielleicht verbessert sich die Qualität in den nächsten Jahren.

Empfehlenswerter Garten:
Teza-Ijenda

MADAGASKAR

Die Hybrid-Tees der Insel werden in 1800 m Höhe gezogen. Der daraus hergestellte Schwarztee ergibt einen hellen Aufguß mit attraktiver Qualität, ähnlich den besten Tees Ostafrikas. Die Produktion ist saisonbedingt. Während der Trockenperiode von Mai bis September wird kaum Tee produziert.

Empfehlenswerter Garten:
Sahambavy

MAURITIUS

Das Teetrinken wurde im Jahr 1770 vom Franzosen Pierre Poivre auf Mauritius eingeführt. Die Insel produziert heute einige kräftige Tees, deren Qualität jedoch nicht besonders gut ist. Das Land beginnt, sich wegen der fallenden Teepreise auf dem Weltmarkt aus der Teeproduktion zugunsten von Zukker und Textilien zurückzuziehen. Im Jahr 2001 wird die Teeproduktion wahrscheinlich ganz eingestellt.

MOSAMBIK

Die Portugiesen pflanzten Tee in der Provinz Zambézia an. Wegen der politischen Unruhen in den 70er Jahren ging die Produktion jedoch zurück. Der starke Schwarztee hat einen leicht würzigen Geschmack und ist mit Milch ein guter Frühstückstee.

RUANDA

Die Teeindustrie in Ruanda entstand Ende der 50er Jahre mit finanzieller Unterstützung der belgischen Regierung und der EWG. Dank des fruchtbaren Bodens und des vorteilhaften Klimas blühte die Teeproduktion auf. Es gelang, einige sehr gute Tees herzustellen, die den Vergleich mit den besten CTC-Tees in Afrika nicht zu scheuen brauchen. Mit dem Beginn der politischen Unruhen im Jahre 1990 gab es jedoch ernste Produktionseinschnitte.

Die größte Fabrik in Mulindi wurde von Tutsies konfisziert. 1994 stellten alle Fabriken die Produktion ein. Trotz des Bürgerkrieges nahm die Plantage von Cyohoha Rukeri im September 1994 die Arbeit wieder auf. Nachdem die vernachlässigten Sträucher gepflegt worden waren, begann die Fabrik im Februar 1995 wieder mit der Produktion. 1995 produzierte man mehr als 2 204,6 t, und die Qualität erreichte wieder Vorkriegsmaßstäbe. Vom Wiederaufbau der Fabriken und entsprechender Pflege der Plantagen erwartet man, daß Qualität und Quantität bald wieder an die früheren Standards heranreichen.

Empfehlenswerte Gärten:
Kitabi und Matah

UGANDA

Die Teekultivierung begann hier 1909. Bis in die späten 20er Jahre jedoch waren die kleinen privaten Plantagen ehemaliger Weltkriegssoldaten nicht von besonderem kommerziellen Interesse. Ab Mitte der 50er Jahre erhöhte sich die Produktion rapide. Bis 1972 expandierten die privaten kommerziellen Plantagen ebenso wie die Kleingärten, so daß Uganda insgesamt 23 580 ha mit Tee bebaute und der Tee sogar wichtigste Exportware wurde. Die politische Instabilität in den 70er und 80er Jahren zog die Teeindustrie jedoch stark in Mitleidenschaft und die Exporte fielen von 26 455,5 t im Jahr 1972 auf 1 102,3 t im Jahr 1980. Teeplantagen wurden verwüstet oder ganz aufgegeben, Fabriken liefen nicht mit voller Leistung oder wurden wegen Mangel an Elektrizität, Ersatzteilen oder Arbeitskräften geschlossen.

Seit 1989 hat sich jedoch die politische Lage stabilisiert, und die Plantagen konnten rekultiviert und die Fabriken wiederaufgebaut werden. Die Produktion stieg wieder an. 1989 wurden 5,1 t Tee produziert, 1994 bereits 16,3 t.

Aber Probleme gibt es nach wie vor. Die neuen Wechselkurse machen Ugandas Industrie zu schaffen, die Transportkosten sind hoch, und es herrscht ein großer Mangel an gelernten und ungelernten Arbeitskräften. Zudem ist die Energieversorgung mangelhaft, die Fabriken sind alt und müssen dringend modernisiert werden.

Mechanisch abgeerntete Teesträucher in Uganda

Auf den Auktionen in Mombasa und London erzielten ugandische Tees in den letzten Jahren aufgrund der unbeständigen Qualität nur niedrige Preise. Mit wachsender, verbesserter Produktion werden sie aber wieder steigen. Man hofft, daß die Produktion 1998 mit 26 455,5 t den Stand von 1972 erreicht und sich bis 2000 verdoppelt.

Empfehlenswerter Garten:
Mityana

ZIMBABWE

Die beiden wichtigen Anbaugebiete sind Chipinge und Honde Valley. Die Tees haben die gleiche Qualität wie die in Malawi und ergeben einen kräftigen, dunklen Aufguß. Der größte Teil der Teeproduktion wird für Mischungen in Teebeuteln in die USA exportiert. Die Tees sind am besten mit Milch.

Empfehlenswerter Garten:
Southbown

EUROPA

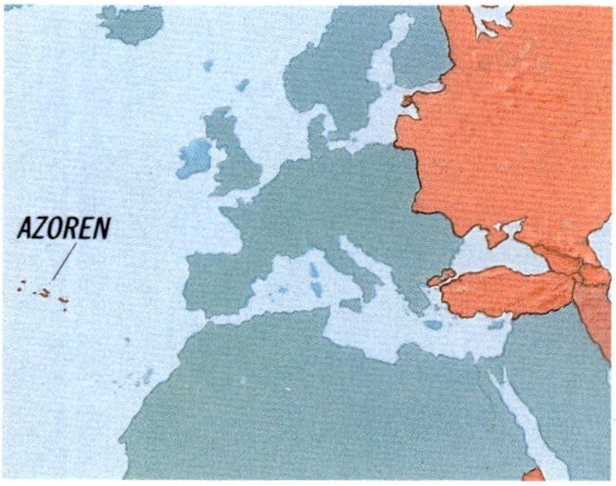

AZOREN

Der Tee kam in den 20er Jahren des vorigen Jahrhunderts aus Brasilien auf die vulkanische Insel São Miguel. In der ersten Hälfte des 20. Jahrhunderts wurde auf 370 ha Tee angebaut, 1966 hatte sich die Fläche aber auf etwa 190 ha verringert. Aufgrund des fehlenden technischen Know-hows bei der Herstellung war die Qualität sehr schlecht.

Im Jahr 1984 stellte die Regierung der Azoren einen Teesachverständigen aus Mosambik ein, der ein Programm überwacht, im Rahmen dessen die alten Plantagen zurückgeschnitten, neue Pflanzen eingeführt, das Pflücken mechanisiert, die Kultivierung verbessert und die Qualität der Herstellung angehoben werden soll. Das Anbaugebiet ist jedoch sehr klein, und der meiste Tee wird an Touristen auf der Insel verkauft. 1995 bewilligte die Regierung Geld für die Teeherstellung. Man hofft nun, daß sich im Hinblick auf den einheimischen Markt und die Exporte in die USA und andere Länder sowohl die Qualität verbessern als auch die Produktionsmenge erhöhen wird.

ASIEN

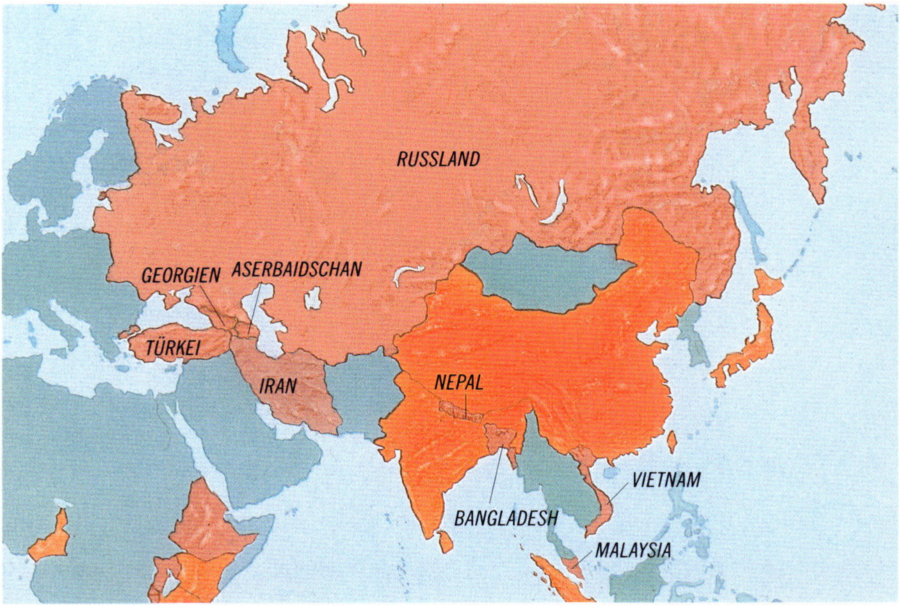

BANGLADESH

Nachdem die Engländer in den 30er Jahren des 19. Jahrhunderts die Teeproduktion in Assam aufgebaut hatten, breitete sich die Kultivierung rasch in Sylhet und anderen nordindischen Gebieten aus. Nach der Trennung von Indien 1947 und der Teilung in Pakistan und Bangladesh spielt der Tee-Anbau dort weiterhin eine wichtige Rolle.

Geerntet wird von April bis Dezember, die besten Tees im Mai und Juni. Der Hauptanteil der Produktion ist schwarzer Tee, von dem einige Sorten als Blatt-Teegrade in verschiedenen Fabriken verpackt werden. Der größte Teil wird zu Dusts, Fannings und kleineren Broken-Graden für Mischungen verarbeitet, ein kleiner Teil als grüner Tee verkauft. Die Jahresproduktion beträgt etwa 56 217,9 t, wovon 36 376,3 t exportiert werden. Die wichtigsten Exportmärkte sind Pakistan und Polen, kleinere Mengen gehen in die GUS-Staaten, nach England, Deutschland, Ägypten, China, Australien, Neuseeland, Belgien, Indien, in den Sudan und den Iran. Die Tees ähneln im Charakter den südindischen. Sie ergeben eine gute Farbe und ein gutes Aroma und haben einen leicht würzigen Geschmack. Am besten schmecken sie mit Milch.

Empfohlener Garten:
Chittagong

GUS

ASERBAIDSCHAN

Die Hauptanbaugebiete sind Lenkoran, Masalliy, Lerik und Astara. Die Gesamtproduktion belief sich 1988 auf 38 580 t, fiel aber 1992 auf 9 369 t zurück und erreichte 1995 nur 1 213 t. Seither erhöhte sich die Produktion wieder, und neue Handelsbeziehungen wurden mit der Türkei und den Vereinigten Arabischen Emiraten geknüpft.

GEORGIEN

Vor dem Bürgerkrieg von 1993–1995 waren Georgiens Hauptanbaugebiete Westgeorgien und die Provinz Abchasien. 1993 wurde die Teeproduktion fast ganz eingestellt.

RUSSLAND

Die Teekultivierung begann in Rußland im Jahr 1833, als Teesamen im botanischen Garten von Nikity auf der Krim gesät wurden. Bis zum 1. Weltkrieg entwickelte sich

Teeplantage in Sochi in der Provinz Krasnodar, Rußland

jedoch keine Teeindustrie. Erst nach dem 2. Weltkrieg expandierte die Teeherstellung. Rußlands Hauptanbaugebiete liegen heute in der Provinz Krasnodar im Südwesten des Landes. Vor dem Zerfall der UdSSR wurde Tee auf 1853 ha angebaut, zwei Fabriken lieferten 3858–4409 t jährlich. Seit kurzem ist die Teeherstellung praktisch zum Erliegen gekommen.

Iran

Seit 1900 wird im Norden des Landes Tee angebaut. Der schwarze Tee gibt einen rötlichen, leichten, weichen Aufguß. Man trinkt ihn am besten mit Milch.

Empfohlener Garten:
Elbourz

Malaysia

Die Cameron Hochland-Plantage, unweit von Kuala Lumpur, wurde 1929 vom Sohn eines englischen Regierungsbeamten angelegt. Er nannte sie Boh nach Bohea, dem Gebiet in China, wo nach der Legende der Tee entdeckt wurde. Die Arbeiter kamen ursprünglich aus Indien. Obwohl heute noch einige Inder auf der Plantage arbeiten, kommen die neuen Arbeitskräfte zumeist aus Bangladesh.

Die Plantage Boh produziert 70 % von Malaysias Tee unter fast perfekten klimatischen Bedingungen. Die guten orthodoxen Schwarztees ergeben einen hellen, klaren Aufguß, vergleichbar den Ceylontees mittlerer Qualität.

Empfehlenswerte Gärten:
Boh und Blue Valley

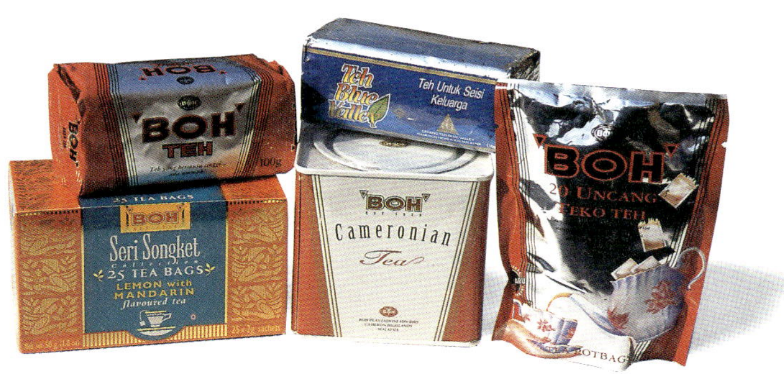

Verschiedene Tees aus Malaysia

Nepal

Die nepalesische Regierung unterstützt die Kultivierung an den Hängen des Himalayas. Der schwarze Tee ergibt einen sanften, blumigen Aufguß. Wegen der hohen einheimischen Nachfrage ist der Export sehr gering.

Türkei

Die Plantagen in der Türkei, die es seit 1938 gibt, liegen in der Region Rize am Schwarzen Meer und erzeugen 110 231 t pro Jahr. Die Fabriken produzieren schwarze Tees mittlerer Grade, die zumeist im Land selbst getrunken werden. Der kleinblättrige Tee ergibt einen dunklen Aufguß mit weichem, fast süßem Geschmack, ähnlich den russischen Tees. Man trinkt ihn am besten mit Milch.

Vietnam

Die Franzosen bauten im Jahr 1825 die ersten Teeplantagen auf; eine funktionierende Teeindustrie konnte jedoch aufgrund der ständigen politischen und militärischen Konflikte nicht entstehen. Doch Vietnam ist in dieser Hinsicht ein schlafender Riese. Es gibt immer noch viele Teesträucher, und in einigen Firmen beschäftigt man sich bereits mit der Frage, ob sich ihre Pflege lohnt. Die Dezentralisierung ermöglichte es einigen Provinzen, direkt mit ausländischen Firmen zu verhandeln. Firmen, die über mehrere Jahre gute Leistungen nachwiesen, erhielten Lizenzen. Zur Zeit produzieren die Plantagen etwa 44 092,4 t jährlich, davon 27 557,8 t grünen Tee. Die schwarzen Tees sind CTC-Tees und werden meist nach Deutschland exportiert.

Australien und Ozeanien

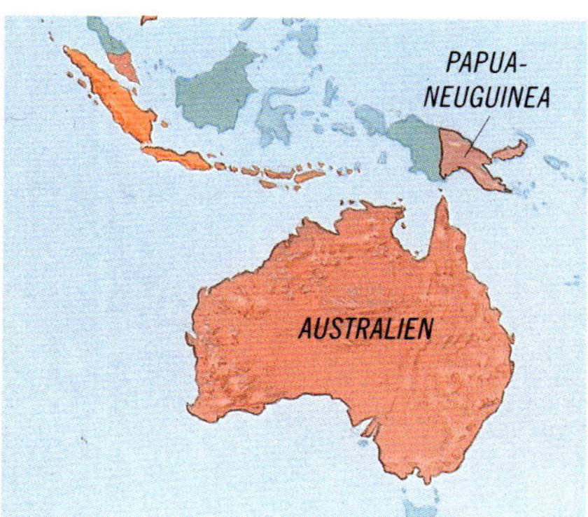

Australien

Die australische Industrie produziert im Jahr nur 1 653,5 t Tee, meist schwarzer Tee und eine kleine Menge grünen Tee. Die erste Plantage wurde Ende der 80er Jahre des 19. Jahrhunderts in Queensland angelegt, aber 1918 von einem Wirbelsturm zerstört. 1959 nahm man die Produktion auf der Plantage Nerada in der Nähe von Innisfail und auf Plantagen auf dem Mount Bartle Frere in Queensland sowie in Clothiers Creek in New South Wales

Eine Teeauswahl aus den Madura-Teegärten

wieder auf. Die schwarzen Tees werden meist für Teebeutelmischungen produziert. Es gibt aber auch einige Blatt-Tees und einfache grüne Tees.

Empfehlenswerte Gärten:

Nerada und Madura

PAPUA-NEUGUINEA

Klima- und Bodenbedingungen sind ideal für den Teeanbau. Es gibt waldreiche, bergige Gebiete im Landesinneren und sumpfige Ebenen an der Küste. Die Kultivierung wird in den westlichen Hochebenen betrieben, der meiste Tee nach Australien verkauft.

Adressen

Tee-Fachgeschäfte, Versand

BORNHEIM

Der Teeladen
Friedrichstraße 6
53332 Bornheim-Roisdorf
Tel.: 02225-92140

BREMEN

Paul Schrader und Co.
Postfach 10 78 29
28182 Bremen
Tel.: 04203-430243

The Betty Darling Tea Co.
Postfach 10 10 64
28010 Bremen
Tel.: 0421-170663

FREIBURG

Tee Peter Kaffee
Kaiser-Joseph-Straße 230
79098 Freiburg
Tel.: 0761-409974

HAMBURG

Die Teekiste
Niedernstraße 11
20099 Hamburg
Tel.: 040-324311

Hanseatic Tea
Bei den Mühren 69a
200354 Hamburg
Tel.: 040-378428

Haus des Ostens
Neuer Wall 10
20354 Hamburg
Tel.: 040-343680

Tee-Maass
Bleichenbrücke 5
20457 Hamburg
Tel.: 040-383662

KÖLN

Tee-Tempel
Benesisstraße 48
50672 Köln
Tel.: 0221-2575854
oder: Venloer Straße 259
50823 Köln

KÖNIGSDORF

Nur Natur (Öko-Tee)
Stillern-Mooseuracher
82549 Königsdorf
Tel.: 08179-5368

MÜNCHEN

Alois Dallmayr KG
Postfach 189
80331 München
Tel.: 089-21350

J. Eilles
Residenzstraße 13
80333 München
Tel.: 089-226184

WIEN

Schönbichler
Wollzeile 4
1010 Wien
Tel.: (0043) 1512-1868

Jäger Tee
Operngasse 6
1010 Wien
Tel.: (0043) 1512-6259

Demmers Teehaus
Mölker Bastei 5
1010 Wien
Tel.: (0043) 1533-5995

AUSTRALIEN

Madura Tea Estates
Clothiers Creek Road
Clothiers Creek
New South Wales 2484
Tel.: (61-66) 777215
Fax: (61-66) 777451

FRANKREICH

Mariage Frères
91 rue Alexandre Dumas
75020 Paris
Tel.: (33-1) 40 09 81 18
Fax: (33-1) 40 09 88 15

KANADA

Murchie's Tea and Coffee Ltd
5580 Parkwood Way
Richmond
British Columbia
Canada V6V2M4
Tel.: (1-604) 231 7422

TEE-FACHZEITSCHRIFTEN

Tea – A Magazine
Olde English Tea Company Inc.
3 Devotion Road
P.O. Box 348
Scotland, CT 06264
U.S.A.
Tel.: (1-203) 456 6145
Fax: (1-203) 456 1023

Tea and Coffee Trade Journal (incorporating Tea International)
Lockwood Publishing
130 West 42nd Street
10th Floor
New York,
NY 10036
U.S.A.

Tea Talk
P.O. Box 860
Sausalito, CA 94966
Tel./Fax: (1-415) 331 1557

Mary Mac's Tea Times
P.O. Box 841
Langley, WA 98260
U.S.A.

ANDERE NÜTZLICHE ADRESSEN

Deutsches Teebüro
Katharinenstr. 33
20457 Hamburg
Tel.: 040-37518441
Fax: 040-37518443

The U.K. Tea Council
Sir John Lyon House
5 Upper Thames Street
London EC4 3NJ
U.K.
Tel.: (44-171) 2481024

The Bramah Tea and Coffee Museum
The Clove Building
4 Maguire Street
London SE1 2NQ
U.K.
Tel.: (44-171) 3780222

REGISTER

Danksagung

Der Verlag dankt folgenden Personen, Firmen und Organisationen, die zur Entstehung dieses Buches beigetragen haben: Mr. Edward Bramah und dem Bramah Tea and Coffee Museum für die Genehmigung, ihre Ausstellungsstücke abzubilden; Bodum (UK) Ltd. für die Bereitstellung der Teekannen auf S. 50 (u.) und S. 51; Whittards of Chelsea für die Bereitstellung der Utensilien (S. 52), des Teesiebs (S. 53 u.) und des schwenkbaren Teesiebs (S. 58); Simpson & Vail, Inc. für die Bereitstellung von Teeball, Musselinbeutel, Einsatz für Kannen und Löffelsieb (S. 52), Bambussieb und Englisches Teesieb (S. 58); Stash Tea für die Bereitstellung des Tee-Eis und des Schweizer Goldfilters (S. 52); Su Russell im College Farm Tea House in Finchley, London für die Genehmigung, in ihren Räumlichkeiten den gedeckten Tisch zu fotografieren (Abb. S. 87)

Alle im Verzeichnis abgebildeten Tees wurden zur Verfügung gestellt von Mariage Frères, Paris, außer: Gunung Rosa – Matthew Algie & Company Limited; Pouchong, Keemun Mao Feng, Gyokuro – India Tea Importers; Ndu, Djuttitsa Hybride, Tole, Namingomba, Kavuzi, Kilima – Wilson Smithett; Zulu Tea – Taylors of Harrogate; Houjicha, Bancha, Jasmine Pearl – Whittards of Chelsea; Sencha, Genmaicha – Simpson & Vail, Inc.; Assam Blend, Darjeeling Blend, Rosen-Pouchong, Kenya Blend – Twinings.

Bildnachweis

S. 8 The Tea Council of South Africa; S. 10 The Tea Council Limited, (UK); S. 12–13 Yozo Tanimoto, Japanese Tea Association; S. 15 Mansell Collection; S. 16 (o.) Mansell Collection, (u.) Twinings; S. 17, S. 19 The Tea Council Limited, (UK); S. 20 The Robert Opie Collection; S. 21 Mansell Collection; S. 23 Tea House College Farm, Finchley, London; S. 24 Mansell Collection; S. 26 Carritt Moran & Co. Pvt. Ltd, India; S. 28 (o.) Carritt Moran & Co. Pvt. Ltd, (u.) The Tea Council Limited, (UK); S. 29 (o.) The Tea Council Limited, (UK); (u.) Carritt Moran & Co. Pvt. Ltd; S. 34 The Tea Council Limited, (UK); S. 37 Lonrho Tanzania; S. 38 The Tea Council Limited, (UK); S. 40 Barber Kingsmark; S. 41 Bill Edge; S. 43 The Tea Council Limited, (UK); S. 46 Transfair International; S. 50 (o.) Simpson & Vail, Inc.; S. 62 Mariage Frères; S. 64 Mike Adams; S. 73 The Tea Council of South Africa; S. 75 (u.) Simpson & Vail, Inc.; S. 80 Twinings; S. 84; The Tea Council of Germany; S. 89 Japan Tea Exporters' Association; S. 90 Dr. Maureen Huggins; S. 91 Life File; S. 93 Tony Stone Images; S. 95 Columbus Communications; S. 105 The Cameroon Development Corporation; S. 108 The Tea Board of Kenya; S. 111 Tea Research Foundation (Central Africa); S. 114–115 The Tea Council of South Africa; S. 117 Brooke Bond Tanzania Limited; S. 121 Carritt Moran & Co. Pvt. Ltd; S. 122 The Tea Board of India; S. 123 Mohammed Fareed, Nalani Tea Estate; S. 128 Tea Research Association in North East India; S. 128 The Tea Board of India; S. 133–134 Carritt Moran & Co. Pvt. Ltd.; S. 138 Takeshi Isobuchi; S. 139 Tea Promotion Bureau, Sri Lanka Tea Board, 574/1, Galle Road, Colombo 3; S. 142 Takeshi Isobuchi; S. 144 Tea Promotion Bureau, Sri Lanka Tea Board; S. 147 The Tea Council Limited, (UK); S. 148–150 Mike Adams; S. 157 Takeshi Isobuchi; S. 163 Tony Stone Images; S. 167 Yozo Tanimoto, Japanese Tea Association; S. 169 Yozo Tanimoto, Japanese Tea Association; S. 177 Establecimiento Las Marias SA, Argentina; S. 179 (o.) Tony Stone Images, (u.) Ethiopian Tea Development and Marketing Enterprise; S. 181 Wilson Smithett & Co.; S. 184–185 Life File; S. 187 Madura Tea Estates